孙惠芬文集

短篇小说卷 壹

来来去去

上海文艺出版社

目录

| 01 | **静坐喜床** 001
| 02 | **水花村少女** 006
| 03 | **沙包甸的姑娘** 017
| 04 | **春映河,偌大个河流** 028
| 05 | **攀过青黄岭** 041
| 06 | **岁岁正阳** 055
| 07 | **闪光的十字架** 072
| 08 | **田野一片葱绿** 085
| 09 | **小窗絮语** 090
| 10 | **来来去去** 109
| 11 | **变调** 146
| 12 | **孤独者之歌** 163
| 13 | **接壤** 174
| 14 | **那扇门** 187
| 15 | **姥姥,姥姥** 197
| 16 | **一篇"人对物质超越本能与文化心态"的论文** 207
| 17 | **"号外"之歌** 217

- 18 暮旅 230
- 19 我的大哥 240
- 20 十七岁的房子 254
- 21 朋友 265
- 22 小镇文化人 276
- 23 十五岁的五子 288
- 24 爱到三十 295
- 25 一度春秋 311
- 26 蓝光 345
- 27 一日风景 364

静坐喜床

女孩子家跨出姑娘的门槛,开始做新娘了,她该是怎样的心情?她坐在炕头上,并且坐在自己亲手做的那床锃新的绿缎面褥子上,她脸颊红红的,双手使劲按着狂跳的心口,她丰腴的胸脯起伏着。在幸福和甜蜜的情感中,似乎渗透着一种开始是不可名状而后又渐渐清楚了的什么,在抓扭着她的心——失去了,姑娘;失去了,妙龄。她眉眼之间一会儿流溢着不安和难受,一会儿又闪烁着神秘和喜悦……

母亲告诉她,千万不要老早儿下地,坐的时间越长越有福。她并不相信此话,可她觉得也实在没有违背老人意愿的必要。她坐在那里,嘴角浮出羞怯而又很深的笑。

——呵,今天我是新娘子,我是新娘子?!

她双目微闭着,倚在墙上,细细地想着,细细地忆着。

她今年二十六岁,是一个标准的山村姑娘。她热爱生活,村子里的男女老少没有不喜欢她的。老年人喜欢她老实,能干,脾气好,孝顺,炕上地下的活都拿得起来;中年人喜欢她正派,稳当,不像有些姑娘那样娇气,张狂;年轻人喜欢她老练,成熟,特别是村里和她年龄相仿的女孩子,都愿意向她吐露心中的隐秘,求她帮着拿个主意……无形中,她成了这山村的"皇后"了。

她也曾向往过小说中的爱情生活,随着年龄的增长,她常常在心中暗暗地将"他"描画。可是现在,她自己也难以解释,爱情究竟是怎么回事。它并不是什么框子所能框得住的,它往往是自觉和不自觉地一下子降落在你面前,当你发觉你心中出现了另一个异性的影子时,这个人不一定是你原来理想的模特。当爱情之神悄悄爬上心头,你是怎么也驱逐不了的!

那是一个夏雨沥沥的傍晚,拉化肥的拖拉机在离家很远的一段泥泞乡道上开不动了,越陷越深,怎么办?一个人在荒郊野外,还是个姑娘家,她想哭。哦,一个小伙子来了,他二话没说,搬石头,掘泥,不到五分钟,浑身就没有了模样。"来,开下试试。""突突突…"车稍动了点,只见他用肩膀扛着车身,用脚又推进一块石头……

"突突——突——"好!开出来了!她高兴得眼窝有些发热,眼睛看定了他……可他只憨厚地一笑,既没要一声谢,也没留下姓名地址就悄然离去。

他,像一块石头投进了她那以往静静的心河。她忽地像捉到了什么,又不敢承认这是什么。

她努力想把自己对他的印象当成一张废纸在大脑中撕掉,可是这种企图只是枉然。

每次出车,她都留心路上的行人。可不知怎么,再也没碰上他,她也曾痴痴地想:他会不会来裁衣服?可马上,她又感到这个念头太可笑:他又不是本村的,与自己素不相识,怎么会登门求她?有时,她甚至希望出车时再遇上雨天,希望拖拉机再陷进泥泞里……呀呀,感情这东西真叫人捉摸不透,拿它没办法!

远房二叔来提媒,她回答:"我不找。"她真有些不敢相信自己,难道是在默默地等待着他吗？多么奇妙而又渺茫啊。二叔动了火："不行，你一定要去看，这小伙子多好，你还要找什么样的？！"看就看吧，反正我有一定之规，就说没看中，你也不能把我怎么样。万万没有想到，竟然就是他。她美坏了，暗暗感谢老天爷长眼。

她不会像一些妙龄少女那样甜蜜地谈恋爱。她特别寡言，刚好对方又是一个深沉、有感情而不善于言表的小伙子。他们第一次谈话就这么简单：

"俺性子急，不会生活，你能看惯？……"

"我缺点更多，脾气犟，性子慢，还有……还有嘴笨……"他的嘴确实笨，推拖拉机的那股"龙兴虎眼"的劲儿也不知哪去了，倒腼腆得像个害羞的小姑娘。

几个流里流气的小青年相互挤眼睛，"啧啧，笨死了，连一句爱情歌曲都不会唱……"可她偏偏喜欢他这股憨劲，她觉得和他在一起，浑身有劲，满眼都是明媚的阳光。

她和他每次见面几乎没有一句情意绵绵的话。"你注意点身体，别累坏了。"或者，"咱们已有二十七天没见面了。"可就是这些平常话，她觉得像股股暖流，阵阵春风拂过她的心坎，像甘露撒在她的心田。暗暗地，她把自己的心，命运，自己的一切都和他连在一起，她当然不会说"我是你的"，"我的一切都属于你的"，"这世界上我就爱你"。但她下了决心，当个好妻子、好媳妇、好母亲。当丈夫疲劳、烦恼、生气时，她用温柔让他心里熨帖；当他兴奋、欢乐、激昂时，她用笑声来伴随……

她甜甜地想着，这样不知过了多少时候。

她用手使劲捏了下小辫，她没有烫成鬈发来修饰自己的脸型。她原来是十里八村有名的长辫，她想不烫发好，便于收拾，便于干活。昨天才忍痛将长辫剪短。今天，因为有"新娘"的字眼跳动在眼前，这对小辫也显得格外妩媚了。

她规划着未来的生活。她除了是个好拖拉机手外,裁缝活也是村里拔尖的。对服装样式的观察,她目光特别敏锐,时常在路上看到什么新式样,就会勾起她的灵感,于是,一种别具一格的服饰就在她的比量、琢磨中诞生。文雅娴静的姑娘喜穿什么样式,活泼爽朗的小伙子喜穿什么样式,她分析、揣摩、默默地思索,她也求教过一些老师傅。不知有多少个晚上,她在为小青年的特别爱好,用特意买来的减价布做着试验,直到达到了他们的要求,才在疲劳之余酣甜地睡去。她没有旷一天工。她心灵手巧,已经被方圆几十里传为佳话。就在她婚事订下的一个多月后,公社服装加工厂亲自派人看过她,要过她。工作,这是农村姑娘梦寐以求的愿望,可现在,她想到了双目失明的婆母,她打消了这个念头……

老人家,丈夫,你们放心,俺除了做好家务外,照样好好当俺的拖拉机手,并利用业余时间为大伙服好务。再用俺收入的钱,买一台收音机,婆婆看不见是会听见的,让她在风烛残年吃得饱,穿得暖,过得舒坦……她在心里规划着以后生活的全景,两片红晕浮在她的双颊,她把手背搁在脸上,使脸不再热得那样难受。

睫毛下溢出两颗无名的泪,她忽然想起了什么,她把双手端在眼前,她差一点笑出声来。这手镯——铜镯子,是他们订亲那天婆婆送给她的。镯子,在旧的年代,许是名贵的珍物罢,而在八十年代的今天,一个铜制的,人们,特别是姑娘们,谁还喜欢?刚才几个女友还取笑她"老封建"。喝喜酒的客人们有的还现挤进来,看新娘戴了副破铜镯子。她曾不止一次地想:这是老人的心,她老人家一定在儿子还不全懂事的时候就盼望着儿子快一点长大,快一点把这个镯子戴到儿媳手上……

她坐不住了,轻轻地下了地,穿上鞋,婆婆没有发觉她,她双目盯住老人慈祥的面孔,用力握住老人的手,激动而又羞涩地喊了一声:"妈妈。"

"孩子……"媳妇的第一声呼唤,使老人流出了两行热泪。

"你不要下地,孩子,快,快上炕,这是规矩,快,坐到五点钟再下来。"瞎眼婆婆疼爱地攥着儿媳的手,忽而又急急地推她上炕。

她用新手帕擦去老人脸上的泪:"妈妈,我去坐着就是……"

她听话地又坐到炕上,她微张的嘴闭上,眉尖掠过一阵喜悦和慌乱,这是姑娘家一生就一次的。她的嘴和眼终于又笑了,笑得那样羞赧而深沉……

1982年《海燕》第 5 期

[02]

水花村少女

她扒开窗帘看豆腐房,爸怎么还不起来?她今天着急要上集,都什么时候了。她心里怦怦乱跳,若是爸妈不让去,那可就糟了。不,无论如何得去!不去,这心,可怎么安?

"惠女起这么早干嘛?今儿个叫你爸上集,你年轻,腰软,把剩下两亩稻子割完。"

"不,妈,我先去卖豆腐,一会儿就卖完,我早早赶回来,二亩稻子保准今天放倒。留爸在家多做两道子豆腐,明儿个是大集!"惠女把想了一夜的办法说出来,一只手摁着乱跳的心口,侧着耳朵等外屋的回话。

"说得是理儿,叫她去吧,快点回来!"

哦,声音从豆腐房里传出来,爸爸同意了。

"死鬼,早先不愿去,这会儿倒争着去。"妈妈在厨房嘟囔。

她从被窝里捧起红花塑料包,贴在心口上,心口越发跳得厉害,贴在脸腮,腮尖越发烧得难受。包里,软乎乎的黑毛衣,清楚楚衬出塑料包上的红花,这是用了五个晚上偷织的。这软软的,暖暖的,是她把心揉了进去。昨晚拖着割稻子累疼了的胳膊,完成了最后一针,装进红花塑料包,在被窝里搂了一宿。黑毛衣,和她的心在一起,和她的梦在一起……

"惠女,若去赶紧套车,早点回来。"妈喊。

"哎,来了——"她穿好衣服站到镜前。呵,昨天水池里简直是个泥人,今儿个可干净了,这小辫,怎么就梳不好,额角那绺头发,蓬上去该多好看?

"惠女,赶紧的!"妈妈又在催,是呀,要赶紧,把早就做好的,美丽的少女头像,装进塑料包。那一直压在箱子最底层,用彩绸包着的头像,今儿个终于小心翼翼拿出来。这头像太像她自己了。要包好,若叫爸妈看见了,可了不得。怎样才能拿出去呢?她急得汗珠渗出鼻尖。

"妈,我马上就套车。"她终于出了"闺房",奔牲口圈,迅速地把驴套上小车。她走进豆腐房,爸在蒸汽缭绕的灯影里忙活,她又转回身去北屋,妈在灶间掏灰。她急速奔"闺房",将红花塑料包夹在腋下,掀门帘,见妈正出去倒灰,她小跑奔出去,把包包挂在门口铁门栅栏上,心里一块石头落了地。

扒了两口饭,装上豆腐,她上路了。

"别忘了早点儿回来。"妈妈在背后喊。

她跟着驴车跑着。天还没亮,不过,这道儿熟着呢。一年多来,一天一个来回。几道沟,几道坎儿,道旁几棵树,都印在脑子里。这一连三天没走了,在家割稻子。三天,可长着哪,像三年。她从不曾感到打发时光这样难啊。只是在夜晚,收拾完锅碗筷,手里织着毛衣,才觉得好熬些。

一针一线,精精细细,匀匀整整地织着。而每当这时,那宽肩膀的大个子,就影子似的从远处飘过来,飘到她的眼前,她心跳更加疾快……哦,早就播种了,心灵深处的播种啊!只是,他知道吗?心里有她吗?毛衣、头像,他能收下吗?勇敢些,就一次,是有是无一次了结,心里就踏实了。

东方微微出现一丝橘红,她吆喝着小驴,向着亮处,快步走着……这套本领,练出来了,再黑的路她也不怕。记得,第一次,叫她上集卖豆腐,她不去,爸爸骂她没出息:"赶个驴有什么大不了的,你哥上大学,咱家没有劳力,还偏得我上集跑哇?怎么?赶了驴车,就叫人瞧不起啦……"她抹了一宿眼泪,第二天早早起来,赌气赶上驴车。爸妈不让她早走,她偏走,她怕天亮路上人多笑她……是啊,多亏爸爸,要不能认识他吗?对,就是那一天,到了集上,天还没亮,市场上没有一个人,新建的大楼下宽敞的街道显得空旷而肃寂,她觉得有些冷,脚冻得直疼,只有对面四间小房亮着灯。她怯生生地把车赶到有亮光的门前,不敢弄出声响,可恶的畜生不通人性,硬是叫了两声,亮灯的屋门响了,出来一个大个子,穿着白大褂,走到车前问:"是卖豆腐的?小姑娘,来这么早啊,进屋暖暖吧。"她没动弹,似乎有些怕。"我们是待业青年饭店,不要紧的,屋里有好几个人呢。"这么心善!她确实冷啊。她跟进去了。呀,灯光下四张小伙子的脸,他们打量着她,她低下头,站在门旁。

"进来,进来呀,这里有炉子!"大个子也不再叫她小姑娘了。她和他们年纪相仿,只是她长得娇小。大个子看样比其他几个年龄大些,他方脸,粗眉大眼,鼻梁高且直,嘴巴略尖。哟,多帅呀。她只看了一眼,就低下头。听小伙子们一再叫她,又抬抬头,垂着眼睛走近炉子。

"家住哪儿?"大个子一边洗菜,一边问。

"水花村。"她声音很低。

"哦,你爸就是常来卖豆腐的秦大伯,叫秦广厚,对吧?"

"嗯。"她点着头。

"小秦,这么远的路,走这么早不害怕吗?"众小伙好奇地问。

"不怕,农村人起早惯了。"她把手伸向炉子。

大个子拿个凳子送她跟前,"你坐着烤。"

呀,这个子可真高啊,走她跟前,她不扬头只能看见他下面第二个衣扣。"不要紧的,小秦,我们都一样,都是自力更生,自己想门路。你大概第一次上集,不好意思,常了就好了。抬起头来,怕什么,我们不缺鼻子不少眼,况且又那么……"那么什么?那么漂亮吗?呀,他说哪去了,幸亏没说出口来。她羞得脸都没地方放了。众小伙子都嘻嘻地笑了,大个子接着说:"你的豆腐我们每天留三十斤,你就在我们窗外卖,有什么事儿招呼一声。"

"他是我们'总统'。"其中一个小伙子指着大个子嬉笑着说。

她没敢转头。

天亮了,他们把她送到窗外,称回三十斤豆腐,找了钱,又帮着吆喝几声:"豆腐!二角五一斤。"周围围满了人,都瞭着她。"呀,谁家的姑娘,谁家的妹子,生得这么俊呀,祖宗积了仙德!"一个老太婆啧啧地夸奖着。

"准是水花村的,水花村的女孩儿就是水灵。"又不知哪位常赶集的人在插嘴。人们循着喊声围来,她紧闭嘴唇,两手竖在裤线上,像挨了霜打的小草,低头不语。

"散开,散开,这是卖豆腐,谁买豆腐留下,不买豆腐散开。"饭店里蹿出喊声。

不到半小时,豆腐卖光。她把秤放回驴车上,在门外走来走去。饭店正忙着,怎么办呢?

悄悄离去吗?不,不能啊,他们多好!得谢谢人家。奶奶活着时常说"人情大于王法"!她壮了壮胆子,终于迈进去。饭店客人真多。她走进里屋,眼看着忙得不可开交的小伙子们,"谢谢"二字怎么也吐不出口来,她恨死自己的拙嘴,尴尬地站在那里。见水池里一堆碗,她猛生一念,我们农村人不会说,但会干,用行动答谢吧!她挽了挽衣袖,麻利地洗起碗来。众人发现,吃惊地看着她,大个子一边制止,一边过来抢碗,手碰在她手上,她心里一震,大个子也缩回手去。

呀,他多大岁数呢?还这么害羞,早上的时候说话挺大方呀……

东方的光亮渐渐推向整个天际。路上行人多起来。道旁没割的稻子,颠着沉沉的稻穗,发出沙沙的声响。秋风终于来了,吹来了个金色的世界。她是多么盼着秋风啊,秋风凉爽,可以穿毛衣。啊,毛衣,本是春天就该织的,只是,手里没有啦……

春风刚刚拂来,饭店里就穿不住棉袄,小伙子们都穿上了高高领子的羊毛衫,外面套上白大褂,可神气哩。唯有大个子没有羊毛衫,只穿件旧线衣。天长日久,她和他们熟识了,并结下了友谊。每月六个大集,大集时饭店人多;每个大集豆腐格外好卖,卖完豆腐,去饭店帮着洗碗,烧火。她不说话,不笑,只埋头干活,干得又麻利又干净。有了她,给小伙子们省去了很多事,大家都很喜欢她。她发现大个子真行,是饭店里的主角,独当一面。上起灶来,瞧那架势,勺子颠得"吭吭"直响,两只胳膊在蒸汽里抖动。怪不得小伙子们都称他"总统"。

"总统,一年挣了那么多钱,都留娶媳妇呀,怎不买件羊毛衫?"一个姓刘的胖小伙子问。

"我哥一月才挣三十八元六,又要结婚;姐姐姐夫工资一共才不到八十,一个孩子两个老人,生活不宽裕,我不帮谁帮?羊毛衫,以后再说吧。"

哦,他长得好,手艺好,心也好!

"哎,有了,等哪位姑娘爱上'总统',叫她给买。"小刘就爱开玩笑。

"怕是没有姑娘能爱咱这样的,要是真有姑娘爱咱,不用她给买羊毛衫,亲手给咱织件毛衣穿,那才美气呢!"大个子一本正经地说。

她心泉像投了块石头,不平静了。这话,说给谁听的?我?不能!我这小姑娘,站他跟前矮一大截,他能瞧得起?!不,也许从第一次碰手后,他就有意了。觉得出,他的目光总愿在她脸上停住,她一抬头,目光光相碰,他又躲开了。有一回,他俩都在洗碗,他盯着她灵巧的手看,她被看得手颤抖了,心也慌了,好一会儿,他小声说:"你洗碗真快。"是夸奖人,还是掩饰感情?后来他问过她愿不愿在饭店干一辈子,她呢,是惊是喜还是吓,放下碗就跑了。

多好的机会呀,就这样过去了,这事常叫她后悔得不得了。她有时安慰自己,说不定人家是随便问问,根本没那意思。现在,她手里提着红花塑料包,又问自己,他能是那个意思?即使真有,都快半年了,毛衣还没织好。她脸又红起来:都怨自己嘴笨,怨自己没有钱。常在集上卖鱼的水芹子,穿得漂亮,又动辄往饭店扔几条鱼,人家渔村钱厚,女孩子胆又大,扔几条鱼不在乎,人家还会说:"没别个意思,祝你们生意兴隆。"瞧自己,打死也想不出这样的话呀。水芹子心眼也挺好的,他会不会对她也和对我一样?她会不会也给织毛衣。还有那个卖苹果的黄娟,午后,他常去帮她卖苹果,她也动不动端一秤盘苹果送饭店去……而自己,虽说一年收入也不少,可卖豆腐的钱,回家要分文不少的交给爸爸。哥哥上大学,家里常得寄钱去;去年才盖的新房,饥荒七八百元,爸爸说等饥荒还完,她要什么,给买什么。困难时期还没过去,她怎能像水芹子她们那么大方呢。嘴又偏偏笨得要命,话到嗓眼说不出去……

她拍着自己的头,五个月了,毛衣,才织起来,这是多么紧张的五个月呀!上午卖豆腐,下午下大田里插秧、薅草、下肥,只有晚上的时间才属于她自己的……买毛线的钱,是怎样挣来的呀!她花了一整夜没睡觉,终于想起了自己从前曾给结婚的女伴们做过蒙古少女头像。

于是,她从箱里翻出各色的花布条,拿了妈妈做棉袄剩的棉花,到各家各户收了装鞋的纸壳盒子。她手巧,看着挂历上的画,就能用纸壳剪出少女侧面脸型。脸部贴上白布,脸腮染上红色,用毛笔画出大眼睛,长睫毛,头发是黑毛线剪短,自然而蓬松地贴在耳上,然后嵌在一块大的菱形纸壳上,染出天蓝底色,外层罩上玻璃纸,又鲜亮、又好看。于是美丽的红花少女,逗人的蒙古姑娘,在蓝光里,在碧云里,在湖水里,闪着光亮……终于,上市了,两个一对,一对五角。一上市,就吸引了集市上的人们。一个晚上只能做一对,一天做不够一天卖的。于是,她的巧手,就无人不知了。这叫不上名的工艺,吸引了许多的小伙子,他们为她的手艺叫好,并且说她才貌双全。常在集上转的几个待业青年,总愿围着她,有的竟个别与她问话,话里含着甜意。

饭店里的小刘,在十五大集的早晨,早早站在北路口等她,她当时很吃惊。小伙子难为情地说:"小秦,你愿意给我做个'水花村少女'头像吗?我喜欢水花村的姑娘。别看我是城镇户口,我也和我们'总统'一样,干一辈子饭店,你信不过我吗?"

"不不,俺没想过,俺谢谢你。"她的笨嘴终于被逼出这句话来。

从此,小刘对她总是敬而远之。就是大个子,他,他为甚不开口要"水花村少女"?她就等着他呀。"头像"上市以后,他去看过,可什么也没说,莫非就因为那次她跑掉了……她到饭店去帮忙烧火,其他四个小伙都离得远远的,就剩他俩,他不时在灶上嘟噜一句。

"你真巧,你是个不一般的女子,比城里女子好。"她等待下文,却不再有了,难道就没有比这句话更明了的话吗?难道他也这样夸过卖鱼的水芹子和卖苹果的黄娟?他们确是有说有笑的啊。她不解,她总觉得自己对其他几个小伙子,说笑随便,却没有别的感觉。譬如,偶尔他低下头去,她看清他粗粗短短的头发,白白的脖子,霎时,她心里像触了电……大个子,你城镇人也这么不大方,难道就因为你是"总统"……

足足五个月了,卖了二十八块钱,毛线买回来了。"水花村少女"头像也做起来了,她照着自己的侧影做,剪得多像啊,多美呀,她用她的全部心思在做,他可曾想到一个农村女子也有这样细腻的感情?一颗心,何时献出去?毛衣终于织出来,他会接受吗?如果感觉没有错,会的!

太阳出来了,照在她绯红的脸蛋上,照在红花塑料包上,她把包贴在脸上,长长地出了一口气。啊,五个月了,好熬人哪,三天没上集,这是一年来没有过的。饭店小伙子们告诉过她,"小秦,家里活忙,吱个声,我们去帮着干。"那天离开前,她多想告诉他们一声,可没有。三天来,稻田里,和着秋风那苦甜交加的思念……今天,今天就好了,这颗心总该有了着落。继而,她又感到恐惧……

高大的杨树,肥叶在晨光里翻动,闪着光亮。道上赶集的人像条细流,汩汩地流着。日光是那么透明,人们是那么喜气洋洋。春种秋收。播种了就该有收获。到处都呈现出丰收的喜悦……她望着近处的大楼,赶早集的人流,心不由狂跳起来,红花塑料包在手里颤抖,脸蛋也羞涩得越发诱人。

到了,啊,到了,可怕的大个子,可爱的大个子,你为何不出来?哦,关门!饭店门关得死死的。今儿个不是大集,也许会来得晚些。

"姑娘,称豆腐!"她想心事竟忘了卖豆腐。打发走几个买豆腐的,她又在低头遐想。

"小秦,这三天咋没来?给我称。"国营饭店的小王,不知什么时候走过来了。

"小王,这个青年饭店为什么关门?"她忙问。

"哦,你不知道啊,他们都去帮'总统'相亲去了。他们保密,是小刘告诉我的,说'总统'明天到市里办待业青年自办企业管理训练班,得两个月,他的终身大事今天定局。"

啊?什么?不可能,他说过俺比城里女子好。嘻!农村好女子也不止俺自己呀,会不会是卖鱼的水芹子?或是卖苹果的黄娟?她们也不是赖女子呀。一个夏天了,五个月了,准是人家背地里早就送去了毛衣,人家有钱又有胆量呀。她用力咬着下唇,控制住自己:"小王,大个子人真好,一点不甩城镇人的派头,能干,该找个好样的!"

"嗯,小刘说,那女子明天就到饭店工作,大伙见到,保证没一个不叫好的,说是这女子我认识。"小王说完,端着豆腐走了。

是谁?不是水芹子,就是黄娟。她不知自己怎么卖完了豆腐,车赶出了人群,奔向回家的小道……水芹子,黄娟,你们俩是哪位? 祝愿你们啊。我,都怪我当初不愿卖豆腐,来迟了;都怪我当初在家没有想到做"头像",倘若去年就做,去年春天就上集……

毛衣,谁还配穿这件毛衣? 它这么大,肩这么宽,是她按照哥哥的毛衣放大了一圈,"水花村少女"头像,将来献给谁呢? 心里怎么这么乱呀……一串串珠泪滚下来了。

"驾!"她喝一声,小驴跑了起来。她失意地跟着驴车,跑着,跑着。

车轱辘颠得叽里咕噜响,叽里咕噜,似乎在说,怨你自己,不早赶车。她下意识刹住缰绳,车慢了下来。身边稻穗向她摇着头,似乎在说:怨你自己,不早上集。她低下头,索性不去看。泪珠子又涌了出来。

"惠女,惠女回来了!"哪家的小青年喊她。

她抬起头来,见是自家的稻田。"呀,你们!? 饭店的小伙子。大个子,小刘……"他们都在这儿呢! 稻子已经放倒了一大片,他们每人手里一把镰刀,爸也站在他们中间。

"啊,你们?"她瞪着发潮的眼睛,吃惊而惶惑得半晌没说出句话来。

"你三天没上市,听说农村都忙着割稻子,今天来帮你,没想到走两岔去了。"小刘笑眯着眼睛说。

爸爸脸上溢着笑意,大个子一直没抬头。"刷刷"的声音传出很远。众小伙都哈腰去割。他们真行,什么时候练的。

"愣在那儿干什么? 还不家去告诉你妈打鸡蛋水。"爸对她说。

"大叔,不用了,马上割完,我们早些回去。明天是大集,下午回去准备准备。"大个子终于站直,汗珠子滑在脸腮。

"大伯,明天叫你家小秦到我们饭店工作,你同意吗?"小刘问。

"您让她去吧,她手头快,我们饭店就需要这么个人,每月可发工资四十五元。家里有什么活,她可以请假。"另外一个小伙子恳求道。

惠女爸笑着说:"我可信不过你们,要是折了本,俺也不要那么多钱,给二十元就行了。"

"大伯,你就放心吧!"大个子割完最后一把稻。

"我们走了。"众小伙子喊。

"你们一口水也没喝呀。"惠女爸不安地说。

"没事儿,大伯。"他们每人一辆自行车,镰刀夹在车架上。她一时不知所措,待爸爸赶走驴车,她猛然想起红花塑料包,急忙去车上拿。

"小秦,送送我们。"小刘喊。于是四个小伙子留下一串诡秘的笑。蹬上自行车走了,只留下大个子。

她向飞走的小伙子们投去感激的目光,这帮小鬼头,心眼真好。

"小秦,你……"大个子唤她。

呀,大个子,我的大个子,她心突然狂跳起来,脸也红了,向他挪着步子,眼睛只看地皮,看他的双脚,她忘了晚上她是怎样鼓励自己要抬起头来,看他的脸,眼睛。

"他们真好。"他望着小伙子们的背影,轻声说,"是他们一致要你到饭店干的。"

"你不要?"她扬起头来。

"我怎么好意思先开口?"

啊,原来……大个子,你,好一个城里人,这么没出息,叫俺……她双手一下捂住脸,哭出声来,是委屈,是喜悦,是……

"小秦,你……"大个子摸不着头脑。

她搓着眼睛,慢慢抬起头来,把红花塑料包捧在胸前,"俺,给你织的毛衣。"她刚扬起头,看到他的嘴巴,又羞涩地低下头。

"小秦,我有,你留给你爸爸穿吧。"

"你,你有,谁织的?是水芹子还是黄娟?你不要俺的?"她嘴唇颤抖了,双眸盯住他的眼睛。

"不,小秦,你怎么了,不是你织的,谁的我也不要。我是说你家也不宽裕啊。"他双手握在一起,摁在心口。他也激动了。

她眼里噙着泪,"你收下吧,你为什么不向俺要'水花村姑娘'头像?俺就等……"她说不下去了。

他经不住柔情的冲击,一把把她抱在怀里,只是,他太高了,看不见她的脸。他俯首看着她那头乌黑的俊发,"惠女,你早就印在俺的心里,水花村少女,早就在俺心里了。"

两颗激跳的心紧紧依偎在一起。

突然,她猛地推开他,两手捂着脸转过头去,臊得使劲咬着嘴唇。

"小秦,我明天上市里办学习班,两个月,到饭店你一定好好干,我相信你会干好的。你一辈子都给我当下手,啊不,将来你手艺强,我给你当下手。"

她笑了,幸福地笑了,"天凉了,你把毛衣穿去,俺就干两个月,替你班,等你回来,俺还卖豆腐,做少女头像,做得更美更美……"

一缕风从对面吹来,仲秋的风,依然那么爆热,像一团火,吹到他们的脸上,也吹到了心上……

1983 年《海燕》第 9 期

沙包甸的姑娘

水稻薅第二遍草,是最累的活。常常五指扎下泥里半尺多深,四肢着地一步一步往前挪着,汗珠子从脸腮往水里滴,稻叶划在脸上火辣辣疼。每薅一垄,都要挺起腰,站直一会儿,长长舒一口气。清风拂着面颊,汗水在额角发凉,望望又薅了一垄,往边上数越来越少,浑身就涌出一股劲,于是就接着薅下一垄。这样薅着薅着,挨到地边,心里才透了亮。一天,两天,三天,终于薅完了。

大片大片的稻田里,不再有人进去。青蛙这时节叫得最凶,都大胆地跳出水面,或聚在田埂边,咕哇咕哇地叫个不停,所有生活在稻田里的小虫,也都开始活动了,一忽儿爬上毛茸茸的稻叶,一忽儿又扎进茎心,偶尔也蹦进水里。它们不再怕有人来惊动,它们知道不会有人来惊动。第二遍草薅完,农闲了。

整个沙包甸都进入了农闲的季节,但沙包甸人们的手却不闲着。特别是女孩子们,薅田时她们腰软,薅得快,洒的汗水最多,农闲时又要做针线活。

沙包甸坐落在西山脚下。它的东、南、北是一望无际的稻田。街上,一排合抱粗的槐树。村边有一条不缓不急、长年流水的小河。屡经风沙雨水的剥噬,这里的山脊、稻田、树林、小河,却没有多大变化。

就像多少年来,沙包甸总是有两个"出名":一是稻米出名,这里的大米做饭,油亮、喷香;二是这里的姑娘出名,她们规矩、稳当、勤劳。早些年,沙包甸的姑娘就兴缝手套,是到县里一家针织厂取来的活。一副手套三分手工,一个月可以缝二百副,挣五六块钱。这里的姑娘,不到临出嫁那年,在队里挣的钱是不许自己留的,唯有缝手套的钱,属于她们自己。她们手里有了零钱,就可以偷偷去买女孩子常用的或喜欢的东西。

沙包甸祖辈相传,女孩子们针线活做得漂亮。县针织厂验收沙包甸缝工的活时,发现个顶个缝得好,手套摆弄得棱是棱,角是角,也就格外喜欢录用沙包甸的姑娘们。这样一来,沙包甸茬茬女孩子,既是庄稼人,又都是缝工。缝手套已经成为她们生活中不可缺少的内容。闲起来不好受啊!她们从来不串门,吃完饭不一会儿就安安稳稳坐在自己家里缝。茬茬如此,家家如此,都不例外。往常农忙时,白天随大帮干活,和小伙子们在一起,有一说一,有二说二,从没有闲言碎语。谁要是无意中在男人跟前说了句不中听的话,大伙眼睛一斜,"啧!"似乎就失了姑娘的尊严。沙包甸少男少女在一起干活,像两个闷葫芦绑在一起,天天撞,天天不出声;谁也不懂得谁,谁也不暴露给谁。

到了该结婚的年龄,她们哪个也没剩在家里,都走了。听说沙包甸的姑娘出了门子,没有一个不是贤妻子、好母亲,家庭都很幸福。

清儿也和沙包甸的每茬姑娘一样,一闲起来,就缝手套。所不同的是,清儿这茬,没拉大帮在一起干过活。她昨天薅完最后一垄草,今儿一早爬起炕,咬几口油饼,就拎着小花褥垫和小板凳,拿了一打手套,坐到门口槐树底下缝起来了。

"喂,起得早啊。"冈上刘小川手里拿着手套,坐在自家门口,朝清儿喊。不用清儿招呼,小川就甩开小辫,提着小板凳跑过来了。她俩都是刚毕业的高中生，才干了不到一个月活，正赶上四季活中最累的季节。沙包甸的这茬毕业生，不像前几茬，上工有活没活都要熬钟点，没个闲时候。清儿小川她们不了，下地干活累一阵，一闲就是十天半个月。只是她们不愿坐在家里缝。下地干活是自个儿，闲起来又是自个儿，多闷、多没有意思呀。可她们姐姐那时，没听说到外面缝过手套。奶奶和来看她的舅父、姑父们唠嗑，三句话不到头，就夸起姐姐来。"喏，看我大孙女怎么样，可稳当呢，从来不往人群里凑。"清儿知道，这茬姑娘也和姐姐她们一样，规矩，稳当。可是，在家里嫌闷，到外面坐坐，就不是沙包甸的好姑娘吗？清儿嘴里抿着线，纫上针。她缝手套不太熟练，念书的时候跟姐姐学过，可是一拿针手就出汗。妈妈说这叫出拙汗。手拙才出汗。她相信有一天，手就不出汗了。清儿学着姐姐，用一条小铁片撑在手套腰和掌扣之间，一针就穿准。小川没用铁片，缝起来显得慢些。清儿用眼睛不时扫着小川，心中渐渐滋长出一丝快感。一会儿，小川放下手套："歇一会儿吧，咱们不缺吃不缺穿，干吗那么急眼！"

"啧，姐姐她们单是为了钱吗？她们不也是这样缝手套吗？"清儿看一眼小川，穿了一针，稳稳当当地说。小川叹了口气，又拣起手套，穿一针。她不会使铁片，是用左手食指伸在腰与掌之间。清儿说："明天叫你哥哥给你剪块铁片，罐头盒盖就行。"小川点了点头。过了一会，小川动了下嘴唇，似乎想说什么，终于没能说出来。她不知不觉又停了手中的活，痴呆呆地望着西山。山上长满密密匝匝的松柞树。小时候，她和清儿常跟哥哥姐姐到山上去。一到山上，小川就撒野了，自己绕着树枝去捉花蝴蝶，钻到草丛深处去掐一大把野蔷薇。一次，走着走着，哥哥他们不见了，只见对面树上一个个大豆虫从肥叶上往下爬。小川眼瞪得溜圆往后退，四周静幽幽，越看越害怕，哇一声哭起来。接着，从树林里传出咯咯咯的笑声，清儿、清儿姐姐、哥哥都跑出来。哥哥拔了一大把酸姜，分一半给小川，分一半给清儿。不知为什么，哥哥那时对清儿特别好，在山上弄点好吃的,总多分给清儿,还时常撇下小川,拉着清儿的手。后来她知道,哥哥嫌她长得丑,"丑样,怎么寻思长的?"小川常因此赌气:"清儿俊!你喜欢清儿,长大了你娶清儿做媳妇吧……"沙包甸孩子们的童年,大多是在山上度过的。那里有树,有花儿,有野果,有大个的豆虫……啊,美好的童年,被时光无情地打发掉了。她们十五六岁的时候,就不再上山了,长大了呀,大人要有大人的做派。沙包甸的每个姑娘到了这个年龄,都开始把童年的梦扔在山林里,加入了大姑娘的行列——学规矩,稳当……

小川望着西山那片绿荫荫的树林,再也憋不住:"清儿,明天咱俩到山上去缝手套,那里风吹树叶响,多好听啊,包你手套缝得快。"

清儿的手立即不动了,眼睛盯住小川:"真的?"她振奋起来,双眸射出少见的光彩。

"你不记得小时候上山玩吗?哥哥就喜欢你。当时我真恨哥哥,上山玩时老拉着你的手。"

清儿咬一下嘴唇:"小川,咱下午就去,你不说听树叶响就缝得快吗?嗯,一定会快!"

小川乐了。过一会儿,她收住笑。被人知道,会不会说我们不规矩,不稳当?管它呢……长时间来,一种无形的东西总在偷偷地撞击着她,由不得人,压不住啊。别的女孩心里会不会也有这种东西呢?看她们表面上很沉稳,内心里稳得住吗?

清儿默默地安慰着自己:上山是为了缝手套快呀。姐姐在家时,每天上工,还能缝十副,我一定要超过姐姐。上山去缝,风在手指缝里乱窜,手就不出汗了,就缝得快了,就是像样的沙包甸姑娘了……日头爬上头顶,天晌了,她们各自回家去吃饭!

三伏天的正午,日光撒泼地燎着山脊,仿佛要把草木燃着,把大山烤化。幸亏山上有点风,树丛里苍翠的松柞,像泼了绿墨,绿得那么浓重。

树下的小草,紧紧密密地拥簇在一起,偶尔也有几朵小花从草丛中探出头来。往山上去没有现成的路,只得拣树缝里穿。清儿走一会儿又回头望望,越走心里越不安宁。路走出这么远,又钻进了这样幽深,不知底细的树林。一个姑娘家来到这荒无人迹的山上,疯疯癫癫的像什么呀,多荒唐!越走,她心情愈加飘飘忽忽,似乎做了什么见不得人对不起人的事……都是小川引的头,叫自己上当了。清儿后悔莫及,把责任推到小川身上。她们走到半山腰一块周围被松柞围起来的平地,树叶草梗厚厚实实覆盖在上面,松枝在头上交错着,遮住射下来的阳光。清儿就势坐下来,小川也坐下来。"啊!"她俩一齐喊,小川把手套往地上一扔,"真好啊!"沙包甸的稻田分不出块块,像一张无边的地毯,从遥远的地方扯到山根底;稀稀密密的房屋显得那样渺小;沙包甸显得那样渺小;田畴小道蜿蜒在绿野深处,被绿野淹没了去向。清儿心胸顿时开阔起来,刚才的惆怅早已飞到九霄云外。她铺上小褥垫,抿开了手套线,有意瞥一下小川的褥垫儿,见是一整块大红花布做的。清儿的褥垫是姐姐留给她的。据说,姐姐在家的时候,这个褥垫是全村谁也不敢比的。它用各色花布角,对成一个整体图案,像楼台仙阁,深色的石柱瓦壁,淡色的底边,现出立体的层次。

"呀,像电影里花园的小亭子。""什么小亭子,是岳阳楼,范仲淹描写的'岳阳楼'。"读过高中的女孩子反驳道。于是,村子里那茬姑娘的小褥垫都大为逊色。沙包甸的女孩,下学第一件事就是做小褥垫。每个人都从妈妈的包袱里翻各种花布角。有的妈妈岁数大,三十几岁就梳髻,当年没穿过花衣服,包袱里除了蓝就是黑,气得女孩子要掉半宿眼泪。不过她们都有个琢磨劲。用黑布角剪成三角形,对一串立体三角块,用蓝布角作底色,做成的褥垫儿也很有特点。妈妈年轻、妹妹又多的女孩子最得意,她们的褥垫内容可丰富了,有红花,有绿叶,有小鹿,有小兔子……可是,谁也不肯把自己满意的作品拿出去比试比试,她们怕别人的东西比自己的好,当场下不来台;也怕自己的东西比别人强,不忍看别人那不自在的眼神和脸色。清儿并不满意姐姐留给自己的褥垫,那终究不是自己的手艺啊。她对小川说:"我要自己做一个,比姐姐的还要好。"可是小川根本不理会,也不着急缝手套,她用手套线把头上的松枝往一块绑,严严实实挡住光线,清儿却认真地缝起手套来。风来了,整个山林都动了,肥大的叶子摇摆起来,凉爽的气息从树缝间透过来,清幽得叫人心醉。清儿把针穿上,没有拉线,停下来,追逐着风向,看着它从山下的稻叶尖上掠过,直奔沙包甸。

她望见家门口,那块属于她家的地,眼睛里出现了自己四肢着地在那里爬着的情景。一个月来,总在那里,那是十五亩地呀,就她和爸爸俩,插秧,施化肥,薅第一遍草,薅第二遍草。毕业以来,爸妈多么高兴她能干,又不叫苦。"清儿还行,我没想到,干活跟上她姐姐了。"晚间,外屋里爸爸悄声对妈妈说。现在,农闲了,妈妈知道,清儿会缝手套的。清儿早想过,多缝,缝了钱就是自己的。大学考不上,回家来,就得好好干呀,多攒些钱,等到结婚时……清儿脸红了,立即低下头,拉紧一针。小川像被什么勾去了心思,迟迟不愿动一下针。她折断树枝,编了一个草环,戴在清儿头上,接着端详着清儿,咯咯咯笑起来。一群黄雀追着笑声,飞向山野深处。清儿也随着不出声地笑起来。末了,小川凝望着天边的一朵白云,粗粗叹了口气,"哎,我缝了一副,你呢?"

"三副。"小川只是随便问问,一点也不为自己缝得少而懊恼。她一边收拾着手套,一边嘟囔着,真没意思,明天多叫几个人来。

小川挨家去叫她们的时候,她们先是吃一惊,而后低下眉,大概在想爸妈会不会干涉,最后,摇摇头。小川十分扫兴。可想不到,今儿通往西山的小道上,不约而同地聚拢了一群姑娘,个个腋下夹着个小包袱。村里岁数最大的姑娘玉善也来了。小川没去找她呀。她说她不放心这帮孩子气十足的姑娘上山。真的不放心吗?她是个有志气的女子,曾两次参加高考,两次都只差十几分。她学什么像什么。村里姑娘结婚时要穿自个儿做的花鞋。她做鞋最漂亮,和她同龄的姑娘出嫁,都找她剪样。老人们说她:"光给别人做,多咱能轮到你自己呀,都快成老姑娘了。"她腼腆一笑:"不急!"就凭这"不急",就没有人敢比。现在,有这样的女子领着上山去,女孩们胆儿更壮了,心里更踏实了。

天气暴热暴热,空气里像流了火,稍一活动,脖颈里就流成一条汗溪。偶尔也有小风吹过来,玉善抖抖衣领,松开一个扣子,让风流进去。每人也都松开一个扣子。接着,都从自己的手绢包里拿出手套、小褥垫。清儿把褥垫儿提在手中,像是没找到地方坐。

"这不有地方吗?"小川不知道清儿的心意。大伙把目光集中在清儿的褥垫上。

"哟,做起来了,真不熊。"到底玉善岁数大,理解清儿的心。姑娘们都偷偷瞅着自己的褥垫,和清儿的对比着。清儿的褥垫果然挺艺术的。在学校时她英语学得好,觉得英文字母好看。现在用纯米色条绒,在纯黑条绒底色上托出"future"(未来)的字样。多别致呀!她整整构思了一个月。女孩子们都咬着嘴唇。清儿心里得到安慰,于是坐下来,摊开手里的活。上午缝手套,玉善最快,清儿第二。玉善一边缝,一边讲故事。都是些老掉牙的笑话故事。但这些女孩子毕业后第一次凑在一起,故事再老,她们也都认真听。每个人都老早儿酝酿情绪,约摸快讲到好笑的地方,她们大眼瞪小眼,故意闭着嘴,鼓着腮,做出憋不住笑的神态。终于有一个引头笑了。"轰"一声,山林沸腾起来,她们周围的每一棵草,每一片叶都受到她们笑声的冲撞,发出欢快的声响。不管每个人心里隐藏着什么不快,都笑得那样开心,那样无拘无束。在家里从没有这样笑过呀……她们这才感到,外面真好!女孩子们在一起真好!生活真好!

只有小川不缝手套,她扒开树缝,不知在瞧着什么,久久不回转身,是不喜欢听玉善讲故事？不会,虽然她俩上午闹了一阵不愉快,可是后来,玉善讲故事仍是小川笑得最响。早上,小川一到山腰,就喊:"哎,快看,看火球滚出来了。"

"小川,神经病吗？"玉善摆出大姑娘的威风。

清儿和姑娘们马上收回被小川引去的目光,拉开针线。她们自己也奇怪,年年月月,日出日落还没看过吗？小川好一阵没说话,瞪了玉善一眼,似乎在说:"木头疙瘩！"但没说出来。

她终于坐下来。缝不上几针,又抬起头,东望望,西瞅瞅,似乎丢失了什么东西。清儿也总走神,总想去看滚火球,看一屈一伸的绿豆虫。可每抬起头,就又马上低下来,生怕别人发现了自己的不安稳。

风越吹越小,只剩下姑娘们的额发在摆动。玉善仍说她的笑话故事。清儿抹一下前额,发现小川仍一动不动地站在两棵松树之间。突然,山下一声哨响,大家都抬起头来。怪,荒山野岭,哪来的哨声？

"吹哨?!"不知谁说。小川聚精会神地朝山下看。清儿忍不住,狠狠心放下手中的活儿,也顺势往下望。哟,一帮小伙子在打球！那是一块很大的场地,在山脚下往北走的那块草坪上。这块草坪,历史同沙包甸一样悠久。可是,这块白色运动场,他们什么时候开辟出来的？看着看着,清儿禁不住浑身一抖——他们都穿着裤衩。回头见玉善她们仍在缝,她似乎立即感觉到了什么,马上转回身,坐在原处,拿起针线。

"哪来的哨声?"不知谁又问。

"山下边,有人在打球,是咱队的。"清儿没好意思说出来是十几个小伙子。

"咦?"玉善停下来,姑娘们都停下来。打球？沙包甸有过这样的事吗？

"哦,怪不得,弟弟这几天吃饭都没心思,就因为这个?!"玉善自言自语,放下手套,也跑到小川站着的地方。见玉善站起来,女孩子们像被解除了一种无形的拘束,扔掉手套,蓦地站起来,拥拥挤挤跑过来。

看清了,他们光着膀子,穿着裤衩。玉善脸羞得通红,立即转过身去。清儿没有小川的胆量,也跟回去,于是,女孩子们都回来了,眼睛直直盯着自己的小褥垫出神……谁也不再感到清儿的褥垫怎么好,都郁郁不乐地坐下来。

又是一声哨响。玉善不动声色,针依然活动得很快。空气顿时紧张起来,姑娘们眼珠子都停在自己的手套上,一动不动。清儿总想往下望,却什么也看不见,一群小伙子的身影在她眼睛里乱转。她故意多看几眼玉善缝手套,强迫自己去想沙包甸的姑娘都应该像玉善那么规矩、稳当,可是,她什么也想不起来。她紧紧闭上眼睛,仍然是小伙子的身影,还有小川的哥哥。啊,真的? 她睁开眼睛……

"小川哪去了?"清儿突然发现小川不见了。大伙都去寻觅小川的背影,可是树叶茂茂密密,什么也看不见。玉善接着讲她的笑话,大家谁也没有笑。见小川长时间不回来,清儿说不出心里什么滋味,一种从不曾有过的感觉袭击着她。这是什么东西? 小川身上总有这股子东西,玉善有吗? 其他姑娘有吗? 她双手压住心口,目光投向山下,却被可恶的枝叶挡住视线。她恨不能放把火把山坡烧秃,任她目光射出老远。一种难耐的欲望生在她的心头,那么执拗,那么强烈,那么不可阻挡,她终于找到借口:"我看看小川上哪去了。"

可是,小川回来了。清儿愣愣地看着小川,一屁股坐下去,下嘴唇咬出血紫色的牙印。

"玉善姐,山下喊咱们去,"小川脸上闪着红光,"清儿,我哥哥也在山下。"

"是吗?"清儿再也左右不了自己。她脸腮浮着红晕,双眸闪光,嘴角微颤,抖动着的双手从心口挪开,用力扒开树枝。

"喂,下来玩呀! 下来吧,别总往钱眼里钻了——"一个尖细的声音顺着流荡的山风,绕着波动的叶片,飞向山腰,在她们头上回旋。

"只知道钻钱眼的姑娘我们不要,我们要会谈恋爱的——"寂静的山野,被一个爆炸了的声响震破,女孩子们的心剧烈地抖动起来。

"野小子,不要脸。"玉善轻轻地骂了一句。

清儿望着山下,半晌喘不过一口气,双手无力地收回来,目光直射玉善,末了,也随着骂了句:"不要脸!"但她感到嗓眼像被塞了铅块,脸腮火辣辣,眼窝潮乎乎。

"真不要脸!"姑娘们都跟了一句,声不大,就自己能听见。

小川的脸色暗淡下来,折断一根树枝在手里捋着叶子,叶子堆了一地,又折断一根松枝,用牙啃着树皮……玉善和往常一样,仍缝手套,但她的手在微微地发颤,脸颊通红,双唇紧紧合成一条线,似乎企图憋住鲠在喉头的千言万语。手套,小褥垫,冷冷地掉落在草地上,第一次被沙包甸姑娘冷落,不再有人动它,不再有人欣赏它。一种从未经验过的怅惘包围了她们。山腰静得出奇,挺长时间没有风吹来。在整个大山里,时间和空间,仿佛在无声中积蓄着一种力量。身上长着红花纹的小虫顺着树干往下爬,像是在烦闷中寻着什么,爬了很久很久……

"有什么好玩的!"玉善不知不觉迸出一句。

"我……不去。"清儿支吾着。

"去干啥?"姑娘们生怕落了后。

小川觉得自己被什么包围住了,空气十分沉闷。

太阳滑过山尖,林间光线暗下来,热度明显下降。她们眼睛盯一会儿自己的手套,盯一会儿小川,等待着她做出什么决定。

"下来呀——"喊声又从树缝之间,树梢梢上窜出来,依稀就在眼前。

"我去!"小川终于说出来,语气那么坚定,声音那么响亮。她顺手把褥垫甩出老远,小褥垫像一只飞蝶挂上树尖,枝叶相互碰撞着。她径直朝山下走去。

十几颗心被震住了,目光一齐投向小川,似乎在说:"啧啧,这哪像沙包甸的姑娘?"

清儿摁着心口,眼泪在眼窝里打转。

玉善再也缝不下去,手套扔在地上,目送着小川的背影,又凝神地瞅着沙包甸的稻田、房屋。她才觉得,稻田那么空旷,房屋那么寂寞,像古童话那样古老,那样遥远。她不敢想象,沙包甸的祖祖辈辈,怎么能这样生活下来。

大家默默地站起来,谁也不说话,默默地朝山下走去。

田畴小道那么长。

沙包甸的夜那么长……

迷蒙的晨雾渐渐飘散。哦,沙包甸醒了,西山醒了,在呼啦啦的晨风中醒过来。

日光照射着葱郁的树丛、野草、山花,露珠在上面闪动。山半腰的空地上,一个人也没有,十几张小褥垫湿漉漉扔在那里,小川的褥垫儿仍然在树梢上晃动。一只小黄鸟从树丫蹿上树梢,叽叽喳喳地叫。忽然一串串爽朗的女孩子的笑声从山脚下飞向山腰、山顶,伴着清脆的哨声,引起树叶一片骚动。

小黄鸟向山下探着头,突然,像发现了什么秘密,吐出衔在嘴里的小虫,"噗楞楞"穿过树荫,向沙包甸飞去。

1983 年《芒种》第 2 期

春映河,偌大个河流

"瓶儿,看看,房后河岸骑车往东去的,是不是小阳他爸,你酒罐子大叔?"

"没看见,妈。"

哎,真没用。真没有。妈看见了嘛,大个子,宽肩膀,红脸膛,在自行车上,慢慢悠悠,从房后树丛里,春映河岸那条被车辙压平压直了的小道上,骑了过去。妈看见了,是他,准是他,向门里望了望,望见了妈,然后扭转头,过去了……

她把抹桌布扔在锅台上,撩起围裙。后门"咚"的一声摔进去,碰在碗柜角上。红叶草尖上的露珠陡地流进脚丫缝。

"大嫂,踩露望什么呀?"

"哦,不……没……"

望见了,那个身影渐渐变小,变成一个灰点,在春映河下游消失了,朝霞伸向大地,伸在春映河的下游,那里亮极了。河两岸等待收割的、已经熟透了的庄稼,已经不再是朝雾缭绕的灰蓝色,而是跳跃着红黄交织的光束,一望无际,像宽阔的河面一样起伏不定……说不清是庄稼婆娑起舞的声响,还是河底沙石在哗啦啦滚动,她的耳边传来一串串奇妙的声响,像似谁在诉说着不尽的话语。

"竹梅,发啥呆呀。""吃饭了吗?""……"不断头的工人,从每个农家小院汇入这条路,不断头的问话。这个村离镇上近,工人多。

她用微笑回答了问话。发啥呆呢?她怎么说好呢?她不知道,她只觉得人生真是奇妙,像那一串串奇妙的声响诉说的一切,似懂非懂。她折回身,迈进自家的后门。哦,早晨真好,尤其今儿个早晨真好。

"瓶儿呀,我看准了,是小阳他爸。"瓶儿瞪着奇怪的眼睛望了好一会儿,背他的书包,上他的学去了。嗨,孩子,孩子哪能懂得大人的心思,他得念足了书,长成了人,才能……她深深的眸子里有一种东西在闪亮,在燃烧。从昨日起,她觉得她的心境有点两样,她觉得内心像敞开了一样亮快,日子像喝汽酒一样有瘾头。(她原来不沾酒的边,现时哪家喜日子,桌子都放上两瓶汽酒,她喝上了瘾。)刚才,她看准了小阳他爸从她房后过去,一种压抑不住的欢愉立即跳上眉梢、嘴角、指尖,抹布在她手中飞快地舞动着,上下,左右;锅台、锅盖。那种潜在的动力,情绪上最高级的营养品是什么,她说不清楚,不知道。咯咯咯,老花母鸡从下蛋窝飞出来,她随着鸡叫的尾音哼起了儿时学唱的歌曲。她嘴角的笑纹,像一条悄声流淌着的溪流,默默地涨溢着,奔涌着心底无数的秘密。她嫁到春映河岸九个年头了,她在这里长了不少见识,可是,她心中还是有无数个小包袱,很难解开。解开一个,是春天,她就觉得春天对春映河岸偏了心眼,她会闻到河岸上飘起了草花粉淡淡的清香。谁说青草没有花,她说青草有花,又有粉,只是别人看不见,她能看见;她心中的小包袱解开一个,是秋天,就觉得秋风从地底下,把已经被苞米吃得剩下不多的,暖熏熏的粪的气息吹出来,她又会闻到那粪中弥漫着的土地固有的香味,耐品的香味。她心中的小包袱有的也解不开……她常常在晚上,做完了活计,不再想什么心事的时候,眼睛瞅着额角渗汗、鼾声甜甜的瓶儿,无边无际地遐想着。她常对瓶儿说,她是嫁给春映河岸的。瓶儿不停地眨巴着眼睛。他不懂——妈不是爸爸用马车接来,给爸爸做饭的吗?那是爸爸告诉他的呀。怎么说嫁给春映河岸了呢?是的,小学课本上没有这些,中学课本也没有,这些都是她从春映河岸知道的,都是她那遐想的结果……

她依旧在微笑,一个敏捷的动作把抹桌布挂在门闩上,这是挂抹布最好的地方,又隐蔽,又上干。她解下了围裙,站在镜前,那一弯一弯的秀发也像在笑。她咧开的嘴唇、牙齿,没一会儿又闭上了。只让笑挂在脸上就够了,还是不要太得意,有这样最乐的时候,就有叫你最烦恼的时刻,她想。她用梳梳着头发,她的头发自来钩,闹扬扬的,一点也不好梳。河北岸和自己最要好的柳嫂在河里洗衣服,当着那么多人的面说:"瞧竹梅那头发,也不是个顺丝顺缕的人儿。"这话是什么意思?不知道。也许是说自己倔犟,也许是说自己心眼多,也许什么都不是。当时,柳嫂西门外号叫"干干鱼"的干二娘接上了话:"听我娘家奶奶说,钩钩发,走三家。"听完这话,她脸霎时变了,装也装不出笑容。她什么都可以忍了,唯独这话她不能忍。丈夫好模好样的,到外地去包工建房,说这样不吉利的话多不好,我走这一家就走定了,干吗要走三家……可是过后,她总为那次自己脸红脖子粗而后悔——说就说了呗,那命运当是她定的,她说咋样就咋样了不成?闹得现在见面都不说话;闹得她晚上闲起来的时候,坐在树下,望着河对岸西门出神。没有这回事的时候,眼睛对着对岸的门窗,对岸的地块,对岸远处的山脊,心里稳当当的。可现在,不用提醒,眼一触到对岸,心里就咯噔一下。有时洗衣服又碰到一块堆儿,跟干二娘她们话说得再热闹,心里也是凉的,那是一块心病呀。咳,自己也没个记性,这样的事儿已经经过一遭了。去年春上,她放马走过干二娘家苞米地头,马吃了干二娘一棵苞米苗,她生气不说生气,说了这样一句:

"哟,放马还穿那么漂亮,大沟边有等着的是不是?"她火了:"干二娘,你说话少耍邪,损人格。"干二娘见景不妙,赶忙改嘴:"我是说你掉魂儿了,牲口吃了苞米苗都不知道……"瞧,这样的话她不这样说,偏偏闹个笑话,不好说笑的人,受不了,就恼了。一恼好多天。事过以后,她常常怅然地站河边,盼望能有一个偶然的机会和干二娘说上话,可是到底还是干二娘先和自己说的话。一天傍晚,"吃饭了?""吃了!"顿时,一股激荡的浪潮从河对岸涌来,她觉得这声音,是那样亲切友好,饱含着一种叫人感激不尽的情意。她望着西山眼看就要吞没的火球,那山北背影里雾霭霭的树木,心里想,这春映河岸多美啊,我——我是嫁给春映河岸的,我不再和这里的邻邻居居闹别扭啦!想到这里,她越发恨自己记性太坏,她发狠要记着,保准记着,不管对什么样的人,什么样的事,都忍着,让了别人就是宽容了自个儿……

此刻,她手中的梳在头上不动了,脸上表情也恍惚起来,笑也不是,不笑也不是,终于,她还是笑了。

阳光透过玻璃窗户,把窗影斜斜地滑在门框上。河对岸传来小猪嘎嫩嫩的叫声。她猛然记起,自己的猪还没有喂。她又拿起围裙,把小捅拎在手里,去窖子里舀糠。糠不多了,这是瓶儿爸在家时托人买的。瓶儿爸出去干了三天瓦匠活,没要工钱,不几天,人家就把糠给买来了。人,是得互相帮助,你敬我一寸,我敬你一尺。就像小阳他爸……她又为心里那件事而得意——

圈里的猪一天天长大,可是,弄不到允许卖猪的凭证。生活水平提高了,又出现新的矛盾。村上家家户户的猪都够了分量,可是一个村上只给五个卖猪证。她没摊上。猪卖不出去,耽误了年猪长,喂猪的糠眼看就没有了。她急不出办法,一个劲念叨猪卖不出去可怎么办。每天都要找瓶儿上学的小阳上了心。第三天,小阳跑颠颠进屋,"大娘,卖猪证,我爸给你要的。"她吃了一惊:小阳他爸?他爸能给自己要猪证?他是干部，有门路。可是，他怎么会给自己要猪证？这是真的吗？"我爸叫你明早七点把猪送去。"是啊，小阳他爸，那个酒罐子，嫁到春映河岸来从未见过面，可在她的记忆里，他最坏。她想起了她家乡的那个湖……

金灿灿的落日照着灰幽幽的湖面，她乌黑的发辫解开来，放到暖融融的湖水里。"咚"，什么东西滑到脚边？一块香胰子！她抬起头来，哦，她顿时愣住了，"他……"来村上蹲点的青年辅导员小刘！哟，他这么快也知道自己喜欢香胰子了！小时候跟妈要香胰子洗澡，挨了妈妈几顿打，村里的小伙子、姑娘们总愿拿这件事开她的玩笑。小刘准是也听到了这个故事。她的脸红了。她慢慢站起来，发梢上的水珠吧嗒吧嗒往下滴，浓绿的水面泛起涟漪，向深褐色的岸边扩散开去，整个湖畔被晚霞染成金黄，渐渐变红、变紫、变灰，对岸山顶浮云朵朵……从那天开始，一个粗粗的男中音，时时回响在她的耳畔——"香胰子，我知道你喜欢香胰子，二蛋告诉我的。你就是香胰子。"他是一个清瘦而白净的小伙子，说话很轻，使人感到亲切。他说他一到村上，就对她……她有些害怕，且又有些欢喜，她提心吊胆地站在那里。以前有很多人向她抛香胰子，可是，没有人有他这样一双眼睛，叫她心里发烫；她也从来没有感到像那天那样，内心充满无限神秘的快感。她在那块不大的湖面，发现一只藕荷色翅膀的小鸟，它唱呀，跳呀，扑闪着它那美丽的羽毛。这块湖面连同这几百亩土地，从不曾飞来这种鸟。她和他相距五尺远近地坐着，深情的目光久久地凝视着湖面，凝视着那只藕荷色翅膀的小鸟。

她一个农村女孩子，第一次有了这样浪漫的生活内容。

又是黄昏时分，东天升起的月轮在没有消逝的日光里，仿佛一块毛玻璃镜片。他来了。这次，她大方些，他俩的距离只有二尺远。突然，一个人出现在他们对面。她认得他，他是辅导员们的头头高万，她慌忙低下头去，她恨不能叫大地马上裂条缝，让她钻进去。小刘含含糊糊地说道："组长，你……""你为什么还不离去，简直是胡闹。""组长，我没胡闹。""说谎,还不赶紧走!"小刘咽了一口气,独自钻进湖畔芦丛。高万使劲瞪着眼睛,这双眼睛,似乎在洞察一切邪恶;这双眼睛,她现在还清楚地记得,饱含着敌意。她忘记那天晚是怎么走回家的。进家门,她不敢抬眼看家里任何人,一个人躲进闺房偷偷地哭了起来……过了几天,有的说小刘调走了,有的说小刘被打发回家了。还好,高万没有把这事张扬出去。后来,她每想起那个傍晚,脸就像挨了巴掌,忽一阵热上来,心也乱翻乱搅地难受。她不知为这事掉过多少眼泪,从那以后,她再也没有看到小刘。她那颗少女的心第一次被冷漠,也是第一次被揭开来体察现实的人生。她复又每天站在那余晖掩映的湖边,出神地望着远处,望着远处可以望得见的地方。世界真大,人真小;不,人真大,世界真小。她想。

嫁到春映沙河,没想到竟是当年那位高万的家乡。丈夫和邻居们议论说,高万是公社里最有才能的一个干部。没多久,就被提为第一把手,和一个党员、大队妇女干部结了婚。近几年,他身体渐渐发胖,成了远远知名的酒罐子。在娘家的时候,琐碎繁重的家务活和苦重的大田劳动,使她对那些不愉快的往事渐渐淡忘,也忘记了高万。现在竟然和高万一个村,她心里不安了。她从心里恼着他,她从不到后街去,她不愿意看到他。她也从不跟别人提起这事,全当不认得高万这个人。她本是不愿见到他的,可当听说他上班不照她家房后的近道走,却偏偏走远道时,她更加恼火了。她心里骂道:小样儿,当我愿意看你吗?瞅你当年那架势能打一辈子光棍。哼,老天不长眼,真该让你钻一辈子跑腿窝棚才对……现在,猪票在手中,她的手在微微抖瑟。不知怎么,那些记恨竟一下统统无影无踪。她仿佛觉得,一瞬间,天新地也新,觉得自己像得到什么东西一样富足。她心里暖烘烘的。怪,多怪呀。这是为什么?她有些莫名其妙。第二天也就是昨天,卖完猪后,她到菜地里拔完菜,又到苞米地四下看了一遍,返回家来,把卖一头猪必须买回来的猪头刮了又刮。瓶儿一大早就对她说:"妈妈,今天晌午烀猪头吃,我就愿吃靠猪牙那一块儿的肉,还有鼓溜溜的眼睛。"现在,她的耳边又响起了瓶儿的话,带着浅笑的红脸蛋失去光彩了。瓶儿,妈不愿意把肉留给你吃吗?可是人家小阳他爸帮了咱大忙,咱能短了人家的人情吗?虽说猪头不值几个钱,也要让他知道咱讲情理,咱不是那般小见识人。就是你爸在家,也能同意。她的眼睛潮乎乎的。瓶儿,你要懂得妈的心。可是,当妈妈的心,只有妈妈自己知道,她想。她把猪头放在筐里,理了理衣角和袖口,准备去小阳家。到春映河岸九年了,第一次到这后街来,她感到一切都那么新鲜。望见了小阳家的小院——这个陌生的小院,她心里不知怎么狂跳两下,她觉得她仿佛在做一件什么了不起的事。小阳妈常给她们开会,可她从没和小阳妈搭过话。小阳妈长得不俊,但她叫你看一眼还想看一眼,又有好口才……小阳妈见她站在门外,跑出来亲亲热热地把她迎进去。"喏,这是干什么,这用得着吗,邻邻居居的,谁不帮谁呀。"小阳妈心眼真快——一下子看出了她的意思。她好像早就盼着她来,也非常激动。瓶儿妈从来没发现,小阳妈有那样一双泉水一样温柔、清澈,叫人感到亲切的眼睛。"你呀,你真是,你家孩他爸不在家,我们从没帮过,都怪不好意思。"小阳妈说到这,真诚地看着她,"竹梅,听我说,前天晚上,小阳来家摇他爸腿,说瓶儿家没摊上证,大娘直着急,叫把他爸在乡里分的证给你,俺家的猪等下次再送。这孩子真懂事,我们俩叫他说服了。竹梅,我们那个酒罐子真不是东西,前天晚上,他才讲了他那段混事儿。你不知道,他生来脸皮薄,说这些年一直躲着你,总觉得对不起你。他说自己当时头脑里塞满了那些乱七八糟的东西,像个蠢猪,一点也不懂得人的感情。你说他蠢不蠢?他又说,到了后来认识你的时候,才觉得以前真混,真恨不能给自己几拳,这一辈子心也不能安宁。这些年他一直没说这事,他隐藏了这么多年。这个死酒罐子,你说他多没有出息,可惜他那酒量,还当干部呢!……"小阳妈,真不愧是当了干部的女人,说的都是真诚话,多暖心,原来那猪票是让给自己的。妹子,你,你告你家兄弟,我不记着过去的事儿,不要叫他不安,不要……嗓眼里挤满的话,她一句也说不出来。她一时竟哑了口,心底一阵剧烈震动,脸颊也热起来,双眸盯住小阳妈,盯住她那双赤诚的眼睛……她觉得自己第一次这样狼狈,平常她的嘴也不是笨得了不得,今天怎么了? 是的,她什么也不能说,能说她曾深深恨着他吗? 能说她曾诅咒过他吗? 她在心里一个劲地恨着自己,什么话也说不出来。小阳妈硬是让她把猪头拎回去,可她说什么也不肯,眼圈都红了,见到这情景,小阳妈才把猪头留了下来。

她不知道自己是笑着还是什么表情,反正,从小阳家走出来的时候,她感到两腿轻飘飘,心里有一种说不出的滋味,似乎是酸楚中还夹杂着甜蜜;不安中还夹杂着兴奋,她觉得后街的上空也和春映河的上空一样明亮和亲切,"瓶儿,妈告诉你,你长大了,也一定入党,当你酒罐子大叔、大婶那样的党员。"晚上,她小声对瓶儿说着,瓶儿像似听懂了,使劲搂住妈妈的脖子。是啊,这不,他不再绕道走,他顺着春映河岸小道,向东去了,他还往她家里望了望。

哦,她嫁给了春映河岸!

园子里的芹菜水绿水绿,像是又长高了一些。她想到干二娘,没闹红脸的时候,常掰些给她,今儿个,是不是亲自送些去? 上次,是干二娘先跟自个儿说话;这次,自个儿应该主动些。她犹豫一会儿,又真的奔向地里。她下了决心,送去! 长时间别扭,太熬人。可是,掰着掰着,她就又想起柳嫂坐在她跟前说的悄悄话,于是,她内心翻腾起来,像吃了咸盐豆……

风从后门送进一串脚步声,她听出,是柳嫂来了。

"来,柳嫂,坐呀。"她赶忙迎进柳嫂。柳嫂常来陪她说话。以前,她心里有个什么事,都要说给柳嫂听。后来,她越来越了解她这位好友。你得有耐性,并且满脸堆笑地听她夸自己、夸自己的丈夫、自己的孩子、自家的日子,听她吹自己和村里哪一家关系搞得都不坏。如果你说谁曾帮过你,和你家有了很深的交往,或者说自己家里添置了什么东西,她听后眼睑会顿时低下去,浑身都有些不自在。她总后悔自己没有记性,常常为了这些事使柳嫂不痛快,所以柳嫂再来找她说话,她就认真地听着柳嫂讲,自己不再说什么。

柳嫂接过她递给的小凳,在她跟前坐下,四处直撒目。她不知柳嫂今儿个怎么了。

"竹梅,"柳嫂终于开口,"想了好久,这话不想告诉你,可听到有人背地里说你不是,又忍不住。"她一愣,谁又说自己什么了?但她没有催她说,她知道不用催,柳嫂会从根到梢说出来。

"西门干二娘,说温亮老帮你干活,是不是……哎呀,亏她想得出,真难听。"

一股火在胸里烧起来了。她常想身正不怕影斜,可当真听到这样的话,却从心底恶心。她的血管膨胀着,一双充血的眼睛带着愤怒,火辣辣地注视着柳嫂。

"看你,知你能生气,我就不告诉你了。素日里觉得你是个有涵养的人,心里有数就得了呗。"柳嫂不无惋惜的样子。

她把目光从柳嫂脸上移开。柳嫂又劝了些什么,她一句也没听见,她痴呆呆看着柳嫂走到春映河岸的草丛里。园外渐渐枯黄了的熟透了的苞米那略可闻到的气味,和手中的芹菜香气混合在一起,她感到大脑晕乎乎的。

当天下午,温亮又来了。她望见春映河丛的人影,心颤抖起来,她仿佛觉得温亮是在众目睽睽之下走过来,仿佛觉得温亮是故意来败坏她的名声。干二娘、柳嫂家就在对岸,让她们看见,又……她就像自己真的做过什么见不得人的事一样。当温亮走进门口,她大声喊着,两眼莫名其妙地喷着火:"你走,你为什么来帮我干活?为什么来帮我干活?你败坏我,我不用你!不用你!你听见人怎么说……"她一边嚷着,一边把门闩上,泪水簌簌往下落。温亮愣愣地站在门外,他不知道发生了什么事情。过了一会儿,他好像明白了什么,低下头,退了回去。

"妈妈,你真坏,你为什么要把亮叔叔关在门外,你,你真坏!"瓶儿使劲摇着她的腿。

孩子,你小,你不懂得大人的事情。温亮远去了,她又急忙打开门,跟到春映河岸。河底的沙石在哗啦啦滚动,庄稼在婆娑起舞,她的耳边响起一串串奇妙的声响。人生真是奇妙,像这声响诉说的一切,似懂非懂。

她心中掠过一阵刻骨的痛楚。她怎么能这样对待丈夫的好朋友?家里的每一块地,都有他的汗水……

大地像蓝天一样博大,一眼望不到尽头。日头火烧火燎,温亮青筋突起的胳膊划破一道道小口,汗在上面流成小溪。他今年三十四岁,三年前结的婚。他长得太丑,尤其那鼻子格外让人不舒服。他和一个脑瓜缺弦,比他小十岁的女子结了婚。"亮兄弟,歇一会儿吧,吃点东西。"她送饭来,望着十几亩田地,心中充满感激之情。温亮真是丈夫的好朋友,听说他俩小时候在一起,比亲兄弟还亲,丈夫没有兄弟姊妹,他临走时,把家里的活托付给温亮。"不要说了,我能看着不管吗?"温亮放下手中的锄头,接过火勺,大口咬着。"兄弟,把你累坏了!""不累!"她拿起锄头,自己干,让他休息……互帮互助,这难道有错?

她后悔起来,深深痛骂自己,她骂自己不是人,不可父;她从来没做过什么见不得人的事,这事让她难受,让她心疼。她怨温亮,你为什么偏偏那天下午来,要是改日,以后再来,她也许会想开些,会消消火气,也就不能……

不过,温亮没有记恨这件事,以后有活,他还是来干。他从不问起那件事,不声不响,黑洞洞的眼睛,更加难以揣测。她不清楚这是为什么。

她想起为姑娘在家时,那些个向自己抛香胰子的小伙子,见她家比别人困难些,就成帮地帮她家打草帘卖钱。那些个日子里,每一个金灿灿的落日,都伴着田野无声的歌,糅进她少女的心田,激起她对人生美好的向往。

"哎,人活着,真不是件容易的事。"她自言自语着。瓶儿幼小的瞳孔印着妈,印着自己的眼睛……

她把擗好的芹菜兜在围裙里,她不知道该不该送给干二娘,她默默站起来,望着墙外无边的田野。

"嫂子,西河岸的豆子好割了,那是早熟品种,我看明天早上开始割吧。"温亮出现在门口。

"哦,好。你不进来吗?哎,你把这把芹菜拿回家叫大妹子炒炒吃。"她把芹菜兜出去,温亮没再说什么,接过芹菜走了,顺着苞米地边向河岸走去。她望着春映河岸的草丛,温亮的身影就消失在那里。她深深地叹了口气,唉,她是嫁给春映河岸的呀。

"妈,这下卖猪有钱,给我买个两肩背的小书包,班里好几个学生都有。"吃完午饭,瓶儿趴在她身上,磨磨蹭蹭不肯走。

"你爸大老远挣个钱不容易,卖猪钱妄花不得,给你爸置一辆自行车。快上学吧。"她扳着瓶儿的头,说。

瓶儿缠了一会儿,觉得无望,拿起一块馒头,和小阳每人一半,钻进河岸小道。

深秋的晌午还这样热,小北风也只能软弱无力地刮着,是啊,不用你撒泼庄稼已熟透了,春映河两岸早就刮起谷米的纯香。她想起明天要割豆子,于是拿起镰刀和磨石,来到涌涌流淌着的春映河。男人不在家,女人就是男人。

河水真清,可以清清楚楚地看到河底的沙石。岸边细细的须草,软软缠缠绞在一起,草梢被河水冲涤着,偶尔几块岩石从草丛间冒出来。

春映河,宽,水又急,这里说不出汇集了多少欢歌笑语;也说不出汇集了多少烦恼和郁愁。哦,春映河,偌大个河流……

"喂,竹梅,来试试——"突然,河对岸传来柳嫂的喊声。她站起来,望见柳嫂门口聚了一堆人。她朝人群走去。

"侄媳妇有好身段,脸皮又嫩,穿着一定好看。"是干二娘的声音,尖尖,高高,长长。

她脸蛋顿时热起来,心窝也热起来,她感觉脚下的路在闪光。她为上午那把芹菜深深后起悔来,一种不可名状的悔恨顿时绞在胸口——都怪柳嫂,要不是柳嫂说那番话……"竹梅,快穿起来试试!"人群嚷嚷起来,属干二娘的声高。她又感到一股暖烘烘的东西在浑身激荡,她不知不觉走进人群,好像新媳妇第一次叫公婆,嘴角微微发颤,却什么也说不出来。两手从干二娘手中接过黑底色、带着一串白色的像是飞在天上的羽毛的上衣。她才发现,小阳妈也站在人群里。

"竹梅,你穿着好看,就留下吧。"小阳妈细声细语。

她扣上衣扣,众人于是大叫,似乎已经准备好了要这样大叫一声。"呀,瞧,我说侄媳妇穿好看嘛。""我猜竹梅能穿。"

"竹梅,是你酒罐子兄弟给我买的,真蠢,我这么胖,哪能穿?我一想就你能穿。正要到你家去,遇上她们了。"小阳妈说。她眼圈有些发热。

干二娘从未夸过别人漂亮,今天却那样激动:"侄媳妇,你干脆买了!"

是啊,买,得买,不能冷了干二娘、小阳他妈,不能冷了大伙儿一番热情。她脸颊红红,穿上新衣服,神采奕奕"俺买了俺买了!"

斜阳照着春映河,金灿灿的河水从上游到下游,发出明快的声响。她遥望河的上游,河的岸,那里像有什么声音在上空游荡,河畔老槐树沙沙沙地摇动着叶子。啊,春映河,我嫁给你了——这里的每一滴水,每一棵草,这里的乡亲邻居。

她穿着新衣裳走开了,她走得很不自然,她觉得心里发慌,像揣着小兔子在跳。

　　冷丁儿,她眼睛触到身上的衣服,她想起了什么,心情突然沉重起来!怎么对孩子说呢?孩子要书包都没给买,自个儿有衣裳穿,却又买衣裳,自行车怎办……她胸口烦闷起来。她回过头去,见人们还没有散去,正微笑着目送她。她又一次觉得,人真大,世界真小。她越来越无法安慰自己,她对着流动的河水,在心底默念道:瓶儿,你不要怪妈妈,你不懂得,做妈妈难,做人更难。妈心中有无数个小包袱,有的一时也解不开,但慢慢地会解开的。只要解开了,妈就觉得春映河上空、两岸,亮极了,妈的心里亮极了,过日子像喝汽酒一样有瘾头。你还不能懂得妈妈,妈是嫁给春映河岸的,妈不单有你,有你爸,妈还有邻居乡亲。她眼里注满了亮莹莹的东西。

　　沙石顺着河水不停地滚动。她顿时又在心中决定:瓶儿的书包得买,妈妈赶了时髦,不能叫孩子让别人小看,买,一定买。

　　傍晚,瓶儿放学了。住了一会儿,小阳又跑来了。他捎来话说,那件衣服是妈妈送给瓶儿他妈的。

　　春映河,偌大个河流,上游和下游都唱着一首歌。

1984 年《海燕》第 5 期

攀过青黄岭

1

伴娘们将花被分铺在三辆马车上,娘在院里喊:"敏小,不早了,上车吧。"

敏小听了娘的话,于是朝伴娘们一笑,穿上娘为她做的红金丝绒绣花鞋。

女孩子出嫁这一天,都愿意在娘的炕头上多坐一会儿,二十多年的骨肉之情,一下子就要分离了,可是,敏小听了娘的话,高高兴兴跳下炕。她想早一点踏上那条崭新的道路;她想早一点跨过青黄岭,看看岭外那崭新的世界。

敏小下了地,她认真地看着她蘑菇房的男女青年。她掩饰不住兴奋,羞涩地笑了。

几个小伙子捧着花瓶、镜子、梳妆台,在前面引路。蘑菇房的首领成山,站在马车前,望着敏小从家里出来;敏小由女伴陪着,迈出了离家的第一步。人们一下子把目光集中到敏小脸上,他们怕她难过流泪,村里女孩子嫁前都要流泪;尤其站在马车旁一直不语的成山,多么希望看到敏小眼窝滚出珠子样的泪花,这该是她对山村,对蘑菇房,以及对他,那依依惜别的深情。

可是,敏小并没有流泪,她仰着头,两眼之间,凝聚着盎然的春意。这时,村里的男女老少,都拥在大街上,夹道相送。望着黑压压的人群,敏小感到一股暖流从街面向她扑来。她不知道,人群中,是否有曾对她这门亲事表示强烈不满的常有婶;是否有曾当着一大堆人的面骂她混蛋东西的春德四爷,但她知道,这些乡亲,因为这门亲事,都冷落过她,给过她白眼。她原来担心结婚这天,人们会装不知道躲在家里,她不会得到乡亲们的欢送,可料不到,宽阔的大街上此时只剩下条窄窄的路面。

"敏小,到了城里,离家远了,可要自个儿把持自个儿呀。"是常有婶的细腔高调。

"要是有什么不顺心,往家回个话,只要你靠着咱山里人,什么也不怕。"是春德四爷在人群里,抖着和骂人时一样洪亮的嗓子。

呵呵,多么纯朴善良的山里人!敏小紧紧握住女伴的手,以示她对乡亲们的感激之情。女伴像是懂得了敏小的心情,顺顺说道:"咱山里人都好。"

敏小深深地点着头。依着村里人的规矩,出了门,就不再说话了。但她那双动人的眼睛,冲着乡亲们,冲着男女青年,冲着成山,说出了她要说的许多话语。

敏小上车了,她坐在中间。成山在这一刹那,背过脸去。这个好几天就帮着张罗的小伙子,看到敏小上车坐好,突然脸膛发紫,眼眶发热。他大声地喊了句"上路吧",声音有些发颤。

2

还早呢。晨雾从高远的深山那边袭来,远处的山、树,眼前的路,都模糊不清。一忽儿，雾又带着山林的馨香飘向远处。

一出家门，就是上坡路，路面布满沙石。山路就是这样，走惯了觉得像柏油路一样平。这条路，敏小不记得走过多少次，这是通往县城的唯一大道，不是每个山里人都常走的。山里人有多少事到县城办呢。都因为乡上没有高中，敏小和成山这样山里出类拔萃的学生，只得到青黄岭外边的高中上学。就是那时，他们每日在这条路上走一个来回。高中两年，他们只知读书，不注意山里和山外有什么不同。中学生，真是书呆子哟。毕业回来才知道，再攀过青黄岭，有多不容易；才知道，青黄岭以南以北，是两个天地。不过，敏小还是有本事的，后来，为蘑菇房的事，和成山一起，常坐轿车，陪省里来的干部，还有日本客商，在这条道上走出走进。是她，把山里人少见的车辆和少见的大人物引进山里。那时她只有十九岁。

敏小端端正正地坐着，送嫁的小伙子推着自行车紧跟在新娘车后。越来越远的村庄小了，人小了，树小了，树后的山峦也分辨不清了。告别大山，到城镇去，和一个大学生在一起，敏小怎么能不高兴呢？那里有截然不同的生活，山里女子，有几个能嫁到青黄岭以外的天地里去呢？

村里曾有人说："哟，敏小可真奔高呀，连成山这样的人都不行，非找什么大学生，到岭外去。"

是啊，谁不奔高呢，人往高处走，水往低处流。

马车在一个石坎上颠了一下，女伴们和敏小被颠得老高，"慢点，俊子。"成山跟在后边，命令着车把式。

水红衣衫映着敏小饱满的脸腮。她嘴角动了一下，她想说话，可又怕破了山里的规矩。

她的爱人凌江，那位大学毕业生，准备和她旅行结婚，她欣然同意了。一来她想到大城市见见风景，二来也想出去避过这一阵。成山和乡亲们对她的怨恨、气恼使她感到难堪，悄悄走了算了。可是，当她不动声色地把结婚方案告诉蘑菇房的青年们时,当时就炸了锅,俊子来了火爆脾气,大声吼道:"你讨厌山里青年,不该办什么蘑菇房,你当初怎不走,你走好了,你不是我们山里的女子。"看着这个平时心眼好,火气大,粗粗鲁鲁的俊子,看着他那喷火的眼睛,敏小不知道自己该怎么办。

难道他有权利留她永远不出嫁?他没有这样的权利!成山在过道里低声说道:"敏小,随俗吧,我就这一个要求,我们要亲自把你送过青黄岭。"原来是这层意思。敏小一下子明白了,她感到鼻子酸酸的,这个自从她订婚之后,自从那次暴跳如雷之后,再也不理她的俊子,是真心实意地替成山抱不平,成山是真心实意地爱她,他们都那样地爱着她。敏小答应了,随俗。要他们送她,为了他们的四年情谊,为了使他们理解她,转变对自己婚事的敌意,让他们去吧。

敏小看着眼前坐在车沿板上的俊子,内心一阵阵翻动:他对敏小一直怀有一股火气,想不到,今天,他竟主动拿起了鞭杆,赶新娘子的车。

"敏小,成山还要我们路上唱歌呢,你看他。"女伴厢英捅敏小的腿,要她去看成山。成山不时地仰望遥远的青黄岭,目光中饱含着说不清是痛苦还是什么,又不时地低头瞧着脚下的路。昨天晚上,敏小准备最后一次去看蘑菇房,刚走到窗外,就听成山在屋里说:明天上路,一定要有说有笑,多唱几支山里的歌,把山里的美好,留在敏小的记忆里。明天上路,谁也不许哭丧着脸。她是我们山里的金凤凰,她凭着自己的聪敏和才华,飞到大世界里去了,这是我们山里人的骄傲,我们应该祝贺她,为她高兴。

可是,说归说,做归做,当真上了路,他们却是那么一副表情。敏小懂得,无论怎么说,成山怨恨她不该离去,怨恨她辜负了山里人对她的钟情,更要紧的是,辜负了他成山对她那深挚的爱情。他说过,山里的钱像树叶一样厚,山里的荣誉也不比城里薄……当真上了路,成山却像经历着一种忍受不了的痛苦。哪里还唱什么歌呢。

要与娘离别,与蘑菇房的青年离别,这是一次离别的旅程。敏小挨个看着小伙子们,他们慢慢悠悠跟在马车后边,每人为她载着一大包嫁妆。他们坚实的身影衬在路旁的山坡重绿的底色里。成山跟得最紧,平时嘎巴溜脆的口齿,今天一声不语。敏小懂得他们,懂得成山,她知道成山怎样地爱她。当初,她也真心地爱过他。不过,那只是当初,当初的时日,是一个什么样的时日呢?——她十九岁,没考上大学,从报纸上得来消息,于是立志考滑子蘑种植。成山也是班里没考上大学的尖子生。在敏小的鼓动下,他们一道研究起滑子蘑种植技术,他们就成了山里第一代创业者……那时,山沟里穷,她和成山一心要山村富起来。可是,现在呢,现在完全是另外一番景象。哎哟,这日子怎么变得这么快呢,人的思想怎么变得这么快呢。

"俊子,车赶稳点。"成山不时地喊道,他和小伙子们吃力地蹬着车子,这步步上山路,直叫他们流汗。本来,他们有钱,他们能租来汽车,蘑菇房的收入每年十二万。可是,青黄岭以北的山路,汽车进不来。这几年,蘑菇房出了名,许多外地人来参观学习,都是轿车来回接送,轿车能坐几个人呢。于是,他们要求敏小坐马车,尝尝历代山里姑娘结婚的滋味。

结婚日子定下来的时候,敏小有些难为情,不好向青年们说。可是,她要结婚,她要离开山里,女大当嫁,这有什么办法呢,又有什么不好说的呢。选了一个大家都在屋的时刻,敏小佯装十分镇静地说:"我的喜日子定下来了,阴历八月十九。"屋了里立刻静得出奇,叫人透不过气来,成山赶忙扔下手中的帘子,一双明亮的眼睛渐渐暗淡了,头深深地低下去;俊子呢,停了只有一分钟,就一屁股坐到木凳上,两腿蹬着成山,大声地,疯也似的唱起歌来,不是唱,简直是喊,声调充满愤懑、暴怒。敏小受不住俊子的嘲弄和威胁,虽然她觉得她没有错,一咬牙跑出蘑菇房。成山却来不及背着人们,流下了男子汉的泪。他和敏小,四年来,朝夕相处,唉,四年,多么长的四年啊!可是,还显得太短太短,竟不如那位大学生乡长同敏小的几次见面。人啊!

在校时,成山、敏小、凌江,是同届的高材生,可难道是命中注定吗?凌江这县城的人,考上了农业科学院,山里出来的,还得回到山里去,好不心酸啊!陪敏小这样的女中豪杰在山里做事业,成山满足了。想不到,凌江他毕业后,来他们乡当技术员,就一竿子插到蘑菇房,夺走了她……那是怎样叫人不能容忍的事情呀,成山抬头看看敏小,她真的飞了,毫不顾忌地飞了。成山鼻子一酸,猛一用力蹬到马车前面,再也遏制不住那几天来就翻滚在心中的泪水。

马车速度明显放慢,到五道口了。上山路有三险:五道口、金玉坝、青黄岭。阳光从五道口的第二岔口照进山间,直奔浩渺的天际,这是山道上见到的第一缕阳光,敏小更加激动,抓住女伴的手,从车上站起来。

"俊子,鞭子给我。"成山放下自行车,向车旁走去。

"不,成山,我走过去吧。"

"你坐着,你今天是新娘,你不能任性。"成山嘴上很硬,也没回转头,心里却很想看看此时的敏小,用柔和的声调告诉她,他今天不让她走一步路,并请求她谅解他以前,都因为他太爱她。

大家伙一齐按住敏小,山里的好日子是她创的业,在这临出嫁之前,能容她下车吗?

车在岔路口晃荡了一下,成山再也不能不回转头,他怕车颠重了,让敏小受惊。敏小向他笑,他也笑了,很不自然。他们多久没有交换这样的笑呢。成山看见,此时的敏小,太动人了,像一朵盛开的百合,绿中掺粉,粉中带绿。他们这么一帮小伙子,就没有一个能留住她?是的,是留不住,人心怎么好留呢,成山凭他不凡的本事,留了她四年,结果……

五道口险处过去了,成山脸上流着汗珠,敏小时而沉浸在遐想中,时而从遐想中走出来。

3

马车又开始了平衡的攀登,厢英剥一块糖填进敏小嘴里。敏小抬起头,凝望前边的路。路,九曲十八弯,望不见去向,望不到尽头,但她自信,那路的去向,是光明,是美好。恋爱,结婚,对于一个女子,太重大了,然而,对于敏小,只是一年多点的工夫,就走完这段路。

"哟,瞧那边石崖上悬的树根,多怪,像什么来着?"厢英打破了沉默。

"像龙。"

"像妖怪。"

"你们都没说对,像仙女。那是头,那是腰身,那是长裙,哟,你可别说,多美呀。"女伴们欠起身子,感兴趣地争论着。也难怪,从前她们很少走这条路,从前她们终日为钱奋斗,没有今天这样的心境。

对面石崖上,绿叶如盖,一个美女状的树根掩映其间,像是下面长上去的,又像是上面垂下来的,这树根,已经深深印在了敏小的心中,它记载着敏小对生活的认识历程……

和成山一起的日子,成山做敏小的助手。第一次试验,有两帘蘑菇没出,敏小一连几宿没睡好觉。他陪着她,安慰她,帮助找原因。成立蘑菇厂,是成山做的计划。市劳模会上,他俩一同走上颁奖台。人们说,他俩是天生的一对。

到外乡讲课,成山是敏小的保护人;回到蘑菇房,他又是敏小的得力助手。蒸料的日日夜夜,成山和敏小两班倒,掌握着技术情况,敏小记得,就是从第二年蒸料的时候起,成山开始用那样一种眼神大胆地看她,叫她心慌,叫她手颤,叫她在睡觉的时候,做一些奇怪的梦。大约,也就是那时,敏小二十岁那年,她的心,那颗少女的心,偷偷和他靠近,偷偷地回味着他笑容里不尽的情意,也偷偷地在心里把他放在"天下第一"的地位。

是的,成山长得威武强壮,眉骨和鼻梁,透出一股不惧一切的男子气。高高的个子,健美的腰身,和他那伶俐的口齿,都是这一带的小伙子不能比的。另外,他的经济头脑,也不次于敏小。做大计划,比敏小还能放开胆子。找对象,他当然是敏小的最佳选择。这样一个山里男子,敏小能不爱吗?第一次外出讲课,他们在黄昏的时候回归,走到石崖处,成山拽住敏小的手:"呶,你看,那像个什么?"敏小望去,不假思索地叫道:"哟,真美,那是青黄岭上的女神下凡。可见还是人间好,她敢从石崖上往下跳,胆儿真大。"成山眯起眼睛,不看那树根,紧紧攥住敏小,上下打量着她,像是头一次见面:"敏小,那女神是你,真的,就是你,发现我走在山路上,就要不顾一切地跳下来。"敏小先是白了成山一眼,而后脸蛋涨红,往山坡下走去。成山紧追下去。这两个山里青年的统帅,背着青年们,在山林里谈起了属于恋爱内容的话来。他们一起规划着山村的未来。他们立志在山村建设新生活,可是,当他们的日子好起来,他们的钱挣多了,又是怎样一番景况呢?

凌江来了。他大学毕业,来乡上当农业技术员。欢迎会上,敏小见到他,他模样没有变,小小的眼睛,大大的鼻子,只是脸白净了,头发也比以前有了光彩,服装是全新的,他是乡上第一个穿西装的人。在学校时,举止拘谨的样子完全不见了。敏小觉得他是那样潇洒、大方、秀气,虽然貌不出众,可那不同凡俗的气度,深深地吸引着敏小。凌江说,在大学期间,就在报纸上看到她的创业功绩,这几天,他正想下乡看她,看蘑菇房呢。谈话不到一小时,敏小就发现,凌江已不是从前的凌江了,他知道的东西叫她摸不到边际,远不像几年来,他们蘑菇房挣来的钱那样可以计数。是的,三年了,他们种了三茬蘑菇,收入几十万元。凌江到大学读书,得到的是另一种收入,在同凌江的谈话中,他们的创业轶事显得那么古老、陈旧。她听凌江讲什么信息革命,农转商,什么现代技术,现代化节奏……那天下午,秋风摇曳林里枝叶哗哗直响,凌江骑车送敏小一程,就在那个石崖旁边的山道上,他们站住了。敏小看见树根,想起那次成山关于树根的比喻,不知怎么,她心里乱糟糟的。凌江发现树根后,放下自行车,有些忘乎所以了。他不顾敏小还有挺远的山路,神采飞扬地讲起了贝尼尼的雕塑《阿波罗和达芙娜》,讲起了关于这幅雕塑的故事。敏小听着听着入了迷,她真的把眼前的美女树根和达芙娜的命运连在一起,凌江越讲越激动,把敏小带入了一个神奇而遥远的境地。敏小朦胧地感到,她是应该有另一种生活,这种生活,似乎只有和城市连在一起,和凌江在一起,才能得到。

敏小的心,像大风拂过的树丛,飘动、翻卷开来,她没有说给成山听。女孩子的心,像高空的云一样变幻莫测,怎么好说给别人听呢。

此时,山路上没有一点风,瞅着汗流满面的成山,敏小深深地感到,她对不起他。

几天以后,凌江来蘑菇房,临走时,明目张胆地喊:"敏小,送送我。"念了大学的人,真够大方的,愣头虎脑的俊子不等成山开口,就拽住凌江的自行车:"干什么?好一个技术员,原来是这么个货色。""凌江,你不习惯,俺村的青年野呢,你走吧。"凌江难堪地跳上自行车。敏小含着笑,做出不以为然的表情。其实,岂止是这么一句话就能解释得了的,谁没发现,成山那怒火中烧的眼睛。她却恨透自己,为什么不敢大胆地送他一段呢?自己竟是这样一个怯弱的人啊。她什么也没说,扭头跑回家里,趴在柜角咽泣起来。

也是,两三年来,小伙子像保护神一样地保护着自己,有什么不好呢?

敏小的心好难过呀……

就从那一次起,仿佛是山里的青年们得罪了雾神,敏小被远方神秘的雾神牵走了魂,她的眼里,尽是些朦朦胧胧、隐隐约约的幻象……

那段时间,蘑菇房的日子好闷呀,像青黄岭遮住了风,挡住了气,大山里边凝固了。

金玉坝到了,坝上芳草萋萋,一团白色烟雾被裹在草丛深深的迷蒙里。过去山里人说,金玉坝,给金给玉都没人走,现在,大山里的青年,要送他的金凤凰在这里飞走。

这个坝,要的不是赶车的技术,而是马的力气。俊子狠劲地甩着鞭子,汗水湿透洁白的衣衫。小伙子们都放下车子,推着马车。成山自个儿站在金玉坝上边的路基上,望着远山出神。

4

从金玉坝到青黄岭,这段路最难走,弯多、石头多,敏小觉得就像她经历的感情的道路,就像她人生的道路。

那是凌江走后的第四天,乡上开会,敏小把开会通知偷偷揣进兜里,没有告诉成山自己去了。那天早上,她心里像揣了个小兔子,一个劲地跳,她把自己最喜欢的水粉短袖衫拿出来穿上,头也梳了好几遍。她偷偷来到房后的小路,绕过蘑菇房,奔乡上去了。这是四年来从未有过的。那天早上,山道是那么静,天空是那么蓝。

难以形容凌江见到她时那种表情,他同她握手,问她山路可好走。

敏小第一次听到凌江在台上讲话,他说富并不代表山里进步,他要山民从精神到物质,都从大山深处解脱出来;他讲目前农村包围城市最后完善农村的新形势。他的讲话慷慨激昂,充满鼓动色彩。会后,他俩单独在一起。敏小提起那天小伙子们粗野的举动,想就此表示歉意。凌江坐在敏小对面,郑重其事地说:"敏小,别恨我那次喊你。高中时我就敬佩你,但不敢和你靠近。大学里,看到报纸上的报道,我吃惊,而后,就总也放不下你。真的。"凌江的话语,稳沉中夹带不安,流利中夹带迟疑,那情、那意,全在那双小眼睛里。

回来后,敏小发现,她的心,已不能安分地守在蘑菇房,她的心想飞。

拔根,为了什么?为了凌江的情意和知识才华?为了飞出青黄岭,为了山沟人永远得不到的东西?都是,又都不是。人的感情,怎么能做单一的解释呢?

如何告诉成山?当初,她一心为了致富,现在富起来了,她要走,要拔根。是的,人的追求是没有止境的,它属于自然的历程。就像很久以前,决心考入大学,除了某种高远的志向,不也有拔根的成分吗?

她终于飞出来了!大山里的女子,世代在山里生儿育女,山里的男子再好,山里的钱再厚,它和大山外边,差着多少年的步伐呀。认识到这一层,多亏凌江。

然而,要舍弃四年的情谊,四年的情谊啊!

拣蘑菇的季节,成山和敏小开会商量分工情况。会开完,成山不走,问敏小最近怎么了,望着成山那双深邃而诚实的眼睛,一种说不出的感情涌上心头,成山有什么不好呢?你为什么要离开他呢?但最后,她还是原告实诉:"成山,我要嫁到青黄岭外面去。"敏小不敢看他,不敢说出要嫁的人是凌江。蓦地,成山像明白了什么,一把抓住敏小的手,双目直往外喷火。敏小感到他的胸脯在剧烈起伏,"不要往下说了……这是为什么,为什么呀敏小。"他像面对一个仇敌,腮帮使劲地鼓动着,最后,还是瘫软地坐在木凳上,痛哭起来。敏小难受得什么似的,她无法劝说,无法解释。

"成山,你原谅我,不要这样……"

"不,你走开,不要说了……"

没有多久,俊子知道了,蘑菇房的青年知道了,乡亲邻居都知道了。从那以后,在蘑菇房里,在大街上,敏小熬过了多么难熬的日子啊!

青年们,都和敏小疏远了。厢英马上变成小青年们的皇后,代替了敏小在他们心中的位置。成山四五天没上蘑菇房,青年们成帮结伙去看他,而敏小,像一个遇难的小舟,孤零零地被抛在一边。

大街上,时常有人仨一帮俩一簇喊喊喳喳地咬耳朵。

论工资,成山一月能挣凌江的好几倍;论长相,凌江也无法跟成山相比。可是敏小怎么能说清楚,四年来的感情,为什么在几个月中,就发生了巨大变化?见了几次凌江,就决定跟了他,永世不悔?

那些日子,她哭,没有眼泪;说,找不到近人。她也开始怀疑受过高等教育的大学生是否玩弄乡下人的感情。可是,没多久,在山路上,平素一本正经的凌江,突然握住她的手,轻轻对她说:"敏小,咱们终于走到一起了。我早就爱着你。说实话,当初,你要是扑进山里一蹶不振,我也会渐渐把你淡忘的。可后来,你,无时无刻不在召唤着我。这爱情,也真怪,敏小我们结婚吧。"

幸福来得太迅猛,太突然,不加任何附属条件。被这样一个有知识的人爱,敏小觉得骤然间自己变得那么高大,了不起。长时间积下的委屈,心酸,一下子爆发出来,她趴在凌江肩上,出声哭了好久……

在凌江宽阔的怀抱里,有敏小奇遇般多彩的美梦;有像青黄岭的松林一样高深莫测的令人神往的境地……

开始有人说,是青黄岭的妖雾刮了下来,敏小中了邪;后来女伴们说:当初致富,敏小胆量最大,开了山里专业户的先河,如今凭着本事,从农村嫁到城镇,也是敏小的胆量。敏小给山里女子引了路,争了气,有什么不好?

看来还是女子最懂女子的心,看来,山里女子,虽然泼命在山里出力,可她们的心,并不踏踏实实在山里。

敏小向着身旁的厢英,向着女伴,深深地笑了。这笑,是敏小对女伴的真诚祝福,她能有今天,靠自己的奋斗,也多亏改革的春风。要不,大学生怎么能注意上山村,城镇人岂能娶村姑?

这段路,成山一直在车旁相跟着。

……后来,在一个星疏月朗的夜晚,成山把敏小找到街上,他俩蹲在石砌的古井边,沉默挺长一段时间,谁也没有说话。是的,从哪说起呢?敏小心里倒是有许许多多话语,还是成山先开口:"敏小,我想开了。你从小就聪敏,有心计。一般的情况下,是不会走错路的。再说,只要认准了,你也不是个容易改变主意的人。只是,我心里不好受。我们山里男子,怎么厚颜看着山里女子往外走呢……"成山声音有些哽咽。但他又立刻清了清嗓子,坚定了语气,"我们应该想想整治山村的新法子了。即使留仕你,留仕这一茬,也留不住后来人。我们该想想长远的事情。我们决定,过年,留五个人在蘑菇房,满足日商的需要。其他人,到外边去做事业,去感受社会的进步。把现代科学、现代文明引进山里。我就不信,我们山里男子争不来这口气……"成山越说勇气越大,劲头越足,仿佛是向敏小挑战。此时。敏小原有的安慰和解释的话竟一扫而光。"是的。成山。我们虽然有钱。但钱并不代表进步。你说的对,要真正感受到社会的进步,不能老关在山里不出去……"

"敏小,到了。青黄岭到了。"女伴们喧嚷起来。

听到"青黄岭"三个字。敏小浑身蓦地一热。她激动得嘴唇哆嗦起来。

青黄岭。海拔五百多公尺的青黄岭。终于到了。攀上来了。可真难啊! 太阳把满岭的山花染红。

花旁的树叶,在一阵阵风中摇曳。夹在突兀陡峭的山壁中间的崖口,像古堡中的一个枪眼,露出一方天色。站在下面望去,那块天色仿佛与琼楼相接。

看得出,成山手在颤抖,他的整个身子都在颤抖……

俊子刹住车,转身说:"敏小,整整衣服,擦擦汗,凌江就在那边呢。"这粗犷的山里汉子,还真有心细的时候。

女伴们紧紧偎着敏小。她们大概也从上车的时候起,在自己的心里，开始了这样的旅程。

敏小拽拽衣角，挺挺胸脯。她的心开始剧烈跳动。一时间，她觉得，眼角淌出热乎乎的东西。怎么？是幸福的激动？是与乡亲分别的柔情？还是……

她看见，岔道口停着两辆崭新的带篷客车。那当然是为迎亲来的。凌江正满面笑容向她们走来。

岁岁正阳

　　细瘦的小路从柳塘边漫过,经由常年无水的河套时,在那里迟缓地打了个结儿,便急转直上,步步登高,漫上一条褐色土冈。小路来到冈上,如倾泻沙滩上的积水,漫出五花八门的羊肠小道,向北、向西、向南,弯弯曲曲,最后,在羊肠小道汇合处,漫出一条街来。

　　小路漫到街上,就不再似从前那样瘦了,腰身宽且直,也不像从前那样赤条条,如剥光鱼肉的骨刺。而是傍着一排绿莹莹的榆树,傍着从住家院里伸到树下的干草垛,同时,也傍着鸡鸭畜类的粪便气味,傍着婆娘汉子为日子挣扎的吭吭声。如此,小路同街,就理直气壮地混淆了名字,统叫做街了。

　　街,背北面南。街上人家,无论春秋寒暑,都能从东海钓出第一缕日光,在西山挽住最后一道霞,于是,这条街就被称为正阳街了。

　　在这沿海地区,正阳街地势最高,高到能望见三十里外的黄海。逢上涨潮时分,日光朗朗地照,空气清清地流,街上树下一站,不用打眼罩,便可看那遥远处的茫茫大海,大海以北的村落、田畴、原野,也便尽收眼底,其变幻缥缈的景象,如海市蜃楼,似人们梦里的世界。

正阳街屋舍齐整，庭院宽阔。七八户人家，一水儿灰屋瓦脊，石头垒墙，一水儿灰瓦羊角门楼。

多少年来，自然风雨，政治风雨的冲击，乡下旧建门楼已所剩无几，正阳街的门楼却依然挺实、古怪，不曾有一坍倒，不曾返修。进了正阳街（——这里一般不说进，说上），眼睛被一排齐刷刷的门楼充塞，心里一振，看了《野火春风斗古城》电影的人，都以为是上了电影中的古城。

正阳街小，被新铿铿榆树环抱。每家门口，都有石条铺成的小桥（从街上往人家去，有一条二尺宽的排水沟）。过了石桥，右边草垛，左边石砌猪圈。草多是稻草，这里是盛产水稻的地方。圈里的猪呢，一年一换或半年一换；圈，是经久不换的。

经猪圈和草垛之间，往里去，便是院墙。正阳街的院墙很特别，石垒到顶，干垒，不叉泥，不溜缝，却结实牢固，经得住暴风淫雨。院墙不高，站东院可一眼望穿西院。那年月有句歌词："站在高山望北京，毛主席对我笑盈盈。"正阳街有人背地偷偷换了词儿："站在街东望街西，街西的汉子刮了胡须。"这词只有正阳街人知道，后来外面形势松了，才传到下街去。正阳街人把村里其他街统统叫下街，不管槐树街，细柳街，都在正阳街底下。夏日连降大雨，从正阳街上排出的雨水顺冈子东西两侧下泻，水声轰鸣而下，大有吞没下街之势。这时日，上街人披着雨衣，纷纷站街头下望，颇开心。

下街人呢，从牙缝里挤出一口唾沫，想骂句什么，没骂出来，就狠狠吞下去，跟着，吞下一口气，那气便在心底发酵着。

在正阳街西南方向，不过七里路，有个集镇，叫青堆子。月中逢一逢五，是集日，各村的男女便赶着驴车马车，推着单车，浩浩荡荡往集上去。青堆子，是乡下人心中的京城。青堆以东的村落，上青堆赶集，必经正阳街，上了正阳街，向南望，敞敞亮亮天地；向北望，规规矩矩人家，便从心里发出感叹，正阳街确是个好住处。

乡下谁家生了孩子,孩子爹去丈母娘家打喜,回来的路上,必吃鸡蛋,能吃多少吃多少,吃得越多越好。吃鸡蛋时,必找附近最高处,站高处吃,生的孩子日后能做高官。这样一来,正阳街就成了孩子爹打喜吃鸡蛋的地方。

只要看到一汉子挑一副柳条筐,上边盖着红布,在冈下小道打结处快步地走,便知道那汉子正奔正阳街。在院子里耐着性子等,果不然,那汉子上了冈,在街头就搁了担子,红通通的脸上冒着汗,四下里望望,见没有人,就翻开红布,拿出熟鸡蛋狼吞虎咽。乡下男人,一辈子就这么个能捞着吃鸡蛋的时日,吃多了,又主着孩子兴旺,为何不吃呢?

打喜的到正阳街站脚,图这里地势高,是其一;其二呢,正阳街虽小,却是群英集会,什么能人都有。谁不想来正阳街上,沾点能人的灵气,使自己的后代也成能人呢。

打发乡下日子,也易,也不易,生老病死,婚丧嫁娶,都要请明白人。而正阳街里,这些人一应俱全。接生的,掌箩的,做帮忙头的,写春联画祖宗的,写聚魂码治病的,给死人提浆水罐的,全有。

正阳街最东头一家,便是接生的,人们叫她五嫂子。五嫂子男人叫王五,有点手艺,会编筐窝篓。五嫂子嫁到正阳街,才开始她的接生生涯。干上这一行当,很意外。嫁过来那年,她十六岁,还是个莫明世故的黄花女子。娘看中正阳街的住处、街风,看中王五爹是个懂规矩的老实人,就把闺女许了过来。王五没有娘,嫁他一年不过,要生孩子,生孩子那晚,王五出远集卖筐不在家,五嫂子没来得及惊动公公,孩子竟下来一只脚。五嫂子自己也很奇怪,她一点没怕,就把孩子生下来。听到孩子哭,公公急惶惶顾不得什么,掀开媳妇门帘,见一母一子干净净安稳稳躺在那里,不胜惊讶。第二天传出去,满街的人都说,五嫂子是圣母。转过年,又生一个,一连生了四个,都是自己接生的。于是,就传扬出去,五嫂子会接生。于是,正阳街谁生孩子,都来请她。她接生不用刀不用药,只带一把剪子，干净利落。接生完，不吃人家鸡蛋，不喝人家粥。人家不过意，过后必打人情，送一斤糖二斤果子。公公是个明白人，见这门营生有捞儿，又不出力，就找人写了个木牌儿，挂门口榆树上，"王记接生"。五嫂子爱穿一件偏襟小花袄，做饭赶集接生，都穿，头上爱别一个梨木簪子。公公见儿媳"耗子赶集，里外一套皮"，心里不忍，就卖了自己身上的羊皮袄，给儿媳换了件粉底黑花小褂，买来一把银簪。

五嫂子生性像六月的河水一样温柔。走门串户，热情周到，从不多言多语。她做了接生婆，公公就告诉她："正阳街风气正，没有婆娘串门子拉嘴舌，说话都拣好听的说，你可要当心。"其实根本不用叮嘱，她知道正阳街的荣誉。开始时接生，人们给礼，自从挂了牌子，人们就给钱了。给多少，无定数，凭赏。多者四块，少者一块。五嫂子挣的钱，总之比王五编筐容易。想到这一节，五嫂子好高兴，她高兴了，就哼小调儿，哼的头一个调子是《满洲姑娘》，再往下，她自个儿也叫不上名了。哼成一片，一串。有时怕公公听见，关了门在自个儿屋里哼。其实公公很是爱听。年轻时，公公最好听戏，自从娶上儿媳，他认为自己老了，不能再有野心，可一旦听到颤悠悠的曲子，就不由得心动。动归动，还是不能表现出来，不能推开门说："儿媳，你大声唱吧，我爱听。"那简直不成体统。公公规矩人呢。五嫂哼着哼着，四个孩子长大成人，两儿子相继娶了媳妇。同时，街上娶来了手里有接生证、当过大队卫生员的新媳妇儿。这样一来，五嫂子门庭冷落下来，不再有人碰着就问："五嫂子，男娃女娃？"

她整天里都闷闷打发日子，像丢了什么东西。

挨着五嫂子家住下的，是箩匠。箩匠名叫姜运生，是山东那边过来人。二十九岁那年，挑担上了正阳街，手鼓摇得布楞楞布楞楞响，歇响的时候，被正阳街上新死了丈夫的三份儿喊到门楼里——箩匠有一个自定的规矩，逢上早午晚饭时辰，给谁家补箩，就在谁家吃饭，不收手工钱。

箩匠到三份儿家吃饭,听出是个寡妇,饭没进口,就放下筷子,要走。问为什么,说怕辱没了妇人家的名声,他也是个光棍汉呢。三份儿见这人本分,有手艺,又是光棍,就拽住他的担子,说:"俺腹中有子,你要不嫌,咱们就搭个伙儿吧。"几句话说得两人眼泪汪汪,箩匠一条山东汉子,竟跪在三份儿跟前:"不嫌!俺怎配找你这么个俊人?俺就一担挑儿,一条丑脸汉子。"三份儿当下去找了五嫂子公公,事情就定了下来。从此,正阳街上,一大早布楞楞布楞楞越去越远,一傍黑儿布楞楞布楞楞越来越近。傍晚听见街上布楞楞响,三份儿就佯装站园里枣树下看树,往街上望。结婚日子久了,箩匠家不再站枣树下望了,并且她发现,箩匠实在奇丑无比,三角眼,浊黄浊黄一口大牙,皮肤黑得如烟熏火燎。箩匠家以为他常年流浪在外,不得好洗,真想烧一锅热水,给他从头到脚去一层皮。可她没敢,怕伤了箩匠的心,好赖她有个遗腹子,就谁也别嫌谁了。

补箩是手艺活,但很苦。到了一个村上,手鼓响起,见哪里人多,就往哪去。婆娘们听手鼓响,就往家跑,看到婆娘往家跑,箩匠心里热乎乎,觉得那跑,有欢迎的成分。若跑回家拿出箩,箩匠便拿出马扎子,坐下。若跑回家空手出来,那么,出来的婆娘一定眼神很冷,不看箩匠,仍去继续刚才的话题,似乎起初往家跑,并不是为补箩。箩匠吃尽了流落在外的种种苦头,但他回家从不提及。箩匠家的爱干净、爱收拾打扮。日子穷时,衣服少,一件衣服,也能晚上洗洗,在锅上烘干第二天再穿。她三十三岁,竟像小姑娘一样娇嫩。一次,一个外村人来她家,指着箩匠问她:"这是你公公,还是娘家爹?"两人好脸红,好恼火。日月在箩匠脸上留下的皱纹、污垢太多了。下街人说,箩匠两口子白天还好过,晚上可怎么过?

可是,外人又觉得,人家两口子很和睦地过着日子,生了遗腹子,又生了他们的三个孩子,两女一男。箩匠不再挑担子走街串巷,买来一辆白山加重自行车,手鼓绑在车把上,当铃用,一举两得。

遗腹的大小子上学回来，一面摇车上的手鼓，一面念下街同学教他的顺口溜，"把儿绑个布楞鼓，座儿上坐个黑老虎，黑老虎，布楞鼓，越是布楞越是苦。"挨他娘一顿耳光，打完，娘同他一起哭了。箩匠站门口一声没吭。时代变迁，乡下不再推碾压磨，不使箩，箩匠就把补箩的家什一扔，置上一套修鞋机械，不再流浪街头，终日坐定青堆子集市一角，挣快钱。街上人觉得，箩匠还是有板眼的，天生不是出大力的人。

箩匠不补箩，改行修鞋，人们却不叫他鞋匠，仍喊箩匠。

挨箩匠家住下的，是富玉祥。富玉祥眼精手快，头脑聪明，一生不学什么手艺，种田之余，专给红白喜事人家帮忙，做帮忙头儿。乡下打发姑娘，娶儿媳妇，死人出殡，都叫"办事儿"。谁家"办事儿"了，要按桌请客，提前几天，瞅晚上空闲时候，主人就气喘吁吁上了正阳街，找到富玉祥，"老富兄弟，男方女方算一起，能安四十桌，你算算吧。"于是，富玉祥眨眼工夫，就算出用多少碗，多少盆，多少帮忙的。关键不在于他会算这笔账，而是"办事儿"那天，他能全权指挥帮忙的，谁借盆借碗借桌子，谁烧火切菜端盘子，安排得井然有序。谁家"办事儿"的顺利与否，全在帮忙头儿，有一环疏漏，比如哪桌少端了几样菜，吃席的吵嚷着要，越吵端盘的越慌，便乱了阵脚。富玉祥做帮忙头，一环紧扣一环，顺顺利利安桌，顺顺利利撤桌，之后，借来的所有器具，如数归还原主，不曾有过差失。

富玉祥人挺瘦，他精于算计，口齿伶俐，快言快语，这样人乡下不多。富玉祥命里不济，找了个半傻的老婆，外号叫"晕车"。刚结婚那年，家里杀了头一百八十斤的猪，她吃肉吃多了，半夜醒来，胃里直往上翻劲，像晕车的滋味。白天去下街干活，她告诫人们，吃肉千万少吃，吃多了就晕车，于是"晕车"的外号就叫出去。富玉祥同她是远房两姨兄妹，结婚过头一个年，年三十，她把排骨一根根放锅里烀，烀好，捞一根给富玉祥，"喏，啃排骨。"富玉祥气得把排骨摔在她脸上。刚强的男子汉，整整哭了一个下午。

不管谁家,办完事儿,都专设一桌酒席,请帮忙头儿。只要来请,富玉祥从不客气。心意已尽,吃点喝点理该应当,另外也不单为吃喝,酒桌上,人都是气短话长,难得有空闲,唠唠他的家长里短,发一通过日子没有好女人是不行的感慨,驱除多少时日就积在心中的郁闷,便心里身外轻松许多。富玉祥精明过人,可每次做客,酒足饭饱,发一通感慨之后,都向主人再讨一杯酒,直勾勾的眼神,有些怕人,捏起酒杯,一饮而尽。这杯酒下肚,酒精同情绪一并发作,一头撞到门外,嘴里嘟噜着"家去……家去……"请客家必一面一人搀扶,直送到家,吐得满屋酒臭,挨傻老婆一顿混骂。一觉醒来,第二天,再见富玉祥,他好人一样,嗓音同以往一样清亮,见街坊邻居,不提昨晚的事,不提过日子和女人的事,只有看见箩匠家的,脸略微一红,感到不好意思,以为同箩匠家只隔一道矮墙,肯定听见了。一条街坊上住,又是东西院,跟箩匠家的低头不见抬头见,两人目光相迸,觉得很亲近,觉得谁都懂得谁。有时见箩匠走了,他竟冒出奇怪念头,去跟箩匠家说点什么。有时真的去了,说一些不着边际的话,出来,心里甜滋滋的,之后,便生出无边的惆怅。可日子添进了忧郁和惆怅,仿佛注进了新的生命,富玉祥觉得有了奔头。

他家院里有棵芙蓉树,乡下叫合家欢。合家欢年年开花,每到花开时节,正阳街上溢满清香气息。五嫂子和箩匠家日光里站伙墙边,不住地嗅着香味,不住地望着西院,眼里流出同情的光,"人哪,就是命!"五嫂说,箩匠家的不吱声,报以苦笑。

正阳街的又一个能人叫贾春堂。腿稍有点瘸。他能,像他爹,会写字弄画。他爹爱看古书,精通古文,擅长书画,是正阳街上圣人。方圆几十里,过年的春联、宗谱、灶王爷、门神,都出自他的手笔。他学字学颜体,自以为拜在颜真卿门下。画画,没拜谁师,乱画。他不画现代人,全是僧佛、尼姑、仕女之类。到了四十岁上,他潜心教子成才,企盼将来有书曰:贾春堂是贾山公之子,继父业书画皆能,青出于蓝而胜于蓝。贾春堂总算不负父望,父亲下世,他操起传世之笔,为乡亲做对子、画画。他写字作画不坐正堂,除了冬天,他三季里皆在门口门楼下。一张破旧八仙桌,一打双红纸,一只砚台一支笔。门楼外贴一对联:蘸轻风百年春色,润细雨千载佳景。横批是,贾家笔墨。有人上了正阳街,打听贾家在哪,他门楼里闻风,"这里请……有何贵干?"

"盖房上梁。"

只提上梁,他就心领神会,来人不多说,他也不多问,挥笔皆是:"竖柱今逢黄道日,上梁正遇紫微星。"写完,来人押上几毛钱,便卷走字联。贾春堂像其父,从不计报酬多少,写字作画,修身养性,是自身的享受。贾家的日子好是清苦。不过,贾春堂倒觉得门楼下过得时光挺自在。

贾春堂老婆名叫李华,是个泼辣角色。李华不睬贾家名誉,不安于清苦日子,常常站在堂屋,手握铁勺,没油下锅,就朝门口喊:"穷写穷画,喝西北风啊?"摊上女人嘴欠,拿她没办法,吵吵闹闹过日子,他习以为常。他只管沉醉于自己的享受之中。过年,他写了这样一副对联贴在堂屋门口:门前笔常动日子旺旺兴兴,耳边风频吹心田滋滋润润。横批是,夫唱妻和。李华识得几个字,看了对子,先是哭笑不得,而后又骂骂咧咧。贾春堂作画,单是泼墨,不用任何色彩。他喜欢国画,梅兰竹菊,花鸟虫鱼,百画不厌,越画越好。可是乡下人很少闲情逸致,他找不到市场,只好自己保存。后来他琢磨着给死人画旌,十二尺红布,画上天宫云梯、四季花、云海,其用意是送亡灵上西天。贾春堂这回长了心眼儿,也学五嫂子门口挂一匾:贾家为亡灵制旌造天宫,自带十二尺红布,手工费三元。这一招很高,惊动了方圆几十里,死男亡女,都扯十二尺红布送到正阳街。于是,三天五天或十天八天,总有三元钱送来,日子改进了许多。

一晃眼儿子长大,贾春堂教子接班,希图儿子超过他的书画功底,可是儿子偏偏不学正经,书念不好,古诗古文一窍不通。他一下学,偷上一趟县城,回来,便画起玻璃画,撇了他爹的牌匾,换上"玻璃美术社"五个大字。贾春堂活了四五十岁,读了那么些书,从未听说过还有玻璃美术。可是,不等他转过劲儿,儿子已挣下钱来,渐渐,艺越练越高,钱越挣越多,贾春堂也就晕了头脑,什么识书通古,挣钱就为正经。人,都受钱的左右。小日子一天天富起来,贾春堂整天拎个胰盒大的戏匣子,满街里走。有时候,坐正阳街上,望海市蜃楼,田野风光,心中生出无限感慨,他和老子,读一肚古诗,做两辈子学问,也没兴起家业,到了儿子,不学无术,却发富了日子,见到了光明。呜呼!

隔着贾家门楼,不过二十米,经一井沿,就是张家门楼。张义礼是个命毒的汉子,娶第一个媳妇,把正阳街震得山响——百里挑一的漂亮姐。可是,进门不到一年,得了家气伤寒,怀着没见天的孩子,长辞而去。隔一年,娶了二房,是个寡妇。五年留下一子,又腹中积水,半月滴水不进,悄悄离世。他一个人守子过了十年,又续了三房。三房妻三十五岁,年轻干净,家里家外一把好手。三年不到,食道长癌,卧床两月,死了。有人给张义礼算命,说他命中注定犯克,克不过三,再续,就好了。可张义礼没续。下街人议论,说死了三个老婆,没见张义礼掉一滴眼泪,出殡的时候,脸上笑盈盈的,就这笑相主贱。究竟怎么回事,谁也说不好。张义礼能治病,不使药,单用墨汁。谁家小孩受了惊吓,失了魂,三天五天昏睡不醒,多远的,都来找他。门楼里走进陌生人,便知道来意,笑盈盈招进屋里,请坐请喝水,不等来人说"小孩吓着了",他就左手按住一张蜡黄的烧纸,在上面又写又画,之后,小心翼翼叠好,交给来人,就打发走了。来人拿回家,压到小孩枕头底下,待夜晚人静,不再有人里出外进,两口子就一个门里一个门外,门外的喊:"俺三儿来家啦。""来家啦。"把孩子的魂招回来,便烧掉枕下的纸。在乡下,人们都信,还真有治好的。为乡亲做这点小事,他没在意,那只是几分钟的工夫。可治病救人,谁都牢记不忘，到了年前，清除一年来的债务，必差人送几斤冻鱼或几斤苹果，或一只鸡，作为回报。

张义礼爷爷的爷爷是个文秀才，张家沿袭了世代的文明家风，张义礼讲求仁义，知事明理，谁家家庭不和，都找他去劝解，他道理摆得明，叫人心服。他儿子缺心眼儿，叫小盛子。小盛子人长得挺好看，团脸儿大眼睛，他知自己傻，见生人不说话。他不说话，你便觉得他又精又灵；你抠根问底，问多了，便露了馅。好在张义礼开个豆腐坊，把他拴在家里挑水、吊包、烧火，到了二十四岁，找了个对象。女方大他三岁，因为长得丑，就耽搁了。双方见面，都有意，女方娘和小盛子婶是姑舅姊妹，她一心信着表姐，就订了下来。过后，差人骑车到正阳街偷偷打听，正打听到五嫂子。正阳街人不说本街人坏话，加上小盛子命挺苦，就说："那孩子老实，能干，从小没有娘，是个苦命的孩子。"得，从苦命中过来的孩子都有出息，于是就结婚了。小盛子媳妇聪颖贤惠，又懂事理。到了张家，富了张家的日子。正阳街和下街的人都说张义礼晚年有福，傻儿子找了个精媳妇儿。上青堆赶集的人，走到正阳街，看到张家热热腾腾的日子，无不从心羡慕张义礼有钱。

发觉了儿媳的聪明，通情达理，就越发地可怜她。特别是，儿媳除了从儿子那里得到性别上的东西之外，没有得到体贴和爱情，时常掉眼泪。儿媳难过，从不当外人表现出来，只当公公一个人哭，渐渐地，张义礼就把可怜变为疼爱："盛子家的，是我儿子祸害了你的命运，我这当爹的，知罪。可是怎么办呢，走一家进一家不容易，我命也不济，一辈子配不下一个女人，又留下这么个儿子，嗨……"儿媳抹把眼泪对公公说："爹，俺没说过要走，俺都有了孩子。再说，你是个好人，哪能……"一个知情达理，一个重情重义，两人把命运的钢绳系到一起，便维系了张家的命运。

渐渐，儿媳有些离不开公公。公公集上卖豆腐过晌不回来，她就站门楼底望；公公呢，卖豆腐回来进了门楼，看不见儿媳花围裙在堂屋里飘忽,就心里发空。外面人来找张义礼写聚魂码,不知家境,以为儿媳是张义礼的老婆,小盛子是他们的孩子。得到儿媳的孝敬、爱戴,还得到不该得到的,特别是自己时常也自觉不自觉地给予儿媳不该给予的什么,亏了儿子,对不起儿子,辱没了张家的门风,张义礼深感不安。他发奋致富,买录音机、电视;买好吃的,从灵魂上求得儿子的宽恕,日子说不出是甜是苦。不过,他觉得,他的生活中,再也不能没有儿媳,没有儿媳,他便无法活下去。

张家的事情,外面无一人知。富玉样被请喝酒,酒桌上发起感慨,开言就是:"这辈子我什么也不奔,只奔将来当公公,有个张义礼那样的好儿媳……哎,也比不得呀,张家世代书香,娶媳妇随家门嘛。"

正阳街把西头的一家是申文章。他本事不大,但乡下又缺他不可。不知从祖宗几辈下来,就是专给死人拿浆水罐的。谁家死人,要拖魂上山神庙报庙。报庙时,申文章持个装有浆水的小罐儿,浆水里有油盐酱醋之类,到庙前往庙上一洒,磕头作揖,就了事。浆水罐不大,是陶瓷的,空罐约有三斤,十里以外人家死人,来找,拎它,越拎越沉,抻得胳膊筋直疼。所以自古以来,这里规矩,招待拎浆水罐的,要使鸡蛋,或炒或煮,少了它便是不懂礼节。过后,还有七尺孝布。如今日子好了,孝布之外,还有钱,一般人家都是四块。申文章五个闺女,没有儿子,下街人说,他是给亡灵磕拜心数不诚,让鬼神见了怪。正阳街人不说这个,说生男分穷金银库;生女积下金银山。要不申文章家没有挣大钱的,日子怎么比一般人家好呢。

暖融融日光均洒街上,每家每户却有不同的光热,这也便是人世间了。

无论日子怎样平凡,正阳街上,都有自己的欢快和郁闷。日里,婆娘们聚集街上树荫下做营生,互相做着笑,说着顺耳的话,扯碎一段段时光供来打发。快嘴李华总是手忙嘴也忙:"箩匠嫂子干净得吓人,搂个城里的娘们儿,可让箩匠大哥心爱死了。"

"什么呀,你生了个会画玻璃画的宝贝儿子,贾春堂把你稀罕得恨不能吃了,谁不知道哇。"

"喏,谁也没有小盛子家的受宠,每天早上都是小盛子给穿衣服……噢,当然了,头天晚上她先给小盛子暖被窝,人家才是恩爱夫妻呢。"

这些话,都不是从心说的,但正阳街人极懂得本街人的心理,都有本事搅出每人心中的欢喜。于是,各人都把压在最心底的话压得无影无踪,将整个身心沉浸在顺耳的话语所带来的欢欣之中。于是,榆树上小鸟的吵闹,草垛里蛐蛐的吟唱,院里院外猪鸡鸭狗的吵叫,无不同婆娘们的笑声搅到一处,如一支悦耳的曲子,夜里,少不了让白日那欢欣的情绪肆意伸长,派生……

也有的日子并不叫人欢欣。日里,箩匠家的遗腹子到贾家门楼看字画,李华偷空问:"姜大,你爸你妈从来不打仗吗?"人,都愿意探知想知道又不可能知道的事。遗腹子晚上灯下玩蛐蛐,脑中浮现出李华的话,就学给娘听,娘鼓了一肚子气,第二天见李华,脸子就发阴发冷。旧些时候,日光怯怯地生冷,炉膛里烧着芥菜根子充饥,李华穷急眼,推碾子偷摘了五嫂子的瓜盖在箩里,被王五看见,直跟到贾家门楼翻出瓜来,两家人闹了好一阵难堪。人们只要带着新获得的不快和烦恼渡进夜里,空气便恍如充进煤烟,熏得人们久不能寐。李华将枕头翻得夯夯响,翻来翻去,翻醒贾春堂,就对贾春堂检讨:俺就嘴快,俺今后再可记着,箩匠两口子本来好好的嘛。箩匠家呢,愣愣坐定在晴夜里,望着满天星斗,回想着自个儿有过的那些不正当的念头,发誓今后好好侍奉丈夫,觉得不该记恨李华,无风不起浪的……贾春堂见李华偷五嫂子的瓜,把李华一顿暴打,平时厉害不让人的李华,一声不吭。从不会骂人的五嫂子,把丈夫一顿混骂:"亏你是条汉子?谁叫你把瓜栽院寨边,甜瓜梨枣,谁见谁咬,李华有错吗?还不是你栽瓜的错?!"

他们小心翼翼地来使他们的日子和睦,这是正阳街的街风。

有时,人们为有这样的街风而感到骄傲,那骄傲的情绪往往产生在白天。可到夜晚,就是另一回事了。箩匠家受到李华的刺激,发誓好好侍奉丈夫,可是,半夜里,箩匠将他那黑糊糊的大手伸到她胸前,她却无声地哭了,哭得十分伤心。小盛子家的,回家里思谋真要跟小盛子恩爱,试着从小盛子的一举一动中生出一些欢喜和疼爱,试着把对公公的一腔情感彻底转送给小盛子,可小盛子却木头一样,钻进被里就梦进南柯……

只有在漫长的夜里,人们才彻底品味出日子的苦,但到了白天,婆娘们还是满面笑纹。每个人抱定属于自己的那份希望奔日子,奔到一定时候,就奔出年来。到了过年,家家户户都要请客,从初一请到十五,今天五嫂子,明天箩匠家,后天富玉祥,依次请下去。一年中人们忙呀,累呀,只有这时日,人们穿着新衣裳,相互问着好,说着吉利话,才觉得日子蜜果一样甜,所有烦恼都丢到脑后。坐正阳街上,望海上日日海市蜃楼,看街上岁岁树叶枯荣,不知不觉间,正阳街娶上一茬新媳妇儿。五嫂子三年娶了两个,箩匠家遗腹子娶了个大队卫生员,富玉祥的大儿子也娶上了;同时打发了几个姑娘,申文章家老大老二,贾家的英子,五嫂子的满华。满华是个活泼女子,一点不像她娘,她性格爽直,想怎么做就怎么做。二十一岁,看中贾家会画玻璃画的举成,就早晚去缠,终于缠走了举成的心,就嫁了他。满华不会画画,但她会割玻璃,上底色,终日伴着举成身前身后转,把老公公贾春堂挤出门楼。家具玻璃画越画越时兴开来,贾家门楼,从早到晚,人流不断。贾家买卖的兴隆,大添了正阳街的风采。

玻璃积压多了,画不过来,小两口想办法,教几个徒弟。教谁?教小姑娘?留不住;教小伙子?又笨。思谋来去,满华说,教她娘家的两个嫂子。信儿传过去,两嫂子乐得唱着小曲,穿得干干净净来到贾家门楼,贾家门楼于是像鸟儿报春一样叽叽喳喳起来。

　　日光牵挂着这一角门楼,慢慢地从东山滑向西山,把温柔洒在天地之间,小媳妇们呢,耐不住她们胸中积压的青春火热,把在爹娘跟前,在公婆跟前都不得提及的一腔话语,皆尽情地倾吐在贾家门楼。她们顾不得正阳街的街风,要说就说个痛快,从小时候戴花兜到那年不知不觉胸脯鼓胀起来,吓得吃不下饭,睡不好觉;从小盛子家的长相丑,到箩匠家的命不济,无不在她们口中染上一层情感色彩。日子就这么的,被她们欢欢乐乐一天天打发掉。

　　过了一些时候,不知不觉中,贾家门楼沉郁起来。满华哭丧着脸的架势,就像谁该着她几千块钱。满华大嫂二嫂更是眉头系个疙瘩,企图拽些开心话来说,却说着说着就不开心了。原来,那一日满华二嫂提到,她曾两次发现富玉祥和箩匠家的瞅箩匠骑车走了,一同站院里对望,对望后,箩匠家的进屋嘤嘤地哭了。于是满华大嫂说,她也看见过,看见过富玉祥进箩匠家,当然是不长时间就出来了。满华接着说:"他们可是天生的一对……看他们这样委委屈屈地活着,到什么时候才有个头。"毛手毛脚的举成就劲把一块玻璃甩到大街上,跟着刺耳的碎玻璃声音响过,举成随口骂了句娘,接着,大家一阵唏嘘,接着,各自就开始想一些人间不公平的事,把气氛充溢得紧张而沉郁,其中,还夹杂着愤愤和不平什么的。

　　正阳街的夜来得早,不待缕缕炊烟散尽,小两口就一头拱进自己新房,贪新婚的享乐。满华抱着举成的膀子,说够了亲昵的话,又说起富玉祥和箩匠家的,说他们这辈子,也不曾有过他俩今天这么一个晚上。举成说着坐了起来,眼睛出神地盯住满华,"我有个招儿,能成全他俩。""什么?"满华瞪大眼睛。"编一副对儿,贴到箩匠大门口,让大家都看,都觉得这样合适,两家就都闹离婚,就成了呗。""写什么?""你去问爹要笔墨。"满华于是穿衣下炕,去推公公门。拿来笔墨,小两口亲热一阵儿,举成就拿起笔,树杈子一样笨拙的大字就爬上红纸:富玉祥年轻精明大丈夫,箩匠家漂亮能干娇妻子。横批是:美满姻缘。

第二天是个集日,正阳街上人马稠密,令箩匠家奇怪的是,她的门口像有黏胶,胶住人们的脚步,疾忙走出去看,原来门楼旁贴了副大红对子。看完,直冲贾家门楼去,喊贾春堂出来。贾春堂闻味儿不对,箩匠家是个温顺和气人,今儿个怎么高声辣气的?赶忙迎出,"贾家兄弟,你看见了还是怎么?要笑话人也不好这样,真想不到你个读书人,装了一肚子浑水,往我家门口泼。"不待贾春堂弄明白,富玉祥来了,五嫂子、她的两个儿媳,遗腹子媳妇,张义礼,小盛子家的,满街人往贾家门楼拥。见了富玉祥,箩匠家哇的一声哭出声来,大概觉得屈,觉得怨,还觉到他们的命……遗腹子媳妇见婆婆哭,从人群扒条缝,进来就嚷,说事有起因,她接生顶了五嫂子,五嫂子不满,就对姜家有看法……话里牵着五嫂子,五嫂子吓得直哆嗦,"侄媳妇,你……你怎这么说话……"几天来,一直沉闷不乐,憋得心里难受的五嫂子两儿媳不让呛了:"你胡咬什么?你接生管俺什么事?你婆婆的事你知道吗?"她们本意是说,你婆婆的苦楚你知道吗,却走了嘴,箩匠家脸蓦地变紫,嘴角直颤:"啊?我有什么事?你知道你说呀,说!呜——"

见此情景,小盛子媳妇猛一捂脸,心里打着寒战钻出人群,张义礼也抽了抽脸皮,挪了几步,又转了回来。

五嫂子两儿媳妇伤了长辈,就压低嗓门儿:"婶子,你冤枉我们了,谁写的对子,是婊子养的。"

遗腹子媳妇不甘罢休,指着妯娌俩,"才刚门口上,就见你俩脸色煞白,抿头往这边走,没你俩事才怪呢。"妯娌俩刚才看对子,确是惊慌了一阵,尽管道破了她们内心的希望,可这事来得太突然,她们头几天议论的,今儿个就写出来……妯娌俩无法澄清,只咬定一句话:"谁写是婊子养的。"贾春堂也这么附和一句,蓦地,他忆起昨晚儿媳要笔墨的事,又吞回第二句,脸色突变。举成惹了乱子,心正突突跳,刚要去承认,听起誓说是婊子养的,被满华拽了回来。见箩匠家伤心地哭,街上人越聚越多,举成终于挺身而出:"是我写的,我是好心……"不等把话说完,富玉祥一声不吭,走过去就是一巴掌,扇完,就挤出人群。

贾春堂接着扇下去:"你这个孽种,辱没门风的孽种,你……"满华一把从公公跟前拽过举成,"打吧,要打打我,是我叫写的。"

"哄——"人群爆炸了,笑声,起哄声震得街上树叶哗哗直响,"呵哈,正阳街的小娘们儿厉害哟。"

见这情景,说事人张义礼走上前,拽住贾春堂的衣袖,"兄弟,家有家规,国有国法,孩子做了错事,只怪老人教育不够,别这么丢人现眼的。"张义礼劝架说事看火候,到了一定火候,他才出头,他一出头,事情必定消停。

贾春堂蔫下脑袋,吐了一口唾沫,是红的,里面有血,趔趄着进了屋。

突然,箩匠家止了哭声,昏厥过去,人们慌了手脚,赶集的下街人和外村人争先恐后帮忙往车上抬,举动显得非常殷勤。五嫂子见这殷勤,心上像有钉子扎进去,疼痛难忍……

马车向青堆子奔去,上面坐着五嫂子、申文章、李华、遗腹子媳妇。车下正阳街的时候,遇上富玉祥,他表现得非常无礼,问也没问径直奔他的地里去。

正阳街前所未有的动乱,制造了五花八门的谣言在外边流传。从此,下街的人们,站小道打结处,站柳丛边,往正阳街望,口中都吹出长长一口气。这气是每逢雨季,正阳街人们得意地站冈上朝下望着淫威的水流时积下的,积下已久了。

一些人默不作声地等待着正阳街的新的反响,以发泄积在胸中的妒气;一些人却战战兢兢地害怕每一个明天的到来。出人意料的是,正阳街又恢复了以往的平静,日子仍像以前一样和谐,箩匠家见了贾春堂,老远就喊:"大哥,国家大事又有哪几条啊?"见箩匠家的不念自己教子无方,贾春堂不胜感激,一再嘿嘿地笑,一再说举成子少教,不懂事理。富玉祥也找举成赔了礼,说他也是一时过失,身正不怕影子斜嘛,年轻人做事欠考虑,不该计较。只有箩匠家的和富玉祥,从此见面不再说话,也不一齐到院里站,总是相互躲避着。

倒是年轻人蔫了下来,贾家门楼看画,他们一声不语,像有什么东西沉沉压在他们身上,叫他们难过。门楼下面,沉闷得令人感到窒息。

没过几日,张义礼在青堆子办了个老婆子,同儿媳分开,要去青堆子安家。消息传开,小媳妇们,聚来看画的小青年们又雀跃了,纷纷喝彩,叫好,门楼下又起了笑声,话语声,"好,张义礼才是真正好样的,结结实实的,干吗不找老伴?""儿媳再孝顺也白搭,还是老伴!"

年轻人容易看到希望。

一日,满华他们忽然又听说:张义礼找老伴,小盛子媳妇痛哭一场,就跑回娘家了,说要离婚。

……怎么回事,正阳街人不得而知。

1985 年《海燕》第 10 期

闪光的十字架

东南风浪一样袭扰菜地。芸豆架、黄瓜架上,泛起银色的光亮;锃绿的苞米叶子相互撕扯缠绕一气,山嘴上又瘆人地静了下来。芸豆叶子抖落了昨夜挂下的雨水,恢复了原来的模样,一只叫不上名的绿色小虫,在地缝里咕咕叫了两声,而后,一切声音都向山后隐去、向远方隐去,仿佛山嘴子从不曾有过什么骚动、什么不安。毒毒的日头也似打定了这片野地的主意,芸豆地、黄瓜地、苞米地里,跳蹿着丝丝缕缕热气。

热气闷闷地、静止不动地蒸燎着她。尤三娘用清瘦的手指,抹去脸上深纹里滑出的汗溪。接下,当她两手再扒开芸豆叶时,汗溪又重汇成,再抹去。这样的动作,无数次地重复,每重复一次,都要在她干枯的脸上留下一道绿色污迹。于是,皱巴巴的皮肤,有绿色映衬,闪着亮荧荧的光亮。光亮明显的地方,透出消逝已久的润泽的红色质地,从红色质地中,还能使人联想起她曾有过的少女时代、少妇时代。

她佝偻着腰,碎碎的步子,艰难地在窄小的垄沟里挪动。鼓鼓灵灵的芸豆,被那刀一样锋利的指甲掐断蒂把儿,完成使命似地从架上抛进筐里。她伸伸腰,毛茸茸的叶子在脸上滑开,她感到脸皮火辣辣疼,脚也疼。好像不光是脚,早先是脚,这些时日,那疼处从脚底往脚踝子、小腿上走,现在,已经走到膝盖。"要饭的腿骨。"她心里骂道。要饭花子的腿骨才硬实呢。是富贵的腿骨?富贵怎么能上山嘴子上,做这种活计呢?她又想。

腿疼。像有一个钉子从脚板子扎进去,一种木滋滋的、钻心的疼。一双葵花籽核样尖的小脚,四个脚趾安分地屈跪在脚掌心里,听任肢体的压迫。六十八岁的老人,这样一双小脚,能够承受长久的站立?并且是经雨泡透了的土地、一步一个深坑。

她太累了。

她怎么能不累?!好些日子里,她一刻不停地奔忙,连早先的午觉都取消了。虽是挂锄季节,七个人的口粮田和责任田却总是没完没了地缠着儿媳,儿媳下地,家里的活就全扔给她了。就说今天,她喂猪,喂鸡,喂鸭,洗土豆,淘米,做饭,一直忙到正午。吃了晌饭,儿媳又下地去。她锅上锅下屋里屋外转一阵儿,想到准备晚上和明天的菜,想到山嘴子菜地里的芸豆,就又拎了菜筐从门口小河套走到那条九曲十八弯的草坝,从草坝再翻到梯田边的上坡路,走了两个时辰才来到山嘴子菜地里……

"三娘,怎么你上山,儿媳妇呢?"梯田坎下传来喊声,她回转头向下望去,可眼睛发花,始终没认出是谁。不等她答话,那人已向山下走去,向村里走去。

是的,她满可以不上山来。只要她告诉儿媳,说脚又犯了老病,疼得揪心,儿媳不管内心怎么想,嘴上肯定能说:"脚疼就别走了。"于是,这上山摘芸豆的活儿就由儿媳挡去。可是,她怎么好意思再说脚疼?

她一生从当媳妇到当婆婆,从不让别人说一个"不"字,不愿看到谁脸子跟自己不好看。她当媳妇,百依百顺伺候婆婆,听婆婆支派,受婆婆管制。那时,她没日没夜地盼着能生儿子,盼着也当婆婆,好支派媳妇,来伺候自个儿。终于,她有了三个儿子。终于,她当上了婆婆。可是,潮流好像总是在变：她当媳妇时婆婆是天，而她当婆婆呢，什么妇女解放，女人也干着男人的事，女人的地位提高了，婆媳的尊卑就变换了——婆婆看着媳妇眼色转。现时，听听哪家不是这样。现时的潮流，能说不对？能说她命不好？刘二奶奶和媳妇打了个稀里哗啦，范家"大份儿"就一个儿子，却叫儿子撵出去自己过，同她们比，她太有福啦！儿子在镇上一家厂里开汽车，媳妇忙着家里地里活，虽也有累急眼的时候，但没跟她吵过嘴。家里活儿，她能干多少是多少，儿媳知她脚上有病，只要她道一声脚疼，儿媳就会让她歇着。可是，她不能说。

她拄着一棵结实的搭芸豆架的树枝，拔出陷进泥里的脚，沾满尘污的手指上下捋着小腿，仿佛病是可以捋掉似的。轻轻的，慢慢的，由上到下，由下至上捋着。汗又从那条固有的深纹里滑出来，她抽出一只手去抹，又是一条清晰的绿色污迹。

当了婆婆，已二十多年没到山嘴子上走。头几年这片地分给她家，她也没有来过，可是自从她有了那使她整个生命闪光的一次以后，她就觉得，她应该干、也能够干很多活，她应该也能够到山嘴子的菜地来。

因为，她曾上过千山。

她确确实实地上去了，由儿子领着，拄着一个刻有花纹的拐棍上去了。并且，脚没疼。

那次的事是怎样来到她的生活里的呢？记得，是四月初六，园里韭菜割了四茬，黄瓜刚刚爬蔓，她在园里转着。从结婚嫁到尤家，她的日子就是整天园里园外转着，锅上锅下转着，不曾有过热切的盼，也不曾有过焦躁的望，日子水也似的，不知道奔的什么，且总是奔着。

就是这样平常的一天，房后白杨树上飞来一群鹊雀，蹲在高高的枝丫上拼命地吵，吵碎了她的心，有什么不好的兆头似的。她洗菜也寻思，淘米也寻思，总预感到日子奔到这般光景，怕要出现什么差错。她望儿子赶紧回来，担心他开车失了手脚。儿子回来了，蹬着自行车从小河套那边轻飘飘地朝门口来了,儿子冲她笑,她也笑,他们母子少有的一次笑。"你可回来了!"她吁出长长一口气。儿子说:"娘,你知道啦?明天上千山。"就这样,儿子说了他们厂子上千山旅游的事,说了让她也去的事。

"没听娘老叨念脚疼吗?净瞎扯,没孝顺在正经地方。"儿媳完完全全关心娘的口气。

她心凉了,说:"脚不疼我也不去,家里这么多活,还有你奶奶。"

"娘,俺并不是留你在家干活,俺真心怕你脚疼。"

"给娘准备准备,去。不上山在山下看看也行,娘愿意坐汽车。"

儿子笨、心粗,平常家里事不管不问,也不关心娘的衣食冷暖,到了正儿八经的时候,对媳妇,有权;对娘,有情有义。

六十八年来,除去结婚那次以外,她记不清还有什么时候像四月初六那个夜晚那样热切地盼、焦躁地望过,盼望天亮,盼望坐上儿子开的汽车。差错果然出在儿子的汽车上,但不是过失,是乐意。

烦琐,平常,无盼也无望的日子一旦有什么盼望搅动,小河套的水就仿佛注进新的生命。她双眼瞪着黑暗,在土炕上,侧耳聆听河水翻动沙石的响声。

也在这个时候,她回想儿媳一整晚的表情、说话。吃完晚饭,她大包大揽干地下的活儿,小心翼翼地、适时地说着"不去"或"不愿去"之类的话,从中,她暗探着儿媳的心意,分明没有什么不悦,但从儿媳淡淡的眼神中,还是感觉到了什么,但说不出。她知道,这种感觉,只有熬过婆婆的人才有。

熬过惶惶不安的夜晚,看到儿媳下锅的一盆鸡蛋,终于验证了去的可能。在湿湿润润的蒸汽里,她眼里那长久不流的东西涌动了:谢谢媳妇,娘从今往后,豁出老力,操劳这个家,你看着!她想,唤起了她所有的真诚。

就这样,她去了。她回来了。

是中午,是黄昏,是什么时候都可以,只要是白天,可是难以弥补的遗憾,到家偏偏半夜十一点,乡亲谁也不知她尤三娘上了千山。刘二奶奶和范家"大份儿"更不知道,她光坐车,就坐了七个钟头。

在一片灰色的沉寂中,儿子把她背过小河套,来到家门口。只有中天一钩月牙注望,还有街上谁家几声狗叫。

一家人惊动了。老婆婆坐定炕上,松弛的眼皮掩不住气恼、兴奋和羡慕。气恼的是,这么大一件事,她临走没有告诉婆婆。是怕婆婆管?还是打怵唠叨?多年的家长制无法改变她凡事都要行使点儿做婆婆的权力的习惯。然而,婆婆老了,再也管不了她了。她为自己有这样一次无声的反抗心颤了许久。自打做了媳妇,她从没背着婆婆做事。也怪,这次她压根就没想告诉婆婆,竟越老胆儿越大了。

"我天没下来黑影就在树底下望,寻思来家吃夜饭赶趟。也真是,那么些鸡鸭,走出去就放心了。我盹儿都没打,就坐着等,越等心越没有缝。"婆婆说。

婆媳毕竟一起挨饿、受穷,打发日月,经历了那么多年和那么多年的相互挂扯,公公下世,又在一铺炕上轱辘,那种因厮守而依恋的情感早已根深蒂固。况且在婆婆五个媳妇中,数她三份儿孝顺,服服帖帖,细致周到。婆婆摸黑等了她好几个钟头,婆婆精神上已经离不开她。这时,她才感到,她对不住婆婆。

她两手拄着炕沿,破声地喊了一声"娘",婆婆应了。婆婆的眼光终于变得明快,眼睛在她和孙子之间走动,大概并不是羡慕她有这样的儿子,婆婆的儿子更能,老四在沈阳,老五在北京,婆婆当年比她走得广;而是羡慕她拥有自个儿永远逝去的光华、年岁。

"娘,上山了?脚没疼?"儿媳关心她的脚。

"上去了。那山,上去了。才怪呢,那么老高,脚一点儿也没疼。"

"这回可好了,脚不疼了,可好了。"儿媳一边端饭,一边说,看样子很高兴。这一刻,她就警觉到,今后她要干比以往更多的活儿,并且永远不能提起脚疼。她不会自个儿打自个儿嘴巴,她不会留下话柄让儿媳说:"能上千山,来家又脚疼。"何况,儿子说过,他车经常出去,有机会拉她上大连逛逛。不能提,永远不能……

夜越来越沉。她在垄沟一步一步挪着,每一步,都留下深深的脚印。脚印不足四寸,里面渗出清清亮亮的雨水。她想就着垄台儿坐一会儿,腿实在有些支撑不住,可是泥土黏糊糊的。

她还是坐了下来,清瘦的两手打开紧扎的腿带,一丝凉气灌进腿里,可没多久,又闷热起来。

蔚蓝的天空挂着几朵白白的云花,云花下面一群蜻蜓自由盘旋。多么令人眼气的幼小生命!她仰望高空,吁出长长一口气。望着望着,眼睛花了,白云、蜻蜓变成刺眼的碎片,眼窝有东西要淌出来……

又一阵东南风从山嘴子上掠过,苞米、芸豆、黄瓜,青绿的叶子骚动了一阵,接着,就静了下来。她终于有机会拽起裙襟将脸擦一遍,绿色的污迹模糊了整个脸颊,深陷的眼窝被她擦得紫红紫红。她透过芸豆叶的缝隙,望见那灰涂涂的草房,顺梯田埂下去,是草丛弯路、小河套、家。几天来,她来过这里六次。儿媳没逼!没说娘,那芸豆非你去摘,可是儿媳也没阻拦,儿媳地里活累,想不得更多。

千山回来,她一刻不停地忙着,生怕有什么活儿没干上。按说,小小山嘴子,比起千山,才哪到哪里,可如今爬上来,摘了这么点儿芸豆,就感到累得不行,真是老没出息。

这筐芸豆,还能挎到家吗?昨天、前天,好像都没觉得这么累,腿疼得也轻,难道要一天天重起来?看看那双小脚,她脸颊深纹更加紧密。她一阵阵后悔,后悔自己老了,却经不住儿子的诱惑。

"尤奶奶,千山好吗?有和尚吗?"谁?她抬头打起眼罩,原来刘二奶奶的孙子厢生打嘴子上过。她脸颊深纹变换了角度,她笑了:"好,可好了,有和尚。"不知为什么,说话的夹当,笑的夹当,她心蓦地紧了一下。

刚回来那一两天,她怀着小孩儿才有的心理,去告诉刘二奶奶、范家"大份"和一些差不多年岁的老婆子。从她们那羡慕的眼神中,她得到一种心灵的满足。

厢生急忙忙下了山嘴子。

也许,她根本不该去。整个山上,没有一个她这样年纪的老人,又是小脚。玩乐,只该是年轻人的事。可是,现在想来,如果千山没去,她这辈子还有什么能留下来值得再去想一想呢,那该是多大的遗憾!她不悔,说到哪里,她也不悔。

年轻时,婆婆动辄坐着马车,到远近知名的青堆子镇去逛,回来讲那里染坊里的事,杂货店里的事。她多少次梦里自个儿去了。小镇是乡下人的京城,是乡下人心中的灯塔。乡下人,逢上集日节日,逢上心里边空空落落,或是憋闷得过不下日子,不管有钱没钱,拔腿到镇上转一圈,见见光景,充填一下心神,再转回到乡下去,于是周而复始的日子便有了一点儿光亮,有了一点儿嚼头。可小镇对于她,永远是个谜。

终于有一天,年轻的丈夫得了重病,住进镇里医院,婆婆领她来医院伺候,在医院住了三天。她瞅丈夫沉睡的工夫,逛了染坊,逛了杂货店,却遭到婆婆好一顿斥骂:"小家女子,不懂事,男人有病,还有闲心思逛街。"

无论怎样屈辱,这趟青堆子,叫她每每做完活计闲起来,两眼望着窗外,过电影一样回味着那时那刻的情景。倒不是那里有更多的新鲜事,她能做个闲人在街上逛逛,把家里鸡鸭鹅狗,放马做饭的事忘在脑后,那忘记自个儿的飘飘劲儿、轻松劲儿,什么时候想来什么时候心里发甜。

日子,总要留下点什么给人想想。也许,她一个乡下女人不该有这种念头,可她打不消这个念头。

后来,她盼着生儿子,盼着做婆婆。平平常常、清清苦苦的日子,有了这种盼头支撑,有了一些忙忙碌碌,闲心事少了,人也变得木了。

她没有做成婆婆那样有威风的婆婆,不过她知足。她有好儿子。那年夏天,儿子载她到镇上去,让她在镇上看了一天光景,管够她吃香瓜。儿子对媳妇说:"载娘上镇上看病。"儿子撒谎,并不是怕媳妇,儿子是怕出现不该有的麻烦。家务事自有它自己的套套,儿子晓得。那一天,让她细细回味了许多年月,连同瓜味一起记在心上。

这几年,她不时地产生一些期望,但她知道,儿子太忙,儿子不可能老挂着她。

终于有了一次她一生几乎得不到的机会,比她以往的期望更加美好,她,怎能不去?!另外,又有谁能知道,千山路上,她尝了多少旁人未曾尝到的滋味。人要欢乐、心里敞亮,原来并不光是吃好用好,一个场面,勾起一些动心的想念,跟吃好用好的心境大不一样。活到六十八岁,她算明白了——出了山嘴子,天再也不是一方台布那么大。原来,天从山嘴子上扯过来,向西山冈伸过去,她觉得像一方大块台布。地呢,也不光是南北东西横起的垄子、小坝、院墙、土房。在山嘴子地块尽头,有水绿水绿密不透风的树林,有比家门口小河套水流湍急的大河,有那么一些和那么一些紧紧接着、挤着的高楼……她坐在驾驶室里,挨着她的儿子。

人们喊儿子"尤师傅",她是尤师傅的母亲。"这是尤师傅母亲,多有福,偌大年纪了,逛千山。"人们议论着,关切地问这问那,请她上车。是的,她有福,她一辈子不光守着锅台转,她扔了家里猪鸡鸭狗,像旧故事里说的大爷的老子,穿得板儿板儿的,和年轻人一样,让儿子拉着满街兜风。

儿子稳稳地把着方向圈(她好像记得儿子就是这么叫的)。儿子真能,后斗里坐满黑压压的男女青年,都在他双手的转动中,远远离开家乡。

她从侧面端详着儿子,儿子脸上已长满黑糊糊的胡楂,宽大的肩膀,敦实的骨架,跟他爹一模一样,活生生一条铁打汉子。她突然觉得,这些年来,她第一次这样近、这样细地看看儿子。瘦弱矮小的她,能留下这样的后代?这就是她在贫困中生养的儿子?生他的时候,婆婆说:"看那小要饭儿样儿,养不出大胎儿的孩子。"婆婆从来看不起她,要饭还不是个大要饭的。她自个儿也不曾想到,她的儿子出落得这么高大,能开汽车,能……

她心蓦地抖了一下,一个念头在心里剧烈涌动——她要像年轻时那样抱抱儿子,亲亲儿子。

她手动了一下儿子的衣襟。"娘,累吗?"她急忙抽回手,脸登时热起来,六十八岁的人了,还要在儿子面前脸红。好像,漫长的时光,积成日,积成月,积下了她跟儿子的年龄,同时也积下了母与子的隔膜。可恨的日月。

儿子转回头去,目视前方。她长久地,不眨眼儿地欣赏着儿子的轮廓,胸怀有一种别样的情感在动,就像四十四年前,五月的一个夜晚,儿子降生人世间的第一声哭叫撞击她的耳膜,所唤起的她的母性的觉醒——那种从未有过的愉悦和战栗……

汽车飞也似的向前奔跑,卷在一股股前面车辆抛下的尘烟中。这样一动不动地坐上一天,两天,她也不会感到劳累和疲倦。在这里,生活再也不似以往那样繁琐和陈旧,她舒展了以往由周而复始的小天地生活缩卷了的极小极小的感情世界,仿佛日子原本是从现在才开始的。

"火车。"

她看见,一个长长的躯体在地面上爬行,她凭着过去的想象猜着。儿子点点头。

火车发出一阵压倒一切似的嘶叫,儿子用他粗壮的右手,扭了一下车里的按钮,汽车喇叭也同样叫了起来。到底年轻人好胜,儿子有意把汽车开快,跟火车赛着。火车又嘶叫一声,儿子回应了一声。她第一次看见真火车,电影里见到的,如今近在眼前,并且有意同儿子的汽车保持平行。

火车窗口伸出各色手帕向他们招手,后斗上的年轻人呜嗷呼喊着。儿子满面红光,望着窗外,车开得更快。

不知怎么,她的心也像年轻人一样激动起来。

她双手抱紧,整个身心都在替儿子出力、替汽车出力。她干枯的脸上,洋溢着梦幻般的微笑。她恍惚觉得,在什么时候,曾经有过这样一次旅行,也是两辆车赛着跑,也是车上的人们相互呼唤着,并且,那次旅行仿佛就在昨天。她终于忆起了,真真切切忆起了——四十五年前,她出嫁。金光闪闪的轿子车,在绿色的乡路上你追我赶地赛跑。

乡里旧俗,两个女子嫁给同一村子,必须一个日子出嫁。嫁日,两家嫁车抢着上路,谁早下轿,谁就一辈子大富大贵。乡里人把这叫做"抢福"。她和村里的美环,就是同村同嫁的。那时,不管家里穷富,都要铺天盖地热闹一场;都要扎一辆崭新的轿子车——其实就是马车,轿子车后边要跟十几辆送嫁的马车。热心的乡亲们,不管谁家喜事,都愿让人求上自家马车送嫁。

那是怎样一个场面——竹竿编扎而成的红色布篷的轿子,上面系着各色绸缎扎成的花朵和金黄绒线结成的穗头,由四个村里俊秀的小伙子轻轻放到马车上。新娘打扮完毕,穿水红色袜子,踩着红布铺成的路,由家走到轿上。自古以来,村里所有的轿车,都体现了闺中待嫁女子的精巧手艺、生活热情和美好的向往,也因此自古以来没有两辆相同的轿车。只要新娘上轿,鼓乐就扬长而起,人们在欢快的鼓乐声中,拥在轿车两旁,品评轿车的编扎工艺,嘱咐新娘一些话语,看着新娘上路。长长的队伍,像一条巨龙在乡路上前行,朦胧的远山,疏淡的天色,都沉醉在欢乐的气氛中……

她做姑娘时,曾同女伴一道为新娘编扎过七个轿子,也送过五个女伴。在女伴嫁前的日日夜夜,她暗自替女伴激动过,设想过,也暗自在那间简陋的闺房里打扮过……人穷志不穷的父亲,为她求下了十四辆马车,那天,天还没亮,娘就催她上轿,谁知美环的嫁车已经出发,锣鼓喇叭渐渐远去。送嫁的人们比她还急,狠劲地催车追马。在东方喷出绣花丝线一样淡红的时候,她的轿车撵上美环的轿车,十四对嫁车赛着,谁也不肯落在谁的后面。两家鼓乐合出一支庞大的乐队,咚咚、锵锵、呜哇、乓乓。二十八辆嫁车上的人们呼着叫着,各人从心底为自己送嫁的姑娘"抢福",车把式把烟袋别在腰上,一个劲儿抽马屁股,马蹄搅起的尘土漫扬了半个天际,她呢,双手抱紧,与美环对望,心悠悠发紧,而后,流出幸福的热泪……

父亲说,人一生三节运,出嫁了,就走向第二节运气。她为新的生活内容的到来激动不安;她默默地祷告、祝愿:愿交人生一节好运;她渴望先美环一步下轿,渴望早一时见到她的丈夫,将那闺房里攒下的甜言蜜语说出去……她羞涩地咬着袖口,望着长长的送嫁队伍,身子像被谁托向一个神仙世界……

她经历着难耐的激动,深陷的眼睛跳动着异样的光亮,脸上也泛起少见的润泽的红色。她仿佛切切实实坐在轿子车上,有鼓乐,有送嫁的人们,四十多年的生活磨难,统忘在脑后,眼睛里、心底里,只是一个二十岁女子的世界。嫁日,那段幸福的回顾,曾充实着她婚后炕头炕梢锅碗瓢盆生活的空虚。而后来,多少年呢,她再没为过去激动过。

好像暗淡的、漫长的日子一旦适应了,把整个身心投进去,就断了所有的念想。今天,她年轻了,她把儿子的汽车当作轿子车,她又在"抢福"了!她看着儿子。从儿子脸上,她看到她以后有盼头的日子……

腿带又一圈一圈地扎上了。稍坐一会儿,从脚到腿,单单是发木,不像刚才那样疼痛。盼头,当真还有什么盼头?她想。一朵浮云飘到头上,日光稍晴,空气也不像刚才那样爆热。她拄着筐梁,吃力地站了起来,哟,就像有钉子踩在脚底,蓦地,疼痛又注入腿骨。怎么办呢?回去跟儿媳说?说也没有什么,大不了让儿媳合计:千山能上,干活却不行。不,不能说,她一辈子不愿让人在心里合计自己,另外,儿子说过,有机会还要拉她上大连。

她一咬牙拐起筐,往地边挪动。

知了在后山的什么树上,沙哑地扯着嗓子。她向远方望去,厢生已变成一个黑点儿,消失在她的视野里。

也许,上千山并没有错,错的是回来的时候,不该说脚没疼,应说比往常疼得厉害。可她从来没有说过谎话,说谎话要遭到雷劈。

往山上爬,由儿子领着,由儿子挽扶去看香烟腾腾的庙堂、和尚;看稀奇古怪的树、稀奇古怪的石头;一心想着看这看那,完全忘了脚是怎么回事。

上山的人们,没有不惊奇她这小脚女人,农村老太太爬山,"看,这老人真是德性啊。""六十八?德性、德性。"山上一天,耳眼儿里灌满这样的话,她什么时候被人这样注意过?!老了老了,想不到竟有这么一天,在这么多人服气的夸赞声中活着。兴许脚真的疼过,但她被眼前新奇的世界、新奇的气氛融得满满,没觉出来就是了。回到家来,园里园外,炕上锅里,日子恢复了原来的模样,心神没着儿没落儿,就越发感到脚疼、腿疼。

小脚终于挪出地头,迈上地边小道。对于她,走下山嘴子梯田埂,比上来还要艰难。这病是怎么得的?她想。要是当初压根就没这病,那该多好。

当初,日子也是那么平平的,没有盼头,突然有一天,侄女"看家",叫尤家姓的,一户去一个。村里规矩,谁家闺女找婆家,双方看妥,定一个日子,由女方请些重要亲戚,到男方"看家",男方大办酒席,招待女方来客。那酒席在乡间是最上等的,比结婚强百倍——"看家"嘛,成与不成还在两可之间,谁都想摆摆阔气,叫女方一看就成。她让儿媳妇去,儿媳妇让她去,到底她经不住让,就穿着新崭崭的衣服去了。

就是去的路上,她不小心在一个三楞坡上摔倒,把脚摔出病来。

她深深地后悔,当初为什么不让儿媳去呢?脚不摔坏,兴许能多活些年。可是,当初那泛泛的日子,儿媳年轻总有些亲戚去处,她呢,死囚在家里,好不容易有个侄女"看家"的好事,到外面散散心,她能放过?

几天来,脚疼越来越重的时候,她总是那么翻来覆去地悔着,先是后悔自个儿不该去千山。后悔就算上了千山,回来也不该说脚没疼;而后又后悔不该去给侄女"看家",落下脚病,侄女的家,她看不看,顶什么事呢?这么悔着悔着,最终又不悔了,一切都是命里注定,活到六十八岁,一个乡下老婆子,有了那么一段闪光的历史,有了那么一些东西让她在没有变化的生活里细细地想上一想,嚼上一嚼,她还图个什么?她知足。

腿疼,她忍了。

日光静静地、缓缓地在一方天地上移动。灰涂涂的草屋分明很近,却总走不到。腿脚明显地一时比一时疼得重。也许用不了多久,她就起不来炕了,她想。她身上起了一层鸡皮疙瘩,寂静的山野越发瘆人,在山嘴子后边,有一片坟地。她脸上深纹里又有汗溪涨流着,两手紧紧攥住筐梁,任汗溪流到脖颈……

佝偻的腰肢稍微挺了一挺。不容怀疑,她能走到家,她能上大连,她甚至会这样挺着腰板走到生命最后一刻。只要她还能行。

碎碎的步子,趟过小河套。这窄窄的小流儿,上千山那晚回家,儿子把她背了起来,今后,还会再有这样的事吗?她眼圈满满的,不知是知足、还是难过……

1986年《鸭绿江》第1期

田野一片葱绿

我看着新崭崭的衣裳,看着筐里绿苇叶粽子,盯着眼前的小路,花草掩映的小路,心情复杂地朝前走。

我是绕了道儿的。我怕见村里人,他们要见笑。香风、亚莉、水芹,都是被对象骑车驮了去的,而我,他没来叫,自己去。

我们乡下男女,没个不盼年节。乡间规矩,只有这个日子,男方头天去叫女方,把自行车放大门口,女方娘高高兴兴迎进去,心里明镜似的,却不问女婿来做啥。进门不坐一个时辰,热腾腾鸡蛋水端上,四个、八个,不计。然后,由男方吞吞吐吐说出:"我娘要我来叫她去过节。"大方的可指对方的名字:"我娘叫香凤去过节!"于是,女的做不高兴状,紧闭嘴,甩半个脸给男方。男方知女的并没不高兴,于是不用劝,不用催,默坐一会儿,就由娘来催,"快点穿衣裳吧,劳人家跑一趟,婆家大敬意,快点。"于是翻柜,换衣服,上路。

昨天,我偷偷伸脖望了一天。想,只要他出现在东南小道上,就上里屋,就不出来。娘必出去找,说"刚才还在屋来",瞅屋没人,再抽冷子钻出来,再使性子,对他说,我不去!我就不去!等他红了脸,生了气,坐炕沿边瞅墙,默不作声地等,雷打不动地等,单见他情真,娘又回屋催,再换衣服,跟他去。就这样,在心里一遍一遍演习着。到了晚上,他还是没来,我便有些坐卧不安,忿忿然起来。睡觉时娘唤闭灯,就不闭。娘说:"早点睡,明儿上老黄家(婆家姓黄)。不叫也去。进门就笑着说'看我,不叫自个儿往这跑。'捎个话给他家听听,别叫他家抓唬咱,寻思咱不懂规矩。""你去吧。"我没好气说妈,大姑娘家,谁好意思拉这样的"唱片",我使劲拽被捂头,娘又改口:"不说这个,他家海边不出黄米,拣筐粽子拎上,说'俺娘叫我来送粽子'。"我没吭声,觉得这是一招,可又觉受了委屈,干吗偏要上婆家,没志气。干脆不去……

一早醒来,不知为什么,那志气飞个精光,却做了去的打扮。娘拣一筐粽子,上面还压了二十个熟鸡蛋,我说不拿不拿,被娘骂了,最后乖乖地上路了。

出了小路,见一片光明,日头射下的线纹,像娘的手指,抚弄在脸上,抚弄在大地上,那田野里,跳荡着晃眼的光束。我觉得,我的绣花粉上衣,也往外射着许多光线。如果他来叫,必定两人慢慢地走,天底下,会比这要明亮得多,晃眼得多,两人的褂子,必定光线相互反射,暖融融的。要开口说些爱情的话,又难为情,窘窘地看一眼,那心里像流进了蜜,甜甜的。最后还是说了,"真盼过节,你呢?"

"不盼!"

"从心说?"

"从心说。"

"再说一遍,盼不?"

"……盼!"

"从心说?"

"从心说。"

此时,瞅路上没人,必定是一个小动作,必定两个嘻嘻地笑,笑一阵,往下说:"最近活儿累吗?"

"怎不累,爸又订了一批草帘子,催得紧呢。"

"我也累,虾苗正繁殖,要是再多个人手就好了。"

"那就雇个人呗。"

"雇你,干吗?"

这时瞪他:"粗话,没结婚能到你家去?"

他于是笑,岔开话题:"你看,快到了。""慢点走嘛。"我说,他也说,于是两人迈着十字步,田野一片葱绿……

我把筐换了胳膊。感到累,感到没有兴趣。看表,九点多了,路上没有行人。乡下讲究端午节,就同城里人讲究"五一"、"国庆节"一样。这时日,大人小孩儿守在家里,等着炸油丸儿,分鸡蛋,等着吃盼了多少天的好菜饭,齐吵齐闹。城里人看乡下人,平时省吃俭用,过节慷慨一次,吃个爹娘不认,觉得可怜又让人心酸。而乡下人呢,觉得这样极热闹,有活不够的兴趣。此时,香凤、亚莉、水芹她们,准和婆婆一起忙里忙外,要说话,就挑婆婆爱听的说,说住家过日子怎么怎么不容易,不舍得出把子力气是不行的;说家里没有老人,过日子怎么怎么没意思。于是,婆婆笑声会炸出挺远,蹿过后门、前门,惊动了邻居,于是邻居大婶身上沾着油香,颠儿颠儿跑来,一手扶门框,一手捏着围裙掮鼻子——两个黑点子。"咧,怪不得这么乐,大媳妇儿,稀罕死人劲。"之后咂咂嘴,细眯着眼看,不知是当真眼馋人家有个好媳妇,还是借一个讨好的好机会。不管怎样,大家都觉得欢喜,和悦。做儿媳的,眼见对象进了里屋没出来,心发慌,却也不好意思进去……

我心一阵好阴,好冷。二十里路,拎筐粽子,实在憋气。他,因为什么? 是家里活忙? 是他娘没想起来? 都不可能。古往今来,乡下未婚男女,就这么一个名正言顺在一起的机会。我曾偷偷盼,偷偷算,偷偷回味以往去他家过节的一个个场面——我们终于到了一个土冈下,他说:"到了,我头前走了。"于是,拉开距离,内心明知好笑,却偏要这么做。一群花花绿绿小孩儿,见村里来客,于是跳高往家跑,喊出一些婆娘,相邀着笑出来,边笑边说:"老弟,干吗落那么远,不怕叫别人抢去。"听了这话,见这番景象,害羞,但并不恼火,觉得婆娘们好,婆娘们亲,觉得像喝了一杯葡萄酒……

那天必定是五月初四下午,到了婆家,吃一顿不太讲究的晚饭,讲究的要待第二天中午——反正来了,也不是一时半时就走,媳妇上婆家,越随便越好。吃什么不在乎,盼的是,吃罢晚饭,他说去养虾场,婆婆叫我也去,妹妹也去。打心眼儿不望妹妹去,但说不出口。妹妹一手牵着我,一手牵着她哥。她哥长时间不吱声,像似生了气。我知道他那小心眼。他性格稳重,机警,有心计。虽有妹妹,但在有月亮的夜里,和他一块走,感到温存,感到神秘,感到一种说不出的快慰。时常是去的路上走得快,因为,妹妹去到就独自钻进耳房,绣她的花去,一下子,他,我,都激动得没了主张,绕着养虾圈,慢慢地转,转出一个弧,转出一个圆,荒唐地想这,想那,心跳,失神,失望,之后便生出恨,恨他傻、呆;恨他没有激情、不懂爱情,之后,也转身钻进耳房……

就这样,一次一次恨,从恨中生出一个又一个希望,心想,这次,今天晚上,一定不让他妹跟着,一定做点新的小动作,什么样新的,说不出口,反正不光是握手……

胳膊疼,脚板疼。真不该来,真想哭。心里合计出许多见面的做法——使性子,跟婆婆笑,不跟他笑,里出外进不瞅他,不理他,叫他孤单,叫他心里长草,叫他……

正想着,想必苦沉着脸,撞到跟前一个声音,铜声铜气:"你辛苦了。"抬头看,是他!满脸汗滴,眼里闪着灼人的光亮。对他使性子?却使不出。我嘴角哆嗦,眼睛潮湿,心里往外涌热浪,我拽住他把自行车的手,捏,使出全身的劲儿,最后,终于使出性子,甩了他的手,给他一个背,不动声色。

他比以往每次都大胆,大概因为路上没有人,贴近我的脸,说:"不要恨我,我为咱俩想。""什么为咱俩想,你家不懂规矩,你娘也是那个味儿。"眼泪流出来,粽子重重放到地上。

他问这是怎么了?我不答,只是揭开盖的毛巾。不知为甚,他高兴地叫一声:"太好了!太好了!"没见过这么爱财的人,见送粽子鸡蛋就有了高嗓门儿。仍不理他。

他又贴近我,清楚地感得到他呼出来的热气。"呶,向后转,咱俩上老牛山上玩去。"他扳住我,指着长有葱郁松柞树的小山。我吃惊,目光大概发直。

"你不信?真的!上俺家忙里忙外,也捞不着在一起,多没意思。昨天娘逼我叫你,我说没啥事,不叫了,她不能挑。娘生我气了,娘心里一定觉得儿老实,本分。我早就想好找你去玩,想从家带点干粮,没得机会,就认挨饿。和你一块儿,兴许就不饿,你却带了这么多好吃的,够好几天。"从没见他那么激动,说话那么大胆,眼睛那么逼人。

感到一阵眩晕,一阵冲动——他,又精又灵,他……他身上射出无数道光线,之后变成红红的火锥子,直穿我胸膛,我要,要做小动作……

阳光下,我的粉上衣熠熠闪光,胸前的小花鲜艳艳的。他脸上顿增许多光彩。他把粽子挂上车把,手捏了我的手在车座底下,一边走着,一边望着老牛山,望着四周——田野一片葱郁……

1986 年《海燕》第 3 期

小窗絮语

一

有人说,现在青年不敢想考大学,不敢想考个合同工干干,却敢想当作家,这话真对。我那个朋友的弟弟银弟儿,十八岁,高中没考上,竟写了六万字的电影剧本,并发誓不当作家不结婚。我记得那个剧本写了这样一个故事:两对夫妇,其中一对计划生育,一对计划外还育。计划生育者精力充沛,种蘑菇发了大财,成了远近知名的万元户;计划外还育者被罚款一千,看别人发财红眼,扔下大孩哄小孩,结果大孩小孩拿柜旮旯的敌敌畏当水喝,药死一双。

就这么简单,六万字,真的六万字。用牛皮纸自制封面,封面上画着一张笑脸一张哭脸。嘿,真苦了我这位老弟,他如果知道我现在的痛苦,也许就不那么发傻,傻得可爱了。

我闷得慌。三个月创作假一下子放到家里,来家当孙女儿、闺女,当姑姑、小姑子,来家喂猪、喂鸡,蹲在灶坑里烧火做饭,而不是写东西。两年的大城市生活,就像盲人见到光明,再让她回到黑暗,简直无法度日。

放假前老师说,三个月创作假机会难得,要好好安排,可是已定好的计划愣是被母亲奶奶打乱了。"往后毕业分配了工作,再也不能有这么长的假,再也不能守着老人住。趁爹妈、奶奶都在世,你多守几天,侍候侍候。"我经不住劝。是的,今后属于我的时间还很长,而奶奶父母留世的时光已经有限,我岂能因为自己的创作而不顾父母奶奶的感情?就这样终日相互厮守着,记不清假日已过去多久。

二

我不知道我为何这么寂寞。家里奶奶父母哥嫂侄男侄女一大帮人,可……就是感到寂寞。这种寂寞,不是因为静,而是在整天的吵闹中。九十六岁的奶奶没完没了地讲狗的故事,讲交狗不交人,看见狗就招呼妈和嫂子喂狗,不厌其烦。奶奶讲:"有那么一年有那么一家,公公儿子媳妇小姑四口人,媳妇偷野汉子,和野汉子谋害了她丈夫,把死尸偷偷埋在南河套边小坝上。一天,狗咬住这家公公裤角不放,直往外拽。老头把狗打了,狗还是拽他。老头寻思,罢了,跟你去看看吧。就扛着粪筐跟狗来到南小河套,狗四蹄扒地,扒出一块蓝布。老头奇怪,地里哪来的布?就用粪叉撅,一看是他的儿子。告到县里,就把这案子破了,那家媳妇和野汉子打了劳役。"奶奶讲完,就跟人讲一些交狗不交人,别忘了喂狗之类的话。于是,母亲和大嫂就接上了:"怕死怕到这种地步。""爱护狗,积德就不死了?"奶奶耳聋,听不见,可母亲和嫂子说话那样,就像奶奶能听见。我真可怜奶奶,为了延长寿命,变得这么可笑。奶奶一说话,就引起大嫂的不痛快,大嫂就骂猪骂鸭骂一些不着边际的话,紫红的脸膛更加紫红。大嫂太累,大哥在外面当工人,帮不了她忙,自个儿侍候三个老人,种十口人的地。也许她正后悔,当初不嫁个农民,她不至于这么累;当初不那么贤惠孝顺,分家时老人不一定都跟她过。如今有句时髦话:人是为自己活的,不是为别人活的。二嫂三嫂会活,动辄穿红戴绿的到镇上逛逛;大嫂翅膀却折断在家里,忙得天昏地黑。大嫂不会活?

大嫂真是个悲剧人物。

一见大嫂脸膛发紫,母亲就更是起劲地说奶奶老糊涂;说奶奶不知旁人辛苦;说奶奶愿意活,她可活够了,真不如死在奶奶前边,不看不管就享福了。

我心里乱极。奶奶不吱声的时候,大嫂和母亲就算计着大侄子结婚还有几个月;算计结婚那天找谁做菜,马车到门口叫谁接亲,给媳妇几块下轿钱;算计结婚那天谁家能来谁家不能来。嗯,七十二家,就算十家没来往吧,六十二家,一家来两个,一百二十四人,有些家不止来俩。一百六十人吧,四人一桌,有四十桌,再加近亲远亲,再加老儿子小儿子朋友,再加女方那面,一百桌下不来。我不知听她们算了多少遍,每说一遍,她们脸上都呈现出无比欢乐的表情。大嫂脸已完全不是骂猪骂鸭时的那般紫红,似乎有了儿子结婚那件事,累呀,苦呀,都不在乎。母亲呢,再也不提她活够了,似乎活得正有兴趣。

三

在同样一块天地生活,从小到大,我现在怎么就变得这么不入群呢?小时候,我扒拉手指算着母亲婶子的闺女孩子过生日的日子。到了那天,母亲拿两块钱,领我到她婶子的闺女家,在那大门垫成的"桌子"旁,坐着坯头,吃个爹妈不认,两块钱可以捞一肚子油水。那时候,我对两块钱简直梦寐以求,觉得那张薄薄的纸片里面有不尽的欢乐,想象长大挣那么多那么多两块钱,能捞好几顿好几顿油水。后来,长大一点儿,母亲把两块钱给我,让我领大侄子去"赶礼",进门把钱交给记名的老头或是小伙儿(那老头或小伙子跟前必有一张桌子,所以不容易认错),眼看着红纸黑字把名字写上去,于是就很仗义地等着吃饭,等着捞油水,两块钱寄托了我多少希望和奔头;再大一些,成了大姑娘,眼盼盼要找一个镇边上的婆家,终于,在村里女伴当中,我第一个找到了。订亲那天,是捞油水的好日子,可毕竟大了,吃已不再能系住我的希望,我为我有了不是两块钱,而是一个小伙子激动,为我找上镇边上的婆家激动。找镇边的婆家,有事没事可到镇里逛一圈;有了孩子,即使同婆婆处不好,没人哄孩子,瞅孩子睡觉工夫,也能上镇里走走。

我激动得没吃午饭,哭了。我胃里、心里满满的,觉得我拥有那么多,拥有整个世界。不知哪根神经作祟,我提笔将这些感觉写出来,写从小到大对两块钱的感情变化,从此,世界上的幸运事一次又一次降临头上。发表作品,进入省创作进修班。从此,文学,将一个爱它的人引入饱尝痛苦的历程;从此,我对镇边上那个他的爱,掺杂了不纯真的成分。也许老师说得对,世上根本就不存在纯真。

四

我闷。我非常想找他说点什么,哪怕回忆从前的感情,可是不能去。放假前一天,同学自由结伙游园,同我最要好的亚申开我玩笑:"明天好了,牛郎织女在月下相见,亲吻个够。"我脸一红追打着亚申。这鬼丫头,我把她当作最知心的朋友,把秘密告诉她,不想她大声张扬。这下子内幕全揭开,十二名同学一齐向我发起进攻,坚决反对我这门婚事。我的脑袋嗡的一声,不知天地时间,不知身为何物,一下子没了主心骨。

我说我让他等了四年,如果现在断绝,对不起他。同学说爱情根本就不存在谁对不起谁的问题,当初他等你爱你,你也同样爱他呀,他付出你也同样在付出呀。我强调我们有着四年感情基础。矮个张涛说:"什么都能做基础,地位、利益、金钱,唯有感情不能做基础。你想想,你的患难之交做了伤害你的事情,你旧时的感情能不起变化?夫妻十年,能说没有感情?可一朝离异,那基础又在哪里?当你的爱人成了你的负担和累赘,你们的感情堤坝不决口才怪呢。"荒谬的理论,让我目瞪口呆。许久,我说,不管怎样,我爱他,为了我们的爱,我宁愿牺牲一些东西。我已经这样决定。张涛怒目瞪圆,简直暴跳如雷:"你,你是死狗扶不上墙了,你想想,坐长途火车哪有一个让座,都因为它付出的代价太大,不值!人生旅途有去而无返,一辈子为别人活着,而不是为自己,你不屈?再……"

你别说了,我,我整个心的营垒全部坍塌。是的,结婚后,我肯定不回农村,好不容易飞出来,我不能再飞回去。也许我的目光流露出不知所措,大家却开动脑筋劝我:好办。共产党讲究用最简单的办法办最复杂的事情,土改划成分,用家存地亩多少作为标准,三十亩够地主,二十九亩九就定为富农,就这样区分了雇农、贫农、下中农、富农、地主,简单不简单?你只一个办法,一口咬定:拉倒!心一横,任他哭、叫、闹,绝不反悔。经历一段痛苦,你保证会重新走上另一种生活,不然,你将是一辈子苦恼。万事都是个过程,你怕舆论吗?舆论也是个过程,终有过去的时候……

我仿佛做了场噩梦,梦见自己置身在一片汪洋水泊中,头发衣裳全被潮水打湿,像一个孤零零的落汤鸡,抖不起翅膀,抬不起脑袋,在苍茫的水域中辨不出东南西北。回到家里,不敢去见镇边上的他。只有在奶奶父母哥嫂吵闹中生活,只有这样躺在炕上任跳蚤混咬。坏心肠的跳蚤,它妈小腿精细精细。

五

我想念他,十分想念他。在省城里,我不曾这样想过他。同学说,这就证明你们之间的感情经不住考验。我没有承认这点,可在内心却明显觉得,自从我进了省城之后,回家再见面,我们没有什么可以共同探讨的了,只是没完没了的回忆。记得我们第一次见面,你坐在老孙姐夫家炕沿边低头抽烟,我一见你,全身的血就涌到脸上,真的。我本来最讨厌抽烟,可看你那双装有许多内容的眼睛,就决定让你抽个够,就是没吃穿也让你抽烟。有的人不一定有很多知识,但打眼一看,就知道他有深度,你就是这样的人。有的人可能很有知识,但却浅薄得不行。真的。记得你当时偷看我好几眼。你怎么想的?他说他已经说过多少次了,他当时面上很腼腆,心里恨不能马上就牵我手领到任意什么地方去。那地方没有人家,没有人群,有森林或是草地,我们在那里过家家玩。我说订亲以后十七天没见面都快想疯了,第十八天在集市上看见你蹲在那里卖芹菜,我恨不能上前咬你一口。他说十七天没见面,他在家出猛力打了十六眼井,每眼井都有我的面孔,主顾家给了打井钱,他觉得是我给的,晚上把钱搂在心窝……

有人说,两人恋爱,如果只是回忆而没有新的交流,对于现在和未来都没有话题,那么感情就面临危机。可是现在,我却那么想念他,他也肯定日盼夜梦地想念我,只要我们在一起,哪怕只是回顾也好。我越是想他,就越憎恨那帮城里的同学,憎恨我自己。人何以变得这么丑恶?我何以变得如此低劣!我要去见他,我去对他说,不管发生多大变化,我都不变心——可是,谁又没拦我,我却仍然没去见他。

六

夜里,就着惨淡的月光,母亲对我说,秋天结婚吧,假日这么长,准备嫁妆有时间:秋收完了,他家门口能抹开车,咱求车也好求。母亲一面说,一面掐手指算着,怎么也得五辆马车,一辆拉行李,一辆拉你和陪婚的,三辆拉亲戚。母亲还说,不要都做软缎子被,要做一床斜纹布的,留以后有孩子盖……同娘、女伴一道,忙活结婚穿的衣裳,做下轿鞋,做大花被,在秋风絮语的不眠之夜,听母亲数点陪婚的女伴;在蝉声吟吟的树荫下,听女伴们叽叽咕咕开玩笑,说新郎的胸脯和新娘一样,是鼓的……如果在两年以前,如果现在我还出入在山里,那么这些都有着神奇的吸引力。而现在,我……鬼才知道我的心事。

同母亲简直无法交流,真懒得向她诉说城里同学们说的那些话。神使鬼差,我还是说了出来。母亲仿佛半懂不懂,却立时骂开了。骂我的同学是帮缺德的杂种。开始听母亲骂,我还很开心,好像替我出了什么气。可没过一会儿我就感到,感到刺耳。母亲说,人良心是大事,没有良心还能得好?没个好。蔡淑花怎么样,当初就以为自己是大队妇女主任,把对象甩了。对象得相思病死了。后来她天天做梦梦见对象,自己也得病死了,那是报应。人不积德活不长。母亲唠唠叨叨,把奶奶那一套也搬来了。我看见母亲盛满愤恨和惊悸的面孔,看见母亲泪流涟涟地睡去。

第二天,母亲把我的想法告诉了所有可以告诉的人。我怀疑母亲使用了什么魔法。知道消息的人,各人用各人的经历来体会我的心境,对我的婚事做出各种各样的反应。大嫂当初图大哥工人嫁过来,得到的爱很少。她说,一个女子不容易叫一个男子那么动心,人家等你四年,你不应该。还说,从这点看,你这人不可交,四年都交不透。大嫂因此对我很冷淡。二嫂因为当初二哥给我介绍他徒弟我没答应而一直反对我这门婚事,这下二嫂非常高兴。我说嘛,当初我就觉得不配,一个城市一个农村,哪能到一块儿?三嫂兴冲冲跑来找我说,怎么吹了?去年我就想,要是自己亲妹子,我非扯黄这门事不可。谁不奔大城市?真的,去年我就想。三嫂是下乡青年,深知城乡之间的差别,瞪着她那双黑得吓人的眼睛瞅我,就像我身上蓦地展现了美好的前景。我还从来没有看见三嫂这样热烈的目光。尤其兴奋的是凤格大姐。她是本家大爷的闺女,结婚在本队,是小镇上的工人。她哭着向我述说她听到此消息后的心理,说,我当初寻思找一个比自己差点儿的,能对我好,你姐夫好倒是好,什么都由着我,打他骂他他也不恼,可是你不知道,我简直受不了这种好,我宁愿找一个比我强十倍的人一天打我三遍。她泣不成声,生活中真是缺少什么就想什么。我哭了。我不知道哭大姐还是哭自己。我究竟该听谁的？城里的同学们，虽然理论荒谬，可同他们在一起，我觉得想同他们喊，同他们争，虽然争论的结果，照例是失败。而在家里，在嫂子姐姐跟前，我不想喊也不想争。或许，谁都不能改变我，我有属于我的路，任其走下去就是。

七

　　大嫂见我脸子很沉，每天里，要不是奶奶喊喂狗，要不是看见我，她就变成另外一个人。她一刻不闲地忙着收拾侄子结婚的屋。要是有人来看屋，大嫂的情绪就更加高涨。她的脸就像盛开在初秋的月季，绽出无数笑纹。"一百桌下不来！"这是大嫂每逢来人要说的话，仿佛办一百桌那一天是生活浪潮光辉的顶点，向光明奔去，其乐无穷。小时候，我也是同样心情盼着过年。当真过起来，并没多大意思，年一过，就生出无限怅惘。大嫂没有得到应得的爱情，又不像二嫂三嫂有闲暇时光，清静心里，想这想那。三个老人的大家，她的盼头还有什么？我想不出，一百桌办完，顶点过去，那盼头将向何处去？

　　母亲一天天消瘦下去。母亲不知流了多少眼泪，她骂我丧良心鬼。母亲最眼气别人家闺女出嫁，她一生最大愿望就是什么时候方便什么时候就上闺女家住几天，老囚在家里多没意思。我却断了母亲的期望。

　　窗外淅淅沥沥下起小雨。开始很小，像粉丝，后来就变成穿插天地的一杆柱子，再后来又变成细细的粉丝。连阴雨像无数丝线缠在我的心头。外面下雨，狗不出去，奶奶见狗又逼母亲和大嫂喂，又讲狗的故事，"有那么一年……""不讲吧，奶奶。"我喊住奶奶，于是大嫂的脸膛刚要变紫又转了回来，母亲刚要说活够了没说出来。奶奶为何如此爱活？我真觉得活着没意思，我能活上六十岁就知足，我要是活到九十六岁才腻味呢。大概奶奶年轻时也活够过，大概不可能死才愿意死，因为不可能死;而可能死的时候才真正怕死。生者不知死者有知,上帝让人懂得了活着的兴趣再让人离去,活生生将人推向死亡。我一时间理解了奶奶。我可怜奶奶。我想喊奶奶你讲吧,讲"有那么一天……"兴许爱护狗真能积德,兴许积德真能延长寿命,真的有那么一个老太太老说狗比人好,多活了十年,也可能二十年三十年。

雨丝大概把天抽漏了,一整块天四分五裂,太阳从裂缝中露出笑脸,田野地界蓦地换了一身装束,大地到处闪着璀璨的粼光。出去走走吧,连阴雨简直要把人憋死。出了院墙,我踩着黏巴唧唧的小道来到大街上。哦,太好了,要是一切都停留在雨过天晴这一时刻多好哇。小时候,不管泥土多湿,天一露脸儿就去找保华过家家玩。我们玩的方式非常奇特,在一大堆从母亲花包袱里偷来的布角角中间挑选自己喜欢的布角角当裤子褂子,褂子别在第二个纽扣上,裤子别在第三个纽扣上。只要穿上这样的裤褂,我们就不是原来的我们,而是新规定的爹、妈、儿子、媳妇、孩子。那时我被规定当妈,我极不愿当妈,我愿当媳妇,因为当媳妇能捞着和儿子结婚。一般都规定保华当媳妇,她长得漂亮。结婚那天真有意思,到地里拣一些破碗边摆在小凳上,小凳当柜,碗边当花瓶之类。新郎新娘坐在由大抬囤扣在萝卜窖上盖成的屋里,等菜做好(都是些莱根儿和细甜谷之类做成的菜),大家用嘴当喇叭,喊呜哇乓乓,新娘就出来,由新郎和另外一个用手攀成轿,新娘大腿插进去,坐在上面……我真羡慕死新娘。规定我当妈,大概因为我嗓子粗,那时我恨死了我那棉裤腰粗的嗓子。回想起来,就规定我当过一次新娘,是因为我赌气不玩,他们才要我当,可是没等结婚,天就下起大雨。从那时我就恨雨,雨它妈小腿儿精细精细。我成天这样骂。后来大了,明白每个女子都能在现实生活中做一次真正的新娘,我乐坏了。可是如今,"新娘"这个字眼,对我那样遥远和渺茫。

八

　　过去我对家乡妇女好串门好拉嘴舌深恶痛绝,现在才体会到,把一个人关在小院里过日子多么像囚禁。人需要交流,农村妇女也需要交流。日子过得闷了就得串门,串门就得说说东家长西家短,串的门子多了,就有长短被说出去的时候,就出了"嘴舌",毫不奇怪。刚回来那天,姜锣匠老婆和王木匠老婆在井沿打仗。锣匠老婆说木匠老婆到外面说她瞅锣匠不在家时往屋里招野汉子,木匠老婆说她没说锣匠老婆招野汉子,只在刘文成老婆跟前说过有一天锣匠老婆领一个小伙家去,没看见出来。于是刘文成老婆插嘴说,她听那话后只跟瘸子老婆说过,也是光说领一个小伙进去,没看见出来。就这样像连环雷,动一个爆一个,人们像看戏一样一阵阵起哄。可怜乡亲父老,平日没有节目看,终于有了这么一次机会,聚一聚,见见光景,也给那周而复始的日子增添不少乐趣。

　　要是我也在村里过日子,说不上也会参与没完没了的战争。前街四合院里有人吵嘴。所谓四合院,是原来生产队毛泽东思想大学校,饲养院和加工点儿的房子卖给几户当年逃到黑龙江如今又从黑龙江搬回来的人家。原来是周克让和王玉宽家打架,原来为了一只鸭子。李学胜家鸭子死在门口,周克让的儿子大有说这鸭子是用柳条打死的;王玉宽家四姑娘找鸭子时拿的柳条,她说她没打;王玉宽说这鸭子身上的伤像铁锨拍的,大有中午扛铁锨回来,他说他没拍。王家四姑娘指着大有齐声喊,是你拍的,是你拍的。

　　大有气得说不出话来,他爹也说不出话来,他老婆出来了,他老婆一张嘴抵不过,就骂王家是窑子,是婊子房,是……一大堆。

　　我很开心。打仗虽不是好事,可它透露出乡亲们奔生活的热情。他们确是在拼命地争理,虽然有时根本争不到理。可他们能为那么一点点理声嘶力竭,就让我羡慕,如果现在也有什么东西让我争争,该多好哇。

九

夜晚,父亲和侄子争吵起来,为了录音机。父亲要听国际新闻,侄子要放流行歌曲。我当时真恨不能把侄子撵出去。父亲真的动怒,骂侄子完蛋货,只知道炕头儿炕梢儿那点事儿,不知道国家的事儿。侄子假生气,故意气父亲:"你就国家大事国家大事,一天到晚到外面讲,就像从联合国才回来。"我偷偷笑了。是的,父亲听了国家大事,第二天就到外面讲,讲的时候还加上自己的发挥。田间地头,逢人就讲,"你听昨晚国际新闻了吗?""没听。""美国芝加哥和中国沈阳结成友好城市,没准呀,美国发达,能给咱们一些种田的机器,到那时,人就省下来没事干了。不过我真不愿意这么着,有点地摆弄是个营生,人闲着就没有意思了。"父亲讲时那表情,就像我们的土地上正跑着美国进口机器。争吵的结果到底侄子得胜,屋里灌满"张迪要当和尚"的怪叫声。父亲脸膛涨红,脖筋蹦得老高。侄子却一面抿嘴笑,一面伸巴懒腰,冲着屋笆喊,"啊——我不当和尚,我要结婚!——"我很生气,侄子何以这样霸道,念七年书不知越南在哪个方向,就因为大哥有门儿,给他找了工作,能挣几张票子,自以为挺有本事,来家像个大爷,横草不拿竖草不拈,从来不知疼妈妈。我一时想到大嫂,觉得大嫂太可怜,可大嫂还那么热心地奔儿子结婚,做父母的……

父亲曾是个刚烈的男人,什么时候这样忍气吞声过?都因为岁月把他变成老头儿,有什么能够抵得住岁月!在自己无能为力的过程中,父亲作何感想?深夜里,我忘了自己的苦恼,竟久久替父亲不平、感叹,并发誓:再有稿费,一定给父亲买个袖珍收音机,让他走到哪里,听到哪里。我刚要迷糊睡去,父亲粗粗的嗓音从炕梢传过来。侄子不在屋,父亲才发牢骚:"有了工作就天老大他老二了。不知姓什么了。有儿女就该打在庄稼地里,叫他了不起,叫他翘翅膀,还有你一个。"想不到把我也剐上了,"念了几年书,家就搁不下了,整天曲着脸,像家里人都该你的。"我长久没敢出气。我不知究竟是父亲说错了还是我做错了。

+

一个月假期过去了,我没写一个字。心灵的孤独,使我无法展开想象的翅膀,我想念亚申,想念上中学时的朋友。我特别想好朋友王淑玲,我们是中学同学。我们因为一个很简单的原因好得不可开交。我俩是全班全校独一无二的大长辫儿,于是我俩没有谁规定就下课放学一起玩一起走。同学都说我们是孪生姐妹。她性格孤僻娴静,举止文雅,她喜欢看古书,喜欢林黛玉。她因为出众之处太多遭到同学的反对,尤其是男同学,因为她从来不跟男同学玩。走到男同学群儿里目不斜视耳不旁闻。我因为跟她要好也遭到同学的冷淡,这样一来我俩更加亲密无缝。我们并没因为同学的冷淡而感到孤独,只要我俩在一起,就觉得天宽地广。我俩无所不谈,在我还不知什么叫独居一生的时候她向我发誓她独居一生。可是后来,在她引导下,我懂得并发誓将来也独居一生的时候,她却为了一个男人失学了,她成了那个男人的老婆,那真是男人而不是男同学。那只是一夜之间的事。一个十分不幸的消息跟着早上生冷生冷的西北风在全大队扬扬:八里庄的大长辫王淑玲跟光棍男人外号"诸葛"在他家耳房里……让人抓着了。我三哥说光棍"诸葛"是他一届的同学,挺有水儿,他家一摞一摞古书。王淑玲的古书是从他那借的?我无论如何不能相信。在学校,我捂着耳朵,吞着眼泪独自躲在角落里,直到老师公开宣布王淑玲退学,我才不得不相信我那文雅的朋友真的做了见不得人的事儿,那时她才十七岁。我恨她,更恨那个男人,我为有这样一个朋友好长一段时间在同学中抬不起头。后来我毕业了,一次赶集遇见她,她已是孩子的妈妈。她完全变成另外一个人,不像我想象那样见人低眉下眼,披散着头发,拖着布鞋,胸脯被孩子抹得乌七八糟;更不像在校那样温文尔雅弱不禁风。她的大辫不见了,一头鬈发乌黑油亮,苹果一样圆润的腮帮、脖颈,在红短袖衫的映照下散发着青春的朝气。我第一句话就问她后悔不后悔,她却丈二和尚摸不着头脑,不知我指的什么。我说你当初发誓独居一生呀,为何一夜之间……她爽朗地笑了,她说我们那是在幻想的天地给自己在生活中编造框子,制作躯壳,而生活本身并不按照框框和躯壳发展。她很风趣,她说她当时还没来得及向我公开秘密就金蝉脱壳。她说恋爱都有一个保密阶段,那个阶段只有保密才觉得是恋爱,才觉得幸福。

生活就这样把一个人拖上了属于这个人的固有轨道,使一个人在生活中寻到新的目标,使我那可能考上大学的朋友中途退学,走入农村家庭妇女的行列。天知道命运由上帝安排还是由自己安排。我说不出是高兴还是伤心。我倒十分怀恋我和她编造框子制作躯壳时那些美好时光。我们在学校门口草地上,在坑坑洼洼的田间小道上,眼睛望着土黄色的秋天,秋天并不像书上写的那么金黄,而是土黄。我们用嘴和想象创造着我们的未来。她说到时候她盖一栋房子,办一个缝衣社,她当社长。我说我当服装设计师被她招聘,于是,我们两条光棍名扬四海,于是求爱的小伙子成帮结队被我们赶走,于是全世界妇女都学我们独居一生……

我想她,其实是想那辽阔深远的幻想境地。如今,幻想,你在哪里?难道,三个月假期,侍候老人,劳累,跳蚤咬,孤独苦闷,正是走脱了幻想的躯壳而步入生活本身?

十一

一个人在耳房书桌前静坐,企图构思点什么。大嫂在院里喊,保华回来了。"保华"二字一撞到耳膜,我的心就疾跳起来——啊,我终于有了可以说心里话的人了。小时候,我和保华还有方丽民、王敏、于桂荣,是村里五大电影迷。我们跟着公社放映队几乎跑遍半个公社,每个电影我们不看七八遍不肯罢休。要是电影轮到本大队,日头还有一竿子高我们就去学校操场占地方。记得那年演《渡江侦察记》,我们五大迷下半晌就去占地方,结果到演的时候还是让人挤了出去,肋巴骨都挤扁扁了,电影也没看上。那年头大人们挤地方看电影像抢命。其实谁也不知道我们五大电影迷都爱上了放映员小孙,占地方就是占放映机跟前的地方,尽管小孙当时根本不理我们。功夫不负有心人,由于我们动辄就钻在放映机附近,小孙认识了我们,但小孙只爱十二岁的我和十三岁的保华,只爱我们俩,真的。他爱和我说话,爱逗保华笑,因为我说话净用刚学到的"词儿",保华笑时那对酒窝十分迷人。有一天保华说小孙将来肯定能把我们俩娶到家里,方丽民、王敏也这么说,说到时候不用来挤,在家墙上就能放电影。我和保华自然陶醉了一会儿,后来我想到没看见谁家有两个老婆,于是我们大家都陷入沉思,如果那也叫做沉思的话。可是我十四保华十五岁的时候,小孙就结婚了,娶的并不是我们。奇怪的是我们听说他结婚并没有伤心,我们也都跟着乐。

当真正懂事的时候,我们都快二十岁了。保华爱上大队化肥厂的汽车司机小宋。我和镇边上的他订了婚。我们俩几乎每晚都凑一起讲各自的秘密。后来,在保华热恋之中她哥哥被小宋的汽车撞死,于是在她母亲悲惨的呼喊中,她的哥哥和小宋一同从她少女的心灵中拖走了。她哥当初接她爸的班在县城当工人,她后来接了她哥的班,找了城镇户口的对象。快两年了我们没有见面,见面我们一定说个痛快。把我的苦闷、矛盾心理毫无保留地说出去。

可是见到保华真叫我大失所望。她除了问她那孩子像谁,俊不俊,就是让孩子要把戏,直叫她那不满六个月的孩子"眼儿"一个给姨看。我居然当了姨,就得装出姨的模样逗外甥,可外甥终于没"眼儿"一个给姨看。于是他妈就解释这孩子"认生",见生人就不干了。我耐着性子等外甥"眼儿"一个,强作笑容说这孩子真乖,直等了一个半小时头疼眼也疼。房后吴老师的儿媳妇来了,她们一同讲孩子奶够不够吃,讲孩子他爸不会哄孩子,抱起孩子没轻没重之类的话。也许她们交流更合适,更投机,我赶忙撤退,悻悻地走出来。

我再也不想去见保华。等她孩子眨眼睛的滋味无异于软刑,一个好端端的孩子当真被训练成眨眼睛能手,而母亲又乐不可支,实在是一件叫人恐惧的事情。和保华,我们再也不能像从前那样到一起就谈个没完。失去了,从前的保华,失去了,从前的理解,从前那段美好的时光。生活浪潮把两人推到一起又扯将开来,正常的,我却心里难受。尤其叫我难受的是,保华完好无缺地继承了我们母亲教育我们的方法来教育下一代。

十二

他来了。是的,他怎么能不来看我?他怎么能知道同学对我们婚事的反对?怎么能知道我听了同学的话不敢见他?他拿来一些梨和苹果。他进门并不看我,和奶奶、父母、大嫂打完招呼,才坐在木凳上,一面擦汗,一面用冷冰冰的目光瞥我一眼。家里人见他来都有意躲开,就像有谁发号施令,都隐蔽了。我深知,他那冰冷的目光后面是火,是熔化一切的火焰,只要没有人,他就会把我抱起来,用他唇上短又硬的胡须使劲在我脸上乱扎。他来到我身边,我没有躲开,我早忘了同学们的嘱咐,我好像等了那么久那么久,我好像这些天就在等待,等待这样的时刻。不等他抱我,我就一下扑到他怀里,我哭了,我怎么也止不住哗哗直流的眼泪,似乎憋了多少个年头,似乎漂泊在海上迷失方向的小舟一下子回到亲人的港湾,我紧紧地拥着他,什么也说不出来。此时,心里空空的,仿佛只有一个躯壳属于我。不,就连这个躯壳也属于他的。他说他这些日子忙,没来看我,委屈我了。他说因为要来看我,他泼命地干活,被洪水冲开的养虾圈一个人七天就堵上了。他说他夜里想我哭过几次,他还说要不是我去念书,我们会很幸福。他轻轻地说,像似自言自语,抚弄我的头发。他说他有点闻不惯我身上的香味,太浓。

经他提醒我才发觉他身上有一股难闻的化肥气息。我不禁打了个寒战。难道,难道就是这些不同的气味把我们四年的爱情断送?我仿佛看见这气味在我们中间弥漫,最后变成一堵墙,把我和他隔离开来。"我不,我不能没有你——"我喊着。他莫名其妙,紧紧搂住我。

不知是什么时候,我俩平静下来,平静地坐着。他嘲笑我,嘲笑我刚才那样就像他小妹小时候叫他妈打了,直往他怀里钻。我说才不像呢,小时候叫妈打才没地方钻呢。我说曾记得,为了在外面野跑不往家拾猪菜常挨妈的打。在外面和保华王敏她们过家家玩,玩够了来家,一进院门,就知道妈保证蹲在锅底坑儿喊"你等着,等今晚上炕再……"果然一进门,妈就一边拉着风匣,一边骂我"小死鬼儿,你等着,你等今晚上炕再……"于是扒几口饭,早早就上炕躺下,可是怎么数数也睡不着。等妈上炕,我就大气不敢出装睡。无论我装得怎么像,妈都没饶过我,把我盖的被从上到下一掀,拿笤帚专打屁股,一面打一面要口供:"叫你装死蝲蛄,叫你装睡,我没收拾你,你想睡觉?你说,你再野不野跑了,快说,野不野跑了?"每次,我都默不作声抵抗一会儿,最后还是发誓再不野跑了,说一遍不行,得两遍这样,才让我乖乖睡觉,睡觉时屁股火辣辣疼。可过几天就什么都忘了,还野跑,还打。你还说钻,根本没地方钻,不听话谁也不可怜。我说着,笑着,他也开心地笑了。

他捏着我的手指,说他小时候也挨过妈的打。他说:我小时候挨打你猜为了什么,就为妈下地干活,我做饭,夏天土豆下来,油水就越来越少,我馋嘴受不了,就在做饭的时候挑四五个大土豆把里面挖个洞,再切一大块咸猪肉塞进去,外面用土豆皮包上,谁也看不出来。中午开锅,我瞅摸好,拣起来就揣到布兜里,到外面去吃。你不知道,可好吃了,直往外冒油。忘记干了几回,叫妈发现了,妈把我的手掌按在锅盖上打,问我馋不馋嘴,我一面说不馋嘴一面哭,最后妈妈也哭了……

他讲完我们都没笑,我甚至也想哭,觉得委屈,替他委屈,也替他妈委屈。那时候人们过着什么样的日子啊! 一时间,我拿定主意,这桩婚事一定要成,我一定给他、给他父母带来幸福……

下午送走他。大嫂对我有了笑面,母亲对奶奶的唠叨也不像往常那样反感,二嫂三嫂、凤格大姐像拉了连环雷,一同跑到我家,问我怎么对他说,我说什么也没说。于是二嫂说,你自己的事你看着办吧,别人都是多余,有福不能替你享有罪不能替你遭,一副永远不屑管我的表情。三嫂和大姐都没声,她们眼睛瞅地坐了老半天才离去。

我有些讨厌她们,我讨厌世上所有的人,我的复杂心情谁能知道。当闻到他身上的化肥气息和听他讲承包的养虾圈遭了洪水时,天晓得我心中的酸甜苦辣咸,它并不干脆让我觉出爱或不爱。如果城里的同学知道,他们不把我活生生从他身边拖走才怪呢。

他走后,我坐在书桌旁一个字也写不出。写作,写个屁,有工夫看蚂蚁上树才开心。

十三

前几天,人们就相传着一条消息:二十七日是村西头由文斌老婆死去三周年忌日,四个已出嫁的姑娘凑二百块钱给她妈扎金银山、聚宝盆、摇钱树、被裹子、书桌和上摇钱树够钱的梯子,说还请了吹鼓手。人们像报告喜讯一样相互传递着,并在传递中生出不少枝叶。说四个姑娘妈活时就孝顺,死了还孝顺,四个姑娘今后一准有好日子过。大嫂二嫂头天洗了一下午衣服,说第二天看玩意儿要穿干净衣服,人们像盼节日一样盼着这一天。母亲也暗自换了件淡青色的确良。父亲说不粉碎"四人帮"还能捞着这么扑腾? 我不满意父亲对打倒"四人帮"带来新气象的片面理解,可是我不敢同父亲顶撞,我怕他骂我完蛋货。三嫂同老由家关系不错,她张罗格外欢,提前一天去帮忙做饭。大嫂说:"咱和人家也没有什么来往。"好像她深深后悔和老由家没有来往。村里所有同老由家沾亲带故的都大显身手,借桌借盆(中午要大摆酒席,请村里有过来往的人),似乎终于捞着名正言顺地张罗一次。乡亲们周而复始的日子太需要有点什么波浪了。

一大早,喇叭声在老由家门口骤然而起。母亲、奶奶坐在大街上,大嫂二嫂九点钟就做好午饭,也来到大街上。街上大人小孩儿排成两行。九点一刻,长长的队伍从老由家开出来。坟地本来就在家门口,队伍却要绕村转一圈,说一方面怕便宜了吹鼓手,请吹一上午三十块钱呢,另方面也好让全村人都看看这阵势。亡者的大侄子在最前面擎着金银山引路,然后是吹鼓手;然后是大女婿二女婿抬着聚宝盆,三女婿四女婿抬着摇钱树,两个儿子抬着梯子;书桌、被裹由亡者的小侄子抬着;然后是亡者的儿媳,所有侄媳;然后是闺女,侄女,外甥女儿。三四十人的队伍以两秒钟一步的速度在乡道上向前移动。

早没发现,大媳妇真白。四个闺女一个比一个高。

围观的人们挨个评论队伍中谁穿的好看,谁这几年有了什么变化。老由家的儿女后代难得有机会聚拢这么齐全,这下让全村人仔仔细细看了个够。

两小时以后,来到坟地,队伍围绕坟堆全体跪下。我也跟去了,我并不像昨天那样觉得这有多么可笑,我认真地回顾着亡者的过去,那留在我记忆中永远挂着笑的脸庞,认真看着她的后代怎样一个一个虔诚地给她磕头,看着儿媳从摆在坟头的十八只碗中一筷筷夹着肉丝粉条:"妈,你吃,你吃鸡肉,活着时你没有捞着,你吃……"尽管活时儿媳怎么不孝,此时却声泪俱下。喇叭停了,鞭炮响了,金银山之类化作袅袅烟雾升上天空,呜的一声四十几号人趴地大哭,哭声像平地涌起的波涛,淹没了鞭炮向四周滚去。我哭出了声,看光景的人都哭出声来。我不知在哭谁,哭亡灵,哭自己,好像都不是,反正觉得太累太乏,很久了,太想痛痛快快哭一场了。

最后,他们本家的一个婶子在坟地上打滚哭,怎么拉也拉不起来。吴老师老婆告诉我,她闺女跟人家有了孩子让人家不要了。

十四

亚申来信了。信上说她妈给她两百块钱,她和表姐从哈尔滨沿线北上,饱览了大东北山光水色。她说牡丹江境内的镜泊湖景致迷人,还有吊水楼瀑布和地下原始森林。吊水楼瀑布气势壮观得有些让人惊心动魄,往年只一面瀑布,今年水大,三面全是,像天宫向人间垂挂的银色帷幕,天上地下,水声轰鸣,泡沫飞溅,令人流连忘返。她说游途上,她诗兴大发,写了十几首得意的组诗。她问我假期做了什么?到什么地方去过?情绪怎样?我只能苦笑,马上给她写信。我要告诉她,这两个多月,我简直苦死了闷死了,寂寞孤独死了,一无所获。可当我真正落笔时,竟写了这样一段文字:

上午在耳房破书桌前静坐,眼睛向外凝望,心里蓦地畅亮起来,我激动得想喊,想跳,原来昨晚一阵暴风把严严实实遮住耳房小窗的白杨树刮断,蓝天犹如碧海垂挂窗外,那样博大,那样深远清澈,一朵浮云像一叶扁舟在大海中游来游去……小窗镶嵌着从不曾见过的画面。失去一棵高大的白杨树,我却得到一个崭新的世界……

1986年《上海文学》第3期

来来去去

一

进城看四叔！是应该去看！太应该去看了！四叔患了脑血栓半身不遂。四叔搬进城里已两年多，四叔不知该怎样牵挂着家乡思念着亲人呢。要是老在农村生活，兴许不会得病。农村的天地有多大，小路通着大路条条通达。城市行吗？没院落不说，出门就是马路，不断流的车辆，不断流的人群。四叔眼睛不好，不敢出去，成天在家囚着，吃好用好，营养超量，再不运动，还不血栓！

四叔真可怜！过穷日子长大，沾了姐夫的光到城里铁路当杂工，后来就转了正，后来又被打成"右派"，拉家带口回农村。到农村由"右派"变为"四类分子"，好不容易盼到晴天，天一晴光啊热啊色彩啊都来了，平反，子女接班，回城，好日子刚开了个头，又……

四叔爱串门，爱讲国家大事。那年女排夺了冠军，四叔找不到人讲，摸到小河沿对一群洗衣服的婆娘讲，婆娘们洗完衣服一个个走了，四叔还瞪着那双看不见天日的眼睛讲下去。上城里，人人都有工作，家家锁头看家,他往哪走?他跟谁讲?就跟四婶,孤不孤单死了……

大哥细嚼慢咽地吃了晚饭,把一个计划告诉大家:"回去准备准备,我打算三五天内借虾场的'五十铃'专程去看四叔,谁爱去跟车去。""小俱乐部"里如放了颗烟幕弹,镇静片刻之后,闹哄开来。

申家确如一个小俱乐部,这是整个村子申家家族的根——一个少辈长于抚养老辈长子的家庭。每晚,所有分出去的"枝杈"都要寻根来。在小镇工厂当司机的老二老三,来找在小镇工厂当司机领导的大哥,谈小镇见闻,谈"辽老大"和日本"五十铃";安排在小镇商店上班的已婚知青老三媳妇小芸,来会大嫂二嫂和婆婆,说商店里新进五十件皮夹克,三百零五一件居然不到两小时就被抢光;说村上吴老师家儿媳订完亲,在婆家住了十天居然就是不走,婆婆气得嗓子都哑了,可儿子愿意,没办法。于是说一气现在的年轻人。把日里获得的新闻说尽了,就看电视。申家家族中,还只"根"上有电视,大哥是这个家族的中心,是这棵根上升起的顶天立地的柱子。他以他的深沉、稳重、见识广博又体贴人心而享有最高威信。每晚,小俱乐部里,有他没他大不一样。只要听见他在外面咳痰,屋里喊喊喳喳的内容马上转变,"大哥回来了!""厂里尽事儿,下班这么晚!"于是看大哥吃饭,看大哥坐在沙发上,从腰里掏出报纸一个人读,即使一声不吭,你心也刷地一下沉下去——有了底。你知道,大哥报纸看完,肯定会递给老二老三和别的识字的人。大哥是柱子,是主干,主干把血液输入他的主要支干,支干夜晚被窝里或在更小的天地里,把血液输入次要枝杈,于是,这个家庭便有了生气,有了生机。

这晚,小俱乐部里,大哥慢吞吞地吃了饭,看样子吃得挺饱挺舒心,饭后却没从衣兜里掏报纸,只是脸上毫无表情地说了那么一番话——进城看四叔。

本来,几天前的一个晚上,大哥饭后掏出一封信说四叔脑血栓半身瘫痪的时候,所有人都一阵悲戚和感叹,但谁也没说应该去看看四叔。自然那是谁都不敢想的。四叔住营口那样偏远一个城市,汽车又从不到那个城里拉货,五六百里的路程,谁能去?

可一旦大哥提到要去,要专程去,"全体人民"都觉得应该去非去不可啦。为什么不去呢?四叔四婶跟这个家族的人在同一条街上生活了那么多年,人老了都恋着家乡,两位老人是多么想念这些侄男侄女侄媳妇们哪,即使不去车,也应花路费买票去看。一去六块一,来回才十二块二,十二块二算得了什么,就算这月出车供了采购员一顿大盘子,供采购员大盘子也是应当的嘛;就算这半月那几只猴头鸡没下蛋,那猴头鸡老下老下也怪累的;就算……这几个钱算得了什么!

"叫娘去!"大哥说。大哥的话从来都是温柔烫心的命令。是的,怎能不叫娘去,娘这么大年纪,还能见到四叔四婶几回?娘从不知城市什么样,娘还爱坐汽车。

"我去!"老三媳妇小芸说。当然,她应该去,四叔在乡下时,最喜欢同小芸说话,整个申家家族中,除大哥外,就他俩了解城市,四叔动辄就摸到小芸家门口,"侄媳妇在家吗?"于是开门,哈哈笑(小芸就爱笑),于是两人把城市里得来的印象讲个翻转。四叔临回城还嘱咐小芸:有一分能力,也办回城市,让你爸你妈想想办法。

"我……也去!"老二媳妇厢琴说。四叔不喜欢她,她也不爱四叔。申家所有媳妇,四叔最最看不起她——小家女子,没有文化没有教养,她知道,可她说她也去。那时候四叔毕竟没病,那是什么时候呀……如今四叔病了,又离家两年,他听听哪个侄媳妇的声音不从心里欢喜?他会觉得还是一家子亲。

"我也想去,可都走了家怎么办?"大嫂说。无可置疑,她应该去,她是长侄媳妇。可是家呢,丈夫第一个就叫娘去,那意味着什么,还不意味留她在家看门做饭侍候公公喂猪喂鸭。天生干活命!

"去吧大嫂,你们都去,我当一次家试试。"大学寒假在家的小姑子说。

"那就让金风照顾家,你们都去,都去!"大哥说,又如一个命令。

呵呵——都去,太好啦,都去。四叔四婶能吓一跳,抽不冷哪来这么一通子。四叔看不见,能挨个要手握握,四叔能乐哭了,能说还是血统重要啊,营口这么大个城怎么就没一个来看我的?还是血统重要啊。

带什么?四叔爱吃什么?四叔爱吃熬萝卜丝,爱吃茧蛹,爱吃鱼。掏些萝卜,买三十斤茧蛹,买五十斤鱼,还有鸡蛋。对,鸡蛋是好东西,多带一些鸡蛋。四叔什么时候不爱吃饭了,煮着吃炒着吃都行,四婶不爱做饭截长补短也跟着吃点儿。四婶一定累瘦了,四婶爱吃黏糕爱吃小米粥……反正把想到的都带上。

双排座的"五十铃"坐不开,真的坐不开。这是大哥料想不到的。料想不到玉风大姐也去,更料想不到玉风大姐的大闺女乐平也去。玉风大姐是申家二叔的大女儿,大哥的亲堂妹。她结婚在本队,是小镇被服厂的工人。平常间隔着有的晚上也来"寻根",于是,她知道要去看四叔,她决心一定去看看四叔。厂里正忙请不出假,请不出假也去。叔叔同父亲一样亲,小时候四叔从城里回一趟家,要给她买好多好多好玩的,积木、白马、纸花炮,四叔把她架在脖子上甩圈圈,被她自来水喷头似的尿浇个遍。那也活该,谁让他架着她,谁让他甩圈圈。四叔那时真不嫌她湿漉漉小夹裤上的尿臊味,一点儿不嫌,叔叔就是父亲。苦命的四叔,你怎么能得这样的病?好人应有好报才是,怎么能得这种病?去看你,四叔,侄女没有忘记你,让你外甥闺女也去,让她去看看她四姥爷,她现在炒炒煎煎什么都会了。

"五十铃"停在门口。上午,各家各户都把备好的东西送到"根"处。小芸、玉风大姐为去看四叔,上午没上班候在家里。为什么偏等下午呢?上午多好,早点去还能在城里多遛一会儿。

"十二点走,赶紧把东西搬上后斗。"大哥下了车,就朝家喊。轰隆隆一阵骚乱,长长的院脖子上人流不断,看光景的邻居也帮着搬东西。大嫂一个人抱个大纸箱子,好几个人要同她抬,她不用。她很用劲。她当然有劲。所有去的各家,属她拿东西最多,二十斤对虾五十斤刀鱼六十个鸡蛋,还有白菜黏糕土豆。不知怎的,看了自家这么一堆东西,对比老二老三的东西,她心中就不自觉地生出一股劲,非要一个人搬那装着鱼和虾的大箱子不可。玉风大姐也兴冲冲往车上扔东西,她买了三十斤茧蛹二十斤花生外加一只鸡一袋土豆。"小芸,就站着?帮搬呀。"

玉风大姐说时嗓子像安了扩音器,响亮亮的。

"谁拿东西多谁就有本事搬,我没拿我当然不搬。"小芸知道大姐高嗓门正是想显示自己。拿东西多怎么了?美?挑明算了,她最看不上这种掖着藏着。

厢琴白了小芸一眼,脸登时涨得通红。

"怎么,拿东西少还怕人?我不怕!谁叫大嫂是根,谁叫大姐是侄女,咱不是侄媳妇吗?四叔那么有钱,显得吃我们点东西?去看主要是这份情意,东西多有情东西少就没情?小见识。"小芸梗着脖子,一面说一面哈哈笑。

昨晚,小芸就同厢琴商量,她俩拿一般多东西,四十个鸡蛋。

坐不开!

"怎么坐不开?娘,咱妯娌三个加大姐加乐平加大哥,双排座前面三个后面四个,俺不怕挤,坐下了。"厢琴说。

"虾场会计要跟车去营口呢。"大哥说。

真烦人,那会计什么时候不能去,偏偏凑热火。虾场的会计还能不拉?还能让他坐后斗?车是虾场的,大哥的儿子又在虾场工作。

"全体人民"统统愣在那里:该谁不去?该谁坐后斗?

"我不去吧。"打扮一新的娘站在车下说。

"谁不去也不能不叫娘去。我不去了。"大嫂说。

"谁不去也不能不叫大嫂去,我……反正我去,我还不坐后斗。"小芸一面说一面咚地拽开车门上去了。

厢琴本想接大嫂的话,说她不去了,可听小芸说非去不可,一股血涌上脑门,不吱声了。

大姐没吱声。乐平没吱声。大家脸色顿时都冷了下来。上午时分中午时分的得意一扫而光。

一辈子谨小慎微的娘低头看地,看身上印着黑花的新衣裳;大嫂面向车前的小镜,镜里映出她刚洗过又抹了雪花膏的脸;厢琴扫一眼板正正坐车上的小芸,最后把眼睛转定在金黄色锦丝袜和黑皮鞋之间——那是她昨晚精心选配的。

"我上后斗。"乐平说着已迈上一只脚。

"不,乐平,我老,我抗冻我坐后斗。"玉风大姐手脚很快,拽下乐平就跳进车斗,冲大嫂做了个笑,"嫂子,拿床被给我。"

于是,拿被,上车,启动;于是,小车在大街上兜了个圈儿,满载着进城看四叔的愿望开走了。

三

玉风大姐不坐后边谁坐?多余的是乐平,岁数最小的是乐平,要说谁不该去就唯有乐平不该去,要说谁该坐后斗就唯有乐平该坐后斗。母亲心疼女儿!要疼你就自己去疼,你去坐后斗,去叫风吹日晒。

坐后斗有什么了不起,能看见一整块天,天上有南来的大雁跟着行人说话;能看见一段大道经脚下滑向天际,天际有老道有和尚还有七仙女——那一朵朵云花你想它是什么就是什么。母亲,做过母亲的,谁不懂得母亲!那天玉风大姐说跟姐夫离婚,乐平第一个站出来,说离婚她跟她妈！这就是母亲的魅力，也正是为这，母亲说死也不让闺女坐外边，那势头就像这次回来就能离婚。当然离与不离还是另外一回事情。

虽然小芸坐了前边，可她并不感到愉快。自从准备去营口那天起，小芸就用每一时刻的想象来丰富汽车里的内容。现在，小芸不敢回头，不敢看后斗上的玉风大姐，刹那，她觉得心里很不是滋味。

玉风大姐比她大七岁，玉风大姐白天黑夜地熬着忙着，整个申家的衣服甚至裤衩都送给她做。百货商店离被服厂一百米远，两人两天不见就想得慌。"恁姐夫，昨晚又叫我骂了，怎么骂他也不吱声，越不吱声我越来气……"两天前大姐还找她说夜里同姐夫打仗的事，直说得流下眼泪。

大姐命不济，还不懂得爱就找了男人，以为守一个老实男人守久了就能守出爱。在她的想象之中，爱就是她盯男人一眼男人能盯她两眼，她挠男人一下男人能回报两下。就连这也没办到。她盯他，他就害怕就急忙去找活干。守了两年五年七年，守出孩子，越守越躁越心烦；越守越羡慕小镇上上班的工人，越觉得她的苦不是因为男人没盯她而是因为被家务缠着。后来，挖了姨夫的表姐夫的门儿，终于上了被服厂，可以像小镇其他工人那样优哉游哉地上班。

可很快地又开始烦，她烦男人把她的话当成最高指示，她希望找一个男人能够打她；她烦上下班路上有鸭子挡在车前，她会气得骂鸭子它妈是个没教育的畜生；她烦上班看见那些千奇百怪的面孔，她希望有一张面孔突然来到她跟前，对她说：申玉风，今天你去县被服厂给厂子买点纱布。那是厂长的面孔，她希望每天都有这样的面孔来对她说话，命令的口气。她对此充满了无限的热盼，热盼她的生活每天由这张面孔的到来而发生小小的哪怕是丁点变化，热盼这小小哪怕是丁点变化给她带来小小哪怕是丁点的快乐。然而常常是半月二十天或一个月才有一次，这样一次来得不易，于是她将付出十倍百倍的代价来不辜负她得到的机会。厂里会计被汽车压死了，让她代表被服车间去向家属慰问，她去了，她带着车间的礼，还个人买了二十块钱橘子。她平常馋橘子梦里把两个手指当橘瓣嚼，不舍得花钱买一只吃，慰问亡者家属，她却觉得买多少都表达不尽她那颗同情的心。她彻夜为亡者做寿衣为家属做孝服，短短五天，她人瘦成了瓢瓢儿，回厂，她才知道，那是厂长找了七个人，七个人都没去的差事。她说去有什么，救急救难有什么不好，可过后每每细想起来，又深深后悔，后悔她的付出。可一旦另有机会向她昭示，她同样还会付出。那天乐平说爸妈离婚她跟妈的那一时刻，她就觉得，她应该多替闺女想想，她的希望和欢乐应寄托在闺女身上。

小芸终于看了眼大姐。大姐根本没有拥在被里。大姐站在上面，凭栏迎着乍暖还寒时节的萧萧西风。风吹乱了她的头发，她时而伸手去理，那凛然的姿态和神色，像江雪琴赴刑场准备英勇就义。

玉凤大姐知道，此次进城是诚心诚意看四叔，可那诚心诚意之外，还有既不是坐双排座也不是看大城市的另一番心事——让闺女开开眼界，让她四姥姥四姥爷看看他们外甥闺女长得多么水灵秀气，并不比城里女子差，让她四姥姥介绍个城里对象。到那时，她就可以远远离开男人，跟闺女进城享清福了。为这，为去看四叔，为看大城市，还为终于有了一次走出厂长使派的去县城办事的机会，她半点都不觉得冷。

本来，小芸在没回头看大姐的时候，心里挺不是滋味，可回头看了大姐那神态，那不畏不惧英勇不屈的神态，她突然憋不住笑，终于哇一声笑出来。车里人都转向她：有什么好笑？

"哈我，我笑大嫂二嫂乐平嘴长得一排齐，哈……哈……"笑着笑着就刹不住闸了，谁也不知她究竟笑的什么。

挨着她的厢琴冷冷地咧了咧嘴。小芸的笑，使厢琴脸越发苦抽得厉害。乐，你当然乐，不管不顾别人去不去、别人有没有座，只要你去，只要你有座，你从不把吃亏事留给自个儿，占了便宜就乐。下乡青年都一路货色!

　　小芸仍然咻咻地笑个不停,她并不知道二嫂心里正嘀咕她。二嫂不理解她。人,都是一个世界。

　　她是占了便宜,是每占了便宜就乐,可她为什么要吃亏?那些亏留给谁爱吃谁吃去吧。她曾吃过一个比谁都大的亏,叫她一辈子再也不肯吃亏,不是讲因果报应吗?这就是报应。她十七岁就随父母来到穷得草都不爱长的农村,就同灰不巴叽的乡下青年一起把青春和爱情交给穷山恶水。穷山恶水勃发了她的青春爱情,她爱上一个帮她家劈柴种地的救世主一样的男人,爱得刻骨爱得无以复加。她结婚安家生了孩子,她一个人目送着青年一批又一批回城,姐姐回城父母回城,她为此难过,可一会儿她就过去了。她被安排了工作,男人开上汽车,日子过得不错,她满足于乡道上骑自行车来回飞的逍遥自在,满足于集市里百货商店人山人海都忘不了投给她的羡慕的目光。可是,十三年后再回到十七岁记忆的城市,回到父母身旁,看到姐姐姐夫上班走的明光瓦亮的大马路,看到姐姐做饭不烧草不扒灰,看到姐姐冬天只穿件线衣就不挨冻,还看见姐姐姐夫星期六去跳舞,她火了,"我不回去我就不回去我离婚。"她希望父母姐姐不让她离,之后,她好呼天号地发一通牢骚,哭一通鼻子,解解气。可是大姐说:"小芸,你只要愿离,我现在就想办法往回调你,爸妈早就同意。"什么?离婚?你们早就同意?亏你们想得出!你们好狠心,你们把我送到农村,把我交给一个男人,又要从男人那里抠回你女儿的心!那是你女婿,知道吗你女婿,你女儿胸膛里有他的心肝肺儿!离婚,说得倒轻巧,我偏不离我这就走我再也不回来了——任她胡搅蛮缠闹了一通回来了。这时,她才明白她吃亏了,她亏就亏在太爱那个在姐姐看来不起眼儿的男人。她完全应该有另外一番生活。她没有。只差一步就无法挽回。从今往后,她再也不想吃亏了。

　　她知道,为这事二嫂一直不满她甚至记恨她,妯娌三个一起过时,婆婆买三把扫炕笤帚三份分,她上去就抢把好的。二嫂说一把笤帚能怎么样?一把笤帚是不能怎么样,可她得到一次小小的报复,得到一种报复后的快乐。分开家,她有了工作,丈夫有了工作,她每月工资六十元,丈夫每月二百元,独生子女每月还有五元,小日子滋滋地上去了。她有叫玉风大姐眼气得睡不着觉的一切。刚结婚时穷,她被穷日子困着,想什么时候能有三件拿得出手的衣服轮换穿穿,想什么时候油炒米饭管饱吃一顿,那几年里她一心一意朝着这个目标奔。现在日子好了,不再被物质左右,看四叔拿多少礼物,她压根就没太想,她觉得四婶四叔需要的不是这些。

　　小芸笑玉风大姐,笑大姐为一种并不存在的东西慷慨地付出,她才不干呢。是的,她也积极地要去看四叔,并且,为了这次进城,她把箱子翻个底朝天,什么尼龙绸棉袄粗毛呢外套毛料西服她全不要穿,农村人赶时髦反而显得俗气,倒不如穿得朴素一些,让人不知深浅。她最终选择了四年前城里大姐给她的旧蓝绒夹袄,她穿试着在镜前足足端详了两个小时,她想让大嫂二嫂从她身上看出城市人派头——并不跟你们一样花红柳绿,想让四叔四婶那些城里人看看她的傲气——并不追着城市屁股跑。是的,进城调剂一下日子,获得一些夸奖去说给商店的职工听,去让他们觉出他们的生活太单调太无味太没意思,让他们眼气得无地自容。百货组小吕一定扭过脸佯装没听见去独自一个人哼小曲,那最开心不过……

四

　　小芸不再笑了,她见大家都没有笑。特别她看到前边开车的大哥,从那端庄的后背,似乎觉出大哥对她不满意了。她怕大哥,说不上怕什么,大哥还从来没说过她。

　　大哥真的很不满意。他为刚才大家没有礼让的举动震惊了,他当然不可能理解每个人的心理,他无论如何难以接受刚才的尴尬场面,他心里并没想谁该到后边谁不该到后边。

正是因为理解病人的心情,又理解大家的心情,他才做了这件事,他告诉大家说借的车,其实并不是。虾场的车凭什么一钱不花借给你?他只凭车队调度的面子,少拿五十元运输费,这趟车,他搭上第一季度的奖金——二百块。这算不了什么,钱是人挣的,而感情,人是多么需要感情上的慰藉。二三十岁的时候,他不懂这些,上了四十岁的年纪,不知怎么的,什么人生坎坷和幽怨都飘然而去,而沉在心底的,只有人的情感。有时会无缘无故记起爷爷病危的时候,由于一个远房侄子没到身边迟迟不能瞑目,在堂屋正中挺了三天,那个远房侄子才来,爷爷醒来睁睁眼睛动了下嘴唇,就断了气。人临死时失去一切对物质的需求,最需要的就是情感。于是他决定去看四叔,无论如何也去。

大哥曾是个口齿伶俐善讲健谈的人,十七岁就考上省农业机械化学校。在乡下,那时他是唯一走进大城市的人,可是乡亲们谁又知道大城市最终给予了他什么。娘怕儿子不舍得花钱吃不饱,卖了两匹大布给他买下十斤豆饼背上。娘说豆饼有营养又扛饿,说晚上熬夜了拿出来啃啃。不曾想同宿舍的同学骂他是猪,没有多久,"猪"的外号就在全班全校传开,有人公开来他床下翻豆饼取闹。深深的母爱受到玷污,自尊心受到挫伤,更使他难以忍受的是,学校在号召学生向他这尖子生学习的时候,把他誉为"豆饼精神"。他想喊,想叫,想冲着所有城里人大骂,骂那帮在娘胎里就学会一只眼看人的货色……可是,他强忍着,他没喊也没骂,甚至连必要的对话也懒得说。他恨那些把"宿舍"叫成"寝室"的同学,他觉得他们是在那里故作姿态,他恨所有城市人,要不是念着出息个人样给父母争气,给乡下人争气,他真能抓住一个城里的小子出出气,把他打翻把他打死,问他再喊不喊猪,问他再小不小瞅乡下人……渐渐,他变得少言寡语,他学会在自己的内心世界生活。暑假回家,母亲第一句话就问豆饼还有没有了，说她又织了三匹大布换回十五斤花生饼，说花生饼比豆饼香。他第一次看到母亲脸上舒展的微笑，母亲那个高兴劲呀，就像做了件多么了不起的事情，就像那年她摘光所有园里的黄瓜夜里偷摸送给专政组的老刘使被揪斗的父亲免挨一顿皮带。他，他说不出心中是一种什么滋味，仿佛一棵扎根泥土的小树突然被人拔出来扔在一旁，说那泥土里有粪臭气味。他不知该怎么办，最终，他还是没拿。他说学校伙食好他一点都不觉得饿，他说他已不习惯吃这种东西留给弟弟姊妹吃吧，他说学校平均三天免费供应一次大馒头饱喧饱喧，他还说他是班里"五好学生"，"五好学生"一天给加三两粮……他不知自己哪来的那么丰富的想象。可是，刚离开家，他就深深后悔，就想学习熬夜肚子咕咕叫时啃豆饼那舒心的香味。他狠狠责骂自己——一个多么虚伪的家伙，到底让同学给欺住了，没出息的熊包，软蛋！就这么的，他发誓毕业后用他的全部精力和学问给父母造福！毕业回家，他用他攒了三年的助学金买回一只半导体收音机，惊动了全村的男女老少。村西头文德三爷拄着一根老朽的木棍来到他家，把着他的手，说你可是咱村里好样的。他注意每天的报纸、新闻，注意着城市生活的动态。每次开车进城，看到排排齐整的围墙，他都不自觉地忆起在学校时城里同学拿他的豆饼乱扔的情景。那伤痛像用凿子深深地凿在骨头里，至此，他不会被城里人落下，的确良衣服、塑料凉鞋、缝纫机，他都率先置办回来，乡下没有自来水，他请来一个打井机队在院里打了洋井……也许正因为这些，他这"主干"越来越在乡下放了光彩，他这被誉为"根"的家庭越来越像个"根"。他毕竟不再是学生，毕竟不再年轻，那些曾有过的对城市人的憎恨变成一种实实在在的力量。只是，这些年来他也有了属于他的一大堆工作，他没能够时时刻刻挂着这个家……

　　大哥目视前方，他眼睛注视着路面的车辆，心里希望小芸能像以往那样一串串地笑，那笑能使大家松快些可是小芸没有笑下去。

五

厢琴仍然深探地苦抽着脸,她为自己没到外面坐而让大姐坐外边感到不安。玉风大姐大她五岁不说,又给她三个孩子做了那么多衣服,给钱给礼大姐都不收。大姐说她三个小子都念中学,生活也不宽裕,说本家本院的,用不着。大姐待她大恩大德,可是刚才,她怎么就没能先跳上去呢。她没跳,都因为小芸没有跳。大姐能理解、原谅她吗?她并不是真心让大姐坐外边,她在和小芸赌一口气。

这口气不知从何年何月产生,也不知到何年何月才能消除。在一起过时,她事事都让小芸占了便宜拔了尖,不跟小芸一般见识;分开家,她觉得她应该解放了;可是不知不觉中,小芸的日子一天天高出了一头。她们一见面,小芸就笑哇笑哇笑个没完,不该笑的也笑,她越来越忍受不了这笑,她觉得这串笑后面有一串刺激人的话:"说我占便宜拔尖,我就拔尖,看我的日子,无忧无虑。你三个儿子,说一个儿媳妇三千元,三三得九,你扒了皮挣去吧。"三个儿子怎么样?九千元怎么样?钱不是人挣的?要是两个考上大学,一个接他爸班,还不好生活吗?不管怎么说有儿总比没儿强!于是见小芸笑她也笑,那笑声比小芸还高,只是终不如小芸笑得自然、久长。

厢琴确确为三个儿忧虑着,确确为生活劳碌着。白天下地做饭,晚上洗洗浆浆,还用大半夜时间来偷偷羡慕大嫂小芸。凭丈夫每月那两个半子儿打发日子,还有个"九千"的目标,谈何容易?穷命就有穷赶上,现如今,哪一个开汽车的不发财?偏偏丈夫蹲了个国营厂,每月只开基本工资,奖金少得不够塞牙缝儿。没有一个晚上她不把生活的希望最终落在儿子身上。有这样大的希望遥遥可待,再苦再累她都不叫屈。无论平时来客还是正月里请客,她费尽脑汁做出各色花样的菜,不惜劳苦,不惜浪费粮油。虽然日子不富足,只要客人们不绝地夸赞,她便得到满足。

"鸡蛋饺子,全村就二嫂会做,真绝!""二嫂的菜简直做得没比了。""什么呀,俺小家女子,会做啥呀,俺这是一小在孤儿院学的。"她三岁丧母四岁丧父,进了孤儿院,后来被姥姥收养。晚上客人走后,她会一个人唱起小曲儿:"枯枝发新芽,铁树开了花呀,开了花……"那是"文化大革命"中学的,她一生最闪光的历史就是见过毛主席。也是,在申家,还没有谁见过毛主席。青春的记忆永志不忘。她一高兴,就"枯枝发新芽",就回想见毛主席的那段闪光的历史。对于大嫂,对于小芸,客人夸奖自己做饭的手艺已激不起她们半点兴趣,包一次鸡蛋饺子少说得两小时,大嫂不肯讨那麻烦,小芸受不住锅上锅下的烟呛油熏,她衣服上总有一种香水气味。大嫂愿意别人说:瞧,也没见人家麻烦,就弄了十个盘儿,什么香肠牛蹄筋海蛎子,全是买的;小芸愿意别人说:上他家吗说简单,就一个火锅一盘凉菜,可一面吃一面笑呀闹呀,比吃十盘八碗舒心。厢琴只能用她的繁琐劳累感染别人,从中寻找属于自己的那份欢乐。可是,每当在"俱乐部"里撞上小芸,听小芸夸耀耀地说道自己的日子,颤悠悠地笑,她心底就不好受。就也装作大声地笑。小芸试衣服她也试,不厌其烦地问别人她穿好不好看,不问出个究竟绝不罢休;小芸烫头她也烫,她心疼那三块五烫头费,就只当自家鸭子跑进人家苗床被人打死了来安慰自己;小芸看四叔她也去;小芸不上后斗她也不上……不知怎么,她太需要在小芸面前的胜利——失败的痛苦她不敢想象。当然,胜利照例不能叫她安生——她心疼小小胜利要花上三块五的付出,心疼大姐快四十岁的人了还在外面挨冻。

其实,假如小芸不第一个跳到车里,有到后边坐的一点意思,假使小芸真的坐了后边,那么,用不上半小时,她就会去同她换。

人有时赌了挺大的气,就只为一句话、一点意思。刚才上车尴尬的那一刻,她心都快跳出嗓眼。她多么怕小芸去了营口自己去不成;她多么怕去了城市原来是因为自己发扬了风格坐在外边……

应该不去的,应该坐后斗的,就是乐平。厢琴把目光盯在乐平搁在她身边的那只白嫩的小手上,此时,她对这手也开始不满。多么简单的一件事,毛病全出在乐平身上。你个外甥闺女看什么四姥爷?你做闺女的不去疼娘谁去疼?

六

大家都怨乐平,可有谁能够了解一个天真少女的心事?有谁能够知道,此时,为让母亲坐在外边愧疚了一阵之后,她已进入无比美好的遐想?她眼前是一片芳草萋萋的原野,是一个向她敞开肌肤、敞开胸膛、任她驰骋的绿色世界。那世界是为一个大男孩,不,是为一个男子汉才展开的……

去年,她还是个穿着疙瘩滔天的脏衣服到田野割草都不知害羞的小女孩;今年,她就成了一个为一个男人倾心的少女了。她爱上了一个人,一米七八的个子,一个跟她成天在一起割草放鸭的大男孩子,他叫小胜子。她和小胜子只差一岁,去年小胜子十七她十六,他们的个子都没有长高,他们的心眼儿都没有长大,成天一起叽叽嘎嘎笑啊,"骑马打仗"啊,摔跤啊,谁也不知在谁跟前害羞和提防什么。可去年秋天的一个黄昏,他俩捆完割好的草,小胜子站在沙滩上喊:"乐平,过来摔个跤再回家。""来,不怵,割草割不过你,摔跤你保准输。"于是乐平跑过去同小胜子摞上胳膊,乐平意识到自己摔不过,就瞅一个机会把手尖伸到小胜子的胳肢窝。她知道他最怕这一着,以往每次摔跤她都用这取胜。小胜子哇地笑出来,松开一只手,另一只手却捏了她的头发,将她拽倒在沙滩上。他要报复她,也把手伸进她的胳肢窝,两人撕扭着在沙滩上滚来滚去。乐平紧紧勾住小胜子的脖子,小胜子紧紧拥着乐平的胸脯,就这样儿,两人勾着,拥着,突然,相互盯着眼睛不动了……不知过了多久,乐平松开小胜子低下头去,小胜子颤抖着把乐平放开……

从此，他们懂得了羞怯和提防，不再摔跤不再一起割草。乐平开始修饰打扮了，小胜子眉眼之间那些调皮的笑没有了，变得沉郁寡言。但这种沉郁却传递着一种力量和火一样的热情，一种不是男孩子而是男子汉才有的力量和热情。他们改为夜里见面，专挑那些别人去不到的地方……

后来，小胜子跟父母进了城。乐平早先半点不知道，他父亲是个能把农村家属带进城市的大工程师。据说那是个比大城市还大的大城市。临走，小胜子海誓山盟将来一定跟她结婚。走后，他三个月来了二十封信，一再要乐平去城里玩，他说他上班忙没空回乡下看她，他说他想她快想疯了，他说城市好得让她没法想象，他说他已告诉他的小工友们他有一个乡下对象，他说城里不兴叫对象叫朋友，他说他告诉小工友们她比城里女子还葱俊还招人喜欢，于是他说工友们都急着要看看她……大城市是个什么样？大大城市是个什么样？乐平长这么大最远只到过娘上班的小镇，将来她有可能变成大大城市男人的女人，简直做梦都不敢想象。她的小姨，念了大学，且为处了个农村对象准备毕业后回小镇工作，小姨若知道，该怎样羡慕她。小姨相信命运吗？这就是一个人的命运，煞费心机往外奔的，奔不出去；从不想入非非的，却可能有另外一番生活。乐平想小胜子，想大城市，又怕见大城市，怕小胜子那帮工友，她一个土里土气的乡巴佬什么都不懂，他们不笑话她？城市那么大，又有电车汽车高楼什么的，她不会走丢？她顶顶怕的就是她的土气，城市在她的心灵世界里还是个色彩缤纷的谜，为这，熬瘦了她的俏脸儿夜晚睡不着觉，一个人坐炕上望窗外星星出神。她羡慕小姨，小姨有知识，小姨见过大城市，小姨到那里生活一定就像鱼钻进水里……她甚至想，小胜子为什么去大城市呢？如果就在村里生活一辈子那该多好。乡亲们包括父母，没有一个知道她的事。

那天，娘回来告诉她，要她跟娘一起去城里看四姥爷，那才让她喜出望外呢。虽然四姥爷那里不是大大城市,但终究是个城市,娘领着先看看城市究竟是个什么样,看看城里人穿什么衣服怎样走路怎样说话,夹在申家人群里,什么都不用她说,她只要看着记着就行了。这次回来,一定写信告诉小胜子,她夏天就去看大大城市。

乐平是村里谁也比不过的漂亮女子,一种天然的漂亮。她的白,她的娇气仪态,叫人怎么也联想不出她是个地垄沟里爬出来的庄稼女子。然而,她确确是庄稼女子,那些个夜晚跟小胜子在草甸子上对望的时候,她觉得她的未来日子,她的幸福就在这片土地上。小胜子说他们将来用苞米秆夹一个小花园,园里种上她最喜欢的千秋红花,他说她就像千秋红一样好看。她说不,占大片地种花不像个正经庄稼人,乡亲会看不起的,她说只在门两旁各栽一株他喜欢的百合和她喜欢的千秋红就行了……可一旦外部世界向她招手,她——她不能不去看四姥爷,不能坐在车外边。她心疼娘,可她又怕坐外边被风吹干吹裂了脸皮,吹裂了脸皮多让小胜子的工友笑话,吹裂了脸皮多不像城里男子的朋友。上车的时候,她终于没上后斗,可坐进去又心疼娘挨风吹日晒……

七

小芸不知什么时候打开话匣,说玉凤大姐站后面像江雪琴,娘和大嫂不知道江雪琴是谁,于是她又解释说就是江姐。说大嫂胖胖的,板正正坐车里就像县妇联主仼,二嫂就像,就像农村妇女队长陪妇联主任去开会,乐平像……对,像记者,县妇联主任还不得带记者?白白的小手,我嘛……小芸察觉出二嫂因说大嫂像县里干部,说她像农村干部脸上立即阴了,便更改了说自己像县委书记的话,说我嘛,我像农村大嫂队长,呵哈,二嫂妇女队长,我大嫂队长,咱队的计划生育搞得不错嘛,要不能拉咱们去城里开会?能让咱们挨县妇联主任和记者坐着?呵哈……

车里笑成一团。娘、大哥,连那个会计都笑了。虽小芸是句玩笑话,可一旦经她说出，每个人眼睛注视玻璃外边灰色的田野，都按小芸设计的角色想入非非起来。厢琴想唱歌，想"枯枝发新芽"，这阵，她什么都不再想了，大家都把玉风大姐坐车后的事忘却脑后。片刻，枯枝终于发出新芽，厢琴无所顾忌地亮了一嗓子，这一嗓子像是用劲往嗓眼里压没压进去，被压了出来，尖又响亮，吓了大伙一跳。小芸"妈呀"一声笑出来。乐平也笑了，她不知大家笑什么，反正觉得好笑。

"盖县到了，三人的座位四人坐要缴驾驶证的，后座趴一个，用大衣捂上。"

大哥很会利用气氛，倘若一上车就宣布这件事情，说不定她们又要为谁趴费一番心思。"来，我趴。"不等大家晓开劲来，小芸就自告奋勇。她挺高兴，趴下有什么不好？就那么短短几分钟，倒挺有趣的。

大嫂、乐平没有觉得怎样，厢琴却很敏感，她想不到小芸会自告奋勇吃亏，这太难得了。一时间她有些激动，有些喜欢小芸，她一面心里唱着"铁树开了花呀开了花"，一面想明天回来走到这里，一定她趴。

轰隆隆，大家把小芸连掩带压捂在身后。车里够挤的了，小芸曲在大家屁股后也不忘笑，只是那笑由"哈哈"变成"咕咕"。

"别笑。"厢琴捅她。大家统不吱声了，胆战心惊地寻视着前方路面。

八

万幸！过来了。小芸钻出来，短短五分钟憋了她满头汗。厢琴马上将自己的想法通了天："回来我趴。"

"哟，还是大嫂好，赶明再找对象，就找老大，老大有资格。"小芸咕咕地说。

是的，老大有资格，老大不用趴，可一辈子进几次城？坐几次车？更多的时候还不是当"根"，还不是下地干活侍候公婆！

全村妇女都眼气大嫂,刘文成老婆在地里拔草当着吴老师老婆说:"咱这辈子,过上一天大嫂那样的日子也知足了。"人们羡慕她的日子,人们羡慕她找了好丈夫。丈夫是好,在乡下,少有这样有技术的,少有他这样念过机校的,更少有他这善良忠厚知情达理的。因为他有技术,就能改善生活;因为他念过机校,他就开了眼界;因为他的善良忠厚知情达理,就提高了他在小镇上的威信;又因为这一切,分家时父母奶奶小姑子跟了他过。作为这样男人的女人,感到自豪荣耀,感到应为他增光添彩,于是泼命干活,全面周到孝敬老人,料理家务,照顾孩子;于是她家成了全乡的"五好家庭",她成了全乡的"五好媳妇"。这荣誉着实使乡下人感到老大不小的兴奋,然而兴奋的时刻并不久长。她一个人种八九个人的地,丈夫每天除了忙厂里,什么都顾不上。孩子高中毕业,借他爸的光找了工作,少年得志又进入一个什么什么都在变革的时代,学会跳快节奏的迪斯科,学会看不惯在地垄沟里抠钱的农民,也学会看不惯娘当什么"五好媳妇"。

"本来可以和二叔三叔分担着,偏不,爱当什么先进。娘爱当就当去吧,去种那些地,去一个人侍候爷爷奶奶老奶奶吧,我们不当,我们也不管……"在镇虾场开小面包车的大儿子说。

"我也不管,当个什么'根',夜晚一轰隆地往这里钻,供吃零嘴不说,还得为他们烧水、沏茶,为他们扫地洗抹桌布,反正我不管……"在镇汽酒厂上班的大闺女说,就像她不是娘身上劈下的肉。

丈夫顾不上她,孩子们不管她,她只有干。她为了谁?为了什么?不知道。一早起来,拾擦夜晚"小俱乐部"里留下的瓜皮烟灰,为儿女装中午饭盒,为公婆打鸡蛋烧水做饭,为公婆丈夫孩子准备洗脸水。大家吃饭的空当,她再喂鸡喂猪喂鸭。大家走了,她在大家吃剩的饭桌上扒几口饭,再收拾锅碗瓢盆,再上地里看看小苗出没出齐,菜地进没进鸭子,去花钱雇人拔草。有钱?有钱还得雇来人,如今人们都知道指土地生活不如往外奔，谁还稀罕到你的地里出大力？倚仗大哥的面子？有时这面子根本不好使，不好使就得自己干。

是的，她有好丈夫、好孩子，有吃用都宽宽裕裕的家庭，可是她宁愿不要这种生活。她希望丈夫是农民，是草包一个，就知道种地，知道她的劳累，在她流汗时能给擦把汗，坐炕上不愿动时能给做顿饭，她甚至希望丈夫像玉凤大姐的男人那样，什么都听她的，蠢点笨点都没关系，只要能干，日子过得再清苦她也愿意。她也眼气刘文成家儿子，三年书没念上就下地干活，扶犁赶车一把好手，外面活很少让他妈干，那样的儿子有三个五个也不嫌多。她还想把该分给两个妯娌分担的都分出去……然而都不可能，她家是名牌的"五好家庭"，她是出名的"五好媳妇"！她有时怨得屈得气不打一处来，可是，有时还不忘记到刘文成家和吴老师家把昨日丈夫回来说的话学一遍：一辆私人养的进口客车坏在半路，从县里雇个专车把他接去，不到十五分钟就修好了；前天晚上大儿子领着三男两女跳舞，那个扭呀，差点儿扭掉半个屁股。她等待刘文成老婆说："啧啧，大哥真了不起，大嫂当初怎么睁开眼了，找了这么个能人！"她等待吴老师老婆说："听听，你那孩子都会跳舞，俺家那货，成天捧个小人书，会跳她娘个爪子。你家真是名副其实的俱乐部。"每当这时，她的劳累和由劳累带来的委屈，她对别人生活的羡慕和对自己生活的不满，统统飞得无影无踪……

当然全村人只有小芸不羡慕大嫂，大嫂那样牺牲自己照亮别人为别人活着的日子，她一天都忍受不了。大嫂一声不吭地目视前方，被日光炙烤已久的黑红脸经了一个冬天的恢复，还是没能变白。此时，她满面红光，这红光也许正是被日光常年炙烤得黑红的作用，有些闪闪迷人，从旁瞅去，确是县妇联主任的派头。她这么多年没有坐上丈夫开的汽车，这么多年没有离开笤帚灶炕锅碗瓢盆。她想起结婚那天晚上，丈夫用香胰子一遍遍搓手，她问为什么老搓，丈夫说手上沾着机油味怎么洗也洗不净,她当时也不知是哪来的那股劲,猛一把把丈夫的手拽住贴脸上,说不要洗了,她就爱闻这油味,说她正是冲着他摆弄油的手才嫁给他的,他们那是第一次皮肉的接触……她想起一年前的一天,她干活累了晚上跟丈夫使性子,丈夫故意把油手放到她鼻子下熏她,不知怎么,不管她多么生气多么恨丈夫来家不干活,只要闻到这油味,她就什么气都消了,真真是贱骨头啊!她骂自己,她一口把丈夫食指咬在嘴里,直到丈夫叫疼告饶……她终于禁不住笑出声来。

九

前面是空旷世界。

初春的原野如刚弹完的棉花,绵软而温柔,小车在一片温柔的情感中驶入一个开阔境地。齐刷刷的田埂弃车远去,展耀耀的树林迎车而来,送走,迎来……

"营口快到了。"大哥说。

哦,城市,快到了。

看四叔,其实小芸再也不想跟四叔把城市讲个翻转,如果四叔不会挑理,她这次进城主要是为了凑热闹抖威风。可是,当大哥说"营口快到了",她的心蓦地抖了一下,仿佛有一股气流趁抖的当口穿堂而过,在胸膛里翻搅着……

每次回家,汽车从乡下开往城里,眼前由单调暗淡变得丰富耀眼,她就说不出心里有多么难受。她爱笑,她的笑装在她胸膛的表层,平常轻一抖落,那笑就一串串往外出。商店里职工,都爱吃她做的菜,为她带来一饭盒菜被大伙抢光这平常小事,她能出一缸笑,假设那笑可以用缸装。上班来晚,原本因为晚上同孩他爸下棋到十一点睡过头,可一进商店门,她把车子往旁一放,一脚踏倒车子。"破玩意,坏,坏,不叫你上班能晚?"商店职工见她晚点,本来想在她跟前理直气壮一回,泄泄多拿窗板多抹柜台的怨气,不看她,可见她同车子发火,纷纷理直气不壮了,"哎哎,别把车子踢哭了,算了,我看坏在哪里?"就这么的,她又笑了,一串一串笑个没完,别人以为她是笑车子会哭,其实她在笑自己的胜利。下班回家,到"根"上去,把白日自己的小小伎俩说一顿,同大家一起笑……可只要进了城市车站,还不等到家,不等见到父母姐姐,她这段曾在心里准备好说给父母听的生活趣事,就被城里说不上是高楼还是人流什么的破坏殆尽,人们奔工厂奔公园奔百货大楼,人们吃冷饮划小船荡秋千……原来那趣事并没有趣,胸膛表层的笑竟一串也出不来,心里像有无数只手指抓挠着……至此,她不愿回家,她已两年多没有回家。

此时,她觉得又不知是什么强有力的东西在心口抓挠了一下,直至把笑抓走,使她再也笑不出来。

厢琴叹了口气,她觉得车开得太快。这么快就到了,她还没坐够,她多么想把"枯枝发新芽"唱到底。她向窗外望去,外边仍是稻田,稻田里零星有人在铲粳根儿。快到农历谷雨了,谷雨一过,就要忙于浸种育苗。要不是跟车进城,说不定今天这样的好天气她也下地去了。而今天她没下地,她坐上了向西北而去的"五十铃",她是个妇女队长到县里开会,她……窗外出现几户人家,一位妇女站草垛边拽草,朝这边望着,看样子锅底和柴灰已经扒出,正准备拿草做晚饭。那是和她同样身份的妇女,她是在望她?做梦也不曾想到,她小家女子,她围锅台转打土坷垃的小家女子,竟有今天这个时日,被别人望着。她感谢大哥,感谢四叔有病,啊不,感谢四叔从农村搬进城市。小芸爱占便宜,可即使占了便宜又有什么呢,她什么都不再计较了。她太想唱歌了,她心底已涌出一股歌的洪流:

枯枝发新芽,
铁树开了花呀开了花……

乐平几乎是屏住呼吸,那曾是遥不可知的绿色世界就近在眼前,她战栗,她两手抱在胸前,眼波荡漾着渴望、不安、害怕和一些说不清的什么。小胜子走后,她每晚都捧着小胜子的信进入梦境,她梦见小胜子牵着她的手往高楼上走,那楼梯好像是黄泥土坯垒成的,可是走着走着,脚下变成土冈,身旁出现绿树,原来她来到她家东山冈的果园里,小胜子也不见了。醒来,一阵揪心的失望,她到终也没有在梦里见到大城市。白天,她时常一个人望着远山出神……大城市,大大城市,乐平在心中呼唤着,她觉得用不了多久,她就会变成另外一个人,她会自觉不自觉地把对象叫做朋友,她不再穿那双一出汗就"臭脚"的解放鞋,鞋里永远是洁白的,不再会有泥粪草末什么的。

娘坐在前边。这一正月,她就整天迷迷糊糊打瞌睡,而今天车上,她一直精精神神看着前边的光景。那年儿子拉她上了趟千山,在她回来以后的许多岁月里,千山路上的人事情感都没有在她心中消逝。生活的希望一步步牵着她,年轻时盼儿子长大,儿子长大盼当婆婆,当了婆婆又盼当奶奶,就这么的,后来什么都盼上了,心神反倒没着没落起来,又盼着到外面见见天日,见了外面天日更加不安于原来平平的日子……那一次以后,她梦里多少次见儿子又拉她满街兜风,可是几年来,梦里的情景再也没有在她的生活中出现。儿子忙,儿子有更多的事情要做,她的心渐渐变得木了,老了。这一两年,她的盼头只缩小在冬天能捞着睡热炕头上。人 老,骨头肉就受不住凉,婆婆在世,炕头是婆婆的,她一到黄昏就打起怵来,偶尔有个热炕睡,她像做儿媳时穿了件小花袄一样欢喜。去秋婆婆下世,她终于熬上炕头,可自从熬到炕头那天起,她的精神一下子垮了,她觉得她摸到坟墓的边缘了,热热的炕头再也不是从前那样热了,再也燃不起她生活的希望。希望总是将人一步步牵到没有希望,牵到终点。婆婆下世的几个月来,她日里夜里昏昏地睡,连她平时最喜欢的猫都记不起喂,特别是正月里,她一日消似一日地瘦下去。可就从那晚儿子说"叫娘去",她就一下子又变了一个人似的。她没到终点,她还有一段更加辉煌的路,这路将把她整个不起眼的过去照亮,照亮她的一生。昨晚,她说儿媳,把我那件送老衣裳找给我,死了穿有什么用?我穿这一回死了也能闭上眼睛。

娘一动不动望着前方,望着近在眼前的车、人、房屋、天地,望着远在天涯的不可知处,她想起那年逛千山,满山人都夸她养了个好儿子,说她有福。想起结婚那天轿子车在婆家门口停下,抱轿人把她从轿上抱起擎在手中的时候,她心那个跳啊,全身的肉都酥了,想起七岁那年小脚包熟后第一次上小河套洗衣裳,把脚浸进温吞吞的水流中,觉得整个世界都变了模样……她已多少年没有忆起过去了,没有忆起过去了的过去了,这些年来她好像一直在睡大觉,忙呀累呀把一颗心都给折腾木了,木得把早先的事儿忘得一干二净。而今,她觉得心中突然活了,往事一桩桩一件件就像是在跟前似的……

那位虾场的会计自过了盖县,就梦进南柯,脑袋左晃一下右晃一下,此时差点触到娘的怀里。也许,他对什么都不再感兴趣,他见过那么多那么多城市;也许,他感到很累,他只想静下心来,睡觉或是在睡梦中打打自己的算盘,他有他的不为人知的世界。

汽车在一排拥挤得几乎透不过气的小房前放慢了速度,"下车吧,到了。"大哥说。

到了?这里就是城市?没有高楼,没有宽大马路没有电车,什么都没有……到了!都走了五个小时,是该到了。下吧。大家大眼瞪一气小眼,容不得想得更多,就直着腿下了车。玉凤大姐惊愣地从棉被里站起来(她不知什么时候不再"英勇就义",大概受不住那长时间的预备期,就钻进被里),后脑勺的头发刺棱在头顶上,仿佛同她一起发出疑问:怎么到了?这也不像比县城大的城市呀?

下来吧大姐,可冻坏了。厢琴小芸一齐说,纷纷递上一只手,表示歉意,表示深深的疼爱。乐平一下扑到娘的怀里,看那架势,娘若离婚,真能跟娘的。

十

无论你相不相信,无论你能不能接受,真的到了。这就是城市,是营口市老边区。失望,什么什么都是一瞬间,都不允许蔓延——

到了,马上就看到七十高龄卧床不起的四叔!

看四叔!是的,是看四叔,不为四叔他们不会来到这个陌生的世界,看四叔才是他们的目的,可经过三小时加两小时的路程,经过那么一些不快、高兴以至后来的"枯枝发新芽",大家觉得这目的此刻变得不像是目的,倒像是为另外一个目的的达到所不得不有的小小插曲。

"四婶,来客了——"小芸朝大哥指的三间类似防震房之类的房子大声喊,一通人呼隆隆挤进一个窄窄的小院。"哦,大哥来了,三嫂来了,大娘,哦,还有姐!大嫂二嫂!哎哟乐平!"四婶出嫁了的二姑娘从房里走出来,她惊喜地一个个握手。

"四叔……""四婶……""四姥姥……"拥挤的小屋因为意外的来人顿显得更加拥挤,大家一个个抢着从柜前顺过去,顺到四叔躺着的地方。

四婶挨个往炕上拽:"上炕上炕,真想不到,真想不到。"原来城市并不睡床,也同乡下一样的土炕,稍微不同的是屋子比农村小,炕也相对短小了些。四婶握着娘的手,一滴浑浊的泪珠流出眼角,于同娘的手紧握着,嘴角不住地颤抖。转眼工夫她们都是老太太了,那年四婶被打回乡下,妯娌俩一起扭着小脚上山开荒,上山拔草,年终打点粮食不够全家人塞九个月牙缝,可即使那样她们也没流过眼泪,夜里在院寨边坐着小木凳,两个人轮换着哼"十想郎"的小曲儿……如今日子好了,她们那颗心却经不住一星半点儿的磕碰。

娘眼睛里闪着泪花,那泪花中聚着一个荧荧的火点:"四妹子,想不到还能见面,前年你走,俺以为你去享清福,再也见不到了呢……"娘说着又笑了,笑加深了她脸上的纹路。她转向四叔。

四叔一句话也不说,他瞪着一双没有瞳仁的眼睛四空寻望着,能动的右手伸出来挨个摸摸,嘴角开始溢出笑,后来这笑仿佛飘向遥远的什么地方,在那地方滑了个圈圈把尾音一把从四叔胸腔里拽出来,拽出来的却不是笑——四叔突然嚎啕大哭。

"四叔,四叔……"

四叔的嗓音依然洪亮而粗放,在他那间小小的屋子里回响着、震颤着,所有人都不再说话,都一动不动地站在那里,仿佛被四叔那洪亮粗放然而让人无法忍受的压抑和憋屈的声音带到遥远的什么地方……

四叔,你哭吧,你高兴,你难过,你想不到远在六百里以外的侄男侄女们能来看你,你由此想起在乡下熬过的所有岁月。那时你坐在井沿的石槽边,坐在东山冈的阳坡上,瞪大眼睛一天天奔着平反,奔着回城,奔着过年轻时城里过的日子。终于你奔上了,然而你老了,岁月已经夺去你的眼睛,你再也触摸不到这个城市留给你的青春印象,于是你又想那个生你养你的家乡,想申家的亲人,想你家门口那条通到古井最后又通向大河桥的土路,想那飘溢在土路上的马粪气味和田野里流出来的青草馨香,你想那河套里洗衣服的婆娘听你讲女排夺了冠军,想小芸一串串出不完的笑……今天,大家来看你,该来的都来了,不该来的也来了,你看,这不是你侄女的闺女你外甥闺女乐平吗?她来看四姥爷了,你摸摸,她都长这么高。

四叔一边抽噎着一边抚着乐平的头发,乐平连声叫着四姥爷。

大哥沉沉地站在那里,眼睛在四婶四叔之间转动,最后落在窗外灰色的防震房上不动了。他感到胸口有一块铅一样沉的东西压着。年轻时在学校受到同学侮辱的时候,胸口也曾感到憋闷,可那时越是憋闷心底越是燃着一团火。那团火一天旺似一天地燃烧着,最终烧掉自卑感变成发奋学习为乡下人争气的力量。非凡年代,四叔从城里被打回农村,一进家门,就跪在奶奶跟前,双手扶地放声大哭,那中年汉子哭声震撼了整个家族,震撼了乡下一条小街,震动了所有的乡亲。大哥当时一脚门里一脚门外站在那里,看着泪水纵横的四叔,看着无可奈何的四婶和乡亲,他胸中有无数拳头撞击,他受不住这窒息的空气,卸下院里一辆自行车里带,放了炮,之后,进屋抱起四叔,说:"四叔,没什么大不了的。"是的,没什么大不了的,他觉得一股力量充遍周身……

而今,听到四叔哭,他心里满满的却找不出一句得体的话来安慰,他觉得像有什么东西被活生生打碎,再也拾不起来……大哥眼窝有些发潮。他已经三十多年没想过哭。

大家都感到心里很沉重,那被削弱的目的终于又在各人心中加强了。是的,四叔,我们就为你才来的,我们知道你想我们,你看看我们吧。

胸膛表层的笑,在车上的时候,就荡然无存了,现在,小芸觉得心窝又被四叔的哭声抓挠了一下。那次她哭闹够了从城里回来,不到五天,爸爸跟来一封信,信上说她走后妈妈不吃不喝,嘴里一个劲地念着她,说妈妈那些日子想她想得神魂颠倒,好不容易盼回来,没住上三天就走了,说她不离婚就不离吧,只是要常回家看看,常往家通个信。后来大姐二姐陆续来了几封信,她没拆开,她不要拆开,她不要知道那其中的内容,那个世界的一切都不属于她,与她无关……可是,现在她才觉出,她想妈了,从心底想。小时候,由于她是妈妈的老闺女,都快八岁了还钻妈妈的被窝,还吮吸妈妈那干瘪的奶头,抚摸妈妈干硬的胸脯。这几年,她只做妻子,没做女儿,她多么想再尝尝做女儿的滋味躺在妈妈怀里打滚儿,同妈小声说悄悄话。她订亲头天晚上,妈抱住她哭了许久,妈似乎那时就预感到什么。妈多么疼她,多么离不开她呀,可她……

"四叔,我是小芸,那年你不嘱咐我争取返回城市吗?四叔,你忘了你常去找我讲城市?"

"没,没忘。"四叔并没问小芸如今回没回城,为什么不回,父母多么想念……

厢琴心中的枯枝发不出新芽了,眼泪不住地流。她平常就眼软,见不得别人流泪,此时,她不但一点不记恨四叔当初嫌她小家女子,她还深深后悔,后悔四叔住乡下儿女不在身旁时,没能得上她的济。

前年春天,明知四叔冈上的三垄地没有犁上,南北求人,她却没去。那时单想着既然四叔嫌她就隔远点,那时真是的,嫌就嫌呗,屁股臭不能抓了扔,好赖是一家子!四叔那时多需要人手啊!她后悔四叔临回城那年四叔过生日大嫂小芸都给四叔蒸了寿桃,就她没蒸,她没有白面,桶里点面底留给姑奶奶烧百日蒸供都不够,没有白面可以买可以借可以想想办法,为什么不蒸呢?

玉风大姐没有哭。她两手捧着脸腮眼睛盯在炕上的一块棉布上,她越是烦躁越是难过越是掉不下眼泪。她忆起小时候在四叔脖子上撒尿的情景。那时四叔一背起她,就嘴里念着顺口溜:"背大背,上青堆,买个火烧换大梨。"青堆是小镇,她对小镇充满神奇的向往,但终没去成。后来大了,对火烧换梨不再感兴趣,四叔从城里回来嘴上的词儿也变了:"背大虾,找婆家,婆家配朵大红花。"

于是四叔小油灯下用扑克给她算命,四叔把一把牌在手里上倒下倒倒够了之后,让她用香胰子洗洗手,憋一口气,从中抽出三张。

当时她把香胰子一遍遍往手上抹,生怕交不上好运,直抹得娘骂她是个不知过日子的鬼才罢休。抽完牌,四叔一高从炕上跳了下来,说她真是好命,能找个有钱婆家,那颗红桃老K,是贵人,说她一辈子都有贵人帮忙……哼,红桃老K,你真坑人,你在哪里,难道是厂长?是大哥?是四婶?她早已不再巴望什么了,只巴望乐平托给她四姥,让她四姥千万千万帮她找个城市婆家,就是为这,她挨了一道儿的冻,可谁知,她四姥根本没有那份闲心……

大嫂也没有哭。她一只手攥着厢琴,一只手攥着玉风大姐,心里默默地下着决心:回去一定好好侍奉老人,再苦再累也不叫怨。

只有乐平呆在那里。她十七岁女孩子的内心,根本不知道这小屋子此刻装下的丰富内容,她那曾是战栗着为见大城市所做下的各种想象,此时并没有消失殆尽。她发现四姥爷盖的被子和农村的不一样,软得几乎有些握不上手,她发现四姥家的锅只有盆大,放在一块三叉铁上,没有农村的大锅灶,她还觉得这屋子暖烘烘的,完全不似乡下的冬天……

"来,都上炕,咱们吃饭。"四叔的二姑娘从人们头上擎过桌子。

吃饭?这么快就好了?

端上来八个盘子,二姑娘说都现成的,说有高压锅,五分钟就能蒸烂牛肉。

不管怎么说,还是城市好。

十一

吃罢晚饭,大哥说要把车找个地方放下,去把车上的东西搬下来。厢琴和小芸都没有动,只有大姐大嫂一面兴冲冲搬着,一面说那是鱼那是蛹那是鸡蛋什么的。四婶说大嫂胖成那样像个干部,就是脸黑又粗些;说大哥又高又大又有派头,真像二姑娘厂子的厂长,那厂长前天还来过呢;说小芸比早先年轻,大概就是爱笑笑的;说玉风可是真瘦,做衣服那活不是活,熬心血,看脸儿上有了鱼尾纹。玉风大姐于是把乐平拖过来:"四婶,看俺乐平长没长?"她早就急着听四婶的评价了。

"怎没长?哪像我在乡下时那脏样子,都是大姑娘了,跟你小时候一样,细皮白肉的像个城市人。"

说乐平像城市人,玉风大姐眼里闪出一道光亮,只是她不愿意四婶说乐平像她。

厢琴把腿抬到高处,让脚露出炕面。她觉得大家应该看见她黄金色丝袜配黑皮鞋多么显眼好看。昨晚她穿试了好几遍,村里女人对这种事最敏感,可在这里,她寄托在鞋袜之间的热情和希望谁都不曾察觉,谁也没说什么。本已经感到不快,正接着,二姑娘说去两个到她厂宿舍楼去睡,小芸抢着说她和乐平去,小芸说什么也不会在这铺小炕上挤。指头尖大小的亏她也不吃,厢琴更加不快。

该走的走了,该留下的留下了。夜十一点,上炕吧。挤吧。俺又不是来玩要来图清静,俺是来看病人的,挤点怕什么。厢琴安慰着自个儿,尽量不去想二姑娘厂里的宿舍楼是个什么样。

十二

四叔四婶想留大哥住几天再走,大哥说不成,借车时说定中午到家。

清晨,二姑娘叫大哥把车开到附近粮站,让大哥拉回些精粉白面,说城里的白面好。

别了,四叔四婶。别了,防震房。别了,营口老边。大家把目光从防震房门口移向远处,企图通过老边追寻想象中的大城市的影子。

四婶站在门口再次淌下热泪。娘眼里也浸了满满的泪水,但面上仍带着笑。

小车满载着一百斤面粉六十斤挂面离开老边。四婶、二姑娘在一片尘烟中隐去。亲人渐远,房舍渐远……

虾场会计不跟车回,没有人去为谁坐哪儿想得更多,自然大嫂升到前排座(前面脚下有暖风),玉风大姐升到原来大嫂的位子上。

汽车沿着来时的大路前去,迎着被一朵白云托起的日光,驾驶室里弥漫着清新的气息。

走了。走了。一种失落感突然袭上大姐心头,她木木地望着窗外,望着窗外逝去了的天地……这趟进城收获了什么? 有好多时候,当她全身心盼着的东西来到她生活中时,她都说不出当初为什么盼,盼到了又怎样,又得到了什么……隔壁那位发贱的刘胖子,每次她外出回来,都站在门口冲她笑,一副得意洋洋的表情。

今天回到家里,她一定会说,看你,东跑西颠的,费上钱挨了累,图个什么。她虽读不懂那笑里的全部内容,可她知道她在耻笑她。

明天上班,刘胖子保准第一个发现她,保准露着一口白白的牙,说"申玉风这下大城市人啰,逛了营口嘛!"怎么对她讲?讲营口就是比小镇好?讲路上风吹得胃肠都凉了心还是热的?讲四婶根本没答应给乐平介绍对象……她心里空空的,她似乎什么也没有得到,这么些年,她东一头西一头奔波,她走,她盼有走的机会,也许并不为什么,只是为找到一个秤砣压住她空空的心,她没有找到……然而她知道她还会继续找下去,只要还有走的机会……

玉风大姐不无留恋地转身向后望去,可是眼前是蓝得晃眼的车厢,车厢严严实实遮住她的视线,她什么也没看见。她僵直地久久地别扭着发灰的脸,深陷的眼窝正中,两颗黯淡的眸子在一方车厢板上慢慢地转动,最后转到车斗里去,转到她那鼓灵灵的旅行袋子上去。

旅行袋是四婶给的精粉白面,哦?精粉白面?是给她的。玉风大姐突然一个激灵,转回身来。

四婶真是,做侄子侄女的,又不是外姓人,带点东西给四叔吃还不是应该!四婶真用不着,乡下虽吃不到那么白的面,可乡下有苞米大米高粱米什么的,乡下人没病没灾吃什么不可以?真用不着。

乡下是没有面。人们没有什么又爱吃什么。被服厂里,哪天谁带馒头上班,不到中午就被大家偷了去吃,馒头主人即使自己没捞着吃,心里也乐,这证明别人家没有的东西自己有。玉风大姐曾经梦想过,若厂长不指派她到县城办事,能有三四个大馒头带到车间也行,说家里远方亲戚寄来的,等到十点钟蒸饭,去开包一看,馒头早就不见了,于是大声地吵闹一番,说哪个馋鬼抢了她的馒头就烂掉舌头,于是有人来投案自首,于是她便说："说笑话呀，吃就吃了呗，谁吃不一样。"她于是美得像得了奖似的。过了不几天，她的设想就能实现了。虽然婆婆不会愿意她蒸馒头带饭，会说留来人待客，可她偏不听婆婆的，你养了个熊儿子祸害我一辈子还不够本儿，还管我的面，面是四婶给的你管得着吗！

玉风大姐被太阳照射着的脸上有了些光色，鱼尾纹也变得疏淡了。

由于小芸和四婶都说大嫂像干部，大嫂就越发讲究坐的姿势。她紧紧地倚着后背，觉得自己真像个厂长太太了，四婶不是说丈夫像二姑娘的厂长吗？

前天她打定主意拿一些乡下土产品给四叔的时候，是真心拿给四叔吃的，没想到带回什么。当然人家四婶不管你想没想，她在乡下住过，知道乡下缺什么什么更稀罕。村里人可能连见都没见过精粉，过年过节上头才按人分那么三五斤，比苞米面白不了多少。申家也是，什么都在村上带了头，都震得十里八村山响，唯独没有精粉。丈夫毕竟是男人，不可能面面俱细。这次回去，一些婆娘来串门，肯定一下就都知道了申家从城里拉回了什么精粉，于是全村"人民"都知道了……于是吴老师老婆刘文成老婆，还有一些别的人，见她就会说，大嫂可真眼气死人，男人有用，什么事都能办到，能大老远拉全家人跑城里，还能大老远弄回精粉……

她眼里是沟沟岔岔的田地，田地旁边有小小的水流，她每次下地，都要经过那条水流。水流旁不时地有人走过，是爱穿花褂、爱刨根问底的吴老师老婆，是爱说笑话爱谈论别人的刘文成老婆，还有什么事都瞒不过的三子娘。见到她们，她决定不像从前那样不等对方问就噼里啪啦讲个一干二净，先默不作声地干活，佯装丝毫没有想说什么的意思，让她们等得着急，等得发慌，让她们等不上半个时辰，就从自家地里扛着锨走出来，直筒子问营口什么样？四叔家什么样？问那精粉城里是不是随便吃？于是她就做出不想讲但又怕打击对方积极性不得不讲的样儿，慢慢儿放倒铣把,坐下……

或许那些婆娘故意装着什么都没看见,就不来问,到头还是自己耐不住性子,热火火地找上门去……

小芸知道,她装鸡蛋的包空下了,面没有自己的。不过,她压根对面就没兴趣。她家从来就没缺过面。父母那边给,她跟孩子吃商品粮能领着,她家三口人吃饭量都小。哼,什么面呀什么的,通通见鬼去吧。她心烦、心乱,她什么都不要。她无论如何想不到自己会这样。都只为昨天晚上,她住进二姑娘的宿舍楼。宿舍里两个大姑娘对她和乐平那么友好,那么温和。她们一个二十五岁,大学毕业刚分进厂;一个二十七岁中专毕业正念电大。她们参加舞会半夜才回来。她们冲两杯麦乳精给她和乐平,她们舞兴未尽。二十五岁那个一面哼着、动着,一面说小黄今晚邀她跳了五次;二十七那个偷着向她和乐平眨眼睛,神秘地笑,说她早就看出小黄的鬼心眼儿,不过那小子论相貌才华都不错,听说大学里是尖子生呢。接着,又说她男朋友今天来信,"五一"约她到兴城去玩,请五天假……

她们说着,柔媚的眼皮里传达着迷人的温情。接着她们问小芸结没结婚,男朋友做什么,问她都到什么地方去过……怎么说?说什么?她一头钻进被窝,她不愿看那迷人的表情,她想哭,想放声大哭。

她发现,原来她害怕进城,就是害怕照见自己生活残缺的一面,原来她的心总在躲闪着什么,回避着什么。报复,故意去制造笑,她活得太费心劲太累,她为什么把姐姐的信扔进抽屉?为什么想妈又不回家看妈?不,她要把那一封封来信打开细细地读,她要回家去看妈妈,她要扑进妈妈怀里哭个痛快……她憋得太久了……

不知怎么,小芸觉得手上空落落的,她似乎应该抓点什么东西,终于,她抓住二嫂的手,紧紧攥着。厢琴下意识地挣脱着被小芸握住的手,她脸上笼罩一片阴云,在这片阴云下面,可以想见,枯枝再也发不出芽新。昨夜,尽管强迫自己不去想宿舍楼是个什么样,可小芸占了便宜让她难受。她车上高兴那一时刻,原是觉得小芸占了点便宜也没有什么的,可当真……她究竟为什么这么同小芸过不去,这究竟是怎么了?她多么想什么都不在乎呀!那天,听说要去看四叔,为拿什么东西她苦苦想了半宿,耳房小筐里只有十七个鸡蛋,十七个鸡蛋原是准备攒到二十去北山大表姐家看欢喜的,大表姐儿媳妇这月坐月子,别的珍贵东西还真没有,年前丈夫分了八斤刀鱼,正月初九来客煎了最后一回就连刺都没有了。四个"猪肘子"杀猪那天炜了一个过年吃了两个,剩下一个留过二月二的,可以省下不吃拿给四叔,可是三个半大小子眼盼盼奔着个节……后来小芸说就拿四十个鸡蛋吧,四叔人家吃什么都不缺,又有钱,咱们表表心意就行了。四十个鸡蛋对小芸确不算什么,两角钱一个二四八块,八十块八百块小芸都拿得出,人家两口子能挣。可她厢琴买二十三个鸡蛋加十七到四十,这二十三个鸡蛋的四块六角钱能买一袋化肥,马上就开始春播了。不管怎样,买就买吧,谁叫他是咱四叔,谁叫咱是他侄媳妇,借钱也买。于是买了二十三个鸡蛋。不想临走那天上午,到"根"处一比,自己一下子羞得没处躲闪。羞就羞吧,谁叫咱命里穷,孩子多男人又不会挣钱,四叔四婶绝不会挑他侄子侄媳妇的理,不会的。

　　四叔家没把那四十个鸡蛋放在眼里。他们虽住房矮小,往里进不是往里进而是往里顺,可日子强她百倍。因为她带的东西少没好意思拿包,没拿包这白面就没有她的份儿。她想起去年入伏那天大嫂小芸都擀面条,独她没擀。乡下不知哪来那么多穷规矩,入伏非得吃面条不可,丈夫一月八斤面还不够接长补短待客的。小三子看三婶擀面条回家哭着要,挨了她一顿打,小芸听见小三子哭,送过来一小盆儿,小芸走后她一个人扒柜角哭了许久……想不到,四婶这里有面,二姑娘只把车往粮站那么一领,就扑扑通通扔上好几袋,为什么偏偏没有她的?难道四婶还记着那年四叔过生日她没蒸寿桃?四婶为什么偏偏送面而不是别的东西？其实大嫂家不缺面，只是没有精粉。她真羡慕大嫂，越有就越有。她并不是像小芸那样遇到便宜就想占，如果不是面而是其他别的什么，她想都不去想……这次进城怎么就摊上这么多不痛快？四叔干吗要得病？大哥干吗有那么大本事能借来车？

"后面赶紧趴一个。"

哦，盖县到了，厢琴已经许过回来路上她趴，可此时，她又后悔了，她本来就够委屈的。但是她没说什么，大家都把目光转向她。她眼里一热猛地趴到大姐、小芸后边，大衣底下眼睛里有热乎乎的东西滚出来。

十三

车过了盖县，大哥又说话了。好像是对大嫂说的，应该买个高压锅，那玩意挺实用。大哥在想了四叔一生的遭遇之后，在想了防震房里一些触动人心的情景之后，想到高压锅，又由高压锅想起有一天晚上妻子把"五好媳妇"的奖状握在被窝里，他问怎么了，她说不要这破玩意儿，能把人累死，她要回娘家住些天。他从来话少那晚却说了很多，他安慰她，说知道她受苦受委屈了，他编织了这个家庭未来的前景，编织了首先属于她而后将属于整个乡亲们的美好前景。他说一步步来，先安土暖气，有暖气不用烧炕，做饭就烧瓦斯，不烧草没有烟灰又不累人，家用电器全置上，冬天吃夏天的东西夏天吃冬天的东西，好福任你去享。妻子被他说乐了，把握成团的奖状又展平卅来放到炕梢，他和妻子当时都没有想到还有地的压力。

看到窗外广阔的田野，乐平想起那野地边的草丛，草丛旁的沙滩，想起小胜子……一路上，她细细地忆着四姥爷家——城市留给她的印象。虽然那印象有些苍白，龌龊的房屋拥挤的人家狭窄的街道，可是她看见从未看到的高压锅，睡过软得握不上手的棉被，闻到充溢在两层楼宿舍里那种说不出的香味儿，看到一个女子拿不丁点儿的喷雾器挨个床上喷，还挂了她的衣角。她发现那大学生的床头放了好几本画报和她看不懂的书，她发现那大学生走路步迈得很小，完全不像她抢不着热馒头似的大步流星……

是的，她知道得太少，她还不敢回去就写信告诉小胜子什么时候去大大城市，但是她已被那个谜一样的世界迷住，她一定要去揭开这个谜。

乐平用乡下女子天真又略带稚气的眼神凝视着没有尽头的前方。快到家了，进城探亲的行动就要结束，可在乐平心中的远景上已升起一个不可抗拒的希望。

娘脸上那舒展的微笑越来越少，仿佛随那条条干枯的纹路疏散开去，疏散开去。但娘很精神，她没有像几个月里那样昏昏迷迷，她清醒，清醒得很呢。她知道，她身上的衣服已经沾上汽车的气味，沾上了城市的气味，这气味将被她带到坟墓，说不定阴间真有辨别气味的鬼魂，说她有个十里八村出名的家，有个好儿子，说临死儿子拉她进了一趟城，说她是个了不起的老太太……都说阴阳间的事原是一样的……娘眼睛停在玻璃经太阳照耀后聚成的一个光点上，不动了。

哎，可到家了，大嫂说。说时那语气，那表情，似乎她早就坐够了她再也不想坐了。她轻轻地抬一下娘的腿，说娘的腿定是累疼了，人老了经不得折腾得些天恢复，说等到家把那只秃脑袋的老母鸡杀了炖给娘吃。

娘没有点头，也没有摇头。她什么也没说，她挺直腰板，干淡的仪表，安然的神色，仿佛前面是一条宽又广的平坦大路，仿佛前面是一个山花朵朵野花累累的世界，仿佛在这个世界上，她得到了那么多那么多，再有什么奇巧的景象她都不会回头，她似乎正平静地、心安理得地向着炕头，向着她奔了已久的地方，去了。

乡道坑坑洼洼，小车被裹在前面车辆抛下的烟灰中。这就是通往青堆小镇的路，通往申家大院的路。在这条路上，玉凤大姐、小芸不知走过多少来回,不知吸引过多少乡村女子投来的眼气的目光……不管怎么说,她们的命运还算不错还算上等的,如果一辈子锅上锅下门里门外,如果一辈子地垄沟里同土坷垃厮混呢……还算好的,玉风大姐长长地吁出一口气,小芸动了动身,似乎想说什么没说出来。厢琴平息些了,她轻轻揉着发胀发热的眼睛,把手背轻轻贴上去。许久,她拿下右手,一把把刚才甩出去的小芸的手握起来,两只手在两人的腿的缝隙里紧紧地攥住。

车在小路的冈子上弹了下身子,响着喇叭径直奔向一条土街。

到家了。

听到车响,乡亲纷纷破门而出。刘文成老婆、吴老师老婆、三子娘,还有一大帮孩子、婆娘跑颠颠跟在车后,一齐拥到申家门口。

1986 年《上海文学》第 9 期

变调

　　灯光很暗暗得有些发冷。就这么就着暗又冷的光线我毫不顾忌地吐着一串串憋得发霉了的话语。她是否在听是否在想她上中学的小女孩此时有没有睡觉我全然不知,只要我是在说。真的,在说,我就知足。我说我痛苦死了,说我怎么能不痛苦。父母双双有病我却两个月不得回家照顾一次,大哥养鸡遭了鸡瘟赔款三千元从自留地抠钱还债。我一月三十五块工资帮不上半点忙,二哥虽没债日子也过得紧紧巴巴,三个上中学的儿子买一支冰棍在高粱地里把木棍和手舔了又舔……想想这些就心里没缝,真的,你不知道你永远都不能知道这种亲骨肉相互牵挂的滋味,我做梦都想那一张张可怜巴巴的面孔……你能理解我吗?
　　"嗯……"我看见她点头,她脸上现出一丝苦笑。
　　以往向所有人诉说我太痛苦时因为没有从对方脸上察出这样一丝苦笑而最终只能说我太……呵没啥,你,你要上厕所是吗?真晦气。她,你看她脸上正有一丝苦笑。她理解你,或者是表现理解你。你干吗不说你憋得很久了很久了没有遇上这样一丝理解的苦笑。我说我还想他,他这阵子正插秧,他一定又瘦又黑累成个木楞子一样的人,我说我真羡慕你丈夫是什么柴油机厂的工人,从心里羡慕,我说……我因那样一丝苦笑的鼓励越来越刹不住闸。

在一片昏暗的路灯下我发泄着我的苦闷。起初并没觉得这些时日的苦闷是因为父母哥嫂这样一些具体的人事,可一旦经嘴说出我才觉得有这么多人事的牵扯我太应该苦闷了,才觉出这些时日的烦躁发慌每到下午就不好过就是因为这些。

食堂里吃完晚饭在街上毫无目的瞎走时真没想到会遇上她,真没想到见了她就一串串话语出个没完。出得痛快痛快极了。夜已深了,刚才没头没脑乱说一气时并没觉出夜已深了,说完话心里空空才觉得应该回去睡觉,该谢谢她,谢谢我的知音——虽然她并没说什么。我紧紧握着她的手,我向南移动脚步也示意她向相反方向去吧,丈夫孩子一定在家等得不耐烦。我目光流露着深深的感激和别的一些友好的什么,可是,可是她双手钳子一般夹住我的手腕,她张开嘴巴,从那里发出来的声音有些紧张:我……你……再……再怎么样?我无言地问她。她终于一咬牙把一个决心咬定似的,语气坚定地说我能够理解你,我也太痛苦了,说咱姊妹虽交往不多可我愿意跟你说要跟你说。真的……

就是说我要像她刚才那样脸上做着理解的苦笑耐心听她诉苦(不知怎么她拽住我表示有话说的一刹那,我忽然断定她刚才脸上那丝理解的苦笑是做出来的);就是说我还要在这暗又冷的灯光下重新僵上一两个钟头,并且不失时机地从嗓眼儿里拽出一个个"嗯"字。她一定同我一样好久了没遇上能够说话的人,她听我诉说痛苦那持久的耐性就是因为她有一个向我诉说点什么的强烈欲望的支撑。可是我已经说完了我的耐性靠什么支撑?我一时有些悔恨自己为什么先说,为什么……

我终于做出一丝理解的苦笑做得很费劲,心里涌出一股隐隐的火气没办法:谁叫我离开痛苦就没法活似的总渴望跟谁讲讲?谁叫我吃饭时没理呈子?不然呈子会死乞白赖把我拉进赌场也就不会遇上她。讲吧你讲吧,我一定苦笑到底嗯嗯到底你就放松地讲吧。

那次以后我脸颊的肌肉木胀胀酸了好几天。那种向她诉说之后的快感消失得无影无踪。我忘记一百二十分钟里她都说了些什么。好像说她丈夫同厂里女技术员出差一个月没回也不往家写信,说那女技术员名声不好打扮妖里妖气什么的。就为了那瞬间的快感我们各自付出两个小时的代价。对不起脸皮对不起嗓子你们受委屈了。过后我只有这么安慰自己。

从此我不再想找人说什么。要别人付出首先必得自己付出。

从此我一直试着把我的烦恼想成是对父母哥嫂的牵挂。

睁开眼就是一个没着没落的世界。小屋,实实在在的小屋。刚上班那天馆长指着小屋的后窗说:"哝,就那间。"我周身暮地涌上一股血,以往二十多年满世界里张牙舞爪地抓,就今天,就这么的,馆长轻轻一指,我就抓到了一个实实在在属于我自己的东西。全没有我想象的庄严感神圣感。可是当我的被褥占领这方小小天地,当小屋摆满我熟悉的东西,我门一闩深深地拱进被里呜呜呜哭了。狭小也好灰暗也好这毕竟叫得上一个屋子;毕竟证实我从此告别乡下告别一日强似一日那熬人的盼望告别过去——我是文化馆一名馆员……

小屋死了世界死了。我不知床上翻滚的我是否还活着。静。静得叫人发慌。梦里山野里摘樱桃的美好心境让这死一般的寂静破坏殆尽,万事皆空!自从有了这个实实在在的屋子,我的每一个小小希望都变成近在眼前的实实在在。快点洗脸快点梳头快点吃饭,从小屋走到食堂五分钟,这一切必须在二十五分钟之内做完,因为必须提前十分钟进创编室开窗扫地打水——希望不再成为希望,机械化运动。

上班了。各就各位。每个人都没有什么可做又都装着有什么可做。一期小报出来大家夸张地装了两天信封,而且装信封时你绝不要去想这小报落到全国各地文化馆艺术馆之类负责人手中之后的去向,不要去想它会不会被一个负责人从头至尾看完,你若细细想象确定无疑你会自杀。你只需想这张小报发行全国各地。不是吗,海南岛群众艺术馆负责人收,你从中感受你做了一项多么伟大而了不起的事业,这或许算做文化馆每个馆员的职业素养和修养。

我没有这种修养。我得从头做起。可是四十五天了,我还没有培养出这种"伟大和了不起"的感受。

每月一次的装信封发稿高潮过去,人们开始安然地坐办公桌前干自己的事。写小说写剧本替别人写上告信种种,谁也不问谁写这些东西的结果。刚上班有一天我不在意地问修长贵剧本有没有公演过。修长贵像瞪魔鬼似地瞪着我,仿佛我从来就不懂写剧本是怎样一种事业,仿佛那是不许任何人过问只要你知道他是在写的事业。我由不理解他为什么瞪我最终莫名其妙地变成不理解自己为什么要问。老单大华小申也都不解地望着我。世界究竟发生了什么?大家每天也说一些话,老单说他家老婆的姑奶奶死了,戴孝报庙的站出二百米远的长排,能有一个连。说完大家一阵哄笑。老单话中所传达的事件从来都是这个县城以外的遥不可知处发生的人事,我以为受他年龄经历的影响总对乡下人事产生兴趣,可是一次从他掉到桌底的日记本上我偶然看到这样一段文字:"修长贵属好人类,工作兢兢业业,当他忙呀累呀一大堆稿件都压到他身上时他就说我太忙太累这些年我太亏了,要不怎么还不干出三四个剧本三四千块稿费。可当真领导要把他身上的工作分出一份给别人他却慌张地给领导买了一条大重九香烟保住了这份工作,一个可怜的人。他的可怜就在于他并不知道自己可怜。"看完这段文字我震惊了,老单并不麻木,他对眼前的人事有着准确的穿透力,他的形象在我心中一下子高大起来,我终于找到高层次的交流对象。可当我激动地把日记本还他时他却恐惧得脸色发白牙齿直抖。大华每天更不少说话。她写小说却从来不谈小说,一副超脱的架势。每天市里省里国家甚至世界上发生了什么她照传不误,是创编室的活广播。除了这些多余话一概不说。可是有一天我看见她手里拿一个厚厚的信件眼圈发红,看见她眼圈发红我高兴得几乎跳起来——她终于也暴露了自我。可是不等我跳那眼圈就由红变灰变黄,变得跟平常的大华一模一样,我只有伤心地木然在那里。尤其叫我恼怒的是小申,他年纪最小大学毕业,说话学府气十足,总爱做着概括性总结,什么"或许是这样""其实那么做失之偏颇"之类的话说得极其流利适时。同我一样他也在乡下长大,是因为上了大学还是因为进了文化馆就变得这么圆滑?呈子正跟他搞对象。呈子说他的话粗得邪乎呢,赌场上要是输了他会把蒋介石他爹搬出来骂,她说她就喜欢他的这个粗劲儿……让呈子说得我总感觉人类进化成人的时候什么地方出了毛病。

县里招聘还没定向的时候广播局小都向我透露,你定死去文化馆吧,那里是个平静的港湾,县里几个文化单位数那里人有修养道德品质优良,跟那些人共事是你的一大福分,你会变得更加高尚,你去吧我不骗你,我多次要往那里调都因为局里不放没能调成。

上班第二十天晚上我做了个梦,梦见我家门口有一个大的湖泊,里面泛着好看令人神往的涟漪,涟漪每日每时都变幻着不同的花样,突然不知怎么村里最漂亮的玲子掉到涟漪里被水淹死。她妈坐在湖边呼天号地好一顿暴哭,后来哭着哭着眼泪凝成雪片落入湖中,不久,湖上堆起一座冰山,我和一些伙伴往冰山上爬爬得很累,累乏了哭叫着回家找父亲要湖,父亲说嫌累就不爬,冰山比湖好不能淹死人。后来好像伙伴香芹也不知亚莉想湖想疯了。

如果不怕他们还击我真想把老单大华小申都一个个打得不省人事。

我想发疯!

几年来奔呀拼呀就是为了今天?

这就是我的第一个停靠站。

招聘通知下来还没有告诉上班日期的时候,我几乎每天都做着明天上班的准备去和乡亲们告别。不知怎么一想到马上要在县城上班就会想到人生的什么——转折,会想起命运,会想起第一次逛 A 城从东站到西站需要换车。坐二环到解放街再从解放街上五路汽车到港桥下,左拐弯一百米处顺岗楼向右去就是西站。人生就是这么一站一站地换下去。几乎同时我感到再不换车我便无法支撑自己,从精神到四肢。我来到东河岸小姨家,小姨正在园里浇菜见我来呼隆隆从园里跑出来,笑溢了满脸,说怎么你还没走啊明天差不多就能上班吧。我以往来告别很坚定地说"啊差不多"的勇气在这次削弱了许多。啊明天,明天差不多吧谁知道呢。这个混蛋的明天糊弄我度过多少个兴致勃勃的今天。不过我不敢想象假设没有对明天的盼望我将怎样熬下今天的日子。小姨说行啊反正终归能走能走就行,根子一下子从农村拔出以后有了孩子也是城市人,这也是命我给你算算。小姨说着说着就摆起香案浇酒拜神给我算命。小姨一溜哭韵地唱起来:黄仙狐仙你听分明,我此时此刻报大名,我是大神的帮军于淑玲,她外甥女属牛晨时五月初六生,你听分明你显神灵……如果不是因为明天上班明天就要离开这个地方我无论如何不会僵站在小姨家一个多小时。这个没有文化愚昧得可以的世界我早就够了。不过可能明天上班明天就会远远离开这里,到另外的天地到文化馆。文化馆顾名思义,能同有文化的人在一起我此生足矣。多少个日夜捧函大教材苦读苦学铺开皱巴巴稿纸苦写的目的就要达到,想到这里我便生发连自己都想不到的耐性去不厌其烦同乡亲告别,不厌其烦听小姨算命或者去给邻居劝架。她们为地夹石的偏正动了祖宗和水扁担。最终一刻扁担错落在我的脑门上。见此情景大哥不让呛上去一把把刘麻子王四打翻,打翻后不说为妹妹出气却说去年他遭鸡瘟刘麻子王四背地里偷偷幸灾乐祸。不知遮掩的乡下人。哥哥放着一个明摆着理直气壮的理由不说,却自讨一个"无理取闹"的名声被罚款二十元。

够了我实在是够了,把我这么个有文化的人放置乡下想起来都有些滑稽可笑,我越来越强烈地这么觉得。后来在一个谁也想不到的时刻里我终于得到明天上班的消息,满街人一个晚上都聚拢我家来,除了向他们微笑我没有留下一句表示恋恋不舍的话语,我本来就没有不舍干吗要说不舍我不会做假。

那之后我便乘上又一路汽车,是从解放街出发的。

闷。虚幻中我看见老单大华小申还有修长贵每个人心中都长出一棵新绿新绿的关门草。关门草是家乡草甸子上的名草。清醒时我才发现原来是我自己心中长了草,那草焦黄焦黄的没有一点生气。

老单说他一个表嫂的妹夫从南方倒卖衣服发了大财,后来因为一次拒交税款被拘留半月,他问小申这是否触犯了税法。小申捋捋鬓角的头发一口标准的普通话:"或许是那样。"得了小申老单,你们要了我的命吧啪啪给我两枪将比这要好受得多。我想哭,我一头撞到门外。五月的天空蓝而透明,高高如一面镜子悬挂上空,小小四合院框住一方空气在我四周涨溢。我深深吸着,我盼望这院里能出点什么怪腔怪调或者能有谁站在这里大声骂娘,我突然有些想念小姨,想念我那为了地夹石的偏正动了祖宗和扁担的邻居,想念愚蠢得毫无半点遮掩的大哥……

我一动不动站在院内。美术组玻璃窗里映出几张暗白色脸。财会室李大姐朝我笑。我怎么了。我真的该上医院检查一下是不是精神病呢? 为什么人们是这么安然地过着我却不能? 我向四合院门洞外望去,我希望有作者来送稿来缠我。没上班时我最怕这手,现在我却盼得不行。哪位作者你来吧,你昨晚完成一篇小说密密麻麻抄在白纸上,你二十点过五分才下定决心今天送到文化馆。你真该有什么想法就来找我,有时不一定写出来再来真的,你就找我就行。

……下午两点来一女作者。小姑娘乍看一般,细端量挺好看。小姑娘把一稿送至我的办公桌上,我喜滋滋展开稿却被小姑娘扳住手:大姐,我……我想……想问什么你就问吧,我最巴不得谁有什么来问问我,我憋死了。我很懂事似的把她领到外边,因为是陪作者我理直气壮地把她领到大街上,我们顺小路直奔护城河畔。我信心十足地等她提出创作上的一个个难题,也许解答这些我会情绪好些,至少我会感到我真正干了点什么。小姑娘眼睛望着遥远的什么地方陷入沉思。我慢慢跟在后边像个囚犯。我等着她说话。可是十几分钟内我们就这么默默无语地走着。终于她说话了,她声泪俱下。她说她失恋了,她爱上一个大学毕业生那毕业生同她处了两个月又把她甩了,她说她觉得世界上再也没有比他更好的人她不能失去他。听完这话我的自信完全崩溃,我嗓眼被一团什么棉花之类的东西鲠住。说什么怎么说?她照旧在前面走着,那架势并不需要对她的话做出什么回答。我猛然醒悟过来,她在经验一种失恋的感受,这感受需要有一个别人的存在才显示其价值,她在眼气我在向我炫耀——我深深地爱着一个人刻骨地爱你爱过吗?你为这种爱痛苦过吗?我站住,她的背影在我眼里迷蒙起来,直呆呆空对着与河流相映的苍穹……

  回创编室我终于忍不住跟小申吵起来,为了他把刚才小姑娘送给我的稿件看了,我近乎无理。大概文化馆从来也没发生这样的战争,一些人围在窗外。我说小申你不够磊落你可惜念过大学,你……他可能压根不曾想到我有这么大火气他冷静地看着我。不知怎么我觉得他并没有敌视我,而那冷冷的目光含着欣赏意味,我记不住我说了些什么降温的话自消自灭了。下班前小申跟那稿件一起递过来一张纸条,上面说他就是抛弃那小姑娘的大学生。我好像突然之间触到了小申关闭的整个内心世界的一个角。不过仍是十分模糊。为了他的坦率我激动了很久。

  事过以后每当脑海里浮现出小姑娘背影就心肝肺都疼。

  当天下班我不由自主地踏上往家去的汽车。从文化馆到汽车站的路上我不知是跑的还是走的,心里只有一个念头,要回家要见他要疯狂地爱一次然后再失恋一次，就是说我没命地爱他宁愿为他赴汤蹈火而他却把我甩了，然后我再像那个小姑娘那样深情望着远方咀嚼爱的甜蜜。我甚至有些后悔同他相处这么些年怎么就没亲吻过一次，怎么就没痴呆呆地发傻过一次，我爱得太清醒了，这次一定要……

那时好像每天都能见面。我家地里活全离不开他。晚上我熬夜学习时他也来陪我，我写我的小说学我的现代汉语他练他的书法，我们为自己的未来刻苦奋斗着，说实在的在乡下那样一个环境中有点什么追求还能有谁，我们似乎太应该相好。每次送他走我们也相互盯一会儿，可到现在我才隐隐约约觉出那"盯"只是"盯"本身，而没有通过"盯"相互传达内在的什么，或许压根就没有过什么。听说我被招聘他高兴了只有半秒钟就掉出男子汉的眼泪。我们不知被一种什么东西压得在一起觉得心情沉重。尤其离别之时更是这样，他那沉沉的表情和扭曲的双眉压得我有些透不过气，我相信假如他不送我我倒会轻松许多……

见到他我一腔热情完全冷却，他正在粳地里挑苗，长发黑脸满身泥巴，旅途中的设想任我怎样挖掘都无影无踪，扑到他的怀里亲吻他吗？有病！我木头一样挺着，他一定怀疑二十几天我是否在县里那边遭了瘟病，他眼里射出那道热烈的光已隐到遥远的什么地方……如果当时还有通往县城的汽车，我会头都不回地返回文化馆。

仿佛寂寞的浪潮拍击我时又让狂风掀动了一下。从那天起我承受着更强烈的寂寞的浪潮的冲击，我感到世界上每一个人都被一个无形的什么系住魂魄劲儿劲儿地活着，而我似乎自从得到那间小屋得到那么个养身子的工作就彻底地失去了那个能够系住自己魂魄的什么——一个在遥远彼岸闪光的希望。

天地四合院创编室统统恢复原来模样，也许它们原本就没改样而是自己内心复杂情感的不稳定走向所致。虽然有时被这些不稳定走向骚扰得魔魔怔怔，我却宁愿就这么魔怔下去，不然那我真是死了。

我一天比一天更强烈地感到小申的存在对我情绪的破坏。这并不单单因为他好做概括性总结。好像进了一步。一听到他那铜声铜气的普通话我就心乱心烦,特别当他脑门上那顶乌亮的头发掉下来他一梗脖轻轻往上一甩,我更加难以忍受。这是他的气质风度之所在是吗?但愿不是。视野里有他,脑袋里就现出我那位乡下朋友,我就在心里偷偷说我的朋友并不是没有这种气质而是不屑跟你一样,我的朋友朴实深沉有股子力量,他种地打家具修表写书法样样都通,生在农村有实干精神又有对理想的追求,你行吗你根本不行你难道不信?

我干吗要拿他跟他比?

上班之前每听到小申门外的脚步声我都做出高傲的讨厌的姿态:我都企图让他通过我的高傲看出我的朋友并不比他差,其实我内心明白打死他也看不出我的这层意思,他甚至并不知道我已处了朋友。可是不这么做我便同自己过不去。我可笑吗我左右不了自己。

有一天我突然对他产生好感但只是一瞬间,后来就自我批判了这种好感理论根据是不该对他产生好感,他太洋气又太圆滑。那是那天老单大华修长贵和美术组的几个人联合向宫西发起进攻。宫西就是那个在昏暗路灯下我们共同诉苦的女人。创编室从不曾有过公开言说别人的时候。大概宫西早已在小县城臭名远扬,议论这样的人不会有人怀疑议论者的修养,不议论反倒显得没有修养。他们说宫西是个坏女人,年轻时处过十多个对象最后跟柴油机厂大刘没结婚就有了孩子。说现在可倒好她丈夫大刘在外面乱搞她管不住不说,听人讲这几天正同一个男人鬼混,常见在路灯下转悠……议论就我和小申没有参与,"或许是这样"这话那天不知卡在小申哪个地方是胸腔还是肺部。就为这我产生了瞬间的好感。

这些有文化的人把宫西打得落花流水,不明白平常严严关闭着自己世界的人如今怎么在宫西身上取得沟通。我不了解宫西,可我觉得她并不坏,即使像他们说的那样也不叫坏……起码她能说真话,可惜那天晚上我忙着做出一丝苦笑忙着嗯嗯没能听清她说了些什么。

当天晚上我又一个人漫步到昏暗的路灯下,是想告诉宫西我的苦恼并不是因为对父母哥嫂的牵挂而是因为别的什么那晚意识模糊没说清吗?现在意识清醒了又能把那些苦恼说成是什么?今晚我是做准备来付出牺牲的,我准备认认真真听她讲,一屋人攻击宫西的时候我就后悔上次自己的自私,就决心今晚找她让她说个没完。她多么孤独她多么需要理解啊!

可是等到九点一刻她没有来,她干什么去了?这是一个让人焦躁不安然而又感到充实的夜晚。

真想就这么长睡下去永远不睁眼睛。睁开眼睛仍是寂寞得让人发慌的现实,洗脸梳头走五分钟路吃饭,提前十分钟进创编室开窗扫地打水,料想不到这串机械化运动后面会跟来一个让我振奋的消息:县妇联今天上蛤蜊岛旅游让我也跟去看。谢谢你伟大的馆长,你难怪能当馆长你深解馆员的心思。我急忙忙进宿舍拎个小包直奔县委大院,走出文化馆四合院时馆长在后面跟出说你注意蛤蜊岛风貌回来写篇风景介绍县委给的任务……

哦……原来……这也那么难得也该感激馆长!

两辆面包车向东南方向一片开阔地驶去。我乘坐的小车里是一个爆炸的王国,苦了这些女干部终日困在办公室难得出来抖抖翅膀,四五十岁老婆子也孩子一样叽叽喳喳说个不停,她们玩笑也开得很有妇女干部味,什么人种净化优质少生乱说一气,说完你推我搡大笑。我没有笑我觉得并不可笑。我真羡慕她们为那么几句话认真尽情地笑。我大脑一片空白。

面包车在修路施工工地停下。禁区!后面车上有市妇联干部你们就让过去吧。果然好使允许通行。什么主任干事轰隆隆从车上跳下来扒前面路中的沙子,腿有毛病的姜主任坐车上一门儿不安地欠屁股,连说瞅咱家这班人多泼辣多心齐。我相信整党总结工作作风这又是一条,特别今天有市妇联领导在场。她们在一个框里活着活得很累。可她们并不觉得。人活着不管别人怎么看只要自己觉得自己好。我从心底眼气。

在各位干部争先恐后的努力下小车来到金色的海岸。所谓蛤蜊岛是同陆地相通的,我从来不知我们县竟有这么个风光旖旎的仙境。浩瀚的黄海你真是黄海——我要大叫都没了词汇。这真是个忘忧忘愁忘却一切烦恼的地方。世间的一切在我的思维里定格了!什么父母哥嫂什么小屋宫西什么老单大华小申你们远点去吧!

老少妇女干部忙着照相。在一块怪样的礁石旁姜主任发话一人一张。一个个打扮朴素的女官人骤然之间变成一个个雍容华贵的贵妇人娇小姐,什么旗袍连衣裙全抖搂出来。她们不厌其烦地脱着穿着,她们要在这瞬间体验一下周而复始生活中体验不到的情感,她们难得释放一次拼命抓回青春印象或伸手触摸一下受理智压迫终不得自由向往的世界。然而只是瞬间。大家都很理解似的在每个人站镜头前的时候挖空心思找一些赞美的语言。我比较显著地发挥了我的才能,什么林黛玉忧郁型蔡文姬风度电影演员张瑜气质之类驴唇不对马嘴海捧一气,直说得皮囊空空我仿佛才只是二年级的小学生。一瞬间过去她们穿上制服又变成了妇女干部,她们得到了实实在在的什么?也许只要那百分之一秒的瞬间曾实实在在有过就行。

她们根本没有看海,照完相就回车上取出一条条麻袋和四齿耙子。她们要赶海。姜主任发号施令九点吃饭吃罢饭就跟退潮下海。赶海就赶海吧,赶并不一定为了赶出蛤蜊什么东西而是赶出一种趣味。我还从来没有在玩的时候从事这么实际的劳动,这劳动本身就很有趣。妇联到底是妇联不同文联玩也玩得这么实际。

一下海我傻了眼,这哪里能玩这是一个铺满蛤蜊的地界。我蓦地把目光落在一条条大麻袋上,寻求趣味的意念早就飞得精光,我想到我什么也没有拿,真是的我太应该拿为什么不拿哪怕是一个小小网兜,真是的妇联也不同馆长打个招呼让馆长告我一声,真是的真是的……蛤蜊就在脚下我却一个也拾不起,我想到父母大哥二哥。父亲挺大年纪这些年很少吃到这样新鲜的海物。父亲最爱吃蛤蜊肉包的馄饨。那回小姨海边的亲家送来二十斤蛤蜊父亲去要了十斤,父亲平时最爱面子。大哥养鸡赔本哪肯花一分格外钱。二哥三个半大小子就爱喝汤,蛤蜊熬汤会鲜得他们半辈子不忘……我直愣愣盯住麻袋,她们一人一个握得紧紧。我要是有这么个袋子我能乐得在海上打滚儿,我一定到县里就去汽车站,我不怕把衣服弄脏弄湿我把袋子扛在肩上,我分给大哥二十斤二哥十五斤剩下的给父母,啊忘了还有他家,他家也给十斤……可是我没有。不到三十分钟麻袋就挺着大肚子立起,我机械地挪着步子帮她们拾,我绝望地呐喊给我一条袋子吧——我,我,我没喊出来。

　　回来的路上我一直盯着前方不敢往车里看,一袋袋鼓鼓的蛤蜊角落里一把刀子似的扎得我心疼。任我怎么安慰自己就算今天没来就算海上根本没有蛤蜊也无济于事。

　　为了寻取欢乐出来旅游却寻了一天的不快。

　　是的假如不是对父母哥嫂的牵挂这次下海我不至于这样;假如海上没有蛤蜊一片荒滩我也不会这样。可是冷静想想假如我带了袋子那我将会度过怎样全身心欢快的一天?!人能有感情上的牵扯和对具体物质的需求欲望并因为这种牵扯和欲望陷得很深是莫大的福事。现在我才明白得到新的小屋同时也失掉了类似这样的一些世俗的牵挂和欲望……

　　回馆后听见房前一个小女孩拿本小人书给另一个小女孩讲故事,语调尖尖的。说从前哪在一个荒无人烟的地方有一个被天上飘下来绳子系住捆住的小孩,这小孩每天绞尽脑汁想方设法挣脱绳子饭不想吃水不想喝,终于有一天他用脚趾夹石片把绳子割断他自由了。可是从自由的时候起他就饿得渴得难受,找遍整个荒野也没找来一口吃的,后来无奈他回到原处寻找那根绳子,希望重新系住自己重新想法割断不再记起渴和饿,可是那根绳子早已不见。他绝望地跑呀跑呀向北跑呀,突然在大山的阴坡上发现人家……

真的吗?真的我听我爷爷讲,我爷爷听爷爷的爷爷讲。那尖尖的嗓音回答着。

在食堂里遇到呈子,她没有像以往那样见面不管三七二十一夺我手中筷子拖我上赌场,她把我哄到食堂旮旯里,眼睛闪着水一样软而温柔的光。这不是我认识的呈子不是,她什么时候变得像只小绵羊?她因为第一次恋爱失败又恋爱几乎二十次,她的真情受到挫伤她要报复。同一个小伙处两个月觉出对方已爱上她再抽冷子写封信回绝,说我经过反复思考我配不上你我们到此结束。害得这些傻小子一个接一个失恋都险些为她殉情。呈子说她最得意绝交信交到对方手里这段时光,小伙子们一个个一夜之间小脸蜡黄站她面前哭丧着脸挠头皮。她说见对方备受折磨她开心极了,她说其中一个军校毕业的小军官差点动了她的真情她望了二十多夜星空,并且很快学会《望星空》这支歌整天没完没了地唱,多亏后来出现个小申她把他甩了。她同小申认识恰逢我刚上班,她告诉我小申是第二十一个,是这二十一个当中唯一的大学生。她说不让他爱得魂不守舍爱得刻骨她绝不罢休,她强调她绝不动半点真情……因为这一系列我很少搭理她。

呈子今天有些异样,她手指轻轻抚弄我的胳膊嘴唇轻轻翕动,犹豫片刻她说出话来差点把我吓昏,她说她不行了她要跟小申一起过夜,小申不同意,她说她失败了,小申将是她恋爱最后一个她已深深爱上他。我的呈子你终于兑现了你的女性人性我可爱的呈子,不待我高兴得昏过去她就一溜小跑跑出食堂,留下一声委屈的抽泣。

她走了,望着她消失在大铁门口的背影我一阵迷茫,人们在怎样爱着和被爱着?

我一个人漫无目的地在街上踱步,一辆向北飞奔的空马车把我逼下一条胡同,顺着胡同稀里糊涂向前走着,不知怎么竟然走到呈子小申常去的赌场。这里我只来过一次,那次是被呈子连拖带拽哄来的。结识新小伙两月之内她忙约会忙谈话从不来这里,两个月之后回绝信发出她便一头扎入赌场。在赌场上用二四六分的规格来排泄她报复的快感。这小打小闹也折进呈子不少钱,但她说她痛快。只图这点。

呈子不在。小申怔怔看我一眼大概认为我来找呈子连说"她不在不在"。我来干什么?我不知道。小申一手夹着扑克一手支撑脑壳,习惯地一梗脖一甩发。在这里见到他我没有了文化馆里的傲气,可是我仍然不想正眼看他,因为看他总使我想起我乡下朋友憨厚的木讷相,天晓得这奇里奇怪的联想,而且一有这种联想就必得自我肯定木讷相可爱。呈子爱他大学生风度和男子气?哼!我不知受不住满屋香烟的熏蒸还是因为别的什么赶紧撤退,在漆黑的胡同口我差点摔跤。

我来干什么干什么我不知道,脑海里只有一个现实呈子爱上小申急着要跟他在一起在一起……

"你觉得我不可思议是吗?你看不惯我我知道。"后面跟来铜声铜气的普通话,低沉得有些瘆人,当我反应过来是小申跟在后边他已经挽住我的胳膊。

"不不……不……"我说不清是为挣脱他的手还是回答他的话一个劲儿吐着"不"字,吐完一串"不"字我竟再也说不出话来。他好像说了句路不好走之类的话依旧臂弯轻轻套住我的臂弯。一阵慌乱过后我陡然生出一种从不曾有过的骄傲感,一种跟我乡下朋友在一起时从不曾有过的骄傲感,一种跟我乡下朋友在一起时从不曾有过的身价倍增的感觉。我竟然忘了在他跟前做出狷傲姿态让他看出我的朋友比他强；忘了呈子急着跟他在一起……

你看不惯我我知道。他重复着他的话。你为什么要进赌场你难道不知道玩物丧志？我终于问出。他说你难道还嫌文化馆捆绑不够假脸戴得不累我早就腮帮发麻。他从我臂弯里抽出胳膊气越出越粗。我说你就是你你为什么受别人左右？他站住了，不动了。暗夜里他看我一会儿又背过脸去，他平息着不均匀的呼吸旁若无人地伫立许久，最后似乎很恼怒地说了句请不要问为什么……

原谅我的粗暴。当初刚刚适应迷恋上城市生活就毕业分回偏远的县城，告别繁华城市告别同学来这里像掉进无底洞，你上班也不是一天两天你定会有感触，没有交流相互戒备的日子如何好过，可是没办法这就是我们县城的文化……我承认我没有骨气，改变不了环境最终被环境改变，学会说"或许是这样"并不费劲就能被认为是有文化的人之类折中的话，可是你知道吗下班离开文化馆我就想骂人，想摔摔什么找什么人发发火。找谁？找朋友！我是应该有朋友了，经人介绍我处了女朋友。她娇小温柔沉默寡言，起初我被柔情吸引很喜欢她，后来同她在一起就觉得无法排泄我白天的躁乱情绪，她太沉静了，沉静得让人感到压抑。那时我真恨不能到兵营偷一支手枪把世上属于沉静型的女子统统消灭掉。你害怕了别害怕我不会这么做。再后来我们分手了，就是那天给你送稿的小姑娘……我找到赌场，第一次进那里赌徒们盯我那眼神就仿佛我是外星球来的人。那里烟气缭绕肮脏不堪，那是一间外貌破旧里面宽敞的偏厦。妈的，老娘又输了。呈子混在他们一起毫不顾忌地出着粗话脏话，见我来张嘴闭嘴大学生哥们儿。我彻底进入了，我终于找到可以随便骂人的场合……

第二次去我就喜欢上呈子。喜欢她无拘无束骂人，喜欢她没有一般女子在我跟前给我带来的限制感，不知不觉我们一到赌场就把兜里零钱合并,有一天她坐我对面一边抽烟一边拿眼睛撩我。我那晚输了十二块,我凭感觉知道她已爱上我。可是冷静下来后我又觉得喜欢和她相处并不爱她,我不光需要排泄躁乱我更需要理解……你一定觉得我太坏是吗?那天你骂我不磊落我从心底高兴我下班就钻进一家酒馆一口气喝下二两酒,能够被人坦诚地骂实在是件幸福的事情真的,你现在可以骂我好了。

我顾不得反应小申后面的话,只想到好一个呈子你要捉弄别人却被别人捉弄……我并没因此反感小申,反而觉得有股火辣辣的热浪从不为人知的什么地方向我袭来,我渐渐清醒自己以往讨厌普通话讨厌他一梗脖一甩发是一种什么心理作怪,我的防范已经濒临崩溃……

在文化馆门口我停下脚步,目送他默默向前走去。我心里掠过一阵从未有过的错乱……

我变成一个穿短裤衩的小孩儿,我用脚趾夹住石片割断绳子。我自由了。可是从自由的时候起我就饿得渴得发慌,我跑遍整个山野也没找见一口粮一滴水,无奈我又回到原处,希望重有绳子系我捆我再想法挣脱就会不渴不饿。绳子却不见了,我绝望地望着空山没命地跑呀跑呀,突然在大山的皱褶里发现一盏灯,我乐得昏迷过去……

我依照小姑娘的故事做了个梦,醒来一身热汗。

小屋灌满温馨的晨光,一个肥肚子蜘蛛在墙角光线里织呀织呀织网。我的房间什么时候这么亮过舒心过?我曾在这里烦闷过死去过吗?是否我的什么器官出了毛病刚醒来就想唱歌。我唱呀洗呀唱呀照呀唱呀梳呀,挤掉吃饭时间我提前二十分就来到创编室。今天我怎么了这样急着上班,我还会烦闷吗?

世界变样了……

1986 年《鸭绿江》第 10 期

孤独者之歌

申申正式向我宣布，她要离开我的宿舍，去对面四人炕上挤："实在受不了你。我，我走了。"她虽言语结巴，表情却是毅然决然，似乎她稍有眷恋之情我便会狠甩一通鼻涕眼泪。我想：走罢，快快地滚蛋好了，我再也不用面对你好心好意为我招来的各色"小公羊"痛苦不堪。

我不动声色地看着申申收拾行李，仿佛她是个路人。申申似乎对我的反应颇觉意外，时不时睃我一眼。"小公羊"们知道后一定会赞赏她这一举动，认为自动告辞一个宽敞宁静的环境，去睡拥挤不堪的土炕，足以显示申申的个性，尤其是"受不了我"。她有甲乙丙三个近乎对象的男朋友。说"近乎对象"并无恶意，申申从不反对这种提法，她甚至愿意让大家认为都是她的对象，她说这是一个女孩的福分，说如果婚姻法允许，她马上就会分别跟甲乙丙搞出三个孩子。不过她并没有做出什么坏事，她说只是在动情时，交换过轻轻的吻，她强调极轻极轻。

听她这些话后我惊恐得战栗不已，她却笑得口吐白沫。她曾当甲乙丙的面宣布，三人都有她爱的方面和不爱的方面。她需继续考验，直到真正感到有一个比另外两个突出为止。这一独特行动使甲乙丙更加倾倒，如吃了耗子药一样要死要活。于是，除了翻烂《世界爱情诗选》之外，便纷纷为申申设计的生活争相谄媚。如：申申引头说，中国跳水运动员乍穿三点式那阵，人们恨不能把运动员变成土蝗虫，那个指责，随后其中一个就说，三点式太没什么，中国人就愿大惊小怪，缺乏对人体美的认识，愚昧。她于是得意地说什么都不穿才最好呢。譬如申申说她嫂子的小孩真好玩，每顿饭，必瞅各人执一把筷子往各人嘴里送菜送饭，瞅得入神。于是就有人接上说，我家吃饭不是这样，我家吃饭每人夹菜夹饭往别人嘴里送。她于是笑得前仰后合。申申没有在三个人中做一优选，大概怕太早伤了感情而失去对其他人的优选机会。我也曾梦想被一个人吻或去吻一个人。不过不应该是这样，这有些滑稽可笑。也许真的像申申他们说的那样，生活往往在滑稽可笑处展开新的篇章。

好在申申对我这类旧式女子还没最后失去信心。那天三个小伙子一进来，我嗓眼和嘴唇就开始发木、肿胀，如扎了麻药渐渐丧失知觉，脸像长在一个毫不相干的另一个人脸上，愣头愣脑。傻傻地僵坐了一小时。我一心一意记挂应该抢在申申前边说话，把一双眼睛紧盯在申申嘴上，因为我不知道她什么时候说话什么时候不说话，结果害得我哭笑不得，申申一动唇我就嘴巴咬紧舌头打卷，申申吐出第一个字之后，我只能均匀地发出呜——呜——不像声音的声音，吓得其中一个小子登时面无血色慌里慌张，以为我是个半语子。

要比，我哪点不如申申？长相，身材，品性，在乡下绝不是没有婶子大娘小伙子看我，看得眼里充血……申申不会相信，当然即使相信也于事无补，馆里四十岁以上的同志都挺喜欢我，说我温柔妩媚谦虚谨慎少言寡语，而申申和对桌的子明对此评语耻笑不止。申申公开阐明受到四十岁以上老者的拥戴绝非一件好事，甚至堪称是青年人的耻辱。弄得我一见那些老者张嘴就诚惶诚恐，生怕再有什么谦虚谨慎的字眼从他们生满胡茬的唇边流出。

申申是顶替她汽车下丧命的哥哥来文化馆上班的,她哥在一次馆办夜间舞蹈班结束回家路上惨遭车祸。那几天我哭得鼻青眼肿,我总想一个活生生有说有笑的人,一眨眼就进了阴曹地府……这么想着就一股酸水涌到眼里,子明见此情景一扫以往对我惯施的毫无道理的取笑,找来总务李姐劝我,她说,真想不到你看中了申由(申申哥哥叫申由)。不要心胸太窄,两条腿的骡马难找,两条腿的人遍地皆是,再说申由是个搞舞蹈的没什么可爱。常碰女人皮肉,再说即便你看上他,他也未必看上你。想开些,大姐明白年轻人的心,难怪子明说,像你这样老实巴交,不吱声不吭气的,动起爱来,那才惊天动地呢……

面对李姐煞有介事的一番话,我直想大喊大叫,真想喊出我的感情和她的想象八竿子打不着。可我喊不出来。我这人从来都是想的比做的要丰富百倍千倍。那时我对异性的爱还不知封闭在体内哪个旮旯。申申备受子明赞赏,他由此得出结论她是个具有当代意识的女子。舞蹈组在排练厅排练时,每当子明路过我的门口,他脑袋总那么贼也似的扭上一扭,看样如果不是新婚燕尔,说不定他就成了甲乙丙丁的"丁"。申申十分敏感,早有察觉,晚上一面对着镜子夹眉毛,一面轻得不能再轻地说,多亏子明爱人有福,不然真难说会不会有一只细脚插到她的家里去(申申下肢瘦长,像条麻秆)。轻淡的声音如一个冰柱竖在我眼前,令我不寒而栗。

平常上班我完全可以目不斜视耳不旁闻,而我却见谁都点头做笑,显得十分卑微,比如见到文化局领导检查工作大可不必战战兢兢手足无措直至撞打一盏崭新的玻璃台灯等等。子明总是抿了抿嘴唇,露出一丝不易觉察的笑。他说因为我的这种老实误了两件与命运攸关的大事:婚姻和户口。在破坏我情绪这件事上,子明显示了非凡的才能。

也许子明不无道理。自从二十岁那年做一盏参展的小灯名扬县城,自从县文化馆馆长不知哪根神经作祟,热点热到一个会用白纸做灯的乡下小姑娘身上，我就一下子把任意吐到什么地方都可以的痰吐到比家里花盆还高级的绿色痰盂里了，馆长好像说到我的细胞独特。我没听清是说脑细胞还是手细胞。馆长真伟大，我自己的细胞自己都看不见，他却能从一盏小灯上看得那么清楚。后来通过子明和申申我才知道，我并没有从农村连根拔掉，就是说还是农村户口。这是一件顶顶重要的事，涉及日后找对象生孩子安家，申申说我要是她，早就握上那个红皮户口本了。事在人为，关键在人。说县人事局每年由自然减员就可转正一批，说我做的那盏新颖别致富于独创精神的灯曾使每一个县政府县委领导生出菩萨心肠。馆长因为善于发现人才利用人才受到大会小会表扬，说不定他们心头如今还有一小旮旯闪着那盏灯的余晖。说瞅准机会三番五次五次三番去找，女孩的哭笑都具有莫大的威力，不信办不成。然而，我毕竟不是她。

申申有一次很动感情，不客气地轰走甲乙丙，独自趴在床上挤下巴，企图为我想方设法。后来终于在一片死寂中挤出招数：有了，径直去找人事局长，拿着你的一组新作品纸塑《仙人洞山水》，拿着前两年省市获奖证书。这绝对是当代青年的所作所为，直率大方无所畏惧，豁达自信不卑不亢……不待申申说完我就退缩了，这我做不到，我没有这么厚的脸皮恬不知耻自我宣扬。见我不动声色，申申咬牙切齿，从她眼中我看到我还不如一只蝗虫，我终于在她的咬牙切齿中鼓足勇气——去。

左兜右兜分别装进蝉联两届省、市民间工艺作品获奖证书，双手捧着《仙人洞山水》纸塑，无所畏惧向政府大院走去。我平常在政府食堂就餐，据说那位人事局长大人也在食堂就餐，只是不知道哪张面孔是他。我想我就要同局长大人相对而坐，我想局长猛一见我这个模样像不像半傻？两手合抱，胀腹弓腰，他会以为，我去计划生育办走错了房间。如果不出这样差错，事情更糟，我说这是我的作品、奖证，我要转正、户口、孩子，他一定不假任何思索就把我送到精神病院。

申申满怀欣喜在床上打滚,她大概高兴我的户口就要弄出眉目,高兴我也能有一次当代青年富于个性的举动,见我鼓胀胀挺在门口,她一个滚儿差点儿翻到地上,眼睛愤愤盯住我。我像偷吃干粮被主人打了的小狗,两眼瞅地乖乖说出政府门口所思所想,申申终于把滚儿打到水泥地上,好久不出声响,最后压住前胸仰面朝天自言自语:做别人意想不到的事才是个性的体现,顾前怕后胆小鬼,满身朽味真是不可雕了。申申丧失了对我的最后一点希望,她已懒得跟我对话和发火,我俩之间,仿佛不是我每时每刻都在叫她失望便不能同时存在。

一个下午,申申奇迹般的,和我那天一模一样从走廊走来,两手合抱,胀腹弓腰,她带着我的作品和奖证见了人事局长。她兴奋地舞着蹈着跨进美术组门槛,子明见状大张嘴巴,两眼闪出青光,他大概更进一步发现申申与众不同的地方。申申说她冒充我见了局长大人,局长听完她的自我介绍眸子大放光彩,连说早就闻名早该转正,最后应诺正要上报一批招聘干部,没有问题。此时子明瞳孔发蓝,盯住申申,看样就要舞起来蹈起来,我想此刻,他的心一定可以用上他自己的词汇——动起了爱。我想如果我是申申欣赏的那种"当代"青年,我应立即逃离美术组。可我没有逃离。我受不了他们在一起。我更趋于表现我的守旧。

我自己的好事,却不比他们更激动,能在县上工作就知足,户口,真的不敢奢望。申申一下子就看透我的不求上进,吐葡萄核一样吐出一串火约:"小农意识,受不了!"

"妙,妙极了。"一连多少天申申都沉醉于自我欣赏中。她一遍又一遍在美术组或宿舍里甲乙丙都在的时候做马拉松演说,她最得意的是在正副局长和诸位干事面前说了这样一段话,她认为后来接踵而至的一切都是这段话的妙用:我们信奉说到做到,为什么就不信奉做到说到,我恳求给我一个转正名额,这事对我压力挺大,因为没有户口就处不成对象,没对象就朝思暮想,自然就影响了构思和创作。一席话说完举座皆惊,统统被申申有水平、有个性而又实际的行为镇住了。

有一天申申忍不住把我领到人事局去,因为她听说表儿已报到市,不该这样再瞒下去,其时就局长一人在屋,原来是常在一桌吃饭的"老公",他的鼻子活像"公"字,于是我就叫他老公。老公听后公字上头越发皱纹密布,眼神也渐渐由蓝色变成灰黄。我突然意识到我应该慷慨陈词说点什么,把馆长从灯上看到我的独特细胞在话语中表露出来,让局长赏识,就像申申那段显示个性的表演,不然,木呆呆的我一定让人觉得那工艺更多地参与了别人的细胞。可是这种自作聪明的意识并没使我聪明起来,反倒双膝哆嗦四肢痉挛,反倒两腮发胀一个字也吐不出来。十分钟过后,申申一把把我拽出门外,弃我所去。

从局长室出来我第一次心灰意冷,我突然觉得十分孤单,难道我真的成了朽木不可雕的旧式女子?再说人们为什么只喜欢雕那样的,能说会道锋芒毕露那种?

倒是后来申申想得很开,她脚尖着地透过窗棂望着漆黑的夜色说:看来你就是你,没办法改变你,别人的一切企图到了还是企图。漆黑的夜启发了她的感悟,她的感悟也突然启发了我的感悟。申申话音刚落,我便茅塞顿开,是啊,我不能从话语中表现我的艺术细胞,是因为我致力于在手上表现自己。更重要的是我说我守旧,守旧才是我;我的好动感情是因为我对每个人的人生都充满感情;我表现欲不强是因为我不会表现,不会表现就觉得表现没趣;我不风趣幽默是因我喜欢沉默,喜欢一个人在内心跟自己交流;见生人不会说话是因我见生人就脸红,见生人就脸红才是我……这种种一切都说明正中甲乙丙对我的概括,子明的概括——太老实,是那种落后于时代古老的老实。古老的老实便是我的个性。我突然想起申申的话,她说当代青年的标志是富于个性。这么一来,我也成了有个性的当代青年。

不过说归说,申申还是离我而去。她向我发出最后通牒的原因极其简单,她说我转正的名额让一个劳动局局长小舅子的大姨姐顶了,需赶紧想办法。我止不住掉了几颗眼泪。"哭,哭顶什么,实在受不了你,我,我走了。"我哭,并不是想哭能顶什么,我愿意哭是因为凡遇什么大事小情我都能联想到人生、人世。一联想就感到活着的艰难:让"小公羊"们选来选去……到人事局长跟前演戏以求转正……

申申离开了,不以为然那么一两天之后,我无法掩饰地蔫头耷脑了。我有些受不住这种寂寞和孤独,和失去"小公羊"们的吵闹倒是次要,我感到一种无法言喻的心灵深处的孤独。最初总觉墙角处有一个阴影,阴影上叠着数十张黑咕隆咚的嘴,大张着啮向我。还觉得这些嘴不时地吐着一些气味,我感到郁闷难受,感到压抑。

如果不是开始用纸制造手枪和子弹,真难想象我将怎样度过申申离开以后的日子。

小时候,每天晚上,都把用纸精心制作的手枪带到外边去。晚饭稀里呼噜喝萝卜丝汤,就被院外粪堆上"呜哇呜哇"的蛤蟆叫得魂不守舍。我和伙伴小胜子们就着碾盘大的月亮在菜地里杀敌。我的敌人每次都是胜子和一帮混蛋小子。我的枪法百发百中,只要口中喊出"叭叭",手枪对准的敌人就软绵绵倒下。那时觉得世上最伟大的人是毛主席,最有本事的人就是自己。

如今,我的敌人不分职务和年龄——申申子明,甚至馆里那些比较喜欢我的中年人。在我的心目中,他们一个个都相继倒下,壮烈牺牲,也许并不壮烈,而是可怜,我用废纸团成的子弹无穷无尽,手枪就揣在我的左衣兜深处,暗中随时随地都可发放。

不知不觉,我把手枪和子弹带到了食堂,子弹在饭桌上如一只飞莺。谁也没有发现,吃饭时除了我的右手和嘴在动之外,左手也在工作;他们更不会发现,我衣兜的左下方,有一个枣粒大小的窟窿,白花花的枪口就在那里探头探脑。食堂里我的第一个敌人也可说头号敌人就是老公。

于是，每天我的生活中，又生出了一些小小的快感，我想我大概算得上青年当中最有个性最具当代意识的那种，我想我并不像子明说的那么老实，老实人在光天化日之下肆无忌惮玩弄手枪子弹？世界奇闻！我很独特。

终于有一天，飞弹落入老公喝了一半正待继续喝下去的汤碗里。老公当时只顾在"公"字下面一张叶形嘴里咀嚼菠菜叶，无暇注意空中之物。另外在他的局长生涯中，接受这样一种方式的礼遇怕是前所未有。我来不及品味自己干了件多么了不起事情后的快感，就见老公在喝完最后一口汤之后，上下唇一同挤向舌头，而后许久，拇指食指伸进口中，在上唇舌头之间，拽出一缕黏腻沾有菜叶和饭泥的纸条，纸条一端执在他的手中，另一端恐已塞进牙缝里，丝丝缕缕。我感到一丝不易察觉的紧张，赶忙停了左手的工作，一边埋头吃饭，一边扫瞄老公动向。他拽净纸条，脸色开始发紫，凸出的"公"字上几颗麻点愈加清晰可见，他把目光转向饭厅卖饭的伙食长，欠了欠屁股，刚欲动身，又被纸条一端没被洇烂的几个字摁在那里，他眯缝眼睛细细辨认字迹。我制造子弹原料全是废旧报纸，上面有各种新闻报道、专访和漫画。我不知现在呈现在"老公"眼前的是什么，只见他脸色由紫渐渐变灰，刚刚绷紧的"公"字松弛下来，却是神色黯然，让人觉得不可思议。然后如一摊烂泥软软站起，没有如我想象那样奔向伙房，找伙食长行使局长权力或就餐者基本权利，而是一摇三晃走出食堂。

当我又一次同老公坐同一张饭桌的时候，他，又一次接受了我的礼遇。这次老公没有喝进嘴里，他眼看着飞弹从半空轻轻坠落。这一发现使他蓦地满脸煞白，如临大祸。他生怕别人有所觉察，在人们稀里呼噜忙于碗、嘴之间的时候，从碗中取出纸团，捏在掌心，小心翼翼离开饭厅，带走一股神秘气息，我的子弹上有何等字样？他带回去要干什么？我被老公的举动抑或是自己的举动罩在五里雾中。从此，再也没有在食堂里遇见老公,他不知何故永远地消失在我的记忆里。莫非我的子弹真的好使,老公中弹身亡?我开始对我的子弹半信半疑。倒是次数越来越多地发现总有一个小伙子吃饭挨近我的身边,还时而给我一个舒心的笑,以前食堂天天见面,却从不见他有这种笑,这笑就像子明看见申申从门口进来。我感到心里有种甜甜的东西在动,这种东西使我回顾,申申费尽心机牵来过那么多"小公羊",我从不曾产生过甜甜的感受,或许这就是子明说的,动起了爱。这爱究竟藏在体内哪个角落?尽管这小子每顿饭都在靠近我的地方坐下,我的子弹却没有射中他,也许枪子儿真的长眼。

我的日子开始有了起色,首先夜晚墙角不再有些阴影和大嘴;不再讨厌子明在屋时,申申来我们美术组闲聊;尤其不再讨厌子明送申申那个样的笑——其实那笑很明朗。我也中止了内心深处射向子明和申申的子弹,反而申申的常来,子明的常笑,很能让我想起另外一张脸,另外一张笑脸。虽然他还从来没有对我说过什么,大概只有在爱和被爱,才能理解爱和被爱……

令人欣喜的是,好事接踵而至,申申又一次进我们美术组的时候,带来了使人难以置信的消息:人事局长来电话召见我。这简直叫我莫名其妙,老公哪根神经想起来那个拙嘴笨腮的家伙?申申蓦地刮目相看,企图从我身上搜寻什么变化,可是毫无疑问,我再次让她失望。局长室没有老公,只一个人,就是食堂给我笑的那个小伙,他仍然向我点头,给我那种笑,指我坐,我想他是让我坐等老公。同他单处一室我脸呼呼发热,眼睛瞅地毫不敢动,出乎意料的是小伙没提老公,也没提转正的事,随随便便说出句话差点把我吓坏,"找你来没事儿,我们随便唠唠。"我多么怕有人和我唠唠,唠什么呢?

"嘿,你的两发子弹很妙,你这人也很妙,很有意思。"

"什么两发子弹?"我的眼睛这么说,手在兜里乱动。

"左兜里的手枪正对我吗？呵哈，神枪手？"我恨不能脚下有条地缝钻进去。他怎么就像我的耳目一样清楚我。

天知道怎样一来就进入了那种气氛，那种谈恋爱的气氛，他说自从发现我的手枪和子弹便对我有了那种意思，他说我是那种极其内向而又独特的那种，跟现在社会上标榜当代型的那种完全不同的那种……我们即将开始第一次约会。

申申子明直在班上等我到下午五点三刻，我垂着仿佛充了鸡血的脸吞吞吐吐说出，我们在谈，谈恋爱。他俩惊呆半晌。申申一面掩不住对那小伙大感不解，一面又不禁替我高兴：你？是你？对，是我。申申立即就地转了几圈。她要为我约些青年来我宿舍举办舞会庆贺，这一独到见解换来子明向她报以深情的一瞥。

晚上闹得一塌糊涂，甲乙丙丁统统盯住申申，轮换邀请。在我的心目中，子明已经当之无愧地充当了"丁"，虽然他也许并不知道。我隐隐约约感到这个不可抗拒的现实已不远了，我还发现，只要申申、子明他们能够容忍我，我并不排他，我也能接受他们的所作所为。

"知道吗？我就是新上任的人事局长，你马上就要转正了。"我们约会在五月的护城河畔，那里和风习习，有一簇簇野百合；那里有蛐蛐的吟唱青蛙的鼓噪，那里有幸福的拥抱甜蜜的接吻。于是我像天上的星星一样，迷茫地盯住这五月的夜晚……

那天以后我离开了文化馆，离开了县城，一个人穿着草鞋来到县城西北一片开阔的山野，山野静极，无边的藤蔓挣扎着爬向日轮升起和落去的地方。我来干什么？不知道，这里虽然荒凉，寂寥，却有一片舒心的安恬，没有了这种的那种的种种，天地被我一人独占了。

我如释重负般脱下草鞋，脱下外衣和内衣，脱下沾有那个世界气味的所有衣物，赤身裸体躺在绿崖上，我想象我该不该是这个世界上最有个性的那种。

一个闷雷把我惊醒。醒来一看我置身在文化馆门外喧闹不休的人群中,我身下的山原是一座假山——是文化馆春灯展里一盏灯的造型——那里绿藤垂挂,芳草萋萋。

1987 年《作家》第 7 期

13

接壤

沿海小镇不足三万人。三万人的小镇有个十几人的百货店，店员除年轻经理，全是女流。女流来自两个渠道，一拨儿是凭红皮户口本吃粮，待了几年业，然后被招了工的，乡下人看她们时的眼睛，红得放光冒火；一拨儿是被"上山下乡"洪流冲下省城，在农村火速抱了孩子，就再也无法还原省城，终于等到被落实了政策的，乡下人看她们时的眼睛，灰得发白冒烟。

小镇户口的店员，自然晓得乡下人眼中的光和火是什么，百货店对面肥泽的田地里，不时飘来种地人脖筋骨和腚巴骨流出的汗臭味，嗅着汗臭味，她们上下班瘦腿裤里箍住的臀部扭得更欢；一条水沟，甚至一截草埂，就隔出了两等人，她们觉得光和火可以理解，可以接受，甚至可以愉悦自己，可以由此生出一些欢快。

小镇户口的店员觉得自己很优越。

搁浅在乡下的已婚青年店员，自然晓得乡下人眼中的灰白和烟雾是什么，同样守着几亩几分地，几头猪几只鸭几只鸡，同样用一条紫围巾裹住风干的脸，忽然一下子就把地和犁什么的甩得远远，脸儿一下子由紫变红变白,变得细嫩。娘胎里定了的事如此重要,竟可以管着一辈子。她们觉得人家眼珠子发灰冒烟也太能理解,太能接受,甚至能使干巴拉叉的嗓子在上下班路上流出"泉水叮咚",能够对着满身土味的农民丈夫挤出一脸笑,能对西院攥不上啃了粮食的猪一气之下抓住孩子一顿暴打的婆娘喊一声"嫂子别打了"。一声"嫂子别打了",能说不是一种居高临下的体现?

在乡下人面前生出的那点优越感,并不能使小镇户口的店员们心满意足,只有到早晨七点之后,她们的优越感才得到进一步升华,她们方才体味到真正的、实实在在的优越。比如,"五谷嫂子"(他们把已婚下乡青年称"五谷嫂子")一边急急忙忙把自行车扔一边两手抹汗,一边叫喊乡下路怎么怎么难走;比如十一点刚过,"五谷嫂子"就把各自装有土豆丝大米饭的铝盒子放在炉盖上,屋子里立即散发出酸溜溜油腻腻的气味,使人觉得吃饭原是这么一件让人恶心的事情;比如逢上大集,"五谷嫂子"的男人们间或夹着锹把镐头或猪崽子什么的来店里和他们的老婆窃窃私语,那身脏兮兮的衣服和黑黝黝的面相让人作呕。而她们呢,早晨却可以慢悠悠起来慢悠悠收拾停当,迎着和面清风走五分钟柏油路来到店里,下班后还可以到市场买点芹菜肉馅什么的,中午回家现做,有滋有味地吃,晚饭后又是闲来无事,同恋人去小镇电影院看男女接吻的电影。在"五谷嫂子"们面前,她们这种优越感就更饱满而鼓胀。

"五谷嫂子"的居高临下,也并不是在乡亲中间(她们原本是大城市人,跟乡下人没比头),而是在店里的"半吊子"中间。她们认为店里的小镇女子自命清高,没见过大世面,就像吊在半空的瓶子,永远够不着天上的云彩,只能接几滴从云层中落下的雨水,只能去讥笑地面上的狗尾巴草和夹蛄虫,于是就叫她们"半吊子"。在"半吊子"中间,她们的居高临下才有一定的层次和意义。比如哪位"半吊子"说现在城里兴皮夹克,于是她们就高高地亮一嗓子——"等我回城给你捎一件";比如春秋时节姐姐从省城捎来羊毛衫,她们就会穿在身上,走出柜台,在空地上学着电视里服装大奖赛模特,扭动屁股走来走去;比如寒暑假她们就会将孩子送进省城姥姥家,孩子从省城回来第二天必领到商店兜一圈,必故意引逗孩子哭叫。不叫"半吊子"脸上挂不住绝不罢休,而越是看到"半吊子"们脸难看,眼神发暗,她们居高临下的虚荣心越是得到满足。

可是,"半吊子"对"五谷嫂子"的居高临下从来不屑一顾。如果哪位喊回城捎件皮夹克,"半吊子"绝不立即续上捎一件,她们会嘎地终止关于城里兴什么的话题,如正在滴水的瓶口忽然加上塞子;见穿羊毛衫在地上扭动的风流相,她们便会从牙缝里挤出一线唾沫喷将柜台里;倘若有哪位跟光中有那么点馋意和热情,便会遭到所有"半吊子"的冷落和反对:"贱相,没看见乡下耍猴的?""用得着她们捎衣服?"

"半吊子"们有自己神圣不可侵犯的尊严,她们维护尊严的最佳准则是一声不吭。自然,"五谷嫂子"们也绝不在意"半吊子"们的优越,米饭就大葱照样吃得饭盒空空,吃时葱叶乱飞笑声四溅,为一片瘦肉被哪位眼尖的抢去追到值班室炕上滚成一团,肆意宣泄着吃饭的乐趣;送走满身污泥的男人,班上时间偷偷跑到影剧院,把一把瓜子塞到把门的手中,便钻进大厅同"半吊子"们一样品味电影,之后回到店里得意地嚷嚷怎么怎么不拿票就可看电影,电影中的男女怎么怎么大胆解放。"五谷嫂子"有自己神圣不可侵犯的尊严,她们维护尊严的最佳方式是大嚷大笑。

"五谷嫂子"们下乡,找了农民对象,像晒在沙滩上的鱼一样干在河的彼岸,结局已定,已经够亏的了,干吗还要亏待自己?电影,该看就得看。上班时间不许看,不许看你扣工好啦,三十不浪四十浪,该浪就得浪!她们不怕经理印象不好,不好就不好,印象是什么东西,当不得吃当不得穿,也当不得乐!"五谷嫂子"这方面最出色的领袖是申环。申环孩子十岁,男人是个杀猪的,放下猪刀还会甩甩镰刀锄头什么,她就愣是不顾这一切背景,平均五天换一件省城买回的新衣服,扭出三五节花样后,学着电影,瞅冷子给百货店经理——唯一的男性一个飞吻;之后,佯装掩住一面脸,格格地笑。

小镇户口的"半吊子"们却在乎印象,她们都没结婚,印象可以决定她们找什么样的对象,决定她们是否有机会调动,决定她们弟妹工作安排迟早。且她们的内向,不动声色,确给人们留下好印象,小镇人都说第一百货店那帮小镇姑娘稳当,说乡下来的几个张罗疯,孩子妈了,还妖来野去的,像丢了老鼠的野猫。本系统内部的,更是"是非分明",公司总经理来店上开会,必表扬店里的小镇青年,而表扬最多的是万寿华。万寿华每天早来晚走,从不随便离岗,从不大呼小叫,一双笑眼仿佛一汪笑泉往外溢笑,其实小镇别的女子也有像万寿华这么做的,可是别的女子都没有万寿华长得俊秀,善笑。"半吊子"们也公认万寿华是她们的骄傲和榜样。

表扬自管表扬,只要不指名批评,"五谷嫂子"才懒得管那些闲事,诸如总经理不点名批评的是谁,她们才不去想呢,留着脑袋想想穿什么衣服好看,想想除了瓜子之外,还有什么好吃的既花钱少又顶电影票用的,倒不是手里没有看电影钱,关键回店讲讲不拿钱就可看电影很让嘴和内心舒服一大气。如果总经理不指名批评,小镇人不议论到她们跟前,如果万寿华之流"半吊子"们只会笑,那么,小店便会长久相安无事,各行其乐。

可是,过了那么一年半载,还是不能相安下去,问题出在万寿华之流"半吊子"当中。她们终于对"五谷嫂子"工作时间看电影忍无可忍,她们通过她们的领袖人物万寿华把"五谷嫂子"的问题反映给经理。经理听了万寿华的意见,果然在会上点名批评了申环之流,公司总经理几次开会没有说出的话,让经理说出了,很是让人捏一把汗,大概捏汗最多的要数万寿华,因为谁也不晓得这帮性泼嘴辣的婆娘能做出什么事情。会场一时哑然,不知道平时闹嚷嚷从不知疲劳仿佛唯此才是天伦之乐的婆娘们,一时为何屏息敛气。许久申环才说话,也并不像想象那样高声拉气,而是慢条斯语:"经理大人,我们看电影是瞅客少轮着班的,并没耽误卖货,把人死死捆在店里有多大好处?要不我们查查各组的盈利。"

会后申环照例看电影,照例把轮廓分明的躯体扭在柜台前,照例瞅冷子给经理小伙一个飞吻。这又使"半吊子"气不过来,她们终于明白对于她们看电影无法忍受绝不单是看电影本身,而是这一吻。因为这一吻非同小可,它玷污了小镇人的尊严,猥亵了她们的优越感,使小镇和乡巴佬有了什么相通或混淆之处,虽然经理很不情愿。于是她们在五分钟路上,纷纷把这一想法说与万寿华,以激起万寿华的愤怒,从而通过万寿华抑制申环这一恶劣举止。万寿华却极其平静,她平静地从眼里溢出一汪笑:"没事。"她并不单是自信经理绝不会因为这一吻而怎么样,或申环岂敢和她万寿华比,而是觉得这正暴露申环那种乡下人的自卑,显出她们小镇人的优越。

"五谷嫂子"有一天也发现这一吻的失利并且越思谋越觉得失利不轻,就争先恐后找申环说,申环嘎的一声笑出来,她说真是一帮马脑子,不想想结了婚的老娘们儿吻了没结婚的小伙子,倒是谁吃亏,谁占便宜?经她一说,大家也觉得十分有理,原来这明摆着的理愣是看不到,于是她们统统认定自己是马脑子,这一吻并没有失利。

关于上班时间看不看电影的事就这么不了了之,万寿华之流因为想出那一吻给她们带来的优越而暗自得意,申环之流也因想出是结了婚的老娘们儿吻了未婚的小伙子很是痛快。

却苦了经理小伙子。不知为什么他不再在小店里来回走动,不像平常那样习惯地点头笑,似乎是申环吻恼了他,可他为什么不在吻他的时候发火呢?好生奇怪。有人发现,在申环三天两头挺胸抱臂在柜台前走动的时候,他间或站店门口扫上几眼,很让人看出些预兆——经理又要开会,又要点名批评申环。

万寿华小有心计,她在想经理的痛苦可能与她有关,他一定希望这一吻是她给的而不是申环。可是作为一个姑娘怎么好意思呢?疯啦?她背地自我批评自己的老实、古板。漂亮女孩按说用不着主动,可人家是大经理呀。她不开口他就这么僵着,僵得他很痛苦,这男子汉也真够受,何苦呢?这么想着万寿华感到很委屈,但过后还是下了决心,主动找他谈谈。

单独遇上经理是在小店值班室里,经理一个人靠着一卷行李低头抽烟。其实不是遇上,是万寿华每时每刻的蓄谋,这在万寿华老实本分的生活中,还是第一次不老实本分。青年人恋爱,总有些奇妙的心理,就比如经理此时紧紧地倚着的行李卷,行李是申环的,可万寿华想:经理一定以为这行李是她的,不然不会紧紧倚着。这么想着,看看经理失意的神态,万寿华心头忽地涌上一股暖流,将她少女的心田濡湿:原来有这么条青壮汉子在为自己苦恼,有什么可苦恼的呢?两情相悦,你真我诚,说出来也就好了呗?想倒是这么想,当真见面,万寿华却紧张得舌头打卷,迟疑半天,说不出话来,经理被她的忸怩惊呆,掐灭烟蒂愣愣站起,正要问话,一声门响,申环毛糙糙推门而进,喊经理有电话找。

经理被电话找走。

万寿华委屈得过不来,她并不委屈偏偏那个时候就有电话找,当经理说不定什么时候就有人找。她委屈经理见她进门那副表情——不见半点惊喜不安或者激动,一尊石像一般。她怒火中烧。就在走出值班室门的一刹那,就在"半吊子""五谷嫂子"目光一齐集中到她身上,又怕惊了鸟雀似的蓦地躲开佯装去看窗外天空或人流那一刹那,万寿华发下一个狠:一个月内不再理他,折磨折磨他,让他被憋下在心中的情感烧焦烧灼,让他烧得口腔长疮腹部生疖。

小店一如既往平静。"五谷嫂子"们总是从远远的乡下骑车汗津津而来,下班急匆匆顶风而去;总是在吃饭的时候,把饭盒狭小空间焐出的酸味大葱大蒜气味同笑一道撒向小店,总是在穿一件小镇稀缺的衣服的时候,自然而略带自得地在柜台前扭来扭去,总是在"半吊子"们议论昨晚电影谁把谁甩了另找男人的时候,偷空去电影院看电影。申环呢,又总是在看完电影出来之后,满屋去找经理。"半吊子"们呢,也总是轻悠悠上班,轻悠悠下班;总是在"五谷嫂子"把饭盒送到笼屉上的时候,从门口菜市场拎回二斤猪肉一斤黄瓜半斤凉粉什么的,总是在申环之流挺胸扭屁股的时候羞得眼睛投向别处,总是在申环向经理打飞吻的时候去看万寿华的眼睛。

平静的日子又骚动起来,最先不安的是万寿华,原本她并不在意这吻,可现在,在她赌气不理经理的时候,她发现这"吻"的恶毒,仿佛有针扎在了她的心尖上,尤其是,经理没有丝毫恼怒,反倒一梗脖一甩发露出某种煽动和鼓励。万寿华真正体味到最初姐妹们说的那种乡巴佬对小镇的玷污感,这种感觉日渐的深重,绝不是一般人想象的那种类似情敌才有的憎恨和醋意——她对经理对自己的爱深信不疑,虽然还不曾有过什么表示。就在被这种种复杂的情感冲淡了眼泉里那汪笑的一些日子,一个快嘴妹妹一天突然对她说:昨晚她和申环值夜班,经理来了,没说有什么事却坐了三个小时,同申环谈什么流行色气质美,说从未见过经理有那么多的话,那么多的笑,像一个调皮的孩子。这一发现非同小可,"半吊子"们比万寿华还火大气粗,认为申环不是什么好东西,用她那肉鼓鼓的身子诱惑小伙子,认为经理也是个窝囊废,怎么能被一个乡下婆娘迷上?如果真是这样,真真是小镇上的败类。

"五谷嫂子"也感到了经理和申环眼睛相对时有些说不清的什么,她们嘴里搁不住话,想怎么说就怎么说,径直问申环:"喂,怎么回事,吻出感情来啦?""是吗?你们觉得是吗?这有多带劲,嘿!同类,别尽想好事啦,人家是小伙子。再说咱大城市人,稀理他?"

"五谷嫂子"其实问时就没有信真,申环的回答很让她们满意,是不是小伙子并不重要,重要的是经理是小镇人,申环真的和小镇人有那层意思,小镇和百货店"半吊子"便会理直气壮耻笑她们,即使不耻笑,她们那种居高临下的感觉也会被破坏殆尽,那怎么成?

万寿华开始有些讨厌她的这帮"半吊子"姐妹,讨厌她们那些关于经理和申环之间的怀疑,她不愿去明辨这事的真伪,她觉得心烦意乱,她想即使真心的跟"五谷嫂子"白天看电影有关,她也不再到经理跟前提出上班看电影不符合规章制度等种种意见,个人好个人背着,大家自有公论。自己人缘好,小店内外夸,加上人又漂亮温顺,比不过乡下婆娘肥猪一样滚圆的身子的魅力?这么想着她又平静了,她毕竟是个内向、坚韧又有心计的女子。她依然早来晚走,一个人默默地擦柜台扫地洒水,对顾客温情如春,一汪笑不住地流着。"半吊子"们在她的影响下,也都更加和蔼勤劳,一把笤帚三人争,仿佛不这么做便无法体现小镇人的心齐,不心齐便无法使"五谷嫂子"感出小镇人优越感的强大力量。

如此情形,"五谷嫂子"们自然憋不住笑。要笑就毫不顾忌的,有时甚至喊起来:"瞅,人家多么的多么。"多么什么?不说,愈是不说愈是蕴含着更丰富的笑意。当然,"半吊子"们并不是做给她们看的,她们认为做给她们看就像对驴弹琴。小镇人向来注重印象。万寿华虽有心计,却不搬弄手腕,她只相信时间和韧性,时间和韧性一定能够攻破经理那颗心。

果然,岗位责任制评奖月中,万寿华被评为全系统先进标兵,得一床毛毯。"半吊子"们也统得了奖,大到线毯,小到床单,很是威风一气,公司总经理发奖会上慷慨陈词,公开言明小镇职工的诚实、无私、富于责任感,并前所未有的在近百人的大会上,批评了申环为首的"五谷嫂子"的自由散漫,无法无天。

经理坐在边上不动声色。"先进"是他申报的,因为是岗位责任制奖,所以给万寿华等人当之无愧,申环之流也不会计较,他懂得她们各自的不同活法,他懂得申环需要什么万寿华需要什么,申环万寿华为生活付出的代价不同,自然会得到不同的回报。

万寿华登台羞涩地抱下毛毯,脸被毛毯映红,透出妙龄少女特有的神韵。她心怦怦直跳,脚步微微发颤,她觉得怀里抱的不是什么毛毯,而是经理给她的定情礼物,她一个月不曾理睬他,他还这么关注她,还报了奖,爱情真叫奇妙。她一时有些后悔,后悔这些时日真是苦了他,连一个温顺的眼波都不曾得到。晚上回家,万寿华没有吃饭,她胃里满满,她脸贴在毛毯上幸福地做了一会儿梦,梦醒后她拿起搁放三年的钢笔,要给经理写信,写封感情充沛的信。

得不得奖,挨不挨批评,申环她们确不在乎。她们家住农村,每天除跑二十多里山路,还有猪鸡鸭还有菜地和孩子,一天活都攒在晚上,下班之后才是真正的上班。早起做了饭,吃完了收拾了锅碗瓢盆,再给孩子丈夫做上午饭,再装自己饭盒,再剁了一天的鸡食猪食,等到进了店里,浑身早就精疲力竭,哪有什么兴致争先进?当然在外边她们从来不说这个,说这个会使她们居高临下的感受受到破坏。她们说大家都先进就没了什么先进,为了照顾比例,她们的落后也是合理的。可是回家路上,"五谷嫂子"统蔫头耷脑一言不发,起先说小镇人不可交,经理平常对申环挺好的,到关键时刻却心眼往里勾,不可交!申环听了露出一丝愠怒,"你们眼气那点破奖?""不是!""不是又哪样?"是啊,不是又是哪样?

回到家里,申环把沾满两脚的泥巴甩了蹲在园边夹障子的丈夫一身,进门就打碎两只碗。灯火初上,同丈夫孩子围桌边吃饭的时候,她才突然明白,问题全坏在万寿华得来的那床红毛毯上,一床毛毯一百五十元钱并不重要,重要的是万寿华那羞涩激动的表情,重要的是红红的毛毯和红红的脸庞容易让人想到新婚和青春什么的,申环的新婚是伴着一床硬疙瘩棉被度过的。关键倒也不在于棉被,而在于在此之前她和即将成为丈夫的男人根本没有交往过,在于丈夫那满口浊臭和兽性的粗野。申环终于明白,自己是个多么可怜的家伙,整天笑、叫、闹的,完全是为了掩饰内心无底的空虚,而那床红毛毯将她的空虚暴露无遗,将她彻底还原为一个十分可怜的家伙。越想,申环越觉出这个万寿华的厉害所在,看她平时不言不语笑眉善眼儿的,内里蕴藏着这么个杀人不见血的动机;越觉得红毛毯根本不是上面奖的,而是万寿华用来对付自己的一把软刀子。她们可以得到金子银子或任何一样别的值钱东西,唯独不该是毛毯。半碗小米粥下肚,申环再也吃不下去,胃里渐渐鼓胀起来。她放下筷子,在丈夫旁若无人的喉咙声中,揭开柜盖……

第二天是个晴朗的天气,第一缕阳光喷向小店窗口,就给小店人带来一片温馨和暖烘烘的气息,万寿华怀着少女初恋的惴惴不安迎着和面清风来到小店。她本来很想放纵脸上的笑,她心底无比甜蜜,这甜蜜又无法说与人听,所以想笑,可是不敢,她怕别人认为是因为得了毛毯,怕"五谷嫂子"因此小瞅小镇人这么看重物质利益。于是她压抑着脸上的笑来到小店。"半吊子"们相继来到店里,都不言不语,紧溜溜打窗板、扫地、打水;都时而望望"五谷嫂子"空着的柜台,而后相互对看一眼,挺能理解"五谷嫂子"似的。人对别人的宽容理解能体现更高层次的优越。

窗外车梯响,"五谷嫂子"来了,进来的是申环。当申环出现在小店门口,大家都惊呆了,申环简直换了个人样。身穿鹅黄色柔姿纱连衣裙,胸戴洁白玛瑙项链,乌黑的披肩发越发黑里透亮,透明过膝丝袜在紧绷绷的小腿上闪动着叫人心颤的光亮,白色高跟鞋轻弹轻落,落地有声。在这小镇上,在青年女子当中,干脆就是一只飞来的仙鹤。她体态略胖,腰肢略粗,而恰是因这丰腴才透出一种撩拨人心的美感。小镇虽不土气,却没有穿连衣裙的,更没有将胸脯露在外边跟项链一起闪光的。"半吊子"们不由得一阵吃紧,她们不知道该不该将目光长时间停留在申环身上。万寿华刚一吃惊,登时又把惊色收拢变为平平常常,她知道不该在吃惊之后眼神发灰发白让申环她们趁机得意。

"五谷嫂子"们却被申环的打扮提起精气神儿,昨天一床红毛毯灭了她们一宿的气焰,都不知道如何是好,看见申环,她们蓦地明白了一切。只要她们明白就休想让她们闭嘴,"简直绝了!""是小镇上一朵花!"

"哪个大姑娘敢比?!"直叫得店里店外闹成一片,仿佛一群端了窝的鸟雀。

"五谷嫂子"习惯在吵叫声中体现她们的居高临下,而此时,"半吊子"们却已经不能在不言不语中享受优越,因为"五谷嫂子"的话里带有明显的挑衅色彩,还因为她们总管不住自己的眼珠子,一不小心就溜了上去。万寿华也是这样,并且她不得不承认,此时店里最有魅力的不再是她,而是申环。此时,她有一种奇怪而不可抗拒的意念,经理今天最好是去开会或者有事不来上班。她压抑着心中的惶乱和不安,趁去看顾客的当口在申环身上溜一圈,溜得贼一样敏捷。

不巧,她的目光被申环逮住。申环一进门就蓄意捕捉她的目光。

"喜欢?喜欢就吱声,回城捎一件。"

"不喜欢!"

"不喜欢干吗偷看?"

"眼睛随便碰上的。"

"碰上不动了就是喜欢。"

"喜欢我可以买嘛,干吗看你穿?"

"哼,小镇没货,谅有货你也不敢穿。"

"就你敢穿?就你能买到?"

"不是吗?"

"哼,不要太狂,城里就为你开,我们就不可以去?我们明天就去,去买给你看。"万寿华越说气越粗,她几乎有些发抖。她没想到会打嘴架,她从小就害怕打架,却由不得心底一股火气。原本她今天的使命是把她对经理全身心的爱通过一张薄纸交付出去,却……不过,当她被逼,无意中说到明天进城,"半吊了"们统拉响了地雷似的:"对,去!就她们能去我们不能?"万寿华突然觉得,她一急之下道破了几年来埋在心底深切的理想和愿望,这愿望一直朦胧不见,使她们备受"五谷嫂子"下眼。如今进城,也会被她们见笑,说井里蛤蟆没见过天日,二十多岁没见过城市,可是如果不去就永远是井里蛤蟆,永远被她们见笑,万事都有开头。同她们一样了解城市,她们就再也不能如此居高临下了。实在太应该去了,早先怎就没有想到?早先古板得要死……她如果穿上申环这身连衣裙该是什么样子?也许总经理看不惯,可是这有何妨,她又不专为那床毛毯而活,她是为经理活的,只要经理喜欢。

经理傻愣愣被"半吊子"们拥进小店,那神情仿佛以为一夜之间大家都害了什么神经病,直到瞅见申环翩翩风采,才顿悟了什么似的。他思谋一会儿,终于点头答应,讲了一个条件,要扣工钱。要扣就扣,工钱并不重要,现在重要的是明天就进城,经理瞅申环那一眼里,带着痴迷和一种微妙的情感,"半吊子"以及万寿华都有察觉,这一察觉更加坚定了她们非去不可的信念。

除申环之外,"五谷嫂子"绝没想到申环的行动会引出这么个结果,这结果很让她们后悔,可是经理既已同意,也就成为事实,不可改变。"五谷嫂子"不甘吃亏,跟着一同起哄,说要给假就都给,我们不进城,还有棉衣要拆洗呢。

其实她们并没几件棉衣拆洗,只想凑热闹出出气,只想让"半吊子"们更进一步感到她们真真是"半吊子",上不够天下不着地,她们费尽力气去够的时候,人家优哉游哉坐在家里。

"全放假,五天。"经理看出人心所向。

"好喽,五天。"小店喊声震耳,一阵雀跃,日子好像从来也没过得这么快活、和谐,"半吊子","五谷嫂子"统兴高采烈,仿佛前边有个盛大节日。

第二天,万寿华率"半吊子"们乘上长客,在一片朝霞映照下,怀着满腔热情离开小镇;"五谷嫂子"们,也开始了使她们倍感兴趣的假日。

小镇人发现,小店并没停业,每天早晨,都有一对男女早早在那里开窗、扫地,忙里忙外。他们脸色红润,神采奕奕,小镇人还发现,这对男女,五天五宿没有离开小店。夜晚,值班室里红色的窗帘里,跳动着耀眼的灯光,灯光一颤一颤的,如一个偌大的、飘忽不定的双喜。

小镇人预感到将有一个爆炸性新闻。

1987年《海燕》第 12 期

那扇门

　　惹来三角村人们对那扇门开合的注意,不能不感激那扇门所处的地理位置。三角村三条街,前街中街后街。前街一户人家,中街十七户人家,后街二十九户人家,且三条街统卧在一个向阳土坡上,一街高出一街,如影剧院里的排座,站前边看,呈一个倒立着的,矮矮的三角形。前街是三角形底端的一个角,只三间草房,那扇门便镶嵌在三间草房后墙中央。如果让你想象,你会不得不怀疑三角形底端的三间草房能否经得住倒立的压迫,经得住那十七户加二十九户人家的压迫,能否有朝一日嘎巴一声,中街和后街把前街压进不为人知的泥土里去,那些红砖青石悠地一下移到前街的位置上。然而,你的想象终是徒劳,那个三角村,那三间草房,那扇门都还结结实实地存在着,尽管有一年一夜之间卷过一场九级大风,把房盖上的稻草统捆到十几里外的甸子上;尽管有一年仲夏连降三天两夜多年罕见的大雨,洪水顺斜坡直冲而下,冲毁三角村二百多亩山地,却没能奈何三角村历史的布局。

　　种种条件,把那扇门推到三角村人们眼皮底下,那扇门的开合,便不分早晚随时随地进入人们的视线,人们关心它也便同关心天气一样自然。

"早上我扒灰那会儿听见门响以为开了,站起来望,那吃人一样的大'口'半点没改样。"中街的尤三娘说。

"哦,对啦,我也听见啦,不过那会儿我正拽草,没来得及往后望。"后街的申欢嫂说。

其实说是门,不如说它是一个长一点儿的"口"字。早先"口",字里边有横竖条,是两个对在一起的"目"字,后来经了主人的改动,拿掉双"目"里多余的横竖,变成田字。不管主人怎么动,那由双"目"到"田"到"口"的家伙,一年四季很少开过,人们对由双"目"到"田"到"口"这不同阶段关闭的内容有着不同阶段的判断猜测和解释,随这些判断猜测和解释带来各不相同的心理反应,还是从三间草房住进人家之后。

谁也记不清关心那扇门最初的日子是从哪一年哪一天起始。反正是下来一帮知青,走了一帮知青,剩下两个知青,小孟和小薛,他们要在三角村扎根结婚。人们没用申欢队长一阵狠命的哨声召到毛泽东思想大学校学习毛泽东思想,就丢了家里的活计,一哄聚到三角村底端,怕三间草房承受不住重压似的,掘了旧时漏粉积下的破烂泥土,扎了墙缝,坚了壁子,抹了墙壁,苫了房盖。连尤三娘申欢嫂这样的婆娘也出动了。她们说城里孩子乡下安家无依无靠怪可怜的,说他们瞧得起乡下,乡下人可不能冷了他们,他们就是她们的孩子;说你看小薛瘦斤八两的样子多招人心疼。尤三娘愣是把懒丈夫尤三叔从炕头拽下来,骂他懒得不看火候要他给三间草房做扇后门……没用上两天折腾,一对无依无靠的下乡青年有了一个像样的家,那双深蓝色彩散发着榆木气味的"目"字,从此深情地瞪着中街、后街,瞪着三角村所有人家。三角村人们,特别一些婆娘,深情接受了双"目"传达出的情意,也从那双新崭崭的"目"上,感受了能为别人做点什么的自豪和骄傲。有的跑颠颠送瓢送碗送锅盖,尤三娘联合几家邻居买去一口十六印的大锅。

从此,中街和后街的人家,只要打开前门,只要站在院里,就能同双"目"对视。小孟小薛时不时把双目分开,让他们隐没到墙壁边去,使后面高处流来的风穿堂而过,男的小孟或是女的小薛把身子从空间探出来,新婚新人新锃锃的脸上带着掩不住的笑意。

"申欢嫂烧火啦——"

"哦,烧啦烧啦,你还没啊——"

"尤三叔挑水啊,今天天好凉!"

"啊,可不好凉,一大早起来身上起了一层鸡皮疙瘩——"

尤三叔平常耳目不聪,言语极少,可同小孟搭话,他总应得痛快及时,应完,心里也老大的、说不出的痛快。

小孟小薛结了婚,申欢嫂欢喜几天之后,她眉眼之间的自豪和骄傲一天天少了,同男人的话也少了,吃吃饭,就搁下筷子,抬头去望那扇门,望几眼,就不吃了。男人不知道出了什么事情,问也问不出,就决心等了。

到底一天夜里,申欢嫂闩了堂屋大门,把孩子的被拽过头上,之后,一头拱到男人怀里,求天央地似的,说小孟两口子新房里连件家具都没有,连搁见不得天的衣裳的地方都没有,队里不好研究研究救济他们几百工分秋上买件家具什么的?直拱得丈夫没用同队部研究当即就从胸膛里冒出一串工分,是多少她也没听清。那以后,她眉眼又舒展了,还不时地哼上了小曲儿。

日子水也似地向前流着,几分欢欣,几分烦恼,交替不断地从中街后街、申欢嫂尤三娘的日子里漫过。突然有一天,一个前无来路后无去脉的念头挤进申欢嫂的脑门——那扇门好像好些天没开了……

申欢嫂是一个对谁、对什么事都认真并感兴趣的人,她认起真来便由不得别人不认真,当天放下手中的芸豆不摘,顺山坡来到尤三娘家,说那扇门好像好些天没开了。尤三娘一个愣怔,稍一稳神儿眼前便立出两个深蓝色"目"字,"可不是,好些天没开了怎么回事?"于是把街上摘芸豆的婆娘唤来问。中街的由嫂皱着眉头,似加思索地说,前天她从那扇门进去,送一碗豆芽菜,以为他们刚立家,油水菜酱什么都不足,见豆芽菜,小薛脸红了,差一点掉出眼泪,说由嫂以后再别这样,我吃用都够,不用乡亲们再挂念,真对不起乡亲……于是有人接下说:明白了,小薛要强,开门怕大家看到她的日子,破费大家。尤三娘也按下去,说可不是嘛,俺那天送一罐大酱去就是从后门看见小薛用饭勺刮酱碗才记起的,于是人们都记起一些从后门看到的事情,便认定小薛是心刚要强不愿大家老挂着她才不开门。

人们更多地注意了那扇门,那双"目"。在发现那扇门很少再开之后,更多地夸赞起小孟小薛这两个人,特别是小薛这个人,看她又瘦又小的,有志气,是个真正的女人。那些体格瘦小的人,多半骨头架是硬的,没看见镇上江秀清吗?瘦得像个猴,却拖着三个孩子守寡守到至今,真的,瘦人都有骨气。申欢嫂认真,把别人的认真劲挑起之后,她最后做着总结:就是,小薛这女子有骨气不说,人家大城市人扎根农村不向农村人伸手,甘心受累受穷,那思想也先进。申欢嫂的认真后面还跟着政治。说得大家一阵赞叹,纷纷恨不能自家也搬到三角村底端也受穷也做一扇双"目"门瞪着中街后街也不开。

人们对小孟小薛的同情并没有因为双"目"的合闭而减弱,相反,较以前更加强烈了。小薛生孩子的时候,前门门槛差一点被踏烂,尤三娘杀掉因为下蛋好自己胃溃疡都没舍得杀的老母鸡送给小薛,说孩子这鸡你吃,看你虚弱的小脸蜡黄真心疼死人。说不要难为情这是谁跟谁?你日子苦大伙帮帮理该应当,爹娘不在跟前也难为你了……说时眼眶盈满两汪泪泉,很是动情。

倒立着的矮矮的三角形以内以外的天地,从绿到黄从黄到绿,时日一天天推进着。偶尔,人们发现,不知什么时辰,那扇门由"目"字变成

"田"字,比以前舒展又大方了。

由嫂说,她看见,有一天晚上小孟拿了门又拆又锯又割的把门改了,说改门她猜有两种原因,一是家里添置家具木料不够,用门上横竖两条楞子,再不就是觉得那双"目"怪扎眼的,没有"田"字大方。申欢嫂否定了后面这种说法,她说保准是家里添置家具什么缺木料,要不你看。后来由嫂不怕走前门蹩脚,瞅一个给小薛七岁孩子送只褪旧书包的机会,到底看见了,那横竖几条楞子任其切割成四条方柱,换了身淡黄皮色,斗志昂扬地挺着身子,支撑一个不大不小长方形碗柜。由嫂眼睛一亮,验证了什么伟大的预言似的,"俺跟申欢嫂真没错说,果不然你家添了家具,那天后门变了样俺就这么说,真的,申欢嫂也这么说。"小薛一面洗碗,一面抬眼看着由嫂:"由嫂申欢嫂真够细心的。"不无惊讶和佩服的表情。于是,由嫂园里掰菜的时候自觉不自觉把那扇门由"目"到"田"的变化,把四条淡黄皮色斗志昂扬挺着身子的木楞子通了天。

自从那深情的双"目"变成舒展展的"田"字,吉祥的鸽子扑棱棱从田字方格中飞进孟家,孟家的日子也像长了翅膀,一天天腾达起来。先是从广播里听到几届几中全会召开,后就从申欢队长嘴里出了一串代表党的方针政策的话语,让人震惊了一阵,糊涂了一阵,终于晓过劲儿来,三角村大呼小叫了一阵——城里人到什么时候也是城里人,命定了,小孟一扫这些年的阴郁神情,借了自行车,大队公社县上狠跑了一气,接着就穿一件白地蓝条汗衫挎个什么造革的包到县化肥厂上班了。脱掉一身泥土,活鲜鲜一个城里小伙子模样。小薛终于打开后门,换了一身好几年不见她穿过的粉红的确良,显出粉盈盈一张脸,站房后处向中街后街仰望,如一团火。

"下星期——报到……百货店里卖货的。""真想不到能有今天。"小薛这一串串话语如一串串火舌舔燎着中街尤三娘由嫂后街申欢嫂和一些婆娘们的心,她们都站在高处迎着那团火,替小孟小薛出了长长一口气之后,眼里透出灼人的眼气的光亮……

那扇门如从前一样闭合了,两口子双双上班,连前门也很少开过,只在中午晚上和星期天的什么时候,孩子才里出外进走一气。偌大一个"田"字在三角形底端雷打不动死死板板瞑着面孔。白日,"田"字里面是空的,没有人,人们觉得关进"田"字里边的日子再也不似从前那样让人可怜。申欢嫂不知怎么,好长一段时间感到心里不得劲,似乎是空又似乎是闷,仿佛失掉了什么又仿佛受了欺骗。觉得这七八年来对小孟小薛的牵肚挂肠纯属没有必要,觉得这七八年来她们一些婆娘的殷勤举动纯属傻乎乎的到头来人家还是比三角村任何一家都强,这说明人家骨子里原本就和乡下人有着差别,说明……哎哎,那时真是……申欢嫂寻思着,悔着,最后又同婆娘们研究起那个"田"字门到底哪里主贵?莫非是"田"字四角方正,四平八稳,主人想干什么都能办成?

确让申欢嫂她们说准了,孟家的日子一天天好起来。

小孟上班不到三月,有人发现,他骑了辆崭新的自行车回来,车后面还载了个长溜溜圆乎乎的什么罐子,人们还发现孟家自从载进那个罐子,早晚做饭烟囱就不再冒烟,孟家究竟用什么做饭?尤三娘大感不解,她期望那扇门什么时候打开让她看看,哪怕五秒钟也好,可是没开。只有去找申欢嫂,申欢嫂认真时便脑瓜能在突然之间想开许多事,兴许让她一点就破。"用什么做饭?"申欢嫂眉头紧蹙,思考着,终于还是想不明白。

申欢嫂记得,小孟小薛从前日子过得穷时,只要发现孟家有什么秘密,由嫂就毫不迟疑地去看看回来告诉大家。如今为什么不能去看看,让大家胡乱猜呢?可是无论她的话充满怎样的鼓动色彩,由嫂却无动于衷。要是从前,憋急眼了自己也能从三角形底端绕到屋里去。其实去又有什么了不起呢?可当尤三娘终于憋不住说应该去看看时,由嫂语气十分坚定:不去!人家现在比咱强,去张张罗罗讨人嫌,申欢嫂也不由自主说:不去!人家日子好了,不用咱操心。于是婆娘们统跟了句"不去",语气也那么坚定,很能让人觉出她们的自尊和志气。

过了一些时日,小孟家又有新货置办回来。一天,一辆瓦蓝色"130"驶入三角形底端,噼里啪啦往下扔了些木板木棱木皮什么的,又一溜烟儿钻进东南深沟里不见了。过些天,又来了一群洋里洋气的男女青年,在院里叽叽嘎嘎说一阵,笑一阵,往倒立着的三角形顶端望一阵,一袋烟工夫,又骑上自行车,惊动了麻雀似的叽叽喳喳吵嚷着远去了,孟家在哪儿拉的木料?那些男女来做什么?中街后街的人们越来越弄不明白,越弄不明白越想弄明白,越把一对眼珠转向三间草房,转向那扇门。由嫂试着分析说,那些木料可能是小孟厂子分的,可能厂子盖房盖剩了,卖不出去就分给工人,可能一人只收三分之一的本钱。说那些男女可能是小薛商店的职工,可能商店哪个职工结婚大家去喝喜酒路过三角村就让小薛领进家来串门,申欢嫂思谋一会儿,总结说,由嫂说的都在理。不过第二天傍黑她从大田回来,看见小薛领了一个三十五六岁左右的男人来家,那男人官相,脑门宽宽,就是有些驼背。那男的是谁?还能是上谁家喝喜酒路过这儿的?不像。

究竟是谁?人们听完申欢嫂的话,纷纷把目光射向那扇门,仿佛那扇门能够告诉他们,是小孟的朋友?小孟的朋友干吗让小薛领来家?是小薛商店的职工或者厂长什么的?职工或厂长天都黑了来做什么?人们相互对视着,默默传递一个令人毛骨悚然的猜想,之后,不知谁嘟噜句:人有三翻九转啊!

三角村爆发一股强烈的议论,说不上是从谁先开始的。议论对象无疑是小薛这个人,内容无疑是那个男人是谁?那扇门为什么不开?小孟为什么多少天不见回来,等等,越来越不堪入耳……

自这次议论之后,申欢嫂和中街后街的人们,越来越无法忍受那扇门的瞑视。越无法忍受,越要在院里做活的时候鬼使神差地把目光投过去。每投过去，都有一个不可抗拒的意识占据心头——那扇门一定掩藏着一些不可告人的秘密。要不就算两口子上班家里没人，一早一晚也应该开开。于是，人们目光在三角村上空聚成一个扇形平面。平面上托着愈来愈沉重的重压。

扇形平面一天天加宽，从尤三娘、由嫂、申欢嫂那里向东西两街扩展开去。突然有一天，扇形平面汇聚的目光统加进几分奇诧——一夜之间，那扇门由"田"字变成"口"字，不仅少了中间横竖两条楞子，且门的整个木料都换了新的，不是木头，而是亮锃锃的玻璃色塑料板，晶莹透明如镜子，照得见中街后街，近看远看都是一个深不可测的"口"。

"看见了吗？那扇门——"后街申欢嫂冲着中街喊。

"看见了，昨晚就听见前面闹地震似的，轰隆轰隆响，哼，变皮儿变不了瓤儿。"尤三娘应着。

当前一次议论还没有完全平息，这扇塑料门的出现无疑是向三角村人们嘴舌的一次挑战，议论又掀起新的高潮，简直不是议论，而是夹带着诅咒的愤怒情绪的宣泄。塑料门激起了人们一种说不清道不明的义愤，认为三角村底端压根就不该有什么三间草房挡住人们的视线，更不该有什么后门来没完没了搅乱人们的神经，申欢有些后悔当初自己当官时的安排，细想来也不完全怪他，他根本就没有吹哨发动，人们就志愿动起手来，究竟该怪谁呢？

塑料门落成第六天，一辆乳白色小车在三角形底端停了下来，一群人穿着白大褂从车上拥拥挤挤往下下，好像还抬着什么，直奔三间草房小院。

人们远远地斜视着，感到塑料门又将关进不可告人的什么内容。

第二天，由嫂的儿子举成嘴里，传出一个惊人的消息，说小孟从装化肥的车上摔下来，双腿骨折，半身瘫痪。

三角村一反常态，听到消息的人们，并没像往常那样不到五分钟就不约而同走到一起瞎猜瞎想瞎呛呛一气,中街后街出现了从来没有过的静寞,静寞得让人有些发慌。人们仿佛隐没到另一个世界里去了,在那么一个不得而知的世界里过着另一种生活。

不知过去几天,终于,申欢嫂从后街院门走出来,直直盯着塑料门,目光含着不尽的温和和理解,几天前曾有过的怒色消失得无影无踪,如另外一个人似的。之后,来到尤三娘家,恰见由嫂也在,不待申欢嫂说什么,由嫂就开了腔:"我觉得,咱……咱们应该去看看小孟小薛了,他们父母都不在跟前。""可不,这几天我就想,是应该去看看,父母离远不说,断腿断胳膊也不是小病小灾,好模样的人一下子成了残废,难不难过死了。""再说,细想来,咱们跟小孟小薛有什么过不去?真是没有什么的。"于是,她们细细地回想这些年,这些年相互没打闹没争吵,那扇门,那扇门有什么?什么也没有,就是始终不开开……咳,实在是没有什么,太应该去看看了。

申欢嫂想起,她家木柜里有二十三个鸡蛋,鸡蛋是最好的补养品。由嫂说,她下蛋鸡都瘟死没有鸡蛋,到小卖店买点罐头什么的,活蹦乱跳的人一下子摁倒在炕上,指定有火,罐头败火。最后,还商定让举成下午骑车跑一趟八家沟找张瞎子算算卦,是不是"口"字门不吉利,要不怎么刚改门不几天就出了事。

翌日,婆娘们陆陆续续来到三角村底端,拥进草房小院。她们发现,那扇门不开,原是因为住房窄小,堂屋靠门处垒了一个小小库房。小薛迎进乡亲们,没遮拦地哭了一气自己的命,许久才抬起头望着大家,见大家眼睛纷纷转向库房,便沉沉地说,说那扇门老也不得开,本打算今年接两间房子宽敞宽敞把后门打开,却不想……小薛说着说着,又泣不成声,小孟红肿的眼角也流出男子汉的泪。

乡亲们都止不住流下泪来,申欢嫂一面抹泪,一面安慰小薛,说小薛你想开些,就算咱今年运气不好,就算咱当初找小孟时他就是个残废,就算……哎,算不了什么,大伙都不会看笑话的,都能帮着你……真的,你别伤心,别伤心,要注意你的身子……

1987 年《短篇小说》第 10 期

姥姥，姥姥

大姥姥小姥姥同睡一铺土炕。大姥姥睡炕头儿，小姥姥睡炕梢儿。

大姥姥七十二岁，小姥姥七十一岁，大姥姥小姥姥身板都很硬朗。小姥姥在大姥姥跟姥爷生出三个孩子的第二年，闯进大姥姥的生活，彻底霸占了姥爷。姥爷死后，半年不过，大姥姥又垄断了炕头儿，并且，大姥姥总要有意无意地说起那几年这土炕凉得邪乎。

大姥姥一提那几年这土炕，小姥姥就把脸背转过去，把一双花眼泊定土墙斑刺的墙皮上——当年大姥姥离开这铺土炕，带着铺盖和孩子和一脸怒气。

大姥姥说起那几年这土炕，多是选择快做饭的时刻。做饭的时刻一到，大姥姥就顺藤摸瓜似的寻到关于那几年这土炕的话题，而只要寻上"那几年这土炕"，小姥姥就再也坐不住炕，放下手头针线摸索着下地，棉布裤裆一折，蹲灶坑做饭。

大姥姥用小姥姥做饭来补回前半生的损失。

有一回小姥姥小腿麻木，爬在肉里的筋骨抽冷子疼，钻了锥子似的，钟打十一点依然用棉布裹住老腿，两手轮换在腿肚上揉搓，任大姥姥把那年月说得阴阳四起,说土炕上虱子横行,如人一样风骚,到处乱爬,小姥姥也没背过脸去,也没下炕。直至天已过午,大姥姥耐不住饥饿,连说话的劲儿也没了,烟锅喀啷一下摔在窗台,折了宽肥的裤腰下地做饭。于是小姥姥发现,这饭,想不做,也还是能够不做的。

腿疼的一次意外发现,宣告大姥姥"那年月这土炕"的唠叨的失败。土炕上,大姥姥面临做饭所施行的战略便不得不改变,小姥姥盘腿坐着,大姥姥就索性侧身躺下;小姥姥侧身躺下,大姥姥就佯装睡着,睡得很香。可是,大姥姥人高马大,老了老了,饭量不减,到该吃饭的时候不吃饭,肚里就咕咕啦啦叫,像装只奶羊。肚里叫,大姥姥就没法不精神,没法闭眼睛,一睁眼睛,就没法不瞅小姥姥。小姥姥一动不动,毫无下炕的意思,这时,大姥姥把老眼一搓,盯一会儿小姥姥,终于忍不住,"小的,"大姥姥叫小姥姥"小的","小的,醒着没?今儿个往后,咱轮班做,一人一天。"

当年,小姥姥是以包做一天三遍饭为条件才得进于家大门的。当事人规定,大姥姥小姥姥每人十天睡姥爷,饭,全由小姥姥做。虽只一个轮回,小姥姥就再也没从姥爷房中搬出,破了规矩,饭,小姥姥却是坚持做了下来。

不离开姥爷房中是姥爷的主意。如今大姥姥要同小姥姥轮班做饭,无异于小姥姥取得了胜利。这胜利是小姥姥一生中除争得姥爷之外,唯一一次,小姥姥重重喘了口气。最初,大姥姥并没想到这是她一生第二次失利,以为是对小姥姥拿的一次威风——针对小姥姥饭稀饭稠炕凉炕热,大姥姥好拿威风挑鼻子挑眼。大姥姥一辈子只睡过姥爷一个男人,安分守己,就是在姥爷抛了她那些年月,她也不曾有过非分之想,不像小姥姥早在闺中,就让爹老子输给一伙赌棍,玩了;嫁人之后,在苞米地里偷姥爷让男人哄出。大姥姥自然有资格挑三拣四拿威风。

两天饭做完,腰腿酸疼,大姥姥才晓过劲来——她好多年不做饭了。

她的威风让她大大吃亏。

这么轮着,一做就是半年。小姥姥有着四十多年的做饭历史,如今饭班倍减,间隔一日还能歇着。歇时洗洗衣服,喘匀气息,小姥姥脸上的褶子里开始有了光彩,笑容也在嘴角干裂开来,黑黑的青布大袄透出幽幽的纹路,生命仿佛是从现在才开始的。要紧的是,自从大姥姥做出轮班做饭的规定,小姥姥再也听不到大姥姥的唠叨,眼珠子再也不必东躲西闪在墙皮上磨蹭,全身心的轻松。却苦了大姥姥,原本那每天必有的唠叨和唠叨之后达到的不做饭的效果,是她对大半生屈辱的发泄和安慰。三十多年,眼瞅着姥爷出没小姥姥房中,自个儿活条条守寡在西炕,没有什么比这更见出命运对她的不公。

压抑了大半辈子,即使一辈子不用她做饭,即使天天大吵大嚷,她都觉得屈不过来,如今却……大姥姥感到憋得难受。

大姥姥有三个儿子,大儿子抗美援朝战场上牺牲,二儿子"文革"跟姥爷沾黑包投了水库,仅剩的一个儿子老三在河西岸开豆腐房。憋得慌时,大姥姥就去端详镶嵌香几玻璃上的光荣证。大儿子死得挺惨,是让枪子穿破耳根子送命的。在先几年大姥姥一瞅光荣证就浑身起栗,就鼻窝发酸,后来瞅着瞅着,日子一长,眼泪退潮般退去,随着,就渐渐起了那份光荣的感受——儿子是卫国有功的英雄,英雄就是她的儿子。英雄在光荣证一角向她微笑,脸永远英俊年轻。一个没出家门的女人生的儿子能和国家连一块儿,大姥姥心窝里很是有了缝隙。在与不在,毕竟,她达有过这样的儿子,有过和没有过是不能一样的。端详光荣证,想到儿子,大姥姥自然又想到老三,老三没出过国,可老三开着豆腐房,整天吆喝豆腐,赚了不少钱,虽然并不经常送给她花。哪里像小姥姥,身子让赌棍搞坏,生不出孩子……

大姥姥由大儿子三儿子,想到小姥姥生不出儿子,由小姥姥生不出儿子,想到小姥姥原本是个贱货、脏货,想到自个儿多么正派守节,由自个儿正派守节,想到是守节才让她生了儿子……大姥姥一顿胡思乱想,解下不少闷。

可是,解闷并不能使大姥姥忘却冷丁做起饭来的忙乱和劳累。大姥姥虽然体格不弱,耳不聋眼不花,牙也全满,可身子骨多年没经运动,死板得很,一双小脚也撑不住她高大骨架的重压,一蹲一起极费劲。终于,大姥姥又开始了她那隔日一次的唠叨,"生儿子那回,奶水兜不住,接下饮鸡仔,小鸡长得那个欢呀……""女人身子是宝物,能生出恁多养料。奶水这养料可不能小看。"

"嗯嗯,奶水可不是。"小姥姥只有一味应承。小姥姥把生不出孩子看成是老天的安排,天命是从。可是,小姥姥还是受不住这话的刺激。她并不想自个儿奶头非得流出白花花奶水滋润小鸡儿,并不是把生孩子这件事看得对女人多么重要,她是想,她对姥爷和姥爷对她,都有一腔潜心入髓的情分,他们耕种的那块土地应该长出比别人更壮实的庄稼。小姥姥为了姥爷,也为自己那份情感,做了四十多年的一日三餐。显然,她比大姥姥深几分对男人的体会,可没有孩子,终归是个遗憾。每到这时,小姥姥便喘息粗重,干枯的眼窝暗淡无光。

大姥姥为隔日做一天饭的冤屈生出隔日一次的唠叨,小姥姥为隔日一次歇息的松快付出隔日一次心情受挫的代价。这么的,大姥姥小姥姥的日子虽有波折,却也安然地向前流着,如小河流水,不快也不慢,总是在流。每月里,大姥姥领着大儿子的抚恤金,小姥姥领着姥爷的平反钱,各自有着经济来源,很有奔头的。

小姥姥安定地享受着间隔一天的歇息,这歇息一天天增长。有一天小姥姥感到异常地清闲起来,这清闲首先是不再用为谁做饭花心思,花心思是很累人的。衣服不能老洗,白日的觉不能老睡,鸡鸭猪的活儿是轮上饭班这天的事,一个人坐着好心慌,好拘束。临了小姥姥才觉出,累时盼闲,闲时又受不住。从她一进于家大门,大姥姥就没做过饭,那清静怎么受得了？小姥姥想不通。

小姥姥受不住闲，多是因了她的心。人歇着，她心里总是想这想那，想一些旧年月的事情。比如那年姥爷在河岸边用文明棍勾了她的心，第二回见面，就成了姥爷的人，在绿晃晃的苞米地里。后来有个时期，一看见绿晃晃的苞米地就别别心跳。比如终于名正言顺睡了姥爷的第一个轮回，姥爷把她那个揉，她是一块面，一块胶，一洼池塘里的水，揉出无数个形儿，无数条纹，无数声响动……小姥姥好回忆，却从来忆不起那些叫她伤心的事儿，忆不起在大姥姥看来丢人现眼的事儿。回忆过去的快活日子，那快活日子像大水冲走的泥土，再也不能复回。小姥姥突然觉出眼下日子的孤单和寂寞。四十多年，每日都有做饭的活挤在她心里，如今，时间仿佛是撕了破烂衣服的边角，剩出一方方整齐的布块，布块大小不整……于是，小姥姥真的开始坐炕上将零布块对整，缝起一个尺码的抹布。有事干也许就不孤单。

小姥姥听说，这抹布可以卖钱，一个七分，公家用来擦车的。卖不卖钱小姥姥并不在乎，只要有活做。

"贱坯子天生，好好衣裳撕零碎再缝，闲着手痒你做饭，我不怕闲。"

大姥姥说，说时脑后的小髻儿一颤一颤的，额头的皱褶有些泛红。小姥姥不吱声，照旧戴着花镜，绣花一样认真地缝着。遇大姥姥动起威风，小姥姥从不接腔，任她说得多么难听。小姥姥承认自个儿贱，当初，爹老子把她输给张三，有了男人，还愣是丢魂失魄想着姥爷。闲着本来是有福人的事，却受不了，非找点活干不行。是贱。小姥姥一缝就是五十个。

有一天，大姥姥的儿老三来送水，瞅见小姥姥手中的抹布，说他能给卖个好价钱，大姥姥听后咯噔一声放下烟锅，"我也缝。"

她忘记说小姥姥贱。她旧时的衣裳都给孩子改尽，没有破烂，大姥姥急得额头再次泛红。三天之后，儿子从供销社买些旧衣服送来。儿子平常极少管大姥姥的细事碎情，除了挑水种地。这次竟然如此周到。见有人为她跑腿，有一堆旧衣裳，大姥姥在小姥姥跟前的唠叨少了，语调变得温和，对隔日做一天饭的劳累也能消受。

大姥姥小姥姥除了抚恤金平反钱，有了格外收入。大姥姥看重这收入，感激小姥姥。这一宗，她闲了四十多年都没想到，旧时的日子原本不该那么紧的。小姥姥不为卖钱，为赶走那些胡思乱想，打发一下清冷时光。然而，缝着缝着，小姥姥发现，乱想照例是乱想，清冷照例是清冷，一针一线，都把一块块一点点的过去穿进去，尤其，自从有了这赚钱的活路，大姥姥间或那无休止的唠叨消失了，整个大院，整个屋子，整个日子都空得奇怪，心路的遐想，更加畅通无阻，清冷和寂寞再一次把小姥姥困住。

寂寞时，小姥姥想，这辈子就这么的老了，没人问寒问暖，知冷知热，没人说句心里的话。那年喂猪跌倒膝盖撞伤，冬天冻肿，夜里姥爷把她夹在腋下，搂在怀里，用心为她暖；那年她向姥爷诉说十六岁被一伙赌徒捉弄，小腹疼痛一年半多，姥爷为她捶胸顿足，眼泪暴滚；那年月是那么遥远，不再回来……

小姥姥这么想着，就觉身边需要一个人，这个人不是大姥姥，大姥姥除了用刀子嘴搅乱她的心，没有给她别的什么，她需要一个男人，一个伴……小姥姥被自个儿的贱惊呆。贱，老了老了，还是断不了贱。

只从生出这个念头，小姥姥再也不能安然地缝抹布。小姥姥不时的到院子里，到街上去。拿做饭草的时间耽搁得很久。小姥姥想到的那个人是猴爷，猴爷住在顺草垛空望去的土墙小院。猴爷三十岁死了女人，跟儿子过，儿子是镇子上工人。小姥姥想到猴爷是有根源的，"文革"时，姥爷挨打，小姥姥陪挂马笼子，猴爷把马笼里的石子换成草料，猴爷在马棚里跟小姥姥讲，为能得到小姥姥，当初他也跟小姥姥的爹老子下过赌，以为能赢，结果连连败北。姥爷死后，小姥姥常从草垛空望见猴爷那张慌张的脸,小姥姥也慌张得心跳。小姥姥怕这慌张的心情,当初,如果不是耐不住慌张嫁了姥爷,姥爷万不会被打死——小姥姥头房男人是批斗队长。小姥姥一想到这段厄运就心惊肉跳。于是,小姥姥草垛旁拿草,从不敢溜草垛空一眼。

如今日子安稳,小姥姥望草垛空儿,心坦然了,却老眼昏花,看不出猴爷脸色,看不出有没有慌张。看的时间久了,小姥姥回屋时拿的烧草,能够带出第二天大姥姥用的。

小姥姥不安心缝抹布,却用心拿草做饭,一拿又久久不回,大姥姥好生奇怪,该不是又有了什么新的赚钱的活路?留心两天,见小姥姥除了拿草做饭,喂鸡喂鸭扫院子,闲时在蒲团上静坐,没有什么格外的活路,大姥姥又释然,毕竟,小姥姥还为她拿了做饭草。

一天,大姥姥突然觉得不对头,窗玻璃斜对着的窗口,猴爷总在那里晃头晃脑,一双老眼贼亮贼亮射进院。不久,小姥姥就离开蒲团,拎只网包走出去。小姥姥人小脚小,走起道儿来轻手轻脚的。

大姥姥额头蓦地涨红,手上青筋突跳不止,就像四十多年前在房后瞅见小姥姥披头散发奔过河岸,一股热烘烘的气流从喉口往外涌,"贱!"大姥姥恨恨磕住烟锅中的火,四处散出烟油子气息。

小姥姥抱回实实一网包苞米根,肥裤腿儿沾着草埂。回屋时,她闻到浓烈的烟火味。

"拿草啦?"大姥姥说。

"拿草。"

"怎么大清早儿想起拿草?"

"不知怎么就想起了。"小姥姥声音很虚弱。

"猴爷是怎么回事?"大姥姥直掏心窝子。

"怎?不怎……"小姥姥语讷,干瘪的嘴巴木木地移动,眼珠子在墙皮上打转。

"怎？贱！"大姥姥一用力，烟袋杆碎成两截，"小的，俺于家丧门风可就是你，你祸害于家死的死，亡的亡，越老你越老出花花，还往于家泼脏水，你有出息！你贱骨头天生！"大姥姥一头扑到炕头被垛上不再起来，脑后的小髻儿一颤一颤的。

这一天轮到大姥姥饭班，早饭吃过不久，就发生了小姥姥拿草事件。晌午，大姥姥没起来做饭，她被垛上趴得很安稳，很踏实，很自信，连身都没有翻。十一点刚过，小姥姥就烧起火来，火烧得很旺，没有烟，灶坑的声响极轻，窸窸簌簌的，像春蚕吐丝。

午饭，小姥姥蒸了四个鸡蛋，一钵茄酱，木桌放好，鸡蛋放到大姥姥跟前，小姥姥推起大姥姥。大姥姥木愣一会，端起蛋碗。大姥姥早就饿了，她生孩子总共才吃过二百只鸡蛋，吃鸡蛋在她，是最好的日子。小姥姥只捧只装有稀粥的饭碗，就着那钵茄酱。

晚上，第二天，第三天，大姥姥再也没有做饭的意思，她不动声色坐定炕头，想睡就睡，好吃就吃，不睡不吃，就静坐望天，数数，数炕席纹路；碗边黏腻，便吵嚷没洗净，炕头太热，便唠叨烧草太费，依旧好拿威风。

大姥姥终于又恢复以往四十年的日子，转了一年三百六十五天想不到日子又转了回来，原本以为轮到身上的饭班再也抖擞不掉，却不想……

四十多年，才得轻快一年，好日子就这么不知不觉断送，小姥姥深深痛悔。

经了一年的轮班做饭，再拣起永无休止的一日三餐，小姥姥发现手脚都顶不住，远不是从前那么抗折腾，有力气，她发现她真的老了，这老就从闲了一年之后再忙起来才开始的。

活着就得吃饭，就得做饭，她和大姥姥，无论谁先死，那预示她将做到活着的最后一天，没有出头之日……小姥姥的悔恨伴她直到深夜，她第一回感到夜的可怕，夜的漫长。

漫长的夜里,悔着悔着,小姥姥又不悔了,她的一切,都是"贱"带来的,贱,也是她的命,小姥姥认命。

于是,小姥姥待候大姥姥,一个人做饭,两个人吃,一天天打发老来的日子,不快,也不慢,小河流水一样。门口草垛空儿,溜一眼猴爷,经一次慌张的心情。反正也以每天做饭为代价,溜猴爷时,小姥姥老花的目光稍稍有些发直。

一天,猴爷大摇大摆走进于家大院,后边还跟了河西岸老三。小姥姥风门里一眼瞅着,脸皮登时僵硬,嘴唇哆嗦,慌张得没处躲闪,肥布裤里裹着的小腿一劲儿打颤。猴爷迈着阔步,平常佝偻的腰挺直了不少,揭开风门,冲角落里的小姥姥笑笑,直奔里屋。

老三跟进去。小姥姥跟进去。等待有什么灾难发生。猴爷长腿盘上炕沿,直面大姥姥叫声嫂子,"嫂子,我来接小嫂子过我那边。"猴爷脖上青筋放着红光,"你俩这把年纪,行动不便,该有个靠头。"

"妈,跟我吧,该享享福了。"老三说。

好长时间,大姥姥没有吱声,她看看猴爷,看看老三,看看小姥姥,最后,又把眼珠子定在猴爷身上。

"你的意思,让'小的'靠你,俺靠老三?"大姥姥说。大姥姥没有拿威风的迹象。

"正对,嫂子。"

"你是怕她做饭累着?"

"嗯是……也不是……"

"妈,是怕你们老了。"老三急忙插嘴。

"没跟你说。"大姥姥声音放大,又转回猴爷,"是什么?"

"你跟小嫂子都不小了,怕你们做饭累着。"猴爷应得及时。

哼。大姥姥突然中止问话,干枯的眼睛诡秘地转向小姥姥,久久不移动。

"你愿跟他去?"

"……也中……"小姥姥很惊慌。

"你就为不做饭?"

"……唔……"

"往后你歇着,俺做!"

"那……"猴爷顿时无话,惊慌地看着小姥姥。

"俺做,到死!"见猴爷和小姥姥都很惊慌,大姥姥语调更加硬朗、坚决。大姥姥没有威风,脸上还摇着隐隐的少见的笑意。

日子从此起了变化,大姥姥每天下地做饭,很有精神,很有力气;安静的,不动声色的,再也不提那几年这土炕和女人的奶水,时而还给小姥姥蒸两只鸡蛋。小姥姥彻底歇息下来,歇息时,却不见平常的松快和闲散,总是又累又乏的样子,总有睡不完的觉;不再拿草,不再偷望猴爷,抹布一日渐一日地缝不下去。后来,除了吃饭上厕所,小姥姥昏睡不醒,偎着属于她的那半土炕。

日子水也似的流着,不快也不慢。

1988 年《小说林》第 6 期

一篇"人对物质超越本能与文化心态"的论文

　　星期三下午被加急电话追回家去，于是，在我来县文化馆工作九年，每周六回家周一回馆历史上，破例出现一次周三回家周四回馆的现象；于是，我便面临一星期回两次家的重大问题。经过对这一问题的再三思索，我破例决定：这个周六不走了。省三块钱倒是其次，重要的是不把时间浪费在路上。如果不走，周六晚上，星期日一天加星期日晚上，能挤出二十多小时看书查资料写论文。顶顶重要的是，我在赶写一篇《人对物质超越本能与文化心态》的论文。这么想想算算，我发现我竟有那么点伟大。

　　周末很快到来，我向馆里所有人宣布：我不走了。我要在这两天干点活儿。大家谁也没问我要干什么，但我想大家谁都会知道我要干什么。几年来，我的论文接二连三发表。馆里文化调研工作省市挂名，虽然几年来家庭生活没有丝毫起色，可文化局长说过，只要我这么长期坚持下去，生活逐渐就会好起来的。尤其三中全会以后，知识分子越来越受到重视。下午四点三刻，我就来到食堂。我们五点开饭，我想我应该早点吃饭，省得来晚排队，别人有时间候饭我可没时间。还好，卖饭口空无一人，就我自己。我得意地掏出钱票夹，得意地向伙食长点头，"没走啊？""没走！"我的语气硬朗而肯定，希望他能够从中听出我没走的目的所在，"哎，对不起，今晚就你一人没走，剩馒头，咸菜。"哦，原来如此。我还以为我来最早。剩馒头就剩馒头，咸菜就咸菜吧，能吃饱就是好家伙。因为是剩的，伙食长只收我一角钱。挺便宜的，一顿饭只花一角钱，我想。还不怎么难吃，只是吃完嘴里有点咸，嗓子有些干。总之，从食堂出来挺心满意足的，心想回办公室泡一杯茶冲冲腹中冷气，就开始干活。

食堂离文化馆五百米，途中经一小农贸市场，市场蔬菜水果鱼类蛋类应有尽有，常常在你路过的时候，被商贩拦住去路，"来吧，买点尝尝，不鲜不要钱。"你还不知是什么东西就被拽向前去。对于这类劝阻我一向不屈不挠。我的生活开支每月都有计划，从来没因超了计划而遭乡下妻子不满。妻子帮我计划每每滴水不漏，比如几个月可用完一盒火柴。我并不责怪妻的斤斤计较，妻子抚养两个孩子两个老人，还有两头肥猪十五只鸡十二只鸭，还有土地饲料化肥什么的。很难。我知道。

"老兄买点，你看多便宜，八角钱一斤。"真有一把脏兮兮的大手把我抓住，紫脸膛毋庸置疑地对着我。我本应不屈不挠到底。可是架不住她喊出的"便宜"二字。因为我从未感到如此干渴，我确实挺想吃点水果之类东西。不过八角钱够吃两顿饭的。想到吃饭，我蓦地记起刚才吃饭省下两角钱。食堂伙食费每顿最低不少于三角。我因为吃了剩饭就省下两角，因为吃了剩饭才口干舌燥，那么，为何不把两角钱买了水果吃呢？今晚还要干活，必要时搞点体力投资实在是聪明之举。我这么反复一想，就在脏手松开的时候从兜里摸出两角钱。正好两角。是上午买烟招待乡文化站长剩下的。两角钱递出，紫脸膛愣住了，之后诡秘地一笑。我不敢去仔细体味这笑的内涵，忙拣到秤盘一只苹果。"一个足够，我这人贱癖，吃什么都只一个或一口。"我说。想一想我这人平常确实挺贱，从未成五成十地吃过水果或别的什么好吃的东西。

回馆后我把苹果洗了,放在办公桌上等待削皮。我想我应该先洗了脸和脚,一干二净再去削它。虽然我特别渴。有一样很想吃的东西在那里等待自己去吃,这等待是很有趣味和兴头的。有位南斯拉夫作家就说生活的美妙之处在向往得到不可能得到的东西。苹果当然容易得到,可在你特别需要它的特定时候,抻长一段时间接近它也是很美妙的。于是我去洗脸洗脚,我像欣赏一件艺术品一样欣赏着这只苹果,我想我再等五分钟,或许用不上五分钟就可以削了它的皮吃了它的肉。之后,我就可以死心塌地干活,写那篇论文。

皮削得很费劲,完全由于不长于这手。为什么想到必须削皮?好像馆里人都这么吃苹果。为什么必学馆里人呢?既然已经洗了,就证明苹果是干净的,既然干净为什么不可以连皮吃掉呢?况且据科学考证苹果皮营养极其丰富。于是我把削掉的果皮全拣进嘴里,尽管龃龉还是觉出甜甜的味道。苹果吃得干净利落,除一棵枯把儿捏在手中完全不用打扫战场。看来心安理得去干那篇高论是当务之急。

我把《马克思主义哲学手册》、《当代新学科手册》和一些与论文有关的书籍资料统统摆在桌面,我手拿钢笔静静等待思辨的灵感和情绪。这篇《人对物质超越本能与文化心态》论文并不比从前《群众文化学方法论》或《群众文化定位立法》好写,它需要对人的生理机能和精神建造有深而细致的研究。我不怀疑我心中的底数,不过当真动起笔来确实不知从何下手。我想我应该周密思考不要急于动笔,应真正达到胸有成竹,只要成竹在胸,还是不难诉诸文字的。我放笔静坐。我嘴中仍有甜甜的果汁在滋润,我眼睛扫到右边桌角那份《下河县群众文化生活的调查报告》,我强迫自己不去看它,可我已经自觉不自觉读起那上面一段文字:向阳街道每周六小青年自办舞会。随着物质生活的改善和提高,周六一般居民家里都有酒肉,吃饱喝足,小青年出门更加兴趣盎然……我发现我喉结在上下滑动,我眼睛在"周六"和"酒肉"上打滑。周六,酒肉。这一打滑可不得了,我想起妻一定守着一盘热腾腾土豆炖粉条等我,想起我只吃了一块剩馒头和一碟冷咸菜。我干脆把笔推远。我觉得刚才还饱饱的胃口突然空下一半,是啊,如今人民物质生活有所提高,谁家还没有点酒肉?每逢周六回家,妻至少炒俩菜烫二两酒。这也是打入妻计划之内的。我感到有口水在舌下蔓延。其实,今天要写论文,最应该吃点好的,却吃剩饭。我深深后悔起来,觉得应该去一下门口那家喜迎春小馆儿,下一次馆子三块钱足够,我想。三块钱,正好是回家一个来回路费。这星期没回家,就意味着省了下来,省下来就该吃掉,因为并没花着计划之外的钱。倒是这星期已回过一次家,可是谁又没规定周三回家周六就不许回家,周四早上离家妻还特别嘱咐周六一定回来,妻那么看重钱。试想,倘若今天回家周一回来,三块钱是肯定花掉的,二两酒也是肯定喝掉的。权当今天回了家,喝了酒,权当妻还格外买了一斤新肉,在集上买的。妻一高兴说不定就这么做了。有什么了不起!另外要干活真是需要有点投资的,以前没投资都因为以前写东西不是在星期天,星期天不星期天是不一样的,对于工人干部尤其是这样。我这么想着,就想得很开,离开桌子去掏钱包,点出三块钱。这算不得什么没出息,完全是应该的。我想,今天晚上,馆里哪个职工家里都会有个小小宴会。我记起刚才市场买苹果时就见人们一兜芹菜一兜肉的。我握着三块钱,套件上衣走出大楼。街面果然很是热闹,农贸市场两边叫卖不迭,灯火通明;对面饭馆里也人影绰约,酒味扑鼻。周六嘛,毕竟是周六。我想,我信步走进喜迎春小馆儿,白大褂不待我坐下,就递上一张菜谱。邻桌有一小罗锅在吃炒蚬子。得,就要一盘炒蚬子。不用看菜谱。市场带壳蚬子一元五斤,五斤还不扒出一盘肉来?再说那位黧黑干瘦的罗锅都能吃得起,我就吃不起?能否吃得起并不重要,重要的是罗锅吃它,就证明蚬子一定不贵,一定在两块钱以下,再要二两白酒,三块钱足够美餐一顿。没一会儿白大褂就端上一盘热腾腾的蚬子,其葱花炸出的味道叫人恨不能一口扒到肚里。可是,我并不急着去吃,同吃苹果一样,你越想吃,越慢点行动,其中感觉很是美妙。我想应该先交钱,这样可以推迟吃的时间。我并不是怕白大褂们笑我急嘴贪吃。在外工作九年,饥肠辘辘时什么吃相都无暇顾忌,我不在乎别人看我吃相。关键是,我这人受不了欠债过生活,没交钱就吃了菜我更受不了,那样只能破坏吃时的美感。于是我叫定白大褂,掏出三块钱。

"付钱给你。"我坦然且又大方地笑了笑。

"不急,您请先吃吧。"白大褂也很客气。

"早晚一回事,炒蚬子多钱一盘?"

"三元八。"

"三元八?怎这么贵?市场上带壳的一块钱五斤。"我一时脸红脑热口急。

"你这同志真有意思,市场上便宜你上市场上吃嘛,我们又没拖你逼你非吃不可。"白大褂将刚才的"您"换成"你"。

我十分恼火,这私人饭店物价也太不像话,一盘蚬子撒几个葱花三元八。我一月七十二块工资,这个费那个费加一起九十八。貌似一百元到手,可除去每月二十四元吃饭,十五元抽烟,除去十二元通勤车费,二十元养老费,还有种地化肥雇犁钱,还有孩子念书钱、电钱,粮食加工钱,还有必不可少的冬夏穿衣钱,这个钱那个钱的,哪还有三块八吃蚬子钱?要是局长敢于主持正义,不把分给我的房子转给义化馆馆长,家在县城,甭说三块八,三十八块我也吃得起。话又说回来,家在县城,我还不到你这里花这份窝囊钱,有子儿给你才叫怪!"妈的,真不像话。"我越想越气粗,越出口不逊,我不知是说饭不像话还是说自己不像话。抑或是说局长不像话。我想我大概是说局长和饭店。我因为家在乡下才算计通勤车费,因为算出省了三块钱才想到来吃饭,交钱吃饭这是走到天边都合理的事情。你菜要价太高。这没办法,对不起哥们儿,你只有原样端回。白大褂嗤地一笑，笑完甩出个"哼"字把蚬子端回去。

从饭店出来，我心火更盛，我尤其不忘白大褂那怪模怪样的笑，同市场上卖苹果女人的笑分毫不差。她们嗤笑我穷算计。哼！

重新坐在写字台前。日光灯嘶嘶啦啦吟叫，我面对一堆材料挺长时间看不进一个字。想一想我真倒霉，这么长时间没干活，又没喝上酒，都怪那份报告上的"周六"和"酒肉"的字样。如今人们物质生活是有所提高，可也并不普遍都在周六有酒肉。比如我。都因为那份报告才有了后来把省下来路费吃掉的念头，才有了那盘蚬子的难堪。想到蚬子，我口水又在舌底涌涨，我觉得我本可以吃上那蚬子的，比如一盘不是三块八而是两块八，比如出门的时候我不止揣三块钱，而是四块或者五块，其实我太不应该只揣三块钱，想想当时，假如揣了四块五块，即使嫌贵，我也完全有可能一气之下慨而慷之。三块八角，只比预算的多出八角。八角算得了什么？食堂两顿饭钱。两顿饭钱算得了什么？记得大上个星期五、六两天中午吃饭就没花钱，是市艺术馆调研部来人馆长没空儿，让陪吃了两顿大盘子。这八角钱是早就省出来的。我手捂在腹部盯墙许久，根本没法去写论文，以往写论文不管熬夜多久都没遇上这种情况，关键以往写论文都不是在星期六或星期天。我想反正也是为吃的耽误了，耽误就耽误得值，说什么也应该去吃点东西再回来干活，这样干活踏实。另外，没回家省出三块钱并不虚幻，那是有据可查完全属实的，于是我不由自主掏出钱包，又抽出五块钱掖进兜里，以防再遇"三块八一盘蚬子"事件。我走下大楼，向那透明的夜市走去，夜市上有烧鸡牛蹄筋猪蹄什么的。

可是当我花掉三块二买了两只烤猪蹄，拎塑料袋往楼上走的时候，竟没有半点食欲。仿佛刚才胃里空空就因为省下的路费没花出去，仿佛我折腾一个晚上的目的就只在于把路费花出去，而不在于是否吃它。

钱花了，东西买了，我终于心安理得坐在写字台前。既然买了，就吃掉它,有没有食欲都是小事,重要的是,吃掉它才对得起三块二对得起周六,对得起一个晚上楼上楼下两个往复的折腾,也对得起两个女人对我的嗤笑。我大一口小一口把牙齿扎进猪蹄皮肉里,香不香烂不烂全然不知。我的目的是赶紧吃掉它,吃掉了就干活。

猪蹄终于变成一堆碎骨,我把碎骨送进纸篓,用香皂除了手和嘴的油腻,再一次面对那篇关于《人对物质超越本能与文化心态》的论文。我想我该动笔。该干的事都已干毕,三块钱花掉。虽然吃三块钱时并没觉出什么美妙来。日光灯管继续嘶嘶啦啦叫,已夜十一点,我有些困,饿了精神饱了困,这点常识人人皆知。我觉得又困又乏。我想我还是先睡觉吧,攒足了觉明天再干是一样的。我绝不干颠倒黑白的傻事,绝不!

于是我上了床。脱衣躺下。我每睡前必把一天的事想一遍,想一想,我异常不安起来。我今天满应该在家的,和妻子儿子在一起。不回家是为了写论文,为了省路费,而论文没写完却把路费填了进去。知道这样真不如回家。关键吃掉三块二同没吃三块二胃里没有觉出什么两样,反倒这么想睡觉……

我想不管怎样,论文将来终会得到发表的,虽然稿费极低。三块二却不在话下。三块二实在算不了什么的。这么想着想着我就睡着了。

我睡得很香。

一早醒来大脑一片空白,仿佛关于苹果蚬子猪爪什么的都是隔世纪的事情,除了论文之外我忘掉所有一切,这情景很让我为之雀跃。我平常无论遇上令人多么悲戚多么忧伤的事情,只要一觉之隔,就完全犹如另外一个人。也许正是因为这点,我才得以勤勤恳恳一如既往工作九年。我一边蹬上裤子一边走向阳台。今天阳光很充足,把所有空间挤满,阳台上温暖如夏,马路上和市场上早就行人如梭。因为星期天,行人踱步缓慢,相互对话也很频繁。我想,九年了,我还是在馆里、在县里度过第一个星期天,就是说,这个星期天无论过得怎样,是已经有些意义了的。它的意义在于跟从前五百个星期天有所不同——离开老婆孩子,一个人清清静静在外边,所有感觉都那么新奇,这真像场梦。就在这时,我发现马路上一个穿天蓝夹克的女孩向我微微一笑,而后那笑和身影梦幻般消失在路的远方。说起梦,我才觉得好像多少年了,我没有做过一个像样的梦,就是那种有绿野有山花有蓝铮铮湖水乳白色小鸟赤红色游鱼之类的梦,没有。我的梦都那么实际,实际得经常多开一块钱工资到饭店里端一碗面条吃来吃去;或《马克思传》中的所有文字都长大加厚,变成一堵堵黑墙我在其中仰望叹气。许是昨夜两只猪爪的作用,我一点不饿。我想那虚无缥缈的美梦在九年前,在少年不知愁滋味的年龄,是经常光临我的,直至大学毕业被打回农村,草地上放牛,只要闭上眼睛,就能梦到浩然笔下的西沙儿女头上缀满金色山菊在风沙中起舞,梦醒,便产生一次对天气,对季节,对土生土长的万物,对一只翻飞的蜻蜓和蹦出池坝的青蛙美好的、令人神往的感情……

我完全忘了那篇论文,我太想去一个荒无人烟的野地做梦,去面对微风绿草产生次美好的、飘忽如云的情感。啊——我闭上眼睛,我想如能遂愿,我将对得起那只苹果、猪爪,对得起这个星期天,甚至对得起三十五年人生,我想。

我蹬车如飞,经农贸市场,穿十字路口,来到人民饭店。饭店门口人山人海,熙来攘往,你爱我我爱你的歌声震耳欲聋,听不出半点爱情。道路受阻,我只得下车,我知道又是一对青年结婚。人民饭店墙壁喜字揭过不下一百次。对于结婚我早就不感兴趣,现在最感兴趣的是去一望无际的护城河畔。可是我扫到一对新崭崭的双喜字,我还扫到我们文化局长,他衣冠楚楚,在人群中递烟点火,游来窜去,局长向我微笑一刹就转移目标。这一发现简直非同小可,我蓦地记起今天局长儿子结婚,记起大前天,馆里人就凑了伙,一人十元,给新娘买只金戒指。馆长说我家住农村挺困难的,就算了,大家谁都能理解。我脑门登时出汗,不过我并没有改变主意,我依然朝前走着,我想既然大家都能理解,那就让大家理解去吧。虽然局长至今也没有给我分下一席之地,可局长说只要坚持下去一切都会改善的,知识分子总有光辉的前景。是的,我相信,我只要这么坚持下去……走出人群跳上车子,一鼓作气骑过三岔桥,来到护城河畔。我同自行车一道倒在绿茸茸草地上。我眼望瓦蓝瓦蓝的天空,望着雾岚散尽遥不可测的天际,望着草尖上嗡嗡嘤嘤的花蝴蝶,静耳聆听草棵深处啼啼咕咕的鸟鸣虫叫,如此美妙的大自然会使我做个美妙的梦。我紧紧闭上眼睛,期待那一刻的到来。可是,我根本不能入境,我眼里总有那张红红如火的喜字,总有局长笑了一刹就扭转开去的脸,我简直无法不去想许多与梦毫不相干的事情。比如"人情"这种事是不是不该求得大家理解,一千人理解局长一人不理解也是白费;比如直到今天没分上房子是不是我太古板老实,太公事公办,太小气,太看重一个钱两个钱;比如既然不入伙掏"人情"就不该让局长看见,眼不见心不烦,看见了又没去,这后边能让人任意演绎出许多东西;比如原因都在今早阳台上一瞬间的非分之想,在于竟会无缘无故想到梦。三十五岁的人了,白日做梦像不像个神经病?比如都因那篇论文,因周六没回家,因周三妻为五十斤化肥没买到手托人挂了长途,因……我越想越后悔,越无法入境,越入不了境,越觉得今天的"人情"非掏不可。倘若因了这次"人情"影响日后分房,那太不值。我不怀疑我将来会用成就赢得一切,可掏十元钱毕竟不比写论文费劲……我悲哀地骑车返回。

吃饭时局长特意过来关照两次,要我吃好喝好,并继续说我干得不错,很有希望。

我他妈长这么大从没吃过这么好的结婚酒席。我回来得太对,不吃光看也饱了眼福,当然不吃是不可能的。既然来了就毫不客气,我早晨没吃饭,昨晚也没像样地吃,我还掏了十块钱"人情"。这十块钱拿出去就意味着再有三个星期别想回家,我想我一定要多吃,吃出三个星期天的份儿；我想这个周末真是倒霉，论文没写，路费没省，还额外填进十元，这么想着，我就狠狠地吃，狠狠地嚼，全不顾满桌人都已离席。

我一醉如泥。

从酒中醒来，已是周一的早晨。我懵懵懂懂睁开双眼，世界一如原来模样，纸篓里有骨头，写字台上有资料，有一字没写的论文，有那份写有"周六"和"酒肉"的调查报告，还有一支金笔。只是我的腰包里，少了十三元两角钱。我痛悔地猛捶着脑袋，我凭以往经验告诉你，十三元钱足够买一袋化肥种菜。

转念又想，假如周六回家，那么，我的星期天，在县城和文化馆，就永远是个空白。那该是令人十分遗憾的。这么想着，我豁然开朗，填了人生一个空白，十三块钱没什么了不起，就当哪天骑车不小心掉进沟里摔断胳膊，花了十三元医疗费。如果医疗费公家报销，那么就当一次坐车不小心，让扒手掏了钱包，车上扒手是经常有的，兴许扒一次不止十三块，二十三三十三还不一定呢。

于是，我又想得很开。我现在终于开始死心塌地写那篇关于《人对物质超越本能与文化心态》的论文。

1988年《北京文学》第7期

"号外"之歌

每当"五十铃"穿过烟雾缭绕的土路驶进家门,妻燕子一样机灵地跳上车斗帮他往下搬弄鱼虾什么的,每当妻知情地从驾驶室或他的衣兜翻出一条香烟或被面什么的,夹在腋下蹑手蹑脚怕惊了鸟雀似的往屋里去,他都有一种近乎被火烧灼、如焦似焚的感觉,有一种飘忽不定若隐若现的失望,直至坐到妻费尽心力为他备好泛着油香的饭菜跟前,眼直手呆,心口满满,没有半点食欲。

也许他真的是个"号外"——与众不同那号的,像他的个子和大脚,走遍半个中国也买不到可身衣服可脚鞋子,最后只得到被服厂和皮革厂定做号外的。每次拿起筷子又搁到桌上,他都希望得到妻的注意乃至询问,以便即使并不能向她说明,也好让她感到,他并不像她想象那样活得痛快,在她拥有的那个世界的外边还有许许多多她所不知的世界。可是相反,妻以为他为"头儿们"开车,又跟"头儿们"沾光吃了大盘子。妻刚从得到鱼虾或被面的陶醉之中解脱出来,又陷进丈夫跟"头儿们"吃了大盘子的骄傲之中。妻是爱他的,总是默默而又自觉地分享丈夫的快乐。妻被一腔热情烧红了的眼波,灵活轻快地端上喷香饭菜的举止,像一根芒刺一样扎进他的心窝,他感到赤炎的日头陡地从半空滑向深渊,拖着轰鸣如雷的声响,在深不可测的地层里溶了泥浆和浑水。

他难道希望妻对他拉回的东西袖手旁观,让他自个动手?难道希望妻把香烟被面什么擎在手中向全世界宣布?难道能够说清他的世界的所有一切?他不知道。

很多时候,他满载一天积在胸中的话语奔回家中,都被妻的曲解和陶醉驱散得一干二净,使他一天比一天感到无底的寂寞。妻从没有听他说话的欲望,也许因此他更加没话,也许是他的没话使她渐渐丧失了听他说话的欲望。但妻善于感受,善于从他弄回家的东西中领会领导对他的赏识器重。从而她总是不断从他身上发现优点,诸如把他的话少视为沉着稳重之类,以至于对他的爱不断加码让他无法消受,夜里一边指使她那细软的手指在他肩上没完没了地搓揉,一边喋喋不休地讲述邻居谁谁夸他能行,十八岁就给人人眼红的养殖场"头儿们"开车,一干三年,于是她便骄傲而又自得地问他:你怎么会有这么大的本事?妻的手不屈不挠地从肩头揉至胸部,使他感到气闷和一种道不出的压抑。

妻的骄傲也许并不过分。在汽车司机一竿子能撩着好几个的今天,在整个乡办企业汽车司机半年一次大筛换的今天,他三年不离"五十铃",三年不离养殖场,不能不算有本事,那些有头有脸的龟孙们如盯一个密码一样盯住他,之后吐出一串饼子味十足的话语:"'号外',是哪样功夫降服了海龙王?"人们把养殖场场长视做海龙王。养殖场是乡上最最冒油的企业,每年收入近达一千万元,人人又晓得一个小车司机的油水儿。三年前曾撤换两个司机,据说一个精明过人,一个能说会道,可却偏偏试用上他这么个没根没底又拙嘴笨腮的人就一用不换。

暗夜闪着碎玻璃镜片一样的星光,他不止一次在漫长的难以成眠的夜里用目光陪伴着它,思索着妻的问题:我到底有哪样本事?

这不但是妻的奥秘,也是乡上所有工人的奥秘,"那个央子,怎怎有本事?"(他们把不出力又挣钱的叫做"央子"。)过了好长一段时间,他才在海龙王一次酒后略为不慎的谈吐中,对此奥妙有所明了。"你这'号外',单是嘴紧话少这样,就叫我放心,跟老婆都不露。"当时,他如听到一件世界奇闻,惊呆万状——

在木讷的唔唔声中,差点将"五十铃"开进一家砖场的窑地,幸亏不久就辨出了其中味道,将车打向正路。他明白了海龙王此话的含意。

海龙王还是第一次在他跟前露出他的惶惶不安——听说养殖场场长县里另有打算。他们在更深夜半,敲开县委组织部长的家门,鲜鲜两兜对虾直熏得部长不知所措。部长态度明朗而欠和蔼,拒绝接受,并哆嗦着单薄的睡裤瑟瑟发抖。海龙王犹如一只活鳖几乎弓腰屈膝:"部长,收下吧,这是场里工人的心愿,养殖场能有今天,还不全仗您为我们选送的两个技术员。再说,再说,您是通情达理的,收下吧。"部长打着战战在一股膨胀的气体中肆意奔放了睡意,眯缝着原本就细长的眼睛为两兜对虾找到了新的位置。坐上小车,海龙王一反常态破口大骂。大概在他接近四年的场长生涯中,这还是第一次。如果不是听说当初把他清除乡机关的乡长儿子,党政大学毕业要回海边干一番事业,如果不是四年前那段虽算不得什么,但却不能不留下一块污迹的历史,打死他都不会拜在部长门下。他相信他干大事业的才能。虽然只有他了解海龙王的慌张不乏好意——他怕他亲手抓起的养殖场被一个刚出校门的黄毛小子断送,可当看到平日威风凛凛,近五十岁了且腰板挺直的海龙王一下子降为一只活鳖,他胸膛不知不觉涌上一股冲腾的液体,这液体叫他感出了汉子的躯干在隐隐作痛,如倾斜在车轮底下的枝干被碾成碎片,一阵难耐的恶心和头昏。海龙王似乎有所觉察,渐渐恢复平静。"开回家吧。"把海龙王送到家后,他这样命令他,透着深切的关怀。如此黑夜,不开回家,难道要他摸回家中?可语气中的关怀和信任是不容置疑的。妻敞着一面被角等他,那里溢发出暖暖的气息。"这么晚,又吃大盘子啦。"妻用妻的思维方式，席卷了他寒外初归的所有感念，同时也席卷了他的整个躯体。他不十分情愿地被淹没在妻的爱之中。妻对他的无语，似乎达到狂爱的地步……

一个极其偶然的机会，海龙王遇上了他的妻，同妻谈了一席长长的话。更为偶然的是，据说妻第一次对同别人唠嗑产生兴趣。

于是，在海龙王的心目中，他的"号外"便拥有了更多，更丰富的内容，不单纯是个子、脚，还有嘴，都是与众不同那一号的。在许多人多的场合，海龙王不失一切时机地大声喊他"号外"，含而不露向人们炫耀有这么个司机的得意，并且他的得意因为含而不露而得到进一步升华。人们，特别乡机关那些头头脑脑们也跟着附和以示恭维，说不清是恭维海龙王，还是恭维他。他们明白，让他和海龙王记挂着他们的笑脸，在今后虽是有利可图可却并不十分通达的仕途中，说不定会有几次白捞百八十斤鱼虾的小小机会。他是海龙王无法分割的一个臂膀。最初的司机生涯，他常为得到乡民们不可企及的官们的笑脸兴奋得七窍生辉。可是，后来一次换届选举之前衣冠楚楚的官们一如热锅蚂蚁，惶惶不可终日纷纷找他借车，上窜下窜运转三五烟和老龙口酒的残相，和因为鱼虾对一个刚满十九岁男孩做出的可怜笑脸，使他大大茫然了，好似动了一次大手术，把他那根乐于对此兴奋的神经切除。至此，如果不是海龙王记挂着谁的面子，偶尔差他捎点鱼虾，他便一律不予理睬。而他越是不理睬，官们越是把笑脸做得精彩，直至有一天妇女主任见他把车停进机关院里，现从二楼跑下，冲他大呼小叫"号外"，就像"号外"是什么天外来客。他以为妇女主任年事已高得了什么健忘证，误把他当成纸箱厂的司机小王，小王新近结婚需要办准生证。"号外，嘻，你，你结婚吗？年龄不够没关系，我给你想法儿，嘻……"妇女主任将笑堆进脸上每一个褶子里，如一朵霜打未谢的秋菊。也难为她这般年纪——他母亲的年纪。如果把妇女工作和计划生育看成革命事业，她已有三十多年的革命历史，那年月计划生育搞得紧,她带头挨门逐户动员妇女节育,惹得一些嘴欠婆娘无边无际诬骂,直骂到祖宗的祖宗。不久她丈夫半身不遂,应了婆娘咒语似的。据说她娘家日子挺紧,双亲兄弟理直气壮把老人送她妇女主任抚养。在乡政府不算庞大但却臃肿的机关里,如今属她权限唯有一张准生证,且还得有计划生育委员会参与。出于对一个老者的理解和怜悯,他舒缓了脸上平常紧绷的肌肉,事后还背着海龙王,送去五十斤肥蟹一麻袋海红。他只说本家一位姑姑病重,馋口海鲜,海龙王就龙飞蛇舞在一张纸上批了字。海龙王女儿结婚年龄合格,不需破格走私准生证,因此只得背他,以免破坏他的社交规则。妇女主任脸上那朵秋菊蓦地变成无数朵,甚至眼眶盈满潮湿的东西,前言不搭后语地吟呐"号外……外……号……",她不很宽绰的两个屋子破旧不堪,除了老人病人,再只有两口老柜。炕头炕梢守病人默坐的两个老太顽强而固执地欠身给他让座,扇出一股类似烂葱烂瓜的腐臭气味。病人也在顽强地动身让座,可他的顽强毫无所用,他仍然缩在属于他的那角土炕上,向他露出一排浊黑的牙齿。他已没有了笑,但他能从他松弛的皮肉艰难的抽搐中,感出点什么,他向他点头。顷刻,几双瞳孔全然对他失去兴趣,纷纷射向门缝外边鼓鼓涨涨的麻袋。秋菊已不再是秋菊,简直成了一片败落在初冬里的桑叶,丝纹清晰,枯黄无光。他这汉子的心也似被什么濡湿,半晌说不出一句话……他和妇女主任,一个有着两年的开车经验,一个有着三十多年的革命历史,在这两年和二十年之间,是什么东西残忍地又毫无道理地划开两个无法思议的区域……他理解那精彩的笑脸,他们完全有理由把笑做到更精处。他们因为革命失去了很多,应该有小小补偿的要求,哪怕这种要求不怎么高尚和高明……从妇女主任家跳上小车,他的宽容和理解几乎达到忘我境地。

每逢海龙王大张旗鼓地喊他"号外",乡长听后,都瞅眼前没人的什么时候,拍着他的肩膀:"小子,溜溜的。"那意思是说被海龙王摆布得溜溜转。乡长灵活的眼神中有一丝不易察觉的妒意。他没有什么办法,换成谁让他伺候,他都这个样子。乡长大概一日盛似一日悔不当初。海龙王原先也是乡长,副的。因为支持暴发户倒卖汽车又接受一台彩电,在打击经济犯罪运动中被人上告抓了典型。都说上告的就是乡长大人,谁知道呢?反正即使是,也是为了改革。在后来另给副乡长寻谋退路的时候,乡长提出建议:去养殖场当场长吧。那时养殖场才只有两个虾圈二十几号人,那时全乡大小二十多家厂子,唯有这一个"场"长。"场"长跟"厂"长给人感觉毕竟不同,"场"没有摆脱土字。县里同意乡长的积极建议。副乡长不愧为能干又敢干的角色,吞下一口气之后,腾腾走马上任。于是,东山再起,养殖场完全是另外一番景象,重新扩建二百多个虾圈五十多个鱼池,用兵两千,破天荒从县里要来两个大专生当技术员,买了日本"五十铃"。全乡他第一个坐上专车,成了远近闻名的海龙王。也许赶上目前形势有利水产养殖大发展,换成谁都免不了走上这一富路,可是海龙王不这么觉得,他感激乡长,说不是乡长他不会有今天,至此他隔三差五网上一兜鱼叫他送走:"啵,捎给乡长。"

他不知海龙王出于宽容还是某种政治需要,反正每次乡长都无比惊讶地瞪着他,仿佛他有某种需要,"'号外',有什么事你直说……"弄得他心窝直岔气儿。是在乡长的推理中海龙王不会如此胸有气量——不记恨他当初的"积极建议",还是他本就不想感受海龙王的如此气量,他大感不解。直至有一天,乡长煞有介事地告诉他我已同××打了招呼,你结婚登记不会有什么问题。好像经过半年的思索,乡长终于从他十九年的生活中找出一件急需解决的问题,好像他捎鱼给他就是为了登记结婚。他犹如一条干虾直愣愣晒在那里,久久吁不出一口气。

他的婚事无意中得到乡长和妇女主任的热切关怀,热切得叫他不知所措。十九岁的年龄,也许还是个糊糊涂涂不知道何为成家立业的年龄,可却早已有了对女性的追求和向往,特别他过早干上乡镇姑娘眼红的小车司机,吸到驾驶室玻璃窗上火热多情的目光,一日强似一日扇动他那颗年轻的心。他感到被太阳映红缀在枝头的累累果子中,有一颗是属于他的,他感到气体中充溢着一股让人醺醺欲醉的芳香,这芳香愈发不可抗拒地向思想、意念以及身体纵深浸入,尤其有乡长和妇女主任的积极指引。

他的早婚登记在乡上也是例外,"号外"那种的。

二十岁的妻是个山沟女子。他以属于他的权力扬弃了所有城镇户口条件优越的女孩,对海龙王女儿的软缠硬磨差点动之以拳,他受不住她们虽然表达爱慕却偶尔暴露的傲慢。海龙王并没对他施加什么压力,大概在他的心目中,作为一个小车司机他还是欣赏的,但作为女婿,会转几圈方向盘实在算不了什么。妻是过惯穷日子的人,知道节省,知道对得来的每件物品加倍爱护,以至于对每件物品都有细致入微的情感体验,跟海龙王外出送礼,若有剩余他都让他拉回家里。海龙王确是个大手大脚有气量的家伙。妻会对着散发冲鼻腥味的鱼虾吟吟哭泣,说她想到山沟里大半辈子没沾上海腥味最终死去的老爸,想到一家人每说到海物就半夜睡不着觉起身搓麻绳时的沉闷叹气。如此,妻会对着被窝里狭窄的空间,如数家珍似的把记忆中寒酸的往事向他数道不休,仿佛那寒酸的往事是搁浅在海滩上的金豆,她要费尽一切心力将它拾来⋯⋯直到他憋闷得透不过气翻身而去,直到他进入一片混浊、荒漠之中。

他也有过妻这样的时候,那是最初,海龙王一句话便脱掉他油渍疙瘩的工作服,换上三百五十块钱一件乌黑油亮的皮夹克,他那双视力极好的眼珠子外边也架起了价值八十元的镜片,他激动地在同学赠他的红皮日记本上写下一句以为终生难忘的话:幸福选择了我。可是后来,同飞黄腾达的养殖场,同见多识广的海龙王一道介入千万价值建起的社交网络,他便丧失了对得来的物质的快乐体验⋯⋯他料定,妻永远不会理解他这"号外",他不想改变妻对物质丰富复杂的情感体验,妻也无法培养他的情感体验。他们之间没话。

他们的媒人,养殖场食堂伙食长对此大感不解。他也在从同海龙王频繁的接触中,嗅出他这"号外"的内在含义和被重用的奥妙所在,龇着一口黄酱一样颜色的牙齿溜到他跟前:"央子,真搞不懂,我对女人从来藏不住秘密,你就能行?"别看他满口黄酱,却有三个相好的,被称为之一之二之三,海滩上柔软的小坝一天一换各种不同的花鞋印,对此,不知为甚,他老婆视若不见。海龙王从不敢慢待之一之二之三,在秋上收摊的季节,之二忙中偷闲,把蛤蜊肉一个一个扒进塑料袋掖在腰上,下班路过检查岗斗志昂扬地轻风般而过。海龙王装呆作傻。海龙王深知,他同黄酱做下的种种秘密,都在之一之二之三的账本上记着,倒不是这秘密有什么不可告人之处,关键是小小风传也很让人讨厌,招惹她们,不值。如果不是黄酱大姨姐的小姑子在县里当县长,他早就把他踢到门外,不用丝毫考虑。在养殖场,黄酱的权威不比"号外"逊色,他从不对他溜须拍马。在黄酱看来,他若是个正常人,就该和他一样,总要有个交心的地方。而一交心就不会得到海龙王的重用。他并不对他能夹住尾巴永不挪窝不满和怀恨,他只是觉得他不正常,不可思议。

瞪着那口黄酱他无言以对,他甚至产生一种莫名其妙的妒意,妒忌他有那么多可以交心的人,妒忌他能够向别人交心。细想想他有什么跟常人不同:海龙王花八百元钱请市科协两位头头那次,老妇联主任窗口偷偷塞进掌心一张准生证后,脸又笑成菊花那次,还有海龙王夜半成为活鳖那次,他都有种种触动,他都想同谁发泄发泄。如果在那跟外界截然不同气氛的两间屋宇中,有一种能够发酵他情感的气息,如果在见他塞外初归郁郁不乐的时候,妻有着种种猜疑和询问,他难道不希望憋在腹中的话语在另一个理解自己的人那里产生共鸣?

事情就这么简单,一切都没有发生。妻有妻的世界,妻没问,他没说,外人就难从妻的口中探出关于养殖场的大半秘密,他就讨场长喜欢,就开定"五十铃",就不断有鱼虾拿回家里,就不断有新娘拉(不知谁的规定,拉一次新娘给司机一床被面),妻就不断体验陶醉,他们就永远没话。

终于有一天,他对妻的忘情忍无可忍。那是整党动员大会开过不久的日子,那是个阴昏无光的天气,太阳隐在深厚的云层里,妇女主任在一条人流稀少的岔路口向他小车摆手,之后,顺他摇下的玻璃窗口塞进两条香烟。不待他反过味来,她就留下一句意味深长的话扬长而去:"'号外',我不会忘了你。"她没来得及把笑做完。她步履匆匆。他木然,已掂不出两条香烟的分量和内容,只感到天渐渐地黑了下去。

他把车停在门口,妻意外地没有出来迎他,这倒使他略微感出些痛快。推开屋门,只见妻将柜中所有拉新娘赚来的被面倒腾出来摆在炕上,妻的神情犹如一位伟大画家面对他的伟大作品,嘴里还喃喃自语:四十床,四十床。难怪她没有迎他。她敏感地从他鼓胀的腰包中搜出香烟,激动地晃晃头。妻不善大声喊叫,即使在最最激动的时候。他眼瞪瞪看着妻,大概目光有些发直。妻做了一次迅速的扫描之后,娇柔地叹口气。"我发现你话越来越少,怪不得人们喜欢你,还给香烟……"他感到脊背凉透,一只茶杯啪的一声碎成八瓣。妻收拢喜悦,惶惑地望着他。

妻也许并不贪婪,并不过分。妻的生活并不需要说什么话。只要有丈夫,丈夫能平安地往家挣钱,挣回东西,就是她的快乐。她生活在那样一个穷困的山沟,父母过早下世,大哥因经济困难娶不上女人逃到北大荒;二哥三十岁上结婚,前年才从草棚搬进石房;三哥一年四季在外边当盲流,撇下嫂子和孩子;四哥刚娶媳妇,拉着一千块钱的饥荒。她的姑姑姨姨,所有亲属都在秃岭山区,都没享过富足的日子。逢上风和日丽,骑车蹬上一百里山路把鱼虾被面不断地分送出去,她便拥有了安慰和乐趣。

他收拢铺在炕上的所有被面,在一阵紧张而又憋闷的气息中囫囵躺下。妻久久地站着不动,无声地抹着眼泪和鼻涕。妻没有使性子,山里女子有极好的品性。她用温水浸湿毛巾为他擦脸,做完所有地下活计才上炕来,揭被子的动作极轻极轻。"你还嫌哪样?"妻搂住他的脖颈。

他还嫌哪样?他是个了不起的"号外",是乡人眼气的海龙王的心腹,他得到了应该得到和不应该得到的,还嫌哪样……他长长地将一口气吐入安静的室内。

"我发现你越来越气粗,不能这样,我们生活好总得想想不好的时候,能行了还得想想不能行的时候,不能这样……"

妻若再有几次这样的柔情,他说不定能做出什么样的傻事。

乡里举办迎新春演唱会,海龙王通过电话,把他名字报到机关。乡长和宣传委员大概被海龙王的消息惊呆,电话那边好长一段时间没有声音。"喂,听见啦?记上,我们参加演唱的是'号外'。"电话那边仍然没有声音。最初发现他有歌唱才能的还是妻,就在那次不久以后的一个晚上,妻郑重其事跟他说:"我又有一个发现,发现你这几天经常唱歌。"他平素最怕妻对他有什么新的发现,妻一张嘴,他就毛骨悚然四肢无力。他受不了妻从他身上发现什么优点之后派生出的情感,这情感会使躲躲闪闪流在体内一种类似恶心的感觉趁机膨胀,有如唾液渗入麻药吞进腹内。经妻的提醒,他才有所警觉:在一个人毫无道理向他做着笑脸的时候,在送回海龙王,一个人开着小车行驶在坦荡的公路上的时候,在为又拿回家一床被面十分焦躁和沉闷的时候,在妻不厌其烦数点被面和寒酸往事的时候,从他胸腔一条窄窄的小道处,伴着周而复始的呼吸和愈来愈重的叹气,游游荡荡流出一股气韵,这气韵逐渐在膨胀、扩散,有了声响,那声响后来变得具体、生动,他便开始了放声歌唱。唱我们走在大路上,唱暮归的老牛是我的同伴,唱属于你属于我属于我们八十年代新一辈。他虽唱出了歌词,却并无实际内容,因为他毫无半点自觉。他不知道,也没想用自己的歌喉弹拨谁的心弦,他只是觉得,他太憋得慌,太想唱。他还觉得,在他唱歌的时候,眼前有一泓无边的蓝莹莹的秋水,灿烂的早霞在水面上撩起无数透明的光波;之后,太阳掉进一片汪洋水泊中,水火烹炸,宇宙沸沸扬扬飘满金色游丝;之后,呈出一个无味、无物、无色的世界,天地融为一体。他喜欢这一片空白。

不知什么时候,黄酱和海龙王都有所发觉,之一之二之三像发了统一号令,一齐拥来缠他唱歌。之二一边催促,一边讷讷地张嘴企图有所表示,看样子他真的唱了,很难说她能否再成为黄酱的之二。实在好笑!让之一之二之三这么一闹,他的"号外"似乎更加货真价实。

"央子,怎么搞的,怪才。"竟然有人说他有"才"。

消息很快传遍机关,那些平时见他从窗口竞相探出的笑脸的人一下子把身子脑袋都从楼上伸下来:"'号外',才子,这次新春演唱会定给大家来一个。""'号外',来一个。想不到是个才子!"他们并不像他想象那样来他身边,蓝黑相间的眼球在他身体上下慢慢一轮,瞅瞅这小子像不像那么回事,而只顾加足马力喊着才子才子。他明白了,他们并不需要知道他究竟是不是"才",他们只需要一个能够说他是才的机会,他们同之一之二之三完全不同,当然之一之二之三有个黄酱没有什么必要和他们相同。

妇女主任起先还把眼珠在他身上转了一转,而转到一半便有所觉悟似的,上手就要拽他:"走,唱,演唱会一定唱一个。"那架势仿佛演唱会马上开始……

他们真搞错了,干吗等到演唱会?他现在就想唱,他的歌已在那条窄窄的缝隙里徘徊,鼓涨……

可怜妇女主任,有了这支歌,她就别再梦想五十斤胖蟹一麻袋海红了。他想。

他把要参加演唱的事情告诉妻,妻乐得一高跳起,若不是她双手勒住他的肩膀,真有可能昏厥过去,妻已怀有五个月的身孕。待她平静下来，又腆着隆起的腹部翻箱倒柜，为他找衣找裤找袜找鞋。过后他对他的缺乏冷静愧悔无穷，因为妻把她家乡小英子小兰子小什么子的对象跟他比较了半夜。

他的歌岂能拿上台去唱给观众，五音不全不说，没一支能够从头唱到尾。他说不明白怎么就答应了宣传委员，平生第一次做这样冒险的事情。头几天还不以为然，临了，却浑身抽筋有些招架不住。"怎么，害怕了？"海龙王洞察秋毫，一再追问是不是怕了。他深知他唱歌的确切水准，又深知他那半开玩笑的推荐为什么会得到那么多的随声附和。海龙王是世界上对他了解最多的人。他的一再追问是想给他提供一个下台阶的机会，可他并没有就势而下的意思，他连说不怕不怕。真是邪门儿。

演出那天，乡长办公室里，乡长和海龙王一齐为他打扮，据说乡长搞过三个月的服装设计。这是在他的记忆中，乡长和海龙王的第一次合作，对于他和乡长的单独接触，海龙王从不干涉，甚至更多地为他提供单独接触的机会，过后再老练地探问乡长大学生儿子的去向。海龙王知道鱼虾对他喂养的效果，他不是个忘恩负义的人。可是每次都令海龙王失望，因为乡长除了夸他"号外"之外，从来别无它话。乡长是个老干部，他不会有这样的过失。当海龙王也明白了这样的道理，常常无缘无故拍他肩膀：号外……号外……他无法知道他话语中的全部内容。到乡长办公室化装，也是海龙王的提议，乡长并没因为海龙王又到他跟前显示"号外"而有丝毫不悦，反而乐得脸腮肌肉打卷："'号外'，给你们场长争光啊。""你是场长的心腹，你干得不错，就这么干下去，没错。"乡长一边给他分领带，一边慈祥地端详他，尔后十分满意似的深深点头，以往的妒意消失得无影无踪。

不知怎么，乡长点头的刹那，他心倏地一动，他隐隐约约感到了一个意味深长的什么。他看海龙王，他仍然满脸赔笑，替他扯衣拽裤，与乡长的配合更加融洽。只是那笑有些过分。

他大脑空乏如洞,可却出人意料的坦然。他迈步走向舞台,他觉得平时开车缺乏站直锻炼的腿骨蓦地舒展开,裹在西装里的双腿显得无比修长挺拔,他觉得自己那么高大。台下拥挤不堪,人头攒动,刚才还是闹闹哄哄的,因他上台一下子鸦雀无声。唱什么?唱哪首?他空乏得很,可是他却走上了舞台,如此坦然地走上舞台。他注视台下一张张充满期待和不乏惊讶的面孔,他看到黄酱,看到之一之二之三,看到宣传委员、妇女主任,看到乡机关所有头头儿,看到妻被簇拥在头头们的座位中间,看到乡长……没有看到海龙王。海龙王走了?!当他清晰地意识到这点,便感到胸腔有东西在动,慢慢地涌上喉口,最后百折不回径直汇入大厅的气流之中。于是,台下所有面孔都悄悄隐去,隐到一个不为人知的世界,他眼前又是一个秋水扬波的开阔地带,水天相融,一片空白……

他不知他连唱了几首歌,什么歌,也不知哪首歌无头哪首歌无尾,当他从那个世界回来,台下掌声雷动一片轰鸣,乡长为首的头儿们频频向他招手,大概手伸得用力过猛,脸蛋发紫眼睛发直,妇女主任竟把妻抱在怀里,眼泪直下。

十分意外,海龙王和他秘不可宣的默契,使他的"号外之歌"获得空前成功。

当他被激动的情感浸泡着迷迷糊糊走向后台的时候,宣传委员一高从身后蹿出,嗷嗷直叫:"不好啦,你的妻昏过去了。"

1988 年《作家》第 8 期

暮旅

公共汽车到达终点的时间不是太早就是太晚,九叔只好一个人登上冰浴沟开往丹东市的个体客车。临上车时,儿子从窗玻璃缝挤进一句"当心啊,爸"。儿子额头锃亮锃亮,这快活的光亮跟那句沉重的嘱咐那么不协调。

九叔心里发笑,年轻人总好自作老练,三四十年工作都这么有板有眼地干了过来,就这么个旅行,有限的几天,虽说一生中从未有过今后也很难再有,可它毕竟没法跟三四十年一生时间的旅行相比,倒是,自己上了年纪,又是第一次一个人进京,无论怎么说儿子都不能放心。

客车在石子路上启动了,九叔笑微微瞅着儿子额头那点光亮消失在路的尽头。他理解儿子,他能理解所有人。三四十年,他只靠一个理解深得人心,直至这次离退,乡上的欢送饭差点吃成忆苦饭。他说完一席话一桌人眼圈发红。他相信红眼圈不是能够装出来的,无论他升成什么官什么长,人们仍叫他九叔。

似乎也是好人才有好的报应,失散了四十九年的十一妹竟在他六十岁上来了音信,要他速去北京。这事好就好在是他离休回家闲来无事的时候,好在闲来无事一日胜似一日怀旧的时候。十一妹是在日本鬼从南尖冈登陆那天晚上失散的,一家人认为十一妹早就喂狗喂狼或是喂了海参。她是怎么活下来的简直不可思议,十一妹已是日本什么建筑工程学家,她日盼夜望回到故乡见到亲人,且不想见到亲人之日正是巴黎国际建筑工程什么研究会召开之时,不能回乡。十一妹要求健在的哥哥去京一见,必在三天之内赶到,如果此次不能成行何日再见不可推想,他年去时人难在,一定要亲人见一面。

三天赶到。三天一定能够赶到。从冰浴沟到丹东五小时,下车等两小时就可坐上开往京城直达快车。只要上了火车,坐上两宿一天,京城就近在眼前。九叔没有上过北京,可是这条路线他听儿子和乡上去过北京的人说过,他倒背如流。

三四十年,也可说这一辈子,九叔都没出过丹东市,这个体经营的客车,也没有坐过。旧年月当队长到大队上或乡上开会,除了步行,就是赶上马车;后来自行车兴时,他骑了自行车;再后来当上乡长,自然要上县,上市开会,可是那总归叫后来,后来乡上确有了自己的"五十铃",车接车送极方便的。他倒是很不情愿这么像个县太爷似的,可乡上年轻人说他老脑瓜,缺乏时间观念和节奏感。虽然到终他也没搞明白这时间观念是几百斤亩产节奏感是多少斤苹果,他还是宽容了年轻人。年轻人嘛,火性子急脾气又好体面。他也理解如果他不坐"五十铃"年轻人谁也不能坐。于是坐了,山民们见他坐上专车并没多大反感,同往常一样见面热气扑怀。山民也是极理解人的。

汽车刚开不过十分钟,就停了下来。这里不像是什么车站,却有两个上车的旅客。车内马上有人低语:"不是车站干吗停车?"没人回答。随着上车的两个旅客,车厢内立即散发一股臭烂不堪的鸡粪味儿,由此可以断定,硬塞上来的两个鼓涨涨麻袋里装的是活鸡。冰浴沟这一带家鸡全国有名,鸡大蛋大色鲜,县志上有专门记载。小贩们往丹东市火车上贩一次,一只鸡净挣三块五。九叔过去只听说这条路上有鸡贩子,从未亲眼见过,今天看见了,面目黧黑,头发如同刚从泥坑里拽出的乱麻,焦黄黏腻,仿佛粪便气味是从那里流出的。可以想见把沾满鸡屎鸡粪的麻袋扛在肩头,一个来回一个来回,忙于奔钱不得时间去洗,那头顶发丝之间的世界该是怎样一番热闹景象。他们是赚了钱,可钱赚得不容易。两位鸡贩子大约四五十岁,比起九叔,离休了还一月七十多块钱工资,他们真不容易。九叔知道山民的经济状况。靠向阳坡上几块山地,靠阴坡丛林中几棵草药,日子紧巴得可以。有点板眼的,有点力气的,都出山做点赚钱的活路。九叔跟山民有着血缘的感情,他极能理解同情他们,每次去县城开会,如果"五十铃"后斗空着,遇上乡路上拎筐拎篓步行的小贩,他都要司机停车捎上一程。司机虽是不悦,内心却深为九叔的宽怀知情打动。"乡长九叔那人,没有那么宽怀的了。"乡上人都这么说。

即便不是车站,停一下也没什么了不起。停一下是对的,不该埋怨司机和乘务员,司机乘务员必是深解旅客心情的。九叔心里这么说道。车内很是拥挤,每颠下一个冈,站着的旅客都有喊踩脚和胳膊痛的。阳光从车窗上斜斜射进来,狭小的空间顿时被一层薄土浮满,待薄土渐渐沉去,落在每一个旅客的胳膊上、肩上、衣领里,车内的空间就透出光洁洁的明亮。

窗外宁静微绿的山野,很能让人想起遥远的什么,想起前面的日子和目标。九叔的生活已没了什么大的盼头,而这次旅行在他人生当中却是辉煌的一次。进京并不重要,充实离休后空乏的生活也不重要,重要的是能够见到十一妹。三四十年来,为党、为工作,只有这次,是完完全全为自己;只有这次,他不是村上乡上什么长什么官,是一个普普通通的百姓。他将代表死了和活着的全体兄妹去见十一妹,见到十一妹,他的生命才算完整,死也瞑目。出了这条五小时山路,坐上开往北京两夜一天的专列,他就可以在第三天上午九时见到胞妹,晚一天都将成为泡影。

当然是不会晚的。

汽车驶进青城小站,站小候车的人却尤其多。车还不曾停稳,车门口就挤蚂蚁一样挤满行人,当乘务员打开车门,一堆人竟充塞在门口无一能上,连退都不可能。"慢点别急,慢点往里去,别急,越急越上不来。"乘务员的喊声像撕裂一块织锦缎,都快划破车内乘客的耳膜,对门外的人却无济于事。每个人都在用劲,每个人都无法前进一步,几双手一齐握住门柱,相互僵持、对峙。

"不上就开车吧,司机,我们赶火车呢。"车内有一人吼。

这句话的刺激,终于从平衡的力气中拼出一个穿着崭新的年轻汉子,跟着,青男绿女顺汉子挤进的缝隙鱼贯而上。麻袋里的鸡受了拥挤或是惊吓,咯咯咕咕起劲地叫。青城上车的乘客有一明显特点,男女着装都十分整齐新鲜。挤上车后,松一口气,笑声说话声就张扬开来,像挨了棍棒的雀窝,闹闹着要什么姐夫统一买十三张票,买四角钱一张的。

九叔终于明白,上车这伙人来自一个村子去往一个目标,到四十里外谁家串亲戚,是什么姑姑姨姨姥姥的儿子结婚或闺女出嫁。

"一家人挤这德行。"前座一中年妇女低声说。

"司机个毬,长途车拉这么近路的,耽误时间。"身旁黄毛小伙子愤愤地咕哝着。

九叔没有吭声。他细细瞅一眼身旁和儿子年龄相仿的"黄毛"和前座那位妇女,"黄毛"唇上不很硬朗的胡须微微颤动着,换成儿子也会这么激愤这么苛刻,为达自己目的不顾别人的一切。年轻人总是好理解的,可中年妇女就不该这样,这种年龄的人应该学会宽怀。可以想象,山里一家一户的日子又累又熬人,没个闲时闲日,没个穿新衣服的机会,没个在一群人中做个重要角色的可能,终于盼来一个,孩子他小姨或是他小舅结婚,这当姐当姐夫当哥当嫂的,怎能不去? 怎能不抢上车? 假如因为用劲和没用劲就有了去上和去不上的可能,那去不上的有多遗憾。

白盼了一个月,白穿了一回新衣,白准备了一天的猪鸡鸭食和上中学孩子的午饭。是的,他们应该挤,应该去,就是不该挤这趟长途汽车,长途车要赶路赶火车,他们满可以坐开往县城的短途车,满可以。可是,很可能因为坐上这次车就争取了十分二十分也可能一小时,而不是把时间空耗在等车的小站上,他们可在这十分二十分钟内,在孩他姨他舅那里,多听几句别人夸自己衣服怎么怎么是样儿,夸自己两年不见,一点不见老相,还比以前白胖了;多几次被人找,说哪个是他姐他姐夫找来看看,多说几段家乡的事儿,把那段山里新近发生的杀人案子也不忘说出去,还有丈夫的体贴不体贴,老婆的能干不能干。九叔太明白这山里人家打发日子的细事琐情。当大队书记那几年,每要赶车上公社开会,他都吆喝有没有上集串门的,儿子对他这手强烈不满,说他多管闲事,说他精力过剩。儿子那时还是个中学生,中学生着实什么都不懂,人宽怀些有什么不好?! 儿子哪里知道那几年逢年过节送礼的都是因为什么? 倒不是说送礼就好,它起码说明一个问题,人是应该宽怀一些的……不待九叔想得尽兴,这伙串亲戚的青男绿女到站,叽叽嘎嘎一个个张皇着脸蜂拥着向车门挤去,也在车门口卡了足有两分钟才像从麻袋里掉出一堆砖一样掉下汽车。青男绿女不无留恋地望着车上所有人。

该下地下了,车还不开,"黄毛"站起来,气喘吁吁,"唉,我说,还不走嘛,老停老停够意思了,哪有这样的长途车,还要赶火车呢。"身后一帮人也跟着叫嚷开来,"不像话,要赶火车呢。"

"不急,到站两小时后才有火车,司机下去解手了吧。"九叔安慰道,身旁的"黄毛"斜了斜九叔,粗粗喘口气,没吭声。

汽车终于开动,拥挤嘈杂的车厢趋于平静。九叔想,这下该开了,小伙子,别着急,不会误车的。

车开得极平稳,山野之间一群群采药的妇女向客车投来羡慕的目光。九叔由那妇女,又想起了十一妹,想起若不是在那个晚上失散,十一妹兴许和这些采药的妇女一样,背着背篓,往返于山林和锅台之间。事情都有它的多侧面,坏事能够变成好事,命运很难说被谁把握。十一妹,十一妹,你如今什么样子?

九叔在轻轻的呼唤中,眼里的山野已渐渐缩小,变成一个迷蒙的所在,没一会儿,他就进入混沌之中。耳边依然响着汽车吭哧吭哧向坡上牵引的响动。

不知又过了几个站点,又上了几拨人,九叔被一片震耳的嘈杂弄醒,睁开眼睛,原来在他身旁的"黄毛"已骑在车座的脊梁上,大呼小叫要退票,不退票就把车窗打碎。车内齐嘈齐闹,闹长途车不该老停老停,本来已经很挤,又要上一帮带行李的民工。这时九叔才发现,车好像已停了好长时间,民工们正在顶棚绑行李。乘务员又要按行李收费,根本不顾车内的骚动。看表,已晚点四十分钟。"黄毛"趁他看表的工夫,爬过脊梁,要从前座跨向过道,出去退票。九叔一把拽住,"小伙子,别太气盛,不会晚点的,汽车怎么也得考虑乘客。"

"得了吧老大爷,他还管你。哼,你得明白他为他你为你,你要赶火车,他要多拉客多挣钱,怎么保证再不耽搁。""黄毛"一边喊一边挣脱九叔的手,猛揉猛推向前边挤去。

原以为"黄毛"是说大话的,没想到他真要退票,九叔平平地喘了口气。年轻人,真是没法,看他这一路生了多少气,折腾多少回,都为他赶火车,赶火车是挺要紧,可也不能因为自己赶火车就不准个体车多拉客多挣钱。个体车就那么容易?一天一个往返十二小时,司机乘务员要比乘客累好几倍。在乡上听人说,如今交通监理、加油站、客运公司对个体车横加勒索,公家车车头坐人没事,个体车车头坐人罚款二十,一不小心停错了地点还要罚款三十,这三十二十的,不从多拉客上赚出来又有什么别的路途?

随小伙子一道,那位中年妇女,还有十几个着急赶车的男女也跟着往前去。九叔禁不住替乘务员捏把汗，若退掉这十几张票，就等于拉那帮搬行李的民工得不偿失，如不给退，年轻人能饶？九叔自觉不自觉亮了一嗓子，"别走，车快开啦。"

"开，开你就坐吧，这车就拉你们这号人最对！"不知谁扔出这么句，那话语中带的火药气味活像儿子顶撞他时的气味。只是儿子说的是另外一码事。那年是人大开会八点报到，七点半钟路遇马车拉一流产大出血患者去县医院，他把车转让给患者，开会迟到一小时上了县广播。儿子听完广播，筷子一摔大大恼火，"广播就是为你们这号人办的，岂有此理。""我并不为了表扬，你难道连病人都不能理解，这是做人之道。""什么做人之道，那是做官之道。有朝一日不当官了，你理解一把试试。"儿子年轻话冲，他没有应对，就像刚才冲他来的那句话，他不在乎。

一群人到底没听他的规劝，义无反顾挤下车，汽车登时松快了许多，乘务员见有这么多人退票，惶惶有些难为，一面说马上就走不能晚点，一面握着一卷行李掂分量收运费。九叔终于有些急眼，如此情景，过数十几个行李，退下十几张票，要待何时？"黄毛"上前拽住乘务员的衣袖，"退不退票，快说。"没听到姑娘说了句什么，只见放下手中行李，乖乖逐个退票。个体车总是有些让人可怜，旅客没有时间保障，他们自己也没有权力保障。票退完，十几人一哄跳上刚进站的另外一辆大"黄河"。民工绑完行李，如数上车，一下子又把车厢拥满。停了二十分钟，车还没动。

一帮人退票的工夫，九叔有些吃紧，一个念头忽地从心底生出：万一真的晚点怎么办？晚点，对他来说多么可怕，这是一生中最重要一次也是最后一次旅行，一旦晚点，简直不堪设想……

这时，汽车终于动了，跟在"黄河"的后边向前开去。九叔舒了口气，那帮家伙就是性急，折腾半天，也没有提前多少。

按时间算，离丹东市还有四十公里，再有一个钟点儿就到了。到站后有五十分钟剩余时间买票上车,时间足够。九叔掐指算完心隐隐地有些不安,有些激动,好像是为到站,为上火车,为两宿一天之后那即将到来的会面。十一妹,为兄见你一次,也了了一辈子的心愿。父母过早下世,他们想不到会有今天,若能想到,他们绝不会那么急匆匆地走了。

车窗外的世界清新如洗,仿佛刚刚经历一场春雨,大块大块稻田有微风的吹拂,格外喜人。如果不是离休,九叔有可能坐着乡政府"五十铃"来这里转上一转,就这里的土壤情况,稻苗情况,肥力分配情况,做出一点什么安排。今日且不能了。失去的岁月总是叫人留恋,倒也不该有什么悲哀,他毕竟拥有一乡人对他的感情。三四十年,凭他对乡民,对政策,对上级,对周围干部的理解、宽怀,他得到了很多,赢得了很多,说不定,这次十一妹的回来,也是他赢得的回报。

汽车转出弯弯曲曲山道,驶进一片开阔地带,赭石山丘渐渐远去,公路两旁高大挺俊的白杨树后,稻田一望无际。车速渐渐加快,照这样速度,晚点是绝对不可能了。九叔把目光落在前边拉开距离的"黄河"屁股上,嘴角轻微咧了咧。到了,快到了!

突然一个急刹车,车体失去平衡,车厢里乘客向前倾去,只在一瞬,平静的车厢又喧嚣开来:"又停了,怎么又停了!?"

"前面修路。"乘务员很是理直气壮。

哦,修路。似乎因为这确凿的理由,喧嚣声稍微压低,可仍是有些人不肯闭嘴:"修路?前边车都过去了我们过不去?""没办法,就从我们这辆车开堵。""真倒霉,就差一步……"

修路误不了大事。以往下乡搞检查,上哪开会,路遇修路,堵下一长排车辆,唯"五十铃"独往独来。"五十铃"车体小,能钻空当,另外这一带的养路工全归冰浴乡管辖,养路工只认冰浴乡的头头脑脑。去年五月十九日乡政府召开各条战线表彰大会,九叔亲自给养路段第五小组第七小组发了奖旗奖品。这两组工人提前二十八天完成全年计划,保质保量。在乡政府开党委会专门研究养路工奖金数额的时候,他大胆提出五百元的高额,他深知养路工人风吹日晒缺饭少水野外作业的劳苦和艰辛,深知抢出一天一小时或一分一秒给国家交通运输业创造的价值。这一奖励的实施,全乡管辖的七百公里山路九个月统拓宽加固,二百公里公路半年铺完一半柏油。

仅一步之差,"黄河"已抛下一股浓烟消失在路的尽头。乘务员打开车门,要大伙下车伸伸腿直直腰。"妈的,真倒霉,昨晚梦里就不顺溜。"乘客骂骂咧咧离开座位。他们只是觉得窝火,并不急着赶车,要赶车的都已退票上了"黄河"。九叔不急不惶向车前走去,他看见站在车前摇小旗的黄袖标就是后屯小山子。双脚刚踏上地面,就感到有股子燥燥的西风扑面而来,裹挟着沙土和土地粪肥气味。

不待他转到小山子跟前,小山子就喜滋滋向他跑来,"九叔,您老出门。"一点没有当初要求找活干时的低眉下眼,也没有代表班组上台领奖时的腼腆,一只手卡在腰间,把黄袖标露在显眼处,一只手将小旗习惯地来回挥动,"九叔,您老别急,就停一个小时,也是没办法,明天就好了,我们今天抢下十三个小时,明天就可正常通车,明天正常通车,我们就可提前二十四天完成上半年计划,就可为交通运输总车次抢下三万五千小时……"小山子越说越溜,眉毛差点飞起。

突然的,九叔觉得有一种东西在心底拧成一股劲直往胸口钻。

"你是说必须等一小时?"九叔瞪起充血的眼睛逼近小山子。

"是的,是一小时,九叔,这附近有饭馆,就在这里吃点饭吧。"

"不,山子,我赶火车,就是再有五十分钟从丹东市发往北京的火车。"

小山子并没现出怎样的吃惊,两眼转向前边压石机喷漆机运沙车正工作繁忙的路面,退离九叔一步,久久没有正视九叔,"九叔你看……你本该要乡上'五十铃'送你。就是坐前面那辆黄河,也不至于……"

"五十铃","黄河",山子话说得太对,对得等于没说。

"你是说,必等一个小时?"

"是的,九叔!"

胸口那股劲儿越攥越紧,已死死揪住九叔,他两手用力在胸膛抓挠。六十一岁,他第一次有过这样的感觉,一小时,在他的生命中第一次体现得这么重要,这么不容伸缩,补充。

晚了。晚了。一切都晚了。九叔瘫软地蹲在地上。

什么时候发的车,小山子的小旗是在什么时候摇起的,怎样一步步走到车上,什么时候驶进丹东车站,九叔浑然不觉。他只晓得,鸡贩子扛走了装鸡的麻袋,民工扛走了自己的行李,每个人都拿去属于自己的东西朝着自己的方向去了。去了。他只晓得,刚进市内的某个时辰,有一声长长的火车鸣叫,跟着就是突突突突车体震动枕木的声响渐渐滑向远方……九叔麻木地想到,"黄毛"他们此时已经坐上往西北去的火车。他是应该赶上那趟车的。

可是他没赶上,他被孤零零抛在一个站点,断送了他一生第一次也许是最后一次旅行。九叔傻愣愣地摇头。假设客车不在不该停的地方停下拉了鸡贩子,假设不拉浩浩荡荡出来串门的青男绿女,假设不是个体车为拉民工挣钱,就不会落在"黄河"后边被修路工截住,就能赶上火车。假设这些停车都是正当的,而他同赶火车的人一同退票,去为自己拼力争取,他也能赶上火车。当然假设他坐的是"五十铃",他还是乡长,他将会有另外一个结果……一切都已过去,一切都只能是假设……

九叔木木地支撑着脑袋,站前广场尖尖的叫卖声和急匆匆的脚步搅成一团。"当心啊,爸。"他记起儿子送站时那句话。当心,自己难道在什么地方没当心?此时,他觉得儿子这句煞有介事的叮嘱带着浓重的讽刺和讥笑味道,还有那张貌似深沉的脸。

他觉得这张脸好像讥讽了他好多年,好多好多年,可恶的儿子!

1988年《上海文学》第9期

我的大哥

半点不曾想到,我会在如此美妙的三月天气里,沐浴流进玻璃的温煦阳光,来写大哥的故事。那是纠缠心头已久的事情,我不愿提起它,更没打算写它。谁知,我竟那么耿耿于怀,我竟在每一个阳光穿透玻璃的时候,都随流入心房的温湿溪流,在心底不厌其烦地同随便什么人侃侃而谈,谈大哥承包车队。

从小到大,大哥一直是我内心最最崇拜的男人形象。

我就想,我大概无法逃脱将它和盘托出给随便什么人听。我就想,这如许美好的初春天气,温湿浸润的日光或许会冲淡一段时间压在心底的激烈情绪,让我慢条斯理,不动声色。

大哥承包车队,是那个冬天以来诞生在申氏家族中的新生事物。这个刮遍城乡大地多年的"承包"字眼,一旦真切地闪现在家族人面前,便仿佛寂寞的寒夜里陨落一颗星石,不同凡响地新鲜、新奇,且将家族人每张焦渴的脸庞照亮。承包工厂同承包土地不同,它更需要技术和智慧。问题是,大哥的修车技术威震辽南百里以外城乡,大哥的品格、为人、威信,都预示着承包后的财源茂盛,生意兴旺;问题是,大哥可以独自使用权力。

记不清这个消息是怎样在家族中传开。猜想中,大约是大哥晚上同大嫂的私房话。大约是他独自琢磨很久很久。大哥从来习惯独立思考,而大嫂每天都逼着大哥从静默中吐出几句话,"守个活人不说话,真憋人。"大哥实在抵不过大嫂的抠问,便轻描淡写地说一句"我想承包车队",大嫂就四下散扬开去。

这是猜想,但我从不怀疑这猜想的准确性。在我的印象中,大嫂是第一个主张大哥单干的人。大嫂的概念中,什么做人品格,什么塑造形象都是假的,只有钱才能抬高地位和价格,有钱给谁谁不喜欢?大嫂深知大哥是个重虚荣的人,大嫂不愿大哥用自己一双手养一群人来讨别人的好评。

那段冬天的日子,申家家族每到傍晚,灯火初上,万籁静寂,大哥的房中便有嘈杂的说话声和不可遏制的笑声。黑暗中,循着这种声音,我这个结婚在外的闺女,也拖着丈夫,绕过漆黑的夜路,回娘家凑热闹。

显然,热闹的气氛是由大哥承包带来的。我们大家都有私心。本家二嫂儿子下学,正愁没地方挣钱;堂二姐丈夫花一千块钱考个车票儿,无处开车。而我,公公为儿子接班,四十八岁退下来,在家闲着,一直渴望找个守卫的活路。只要大哥承包,用人自己说了算,就一切都会得到解决。然而,大哥坐在棕色太师椅上一直不肯吭声。大哥从来话少,他在心灵中,似乎一直有个诉说不清的什么意志在顽强挣扎着,任你怎样精神会餐似的,集体预先玩味承包的权力,他都不激动。我了解大哥,他没有阻止大家,就说明一切在他心中,都已成为事实。这种了解和观察不仅仅是我一个人的事,大嫂、母亲、本家二嫂,全因为准确地体会了大哥而声调愈发高亢。

在我的生命中,家族是我一切行为的意志轴心。这也许正是我一辈子不会有大出息之所在。无论走到哪里,无论何时何地,在怎样一种情况下,家族,都在一个无比显赫的位置上呼唤着我的热情,让我体会活着的意义。活着,似乎更多的时候为了家族。然而,能使家族意识这么强烈地渗透我的血脉,我认为,完全由于大哥的存在。大哥,使我们家族充满凝聚力,大哥,就是凝聚力的所在。他生在农村,长在乡下,但没有做过农活,却比一般男孩都更早地领略独立,更早就在心灵中生长男人伟岸的个性的触须。母亲讲,大哥出生时,身躯非常之小之瘦。母亲怀着养不活的惧怕,背着父亲找来看相批八字的,说大哥生在龙王发怒之时,平生需要三个亲妈保佑前后,方可平安;并三令五申,孩子在十八岁之前,不许认爹,只能将爹叫成大叔。我想,母亲背着父亲绝对是英明之举,不然父亲死活不会允许这么做。商人的父亲从不迷信。问题是,父亲走南闯北为儿女打天下,眼盼盼龙子降生,且不让儿子认爹,这不能不说是一个残酷的阴谋。然而我想,正是这个阴谋造就了大哥。大哥懂事那年,就哭叫着冲妈妈要爹,"别人有爹,为什么就我没爹?像我这样的人活个什么意思,都有爹就我没爹。"母亲后来讲给我们听,不知出于怎样一种情感,竟落下眼泪,我也眼窝潮潮的。大概母亲在体会一种儿子真正没爹的感情,任何假话重复遍数多了,都成真的。母亲讲,大哥十天八天就回家闹一场,常常在小孩群里正玩得热闹,突然就撒腿跑回家中,独自一人冲她:"我要爹,我怎么就没爹?"哭音粗粗的,高一气低一气,显得那么伤心;母亲讲,十二岁时,大哥就不再哭了,不再冲她要爹,而从那时起,大哥不再愿意同任何人说话,便把隔一月半月回家一次的"大叔"视做仇敌,他用火辣辣的目光注视他,看着他出入妈妈的房中,直到他背包骑车隐进山路。似乎"大叔"侵犯了他在这个家中唯一男子汉的权力。可以肯定,大哥十二岁时,他把自己看成是这个家中唯一真正的男子汉,就在心灵深处深化着一个不可抗拒的意识——我就是爹,我就是父亲。母亲讲,十四五岁的大哥,举止行为,在家里已经完全是一个家长的姿态,无声的领导二哥三哥放猪挖菜搂草烧炕,还时常询问母亲春粮能吃到几时,能不能顶到土豆下来。十六岁,大舅相中大哥是个头脑聪明的人,把他从乡下送到省城沈阳农业机械化学校学习,从此,大哥便彻底敞开男子汉的胸怀,学知识,学做人,学技术,成为当时村中第一个不用侍弄土地的小镇里工人;从此,二哥三哥便在大哥的照顾下,陆续放下锄杆,到小镇上工作;也从此,在申姓家庭中,在村子里,形成了以大哥为中心的家族势力。

大哥大将般的豁达、开明、聪慧,大哥沉稳且富逻辑性的谈吐,与他所受的城市教育有直接关系。大哥的游刃于各种社会关系间的忠诚和脱俗,以及大哥宽厚的肩膀,有力的身躯,都告诉人们,他更适合于大城市大企业搞宏观的技术调控和技术指导,他的士兵应该浩浩荡荡千军万马,然而,由于生存环境的局限,抑或是命运的安排,他偏偏当了一个具体到每一个螺丝钉都要自己拧的技术工人。凭靠技术过硬,在镇办企业中,多年来被当成骨干任领导们调来调去,最后在仅二十人的汽车队里任副队长职务。职务不大,却是小镇百八十里外的明星,从技术到为人。我是说,我认为大哥早就该叱咤风云一番,在这样的年代里,大哥一定有这种能力,他不是饱食终日的庸碌之辈。

所谓汽车队,只不过是活跃在小镇上的汽车修配厂。小镇人喜欢讲排场,以为汽车队的名字一定比修配厂响亮,就像小镇人非要把五间房的杂货店叫成百货商场。它位于辽南鹤大公路北侧,是小镇的掌上明珠,是小镇的门面,小镇没有一处能够汇拢大南海北宾客,唯这里时常有崭新的大客开进去,有绿色吉普车进去,或者摩托、面包什么的车进去。它在镇政府的大楼前身,于是,开进去的各种车辆便如开进镇政府的怀抱。然而,几年来,响亮的汽车队并没有为镇政府挣来大钱,其原因不得而知(大哥时常夜半回家,沾一身油泥)。我想种种原因除外,一个主要因素是没有实行承包,钱跑到个别人手中。

那些日子过得心里无比明亮,每触及大哥承包的字眼心底就暖融融的。主要是，婆母同公公极少这么开心地笑，他们的笑给家庭带来春风般的和谐和温暖。公公退休以后，整天愁眉不展脾气暴躁，使家庭的每一寸空间与时间都充满火药气息，老夫妻无话，父与子无话，婆媳和小夫妇则只能偷偷交换眼神，只能瞅准时机窃窃私语，精神好不疲倦，如今他们终于有了笑意。"车队肯定得你大哥包，张猫白想，他天生是走一方败一方的货。"婆婆说。我同意婆婆看法。我们对大哥车队正队长张猫了如指掌，我们几乎是看着他爬到如今，早先靠"三忠于四无限"爬到大队书记的宝座，那些年又搂又划没能干好，就调到菌种场；在菌种场腐烂了十万元的粮，又调回大队，这时的大队已经解体，没多大油水，他上下活动又活动到汽车队。他不懂技术，便因祸得福做行政领导。那几年党的干部只要当上，就下不来，走马灯一样地换。一个靠政治伎俩营生的人，如今想在汽车队这样业务性较强的单位不劳而获，毫无疑问没他的意思。几年来，他在大哥用自己高超的技术招徕的生意里，一手掌管财政大权，打着自己如意算盘，旧房翻新，新房又加了一层。我们时常为大哥不平，可在大哥那种能够宽容一切的默不作声里，我们都显得那么小肚鸡肠，斤斤计较。其实大哥的宽容里包含着观念的存旧。"承包了，可不能让他霍霍，不要他！这种时候，不能讲情面。"婆婆笑吟吟地说，语气里透着一种解恨了的痛快。我想这是没有疑问的。张猫没技术，肯定不敢与大哥竞争；大哥承包，肯定不会再要光说不干的摆设，这不是情面，这是承包的现实意义之所在。

我记不清那段冬天黄昏的景象，好像星光格外清晰，早早地就跳在蔚蓝的天幕上。冷风抹去散在天边四周晚霞的余晖，苍穹无尽空阔，对我来说，那段黄昏给了我充满温柔而透明的日子。丈夫扯着我的手，我们在清新的空气里，初恋情人一样踩躏黄昏的小路。我们极少傍晚回娘家，也是极少天天回娘家。结婚以来，丈夫把我热衷回家看成一种对他感情的背叛。他乐于把我看成离了他便不能活的女人，因此不愿看到我对娘家的迷恋。而那些个黄昏,丈夫几乎每每吃晚饭前,就给我暗示,让我赶紧吃赶紧拾掇碗筷。

多亏大哥,让我有福气在婚后家务累身的时刻,观赏美好的夜景,感受繁忙、劳累的生活中少有的那份思维空间。月光懒懒地爬出山冈,四野漫漫地水一样清澈,万家灯火明明灭灭,神秘而漫无边际,河边两岸的田垄寂寂地承受着夜幕的厚爱,犬声随我们的脚步,远远近近跟来,表示着对我们的警觉和亲切,真是无限的惬意。

那些个晚上,经常碰到本家二嫂、堂二姐在大哥处,她们都各自带回了礼物。本家二嫂一次就给大哥送去一箱鸡蛋,大约有二百个,这在我的记忆中,还是第一次。本家二嫂是个谁都知道的一分钱能攥出水的人,且不惜为儿子花这么大本钱。二嫂说,大哥,这孩子就权当你生的,权当他爹妈死得早没人管,就交给你了。二嫂说着说着声泪俱下,这嘴皮子和眼泪是二嫂的天才,却也让我心里好生难过。如今社会,祖祖辈辈指地为生,已没有生的乐趣,大多乡亲都领略这点,领略有个农民父母,不如没有。原本活得劲儿劲儿的本家二嫂,如今对自己这般估价,让我说不出怎样一种滋味。显然,这种做法,使大哥难堪,使大哥难过。这几年,大哥如果是那种自私自利善于钻营的人,家族亲属早就跟着沾光,而现在,承包的权力还没真正得到,家就挤破门槛。当然送礼人的心情也好理解,他们希望有一种程序,让他们感到这件事的实在性、可信性。我想,如果我把本家二嫂堂二姐送礼的事说与婆母,她一定立即亲自去商店。婆母一辈子勤俭节省,可在花钱送礼上从来大手大脚。为小女到镇街道学裁缝,她几乎倾出多少年攒下的三百元钱给街道领导,这种性格大约是祖辈没有本事,又时常抱有非分之想的结果。

大嫂一直喜滋滋地忙里忙外,在那些个特别的夜晚里。大嫂并不看重那份礼物,她是大家女子,绝不那么见小,大嫂肯定从那份礼物上,体会丈夫有了权力的快感。大嫂平生最羡慕的就是权力,从小学到中学,她都是学校大队长。她对组织领导别人有种特殊的感情。那种欲望一直在她心头燃烧着，毕业回家，回到一望无际的农村，她对自己彻底失望。渐渐地，她把这种愿望寄托在丈夫身上，然而，大哥一直只是我们心目中的偶像，却一直没有全权调动指挥别人的权力。

在院子里的小径上，大嫂端回一盆金雀梅，这盆花已好多年没开了，黄色的金雀梅通过大嫂的发现，已经成为我们家族共认的好兆头。

大哥一直是不动声色的。直到春节来临，汽车队放假，母亲和大嫂把猪皮冻熬好，切在盘子里，大哥开怀小饮，才现出几分少见的自足的笑意。大哥从来没有虚妄的表情变化，他那张平素极难喜形于色的脸，一旦有什么东西体现出来，便让你感到现实的逼近和无可置疑，承包将是为期不远的事情了。

自汽车队放假开始，大哥家里就没断过车队的人，这也是多年来不曾有过的。这时我家族人才得知，镇政府领导已找大哥谈话，定下车队大哥包。镇领导说，只有大哥包他们才放心，说一个医院没有好医生就引不来患者。这些话，是在大哥同车队串门的工人喝酒谈话时，我们从旁得知的。

大哥车队的工人，多是除了修车，外面的事一概不知的文盲。他们平常连报纸都不看，他们对人格尊严生活的要求只限于到时必须有工资拿到手，同老婆孩子享受天伦之乐。而大哥最最关心外面世界发生的一切，大哥关注国家时事，政治军事以及文艺形势和经济改革的情况。大哥同工人们除了技术上的传授、指教，从来没有对话，而在腊月正月的日子里，面对投他而来的工人们，大哥常常喝得满脸绯红，说得唾沫四溅，工人们对大哥的热情、期望，对大哥的那份亲切，激起了大哥孩童般的感情，使他谈吐变得粗俗、随便。妈的，二十多年全耽误了，一年大修十辆八辆车，上缴利润和工人工资全部解决，一年哪止十辆八辆车？妈的，这几年出力不挣钱，都让人钻了空子。承包后必须制定新规定，到时必须重新组阁班子,一身多职没技术的一个不要。大哥还说了许多工人们半懂不懂的国家政治体制改革的事。

我们几乎为大哥酒后讲出的几句话欢呼雀跃。多少年来,他都不曾这么随便说过话。在以往的家宴上,大哥只是喜欢同我交流,谈谈目前国家形势,农村土地改革的后患,和电影界体育界的最新消息。大哥最喜欢谈世界体育,他对人与人之间,人与自身的竞争颇感兴趣,每每对某某世界名将败下阵来叹息不止。如今,大哥自觉不自觉地,走进了属于自己的人生竞技场,大哥自觉不自觉地,暴露了他的信心和热情,大哥几乎可以同来在家中的任何一个关心车队承包的人侃侃而谈,让人感觉他的谈吐和热情一发不可收。大哥召集了一次多年不曾开过的家庭会议。二哥二嫂三哥三嫂侄女都来参加,会议的大致内容是,车队承包的事已定,镇政府为车队新建了厂房,新厂房场地大,地势好,可办饭店,可办塑料彩印,但是,家族里除了本家二嫂的大儿子,正在念书的学生一个不准半途下学,他从外面招工。

事实证明,大哥完全没有必要开这个会,二哥三哥都重视儿女的学习,他们谁也不会为眼前利益让儿女辍学。大哥的举动让我看到了他压抑多少年的力量的涌动,让我看到了我们申家祖上无官的可怜。因为兴奋,大哥夸张了他的举止。

不过,大哥能这么做,也是我们久盼不得的。

院子里的灯光是红色的,人们还可以闻到一股浓浓的鞭炮味和烧香的味道。在那个正月里的第一天,大哥的整个院子里都充满着热烈的流动的气氛,母亲和嫂子的每一时忙活,子夜发纸的每一串炮仗,一日三餐的每一顿筵席,都仿佛跟大哥承包有直接关系。大嫂说,发纸放鞭那阵,她从来没那么紧张,生怕鞭响半道有什么意外,家族人用子夜鞭炮响声的大小,响声的是否连贯,来预测一年的日子。大侄女开玩笑说,俺妈现在得了承包病,什么事都跟承包连起来。其实,我们又何尝不是呢?我在初一早上回家挨个人问好的每一声里，都感出这"好"字比以往更丰富的内容。毕竟，我们是祖辈不出官僚的平民子弟；毕竟，大哥承包连缀着家族的荣誉和亲属的利益；更重要的是，我希望看到大哥平淡的人生放一次光彩。

以往过年，在我的记忆里，都是过年的几天大哥格外话多，大概是合家团圆，二哥三哥的出现，让大家看到蕴藏在他身上的恍若父亲般的力量，父亲跑了一辈子买卖，积攒的家底都在土改时分光，没有给儿女留下什么，一切都是大哥的业绩。大哥爱在二哥三哥和我聚齐的时候，谈一些小时候在河套骑马打仗的趣事。大哥的年龄，已往后半生使劲，因此总喜欢回忆，企图用近在眼前的童年趣事证明自己的年轻，实际愈是这样愈是说明已不年轻。

今年过年，大哥的话更多。每天里，他的脸膛都是红红的，他没同任何人谈起小时候的事，几乎每一次与二哥三哥共饮，都商量承包后如何管理如何用人。大哥的谈吐虽比平常随便，却也是稳健的，对我们提出的一些比较幼稚的想法一一进行反驳。这时的大哥，才见出真正的年轻，他认真地同家族中每个人对话，同来拜年的每一个车队工人对话——车队工人都送来厚礼以期大哥承包后的重用。大哥可以不顾对方是否理解地大谈世界足球名将马拉多纳古利特，口若悬河，为了让大哥感到那份虔诚，工人们竭尽全力点头做笑目不转睛。

另一个人的到来是我们意料不到的——张猫。他能在大年初一露面实在罕见。往年都是堂堂正正坐在家里等大家拜他。大哥没去拜过他，大哥凭自己技术和严谨的工作作风，从不取悦于谁。

在我的印象中，张猫到我们家来过一次，那是刚刚调到汽车队还没上任那年春节，他大箱小箱拉来好一些白酒——他以他官场上的经验来争取大哥的密切配合。我们虽然心里明白，却还是让他酒桌上的话热昏了头脑。他当即表示将我四叔的平反金由六百增到一千，他说这将是他离开大队的最后一项决策。他走后,我们不得不对这个机会主义者心服口服,居然大哥这样的人也让他钻了空子。人真奇怪,明知别人夸自己是假的,却都愿意听。大哥说,这人还是有头脑的。

他因为说话太愣,人们叫他张猫,而遗忘了他的真名。我倒觉得,猫对于他的帖切,并不在于愣,而更在于他是猫一样的机会主义者。侄女在车队上班,据她说,上面每来领导检查,少了他便不成气候,他把领导来的时间安排在他最易于表现的时刻。比如春检工作开始,乡村大小拖拉机都开在车队院儿里,上面领导进院儿时,他必定指挥官一样站在院子中央,吆吆喝喝,之后一个机灵,转身同领导握手,显出又忙又累又有领导威风的样子。大侄女说,他这么做的实际意义很大,他可以把车队同外界接触所有关口封住,只限在他一个人身上,如此,他便可获得各种各样的关系网络。侄女讲,这个张猫胆子大着呢。车队的基建的账目不交给会计,全他一人掌管,这根本不合手续,大哥又没权管他。

张猫进门,使家中的气氛一下子由沸点降到零点,我们大家由于意想不到而拙嘴笨腮。大家自从大哥想承包车队之后,就在议论怎样拿掉他,不用他,他的突然出现,使我们一下子陷入难堪的境地。相对我们的不安,他倒显得极其坦然无私,他进门大声问好,朗朗地笑着说大哥一个腊月底不见,啤酒肚起来了。他的坦荡、自然,仿佛他压根不知大哥承包车队,亦仿佛他丝毫不去看重大哥承包后要不要他。反正,他给我们的总体印象,是人义凛然,无私无畏,我们倒显得小气苟且。我当时想,这也许是他官运断送之前的回光返照,无论他再采取怎样的伎俩,大哥都不会上当,镇政府领导已向大哥交底,承包后由他自己找地方,政府不负责安排。

大哥比我们更快地适应了气氛,在他的稳健面前,没有人会觉察深藏于我们家族的,关于大哥承包的秘密。大哥同他握手问候,之后进入老同志那种开诚布公的谈话。

事实上，在大哥的心目中，根本不存在什么秘密，他们刚刚坐下，大哥就讲起车队承包的事。大哥说，车队不能这么下去，你若承包，我就走；我若承包，不设副手。我们各尽所能，干自己的。大哥平常那么爱面子，却在大年初一，向张猫通告了他承包车队不设副手的事实，这是大哥做人的准则——不暗算谁，把话摆在桌面。在大哥的对照下，我们确是些不够光明磊落的小人。张猫对大哥的话毫不吃惊，一直那么微笑，那么如同松鼠察看哪棵树有松子一样眨巴眼睛，静静的、和气的，不动声色的。能在这样的时刻，压抑住内心的激动，不显出微妙的表情变化，实在是张猫的功夫。

几乎整个中午，里出外进的，妈妈都不敢去瞅张猫。她老人家一辈子为别人着想，不愿意天下任何人遭噩运，她还在张猫吃完午饭抽出香烟的时候，弓腰从茶几里掏出烟缸递到张猫跟前，仿佛偷了别人东西似的慌慌张张，仿佛大哥承包不用张猫是什么伤天害理的事情，需要做什么来赎罪。

张猫平静地等待大哥把话说完——大哥把承包后的打算全部说出，基于张猫的平静，大哥还真诚地征求了张猫的意见。就在这时，张猫才说出了我们预料之中的话，只是话里的表情不同我们想象的那样低三下四。他几乎是顺理成章的，吐着细细的烟圈，他说大哥——他居然也随我们叫大哥，眼睛真诚地对着大哥眼睛：我不走，也不承包，给你当下手，帮你舞弄舞弄，跑个腿什么的，我都行，我年轻。当时我想，他没有低三下四的哀求，一定是觉得大哥是个通情达理很好说话的人。那天，不知什么东西的效用，大哥异常坚定，连一句安慰的话都没有，不成，你就自己找出路吧，我一个也不要。

来来往往拜年的人群中，长长的挂满大红彩对的大街上，张猫被我们送出去，我替张猫今后的路怀有担忧。

那个可怜的男子出了长街，便骑车向北而去，远远的犹如一只飞蛾挣扎在水中一样艳亮的光波里。我觉得张猫好可怜。

而大哥,张猫的登门哀求更增他满面春色,返回屋子时,他破例再干掉一盅烈酒,于全屋人由张猫到来激起的兴奋中,把心中的得意通过脸色张扬开去,显出那种被释放了的自由和轻松。本家二嫂不失时机地夸张说,张猫那个灰溜溜的样子,真可怜。

后来我才知道,大哥和张猫曾是中学同班同学。在校时,张猫就锋芒毕露,当班长,当大队长,用嘴支配着班里的一切。大哥说,别看他个子小,人又瘦,嗓门可是尖尖的,课间操喊排点名,比学校体育老师还有号召力,时常在全校大会上讲演,宣布自己的决心书、倡议书和一些耸人听闻的豪言壮语,让人听了总是心潮澎湃壮志不已。他就那么满腔热情地呼着喊着,愣是把自己的人生喊进了属于他自己的轨道。毕业当小队民兵排长,大队民兵连长,大队副书记,书记,就这么为了嘴的有用,他不分昼夜地修炼思想,反思行为,悟得了一条实用又不可捉磨的从政之道。而大哥,在学校是个靠学习成绩过硬而饮誉全校的学习委员,大哥把张猫用来掌握别人心理取得别人信任的思索用在了学习功课上。毕业后,他们又各自凭着完全不同的两股心劲走到同一单位。如今,他们要分道扬镳了,张猫将被社会淘汰,寻他自己不会十分得意的生路。大哥,路越走越宽,凭真正的技术本领开始更加灿烂夺目的人生。

我们等待这个光彩夺目一天的开始,即便不从我们家族个人利益出发,人生竞技场上的较量和胜利也将是大哥生命意义之所在。为了这个意义,为大哥这辉煌的开始,在那个值得纪念的正月初,在每一个光阴如水的冬日的白昼里,我们的心都飘飘的,荡在海上的小帆般轻盈,快活。母亲、大嫂、堂二嫂、本家二姐,滋滋味味地打发着正月初的每个日子,频频地念叨着正月十六就要到来。正月十六,镇政府将在车队以一种所谓竞选的形式,宣告大哥的胜利,张猫的失败。

那一天冬的寒冷已遭到破坏,春风已从地腹深处微微吹起,满山遍野隐着叽叽喳喳的响动。日光融化了冬日里残留的冰霜和雪迹,在辽南的小城和乡下,已经无声无息地开始了春天。公公为不久就要上班做着准备,他掏了窖子里的萝卜、白菜,还把三月份砌鸡窝的活提前了一个月。十六是古来放水的日子,一正月的衣服,都攒到这一天来洗,我同婆母各守一只脸盆连忙不迭,正在我随哗哗啦啦洗衣声,想到日子如水一样流去,心里有着一股无法言喻的启动的时候,丈夫从院外急匆匆骑车回来。这几天,他频频地来往于小镇与大哥家,我并没在意在这关键的一天他是否高兴。

纵然再有一百次设想,我也无法想象,离开车队的是大哥而不是张猫。大哥同张猫因一票之差失利,张猫在当天早上八点,才公开提出参加竞选。

我与丈夫很快回到家中,屋子里膨胀的不再是热烈的气氛,而是呆滞不动的凝固的冷漠。母亲安静地坐在炕头一角,瞅着窗外,用她那狭窄纤长的思维思想着不着边际的外面世界。大约,六十多年,她第一次经历这样的打击。对于她的儿子,她从没听说过一句坏话。六十多年,她是因为有了这么一个儿子才使她微不足道的生命有了光色。儿子不是大官大将,儿子却在小镇上为整个家族争来荣誉。她瞅着我,长时间说不出话,我已经从她的眼神中,看到她心灵的痛楚。其实,此时此刻,我们想的都已不单是大哥承包车队后用人的问题,而想到大哥人格尊严遭受的打击。大嫂不愧有着四十多年风雨经历,并没有马上消沉,看着我们,脸上闪出了瞬间的笑意,之后说,真想不到。

大嫂说,大哥中午回家吃了点饭,走了,选他的几个人都跟来,气愤得跺脚蹦腿。说张猫一正月也没露他要承包的话,突然来了这么一家伙,好狠!骂那帮鳖羔子都是让张猫这几年用车队东西喂出来的,阳一面,阴一面。我想问母亲或大嫂大哥中午回家的情绪,以及都说了什么话,没问。我已不敢涉猎大哥的情绪领域。我想,如果人的一生必定经历一次被推到悬崖上的感觉,那么此时此刻,大哥就是一个人站上了悬崖——曾有过的,同车队工人满怀热情和信心的承诺和设想,曾有过的在张猫跟前主人公般的姿态和坦诚交谈,曾有过对镇领导的信任的接受,曾有过在小镇二十多年的威望,人格力量……

大哥怎么也无法想象,他会有朝一日,被一帮从不看报,从不拿笔写字的粗手笨脚的工人笔头一勾,勾上了前无去路后无退路的崖口,去在那里展览冥冥之中昭示的耻辱……一向为人和蔼处事公平的大哥不能不将车队一半工人投反对票引以为耻辱。

夜晚降临,灯火初上。我和丈夫以及二哥三哥一直守在那里等待大哥的归来。侄女说,真奇怪,选举结果出来时,她以为在场的政府头头会鼻尖冒汗脸色难看,可是并非如此。头头们的表情像一副全在情理之中的样子,对大哥失利表现出的惊讶一看就有夸张成分。

夜已经很深,屋内不再有任何人的声音,我和哥哥们,好像突然明白了许多似的,一同站起来,"不等吧,该睡了。"一拥走出家门。

夜如许寒冷,我牵着丈夫的手,靠着树下的道边,深一脚浅一脚前行。幽幽的寒夜,黑黑的屏幕,浮现在我眼前一组景象,我想起正月初一那天真真切切显出服输相的张猫,想起大哥被每个人的谈吐感动后,毫无保留的交心,想起大哥在说到镇政府领导关于医生患者说时的满脸红光……也许大哥面对竞争所表现的一切,都注定了他失败的命运,他根本没为承包做任何努力,他在等着拣一次机会。而"竞争",早已同人格和技术本身无缘,它体现了与之完全不同的另一种含义:谋略,心机。张猫在属于他的人生道路上,又迈出漂亮的一步。

那个特殊的晚上,沐浴乍暖还寒时节的凉风,大哥男子汉的形象已在我心中模糊。

我不知道究竟是我的错,还是大哥的错。

1989 年《春风》第 2 期

十七岁的房子

1

那是一个充满潮湿气息的四月,芥菜花的新绿铺满小城郊外山野,护城河畔在不知不觉中挤满用同一种方式排遣不同烦恼欢乐的人们。就在这样一个有声有色的黄昏,在这人与人的闲聊中,我得知了那件让我皮肤起栗的消息。

也许是我依赖于如今造谣中伤泛滥成灾的诸多事实,那天黄昏我并没惊诧多久,甚至只在一刹那间就得到了彻底的平静。那绝不是徐哲夫的所作所为,我以他的知音和得意门生的身份担保。我,并非老夫子之辈把这一事情看得多么可怕和不可告人。关键是,徐哲夫不是这种性情的人。尽管一个朋友不止一次带有欣赏意味地向我转述过她的朋友的至理名言:"世界上什么事情都可能发生。"可是,我对徐哲夫事件还是不能信真。

然而,一切都是真的。四十二岁的徐哲夫,人大常委会秘书,一天夜里趁人不备,闯入年轻秘书小方寝室,强奸未遂——铁的事实!

鉴于他多年来为党工作兢兢业业，鉴于秘书小方同情心战胜了仇恨没有表态，只给予徐哲夫留党察看两年的处分。

面对嘤嘤哭泣的师母我说不出一句得体的话。她不但忍受着这意外的耻辱的折磨，还受着徐老师离家出走两天未归的惊扰，她一再重复说："老徐根本不是那种人，我们有着牢固的感情基础。"大概师母无法摆脱这最初的激愤、不解和羞愧，甚至更为复杂的种种情绪，她除了说老徐的出走跟她没有半点关系，出事以后她没有向他施加压力外，什么也说不出来。她可怜巴巴地在我房中搓揉着已有年龄痕迹的双手，搓揉着她单薄衣衫裹着的胸口，足以让人领略冥冥之中丢失一块珍珠宝石的疼痛。

师母相信徐老师并没走远，并十分理解他出走是愧悔和排遣愁绪理所应当的举动。送走师母，我在门洞站了许久，翻搅在我心灵深处的不安瞬间变成一团光色迷离的密码，我产生了最初的破译密码的冲动和兴趣，而这种冲动和兴趣的到来几乎淹没了作为学生对老师应有的尊敬。

2

我决定对小方来个私访，就在明天白天。可是，夜里坚定的信念却被第二天喷薄而出的朝日所摧毁——任何一个芳龄少女都不会愿意回顾乃至于叙述那种痛苦而屈辱的往事。

然而，当我终于鼓足勇气迈着坚实的步子来到小方宿舍，我像七八岁孩童在野外遇见会说话的布谷鸟一样惊呆了：小方穿一套西班牙王子服在对着镜子跳舞，她面带少女独有的灿烂的微笑和耀眼的光泽，没有半点遭受屈辱后的伤感或人生恐惧。我知道，我犯了一个历史性错误，她完全是个现代派女孩，她不会对任何出现在她生活中的事情大惊小怪，包括徐哲夫的不轨行为。可是为什么消息会不胫而走？在我没有提到徐哲夫事件之前，我对她的性格发生极大兴趣，她很快就进入了同陌生人交谈的角色,并且她会通过语气和眼神在我们之间输入一股亲切而自然的气氛。她告诉我,像她这样的大学生能被"人大"接受做秘书,简直可算空前绝后;连她自己都不曾想到,她会走进这样一个圣殿一样充满庄严色彩的机关,她怕这"人大"吞噬了她的快活和限制了她的活法,尤其她早知政府机关的严肃面孔。她说,上班不到两周,她就把歌声带进"人大",把十几个男女朋友带进"人大",也把朗朗笑声和伦巴带进"人大",主任们像在鸡群里发现一只狐狸一样惊悸万分,一双双眼睛不失时机地瞅着她,向她传递警告。"我耽误了记录,还是拖延了上传下达的时间?还是没有写好简讯报道?还是做了什么违纪违法的事情?没有!没有还让我改变什么?"一次主任找她,不待主任谆谆教导,她就微笑着用小鸟啼啭一样委婉的声音预先回答了他。她说,她怕跟"人民"二字沾上,可一旦沾上,就得对得住人民,对于"人大"常年形成的条条框框及教条的议事日程她直言不讳,"拜年?用不着,多为人民解决点问题,那客套就免了,大家都挺忙的。"她用天真的语气在电话里回绝了市"人大"下乡给各县区代表提前拜年的计划安排,咄咄逼人。大概在县"人大"工作历史上,这还是第一次。几个忙得整天裤子都提不上的主任虽大不满意,却也暗暗吁了口气,他们的日程中实在挤不下联系招待所谓拜年吃"大盘子"的诸多琐事,让她感到她还是说出了他们多少年来想说而不敢说的心里话。自然,有人并不感到轻松,因为他们多少年来的经验是,唯此才是他们的工作,才能名正言顺地跟着吃盘子。"活就活得真实,要不就喂狗,你说呢?我不怕他们撤我,擀我,压制我,我的宗旨是替人民说话,另换个地方我也许会活得更轻松,没有几个有自己思想的人愿意做别人思想的贮存器。"

我不设防地被她吸引,我早已忘了找她的初衷。跟这样的年轻人在一起,让人感到生命的活力、青春的律动,让你生出换个自我或渴望重新回到青少年时代的幻想。她告诉我,她今晚有个约会,是两个男青年同时请她看同一部电影,她要在看完这场电影之后,决定同哪一个开始正式恋爱。她如一只小兔一样欢快和轻松,仿佛恋爱是一朵飘浮的云供她去摘取。

平心说,我不喜欢可以归于现代派类的男女青年,尽管在他们为某人生日疯狂地跳一夜迪斯科,为某种宣泄轮流做东喝酒玩牌,或大呼小叫"爱需要不断更新",并嘲笑贞操观和理智行为后面,我可以做出怎样完全合理并予以理解的解释,可让我对他们产生感情,很难。也许由此我失去了许多异性的追求。可是,小方却使我产生了好感,她不但为自己活着,也为社会活着。

从小方宿舍出来,我仿佛第一次这么强烈地感到四月——春天的湿润气息,晴空,浮云,母亲般亲昵的阳光,空气中潮湿的游丝,我为这种感觉莫名其妙了好长时间。小方给我带来了思维的空间和心灵的空间,我曾为寻找这种空间苦苦挣扎了好多年头,今天却唾手可得,仿佛庭院宽了,天空高了,思想变得辽阔了。我不由自主地想起还是小方这般年纪的时候,想起永远失去的也算美好的过去,只是那时还不曾有小方这么清晰的人生观,以致糊糊涂涂走到现在。

是在第二次见到小方之后,我才直言了找她的目的,我的话大意是:出事那天,徐哲夫是什么时间走进她的房间,当时的表情怎样,有没有喝酒以及那些天有什么反常现象。小方对我的多管闲事没表现出什么意外和反感,她迅速地收拾了她的开朗活泼,极认真地回忆着那天的事情。事过之后我才明白,小方的认真便是因了也对徐哲夫事件感到不解所致。她说这件事十分简单,那个晚上跟以往任何晚上都没有什么不同,她在宿舍里等待白主任来取一份急需呈报的会议纪要。她说那个晚上整个楼道因为没有她的歌声和朋友们的造访显得格外寂静,徐哲夫在寂静中敲开她的房门。在她记忆中,他第一次进她寝室,并且她说,工作时间他们的接触虽多,但交流却少,平常他只是默默地看她进来或出去,听她说话或笑，表情呆板而沉静，有着明显的年龄距离和性格距离，而不是职位距离。她强调不是职位距离。她说那天晚上徐哲夫脸上挂着遥远的仿佛梦幻般的微笑，她强调是一种遥远的梦幻般的感觉，这种微笑在她看来虽很少见，却没有半点邪恶。她说，他非但没有酒意，而且面部表情比以往任何时候都清晰透明。他径直向她走来，像演员入场一样自如，像一个无畏的少年握住她的手，搂住她的脖子，嘴中梦呓般吟诵着什么。她说由于这不可思议的事实来得太突然，她当时蒙头蒙脑没能听清，以至发出自己不曾准备的喊声。这时，同那些平凡的故事一样，有人闯进门来——白主任。她说她记得最牢的是，徐哲夫见了白主任，没有半点羞愧惶恐之色，竟继续微笑着，只是脸腮微微泛红，如一个初恋的少男被人窥见心思。之后，白主任就将徐哲夫牵出门去。她说她当时并未想到他是要强奸，只是后来大家帮她分析，他已把她抱在怀里，根本无法排除这种可能。

说到后来，小方沉默了，思想家般深邃的目光闪烁着，让人看到与她性格完全不同的另外一个侧面。最后，她补充道，她没有发现徐哲夫在此之前有什么异常，有一点不很明显的感觉是，那几天徐哲夫跟年轻秘书程源之间似乎发生了一点什么，小程是徐哲夫在"人大"唯一的朋友，虽然年龄差很多。就从那之后，她觉得徐哲夫跟她有了话语和笑容，还不时地默默地注视着她。

小方的补充在我心中搅起一堆乱麻，徐老师原本就是同小方相像的快活性格。那种沉静，是进入"人大"之后才起的变化，他会不会……

如今，道貌岸然的伪君子比比皆是，我不敢断言，我的老师就不会在封闭了多年的灵魂中，藏有这么个阴暗角落，或者说不安分因素。第二次从小方处出来，我生出了这样的念头，我由这个念头想起当今的社会风气，想到如火如荼的爱情也会在周而复始的厮守中熄灭最后的星光，想到人也许只有不断的调整才能生活下去，然而……

3

我曾那般痴迷地追求过我的老师徐哲夫,那还是在我十六岁的时候,他大学毕业刚分到学校。他快活得如匹游山野马,上课下课跑着去撞钟,夸张地用着力气;中午取饭盒大把抓盒边溢出的饭渣往嘴里填;春游他从近郊生产队弄头驴骑在我们前边,不时地招呼一声,"驴儿哎——你快些走来——"当我把第一封带着少女美妙情愫的信随作业本夹给他,度过两个漫长的昼夜,我得到的回答是:我喜欢快活的姑娘,懂得我的快活就是我的知音。我的心,却早被一个快活姑娘占据。

虽然有着无法言喻的痛苦,却也开始了欢乐而密切的交往,他带着他的未婚妻来学校看我,跟我玩。我们成了朋友。后来走向社会,我淡漠了少女的那段衷情,他也从学校调到"人大",我们在一起谈猫,谈狗,谈夏日里爬满墙缝的壁虎,谈大自然的兴衰变化。也许因为我们都有厌谈日间琐事而热爱山水动物的特点,使我们才有机会保持这正常的友谊。当然,这友谊的正常还该归于师母的贤惠、通情达理,有良好的修养和比我更善解人意、热爱大自然的美好性情。

一次偶然的机会,我与"人大"年轻秘书程源相遇。他二十五岁,长相看上去却要比他的实际年龄还小。他说他是十九岁的时候,借了叔叔的光才分到"人大"的。小小年纪,已有六年的工作历史。没说几句话,我就问到徐哲夫的情况。他不解地看了我一会儿,之后对我说:"我是老徐在'人大'最要好的朋友。我们配合默契,有文稿缠身时我们奋笔疾书,闲暇时我们一同观光赏景,抒发情怀。老徐说我已经成了他生命中不可缺少的一部分。"

程源说,老徐一直认为,是因为有小程的理解和沟通,他才成为比较幸运的人。

当我问起对徐哲夫事件的看法,程源说他宁愿相信不是真的。宁愿,足以看出其感情色彩。程源说:"临出事前几天,下起了开春后的第一场小雨,雨初下时,老徐并无多少情绪,他在埋头起草第二届'人大'工作报告。后来,他的报告写完,雨过天晴,满街道满庭院洋溢着浓烈的春天气息。小方的歌声也在走廊里响起:'我低头/向山沟,追逐流失的岁月……'就在这时,老徐对住窗口,猛然间来了一嗓子:'啊——啊——'声音飞出楼外,飞出庭院,在天宇间游荡、回响。喊完,老徐望着我,盯住我,似乎希望从我眼中看见被他的召唤吸引,产生小雨之后春意盎然的共鸣。我眼中空空,我正在为他这突如其来的呐喊纳闷,他不无失望地看着我,最后,意外地说:'小方哪去了? 小方呢?'不能否认,小方的到来,给我和老徐的生活带来了新鲜气息和活力,她的笑声和歌声给我们打开了一扇心灵的窗户。有一句话我至今不忘,就在小方电话里回绝了市'拜年团'来访之后,老徐低低的毫无感情偏向地自言自语:'一只真正出了笼的鸟。'但是,老徐从来没去找小方说过什么,即使小方在门口跟别人笑着闹着的时候,他也没有抬头看过她。"

"无疑,老徐对我大失所望,失望之后他想到小方。他知道,他那些奇里古怪的情绪,只有年轻人才能理解和接受。我理解他,可我当时所有的兴趣都移到小方身上,我不光着迷她小燕子一样的快活和热情,更着迷她用热爱自己的热情爱着别人。在'人大'给她提供的可以说话的范围内,她慷慨正义地说话、做事,这一点是我跟老徐都没有的。小方的出现,使我对我们从前只满足于超然物外的平静生活起了反感。当我把这种心理变化坦白告诉老徐,并且说我爱上了小方,他一句话也没能说出,他只是漠然地看着我,而后脸上现出彻底的失望。"

程源说,出事之前那些日子,老徐经历着一种孤独难耐的情绪体验。程源说他还是那句话,理解他,但无法不让他失去他。他虽对小方的追求不抱绝对希望,可他毕竟通过小方认识了作为"人大"秘书的另外一种生活。他说他还年轻,不想像老徐那样安然下去。程源说,如果说在出事之前老徐有什么异样,就是他一下子显得苍老了,更加沉闷了,不再主动引他看花,或者问他年轻人的一些事。他说他至今解释不清,老徐为什么像孩子怕离母亲那样,怕跟年轻人断了友谊。

程源的话引起了我的思考,徐老师为什么如此看重同年轻人的交往?在他那已经过午了的年纪,应该进入为财物、为利益、为工资职位和子女问题实实在在做点什么的生活轨道,而他……程源说,老徐身上有知识分子的清高,有工人阶级的实干,有诗人的浪漫。"这难道就能概括徐老师的整个性格和品格?"当我接下去这样地发问,程源愣愣地盯住我,回答不出。我也莫名其妙愣在那里,不知往下该说什么。

过后我想,徐老师怕失去程源,绝不单是为了得到年轻人的理解,不是,而是另外一些跟这毫不相关的什么。

4

闲来无事,翻开影集,看着徐老师夫妇青春时代的照片。有时,我会自觉不自觉地去温习他们夫妇间的感情留给我的印象和记忆。每温习一次,我都羡慕不已并为之黯然一次。在我过了而立之年之后,一次徐老师动情地向我讲述过他们已到中年的爱情生活。说那年遭了大病,寂寞难耐地躺在床上,妻趴在床边,引他去看窗口射进的日光,娓娓地向他讲述小时候向阳坡上挖野菜,上树够槐花的情景。妻孩童般纯净的微笑和亲昵疼爱的目光,把他带到遥不可及又似在眼前的童年回顾中。那毛茸茸的草梗,雨过天晴泛绿的沟岸,炎阳燎烤着的沙滩,天地浑然一体的清澈透明的气息,这些儿时原野上一个个充满欢乐和自由的场景,使他度过一个又一个激动不已的病床日子。妻知道他喜欢什么,热爱什么,并能准时准确地适应他情绪的需要。他说,关键在于,现今人们被日益发达的商品经济困扰,金钱、物质利益,名目繁多的现代化生活流入家庭,流入生活中的每个人心里。心灵空间愈来愈小甚至根本没有,而他的妻还一如既往地保留着这块领地，供他和她偷闲时一道观赏、享用，这就十分难得，也是他生命中的万幸。

周末的初夜，我走进徐老师家门。师母见我来，分外高兴，眼中浸着泪珠。她把十五岁的儿子打发到里屋写作业，之后同我一起坐在沙发上。徐老师已出走五天了，师母说，她把希望寄托在后天，因为机关在给他处分的同时，准了他一周假。大概新老同志以及所有机关干部都无法一下接受这一事实，便做了这种不合规章的决定。

师母如祥林嫂讲述阿毛之死一样不由自主地向我讲起徐老师出事前的反常和变化，使我对自己已经放弃了的徒劳之举又起了信心。

师母说，那几天，徐老师一反常态的沉闷，无论白天晚上，都闷闷地喘息着，一会儿翻书，一会儿吸烟，压得叫人透不过气。师母说，随着春天日照的越来越长，他回家的时间越来越晚。她发现他每天下班，都顺着门前窄窄的小道奔向西山乱石冈，天黑透了才回家中。师母说，到乱石冈散步，在他日常生活习惯中，是一个全新的内容，以往他们一道做饭洗衣，听音乐，看电视，饶有兴味地来点小插曲，无论做什么，他都邀她一道。自从他们相爱，大学毕业后结婚，每每都是这样，只有这次开辟新日程他没有邀她。"我们都已不再年轻。"一天夜里，他莫名其妙地跟她说，而后孩子一样偎在她的怀里。"你这是怎么了？老徐，这是怎么了？"她抚着他光秃的额头，惊悸而不解地问。他当时什么也没说，后来躺下，在床上辗转反侧不能成眠，就着外面透进来的微微星光，他握着她的手，沉静而激动地说："阿清，你还记得十七岁那年的事情吗？""怎么不记得？"师母说，徐老师当时的语气和手势和十七岁他们初恋时一模一样，轻柔，迟疑而略带执著。"你记得那座房子？""记得，怎么不记得？"师母说，她同徐老师是上高中时相爱的，虽然那时他们都住农村，却距离很远。一个有星光没有月亮的夜晚，晚自习之后，他领她走出学校，在无边的田野上漫游，说一些天真而不失真情的话语，手牵着手。师母说，那是他们相爱后第一次单独在一起,并且又是在夜里。他们像一双欢快的小鹿,丝毫不畏惧夜的恐怖,冬的寒冷,心像酒蜜样甜,血像熔炉般热,他们被一颗心吸引,被最初的不可抗拒的爱情召唤,在夜里漫无目的地走,最后走进一座无人居住的旧房子。他们在漆黑的屋子里谈着爱情,谈着未来,他还在小屋里第一次将她抱起,亲了她,抚摸了她少女的乳房。师母说,那个夜晚徐老师像哥伦布发现新大陆一样欣喜若狂,像一只可爱的小狗缠绵多情。他们度过了最初的惊心动魄的夜晚。

师母说,自那天提起十七岁那年那个破旧的房子,徐老师几乎每天都在夜晚提及,以致后来等不到晚上,吃午饭时就说起十七岁那年的往事,并且说时那么入神和专注,仿佛他已回到十七岁的时光。那几天她真怀疑他是否得了一种什么病,精神病的一种。她胆战着观察着这一切。

师母直到现在,仍认为徐老师真是患了精神病,不然不会做出那种丑事。"老徐根本不是那种人。"她一再申辩,"那些天老徐一直神志恍惚,这是真的。"她说着说着,就掉下眼泪,大概觉出这种辩解的无力,在事实面前。

5

四月,令人春心勃发,春意盎然的四月,令人难忘的,心头永驻的四月,水芹菜已在池坝埂冒出椎嫩嫩的尖尖,槐树也从黑乎乎的皮层下钻出绿芽。我沿着师母指引的徐老师每天散步的小道和乱石冈走着,体味着四月天气的妩媚多情,体味着徐老师每天黄昏奔向这一去处时的心境和情绪。那一定有习习晚风,万道霞光,袅袅炊烟,牵着人的一根细弱然而敏感的神经,向着遥远的什么地方,飘着,洒着,尽情着……窄窄的小河道,长满荒草的山坡,一堆堆的乱石,突然我发现,脚下不远处,有一座新垒起的四角墙壁,造型同房子酷似,只是小了若干个型号。

大约就是垒完这座房子最后一块石头的那天晚上,徐老师出了事的吧?

1989年《芒种》第7期

朋友

这个城市搞文学的多如牛毛,我却没有一个文学朋友。为这事我常常苦恼自己。妻也在有一天突然跟我说:你没有朋友。同你结婚三年才发现你不会交朋友。妻是善意的。对妻善意的理解是因为我看到妻的目光当时正从斜对的窗口收回。妻希望我能像斜对个窗口的荆林那样,时常领一些朋友来家聚会或时常出去走走。妻并不一定热衷于聚会的热闹场面和外面的风景。妻希望从我的举止中看到洒脱和大度。

一个春天过去,夏天过去,我进行了再三反思:我想我的没有朋友大概因为我的认真。和我接触的同行并非少见,成和珂就是我家常客,可是结果他们却成了妻的朋友。妻喜欢他们处世超脱、散淡,不因人悲而己悲,不因人乐而己乐。他们常常一边嗑着瓜子,一边谈着流传在这个城市现代和当代的跟文学有关的故事。他们在谈到七十多岁老人坚持不断到海港接客却永远也没接到客人这一类老年孤独症在这个城市流行的时候,语调昂奋,面带笑容;在谈到农民的可怜和可怜的农民以农民意识揣度伟人时不厌其烦地讲着这样一个故事:一个老农说他有一年上北京,在天安门城楼前看见五六个毛主席拎筐去赶集,市场管理所闹懵了,不知哪一个是毛主席,竟把五六个毛主席关了禁闭。后来在他的帮助下,才搞清那个筐里没有鸡蛋的是毛主席,因为毛主席家肯定不养鸡。毛主席当时感激地握了握他的手,说他着急上集买点猪肉什么的,美国总统尼克松来了……讲完他们捧腹大笑。而每逢这时,我都偷偷溜进我的单间。我对那个老年孤独症深感同情和恐惧。我想有朝一日这种病将会染到我的身上,生命在轮回。因此我悲观叹气,无法赔笑。我对那个故事对农民意识的揭示深为不满和备感辛酸,我的出发点在于,应该揭示构成农民命运的社会要素,而一想到农民命运我就十分伤感。于是,与成和珂,与妻,我无法对话。

那个夏天的夜晚黏稠无比。妻把他们送走就来到我的房间。妻一边抹着脸上惬意的汗珠一边十分惋惜地看着我。妻的脸上洋溢着灿烂的光辉,可那丝惋惜也是毕真毕见。"我们讨论的是生命意识和农民意识两个理论命题。"妻说。

"你们是些缺乏感情器官的理论狂。"我说。

"你就是每每在该用思想的时候,用了感情。"妻这么说我,说得我哑口无言。

是的,这个城市有思想的文人越来越多,这个意识那个意识也泛滥成灾,不懂一两个意识就跟别人对话简直滑稽可笑,而不能对话就很难有朋友,特别在文人当中。妻是大学哲学系高材生,妻的发言旁征博引立论精当无人敢比,妻可以不用一句自己原话阐明论点,我觉得这是妻的天才,也是妻的无用。妻是拣别人的瓦砌堆砌自己,而根本就没有自己。我没有当妻面指出,这个世界允许以各不相同的存在方式表现自己的存在,妻也许是合理的。

而我却十分注重感情。我觉得在交朋友这个问题上,感情是须突出的重心,没有感情就无所谓朋友。妻说不错,当然需要感情,但感情是靠相互交流建立的,没有交流怎么产生感情?妻没有听懂我的话。我是说,不懂感情的人不配做朋友,比如总是将别人的痛苦置之度外,甚至自己的也不予理会。妻哈哈大笑。我深知妻笑什么,她总是在我为谁父亲死前留下几句遗言悲痛万分时说我狭隘,认真就是一种狭隘。妻说。

　　理论毫无所用,我目前的困惑是没有朋友,没有朋友使我食不甘味寝不安席,特别当妻和成们大声喧哗,或斜对着的屋子谈笑风生酒气冲天,我简直无法使自己安宁。妻和成们也间或的低声细语,这更令我不堪忍受。现在的问题是,我躲避他们并非是不想说话,而恰是太想说话,我找不到可以说话的地方,我没有朋友。

　　这个仲夏和夏末的一些日子,我一直被这个问题折磨着,我蔫头耷脑不知所措,甚至可以说我很痛苦,没有朋友我很痛苦。而我又实在不能理解妻和成们不在任何一件事情上倾注感情算什么朋友。我渴望有一个或几个人在我谈到人从出生到死亡这一过程时跟我一同表现出无可奈何的伤感,甚至出现三两分钟的相对无语,达到在静默中体察生命律动的崇高境地。我觉得只有这种境地才能启动人的情感器官,才能使人获得"朋友"带给生命的意义。近日来我一直关心的是死亡意识,而我一听到"意识"二字就神经错乱——妻可以完全将自己置于人类之外的大谈死亡三四个小时,仿佛死亡压根就不是她所生存的人类面临的问题。

　　终于,我有所领悟,我的毛病就在于我太认真。把"朋友"二字看得太神圣是一种认真,受没有朋友的折磨又是一种认真。朋友可遇而不可期。没有必要把有朋友和没朋友看得很重,看得轻了自然就放松了自己;放松自己自然和一般人都不拘言谈,谈什么都无所谓;谈得多了自然就成了朋友。

　　只需一点就解决了我的问题——对一切都无所谓。当我自然而然说出我的冥想,妻被窝里哲人般瞪亮双眼,妻说:无所谓需要广博的知识超脱的胸襟,懂吗超脱的胸襟。

终于,我明白了,我需要广博的知识,超脱的胸襟——狭隘导致认真,认真导致拘谨,拘谨导致没有朋友,没有朋友导致痛苦。我真羡慕妻很少有什么想不开,有什么痛苦,妻说交朋友会冲淡痛苦,以致使痛苦化为乌有。

我并不比妻的知识少到哪去,胸襟倒确实谈不上。于是,就在被孤独苦闷困扰一冬一春之后的一个夏末的黄昏,我决定走出家去,跟妻走出家去。认真系统地向妻学习交朋友的诀窍。没有朋友并不是一冬一春才有的事。我是说对面窗口荆林家的朋友聚会越来越频;妻从去冬以来,三五天不同成、珂们谈一次,就焦躁不安。

这个城市从夏末的那个黄昏开始发生变化,以往下班只顾关在房间写作的我开始走出房间。这一天我有些拘谨,战战兢兢,因为我总是把握不准妻在什么时候出门访友,妻喜欢我穿什么衣服。这样我就只神经紧张地观察妻的举动行为,分析她的思维走向。我完全可以告诉妻我的打算,可是我没那么做。因为在有一天妻十分认真地嬉笑我没有朋友之后,我说了一句非常生硬的话,"我不喜欢朋友",使我在妻跟前极不得力。后来我还是告诉了妻我的打算。我想从现在开始,我应该学着战胜自己,战胜自己在妻跟前的虚荣。这也体现一种胸襟。

妻当时正在洗浴间洗澡,听完我的话她一激动赤身裸体钻出跳到我的跟前。妻差一点把我从椅子上拽到床上,身上的水珠濡湿我半边衣襟。"你真伟大。"妻说,妻吻了我,吻得很具体。我也抱吻了妻。竟在决定交朋友的最初的瞬间,就让我预感了交朋友会给生活带来什么样的幸福。妻最近极少让我吻。

那天黄昏天气燥热,马路上流溢着灼人的气息,妻穿一件绯红色坎袖连衣裙,腰间裙带打出的花结飘逸着迷人的风采。我穿一件无领肥袖汗衫。妻一再向我表示,我穿什么对她无所谓,随便怎么穿。妻的表示让我再一次看到自己的狭隘认真。我跟在妻的后头,兴致勃勃来到4路车站，我不知妻要去哪个朋友家，一切全由她，我只有注意她的举止和行踪，跟她学着。妻目不斜视耳不旁闻地登上4路汽车，我也随她而上。刚刚站稳，就有一只手搭在我的肩上，"老兄，你也有时间出来？"我转头，是工友老张。"会朋友嘛。"我说。说完我蓦地感到我同从前判若两人，我有朋友。我仿佛一下子变得势力强大，变得富有，再也不是孤身一人。我脸红地看看妻，担心妻洞察我这可怜的自豪。妻并不看我，眼睛毫无目的地注视窗外。

妻在下车之后，失踪了片刻。正当我四处乱撞皱眉傻眼的时候，妻从车门对过的食品店出来。"带点东西下酒。"妻说，说时漫不经心的表情就像她在麦地里信手拈来一根麦芒。由于小时在乡下住过，我的比喻从来都跟乡下有关。妻只在瞬间工夫买来了四盒罐头和若干袋烤鱼片牛肉干。会朋友首先要带点下酒菜。朋友嘛，坐一起干唠哪里像话，吃吃喝喝才真正见出那种气氛。这个城市朋友之间谈话时都有下酒菜。妻想得确实周到，而关键在于这周到是在漫不经心中拈根麦芒样拈来的。我接过下酒菜拎在手中往前走着。马路上行人匆匆，每人揣着自己那份心事直奔前方。突然，在与一个陌生人擦肩时我想到一个问题，会不会有人不喜欢牛肉干而喜欢火腿肠。这个问题十分重要，它会影响妻花掉的十几块钱价值的等量实现，有些东西完全有可能因为别人的喜好而抬价和贬值。一旦贬值可是太亏待自己。这么想来我一阵激动，我快步赶到妻的旁边，我要对妻说出我的思想。妻一贯说我在该用思想的时候用了感情。"贞，"我说。"贞，"我又说，我却说不下去，我记起妻的另外一句话，要有胸襟，要无所谓，吃什么也许并不重要，重要的是朋友之间的交流。我又一阵面红耳赤，我庆幸多亏没向妻说出刚才的思想，不然妻又该说我认真，狭隘。

没用多久我们就来到一家门口。这时已是华灯初上。妻在按响门铃的时候告诉我，这是成的"别墅"，成的爸爸是中层干部，有两三套房子,除成和妻的家之外,还有这样一个单元。成开门见我,脸色大惊,之后很快就变成全在意料之中的样子,招我进屋,让座,沏茶。客厅有珂有另外一位写诗的小子有两位不认识的女人,他们脸上满是老相识才有的诚挚的温存的笑,我想这大概就是朋友间应该有的笑。我也试着回他们那种笑。成十分自然地接过妻手中的罐头烤鱼片之类放到已经挤满酒菜的桌上,不但没有抱怨妻不该花钱,反而流露出欢喜,一点不像我想象那样推迟半晌就是不接妻的东西,之后生气地说,再花钱就不许登他家门。我想这是成的大度,无所谓。妻一再强调无所谓。

这种情景使我和妻很自然就在餐桌旁落座。大家相互挤了挤,彼此靠得很近。我刚坐下,成就向我一一介绍,诸位都是他的铁哥们儿、朋友,也将成为我的铁哥们儿、朋友。对这样的字眼我企望过许久,却不曾想这么快,还不曾说话,就来到我的生活中。感情也许可以预约,预约了,朝着这个方向努力,就大有希望。就是说,这个世界,朋友并非可遇不可期,而正相反,可期不可遇。无所谓。不必过于认真。只要能成为朋友。

我朝大家点头,大家朝我微笑,一见如故似的。"边吃边唠吧,大家随便。"妻主人公一样发号施令。

那个晚上,也就是那个晚上的朋友聚会,没有谈到这个意识那个意识,谈的是这个城市和这个城市之外新近发表的小说诗歌情况,谈到某某作家的小说简直就如刷锅的饭渣,某某诗人的诗歌狗屁不是,还不如狗屁响亮。成在这么说的时候一再向我强调,他们是铁哥们儿,铁哥们儿在一起说什么都无所谓。妻也跟着附和,说那小说还不如刷锅的饭渣有味,是臭水沟乱七八糟的混合物。说完他们一阵哗然,纷纷站起,夸张地将酒杯伸向妻,"来,为这句话,喝。"于是酒杯乱响,于是四座皆仰脖。我惊异于妻的语言,她平常在论证观点时除了旁征博引从来不说粗话;更令我吃惊的是在座的除了我和近旁的一个女子没有说话,大家一同反感某某作家的小说和某某诗人的诗。那位作家善用冷峻的笔调不动声色地描写市井生活,是我非常喜欢的作家之一。我这人好动感情,在创作上却喜欢客观冷静。那位诗人的诗我不太喜欢,但也只能是不喜欢,绝谈不上狗屁不是。我大概木然了,我没有和妻一同起立喝酒。我在想我并不是没有胸襟,违背良心随声附和的事我做不来。

妻很潇洒地一饮而尽,之后,从成的烟盒中抽出一支香烟,熟练而潇洒地点燃,吐出一串奇形怪状的烟圈。妻的整个举止流程都只能用潇洒来形容,妻已经忽视了我的存在,同珂同成同诗人小子一边抽烟,一边继续着刚才的话题,后来完全变成大骂,骂某某作家是根本不懂什么当代意识未来意识和无意识的文学盲流——他们终于又谈到意识。妻在谈到意识时松了松裙带,说太热。妻把裙裾拢到腰间,露出白条条的大腿。我不会在意妻的大腿,这太狭隘,我是说在我的印象中,妻自从走入文坛就步入一现代派的行列,就不再把露身露肉的事看得太重。妻是现代派。

我注意桌上那瓶糖水菠萝,约莫每隔两分钟时间,夹一筷嘴里,约莫每一块菠萝,嚼上一两分钟,再吞掉。不久,糖水菠萝全被消灭,瓶中只剩下黄澄澄的菠萝汁,不能把菠萝汁也拿过来喝掉,就设法转变注意力。因为你不可能像只木乃伊死挺挺坐着,你总该有一点小小的动作,寻一点小小的变化,把自己从窘境中解救出来。我注意到近旁那位女子,同我一样,她始终没有说话,当我向她扫去一眼,她迎上我的目光,会意地向我笑笑,我也向她笑笑。我的笑是说,我们太窘迫。她的笑也好像这么说,又好像不光是说太窘迫,还有一些别的什么,很复杂的什么,比如说她不喜欢这种场合,不得劲儿这种谈话。总之,需要转变注意力,我无处可看,就把目光落向近旁的女子。她又笑了,我也笑了。我们什么也没说,可这次我感到我们仿佛说了许多许多话,因为相互笑完,我的心一下子敞亮轻松开来,放下了什么卸掉了什么似的,已不再把妻和成们的胡言乱语放在心上。正在这时，有什么变动惊扰了我的这种美妙的体验。成、珂和那位诗人小子齐力抬走餐桌，"跳舞"。"跳舞"。"恰如其分。"妻说。大家要跳舞。

我撤回椅子于墙角，与那女子一同坐定，没有起舞的意思。除去我俩，大家纷纷登场，舞曲刚起，妻就同成如入无人之境似地旋转起来。

"你不跳？"我总该找点话说说，不然太尴尬，尤其现在没有饭桌为我们分散注意力。尤其只剩下我俩。"不感兴趣。"她说。她微笑着看我，又接着问："你专来陪你的妻，真行！""不不，"我不知怎么，抢着回答，仿佛专陪妻是件多么见不得人的事情。我是想，我花这么大精力心力绝不单是陪陪妻子，那太没有自我。"我一直为没有朋友而苦恼，就——"我深入地说，觉得我的思想仅这句话足以概括。"是这样？"那女子双眼突放光芒。"我也是，心里有话没人说，特意跟女伴来到这里，可是，还是说不上。"她谨慎地这么说，生怕刺伤了谁似的，她笑着看了看她的那位女伴和我。

我瞅着她，不动睛，我心窝涌进一泓温泉似的，暖融融，胀乎乎，她说出了我早就想说而没有说出的话。一下子，我就觉得我们的心贴得那么近，我们似乎什么也不用再说，我们是那么近。我的这种感觉波及了手梢，我手梢在颤抖。她大概体察到我心灵的涌动，激动地站起，将双手平伸向我——她邀我跳舞。神奇的是，我平常最打怵跳舞，不敢说讨厌，我却也激动地站起，一切全由她操纵。

那个夏末的聚会那么恬静，舒心，让人激动。我虽然没说妻那么多话，虽没有真切感到大家已成为我的铁哥们儿，但我还是觉得我把心里所有的一切都说了出来。交流，不见得非得说话，无言的交流更令人神往。这是那个晚上之后我的思想。

我有了朋友。我终于有了朋友。妻的方法还真管用，一放松就有了朋友。"也绝不要为有朋友认真地高兴。"妻对我说。我可是真真地高兴,真真地觉得这个世界不再叫我孤独。我常常忆起那个晚上跳完一曲之后的情景。她约我出去走走,我就毫不顾忌地去了,我想这无所谓。我们在成"别墅"的梧桐下,听这个城市发出的夜的声响,像一个孤寂人在绵绵长夜的辗转反侧。她说她的情绪常受着季节的左右,天气的左右,白昼与黑夜的左右;她说她如果在夜里谈到死亡就会感到自己在向孤坟走去,带着风的鸣叫,枝叶的响动;她说她平常最讨厌一个体态臃肿的成熟男人从身旁走过,她会从他身上吸到朽烂的气味……她每时每刻都在细致入微地体验生命,她的话不见经传,却全是自己的,于这个世界完全陌生的生命体验。而不像妻,专玩别人的思想——大学病。

那个晚上之后的三四天里,我一直陷入这种回忆之中,每每忆起,都拿她和妻做最无理的比较。这同我的主观愿望完全违背。

接下来初秋将至,树叶一天天改变着铮绿的颜色转向枯黄。我怂恿再搞一次聚会。妻说正在筹备一个大型的。"我不喜欢大型,三五人最好。"我说,说完我发现,我仿佛泄露一个秘密一样战栗了。我吃惊地看着妻,妻也看着我,之后,莞尔一笑,明白什么似的。

妻明白了什么?我不知道。我只不过想见见那个她,说说话,或者不说话,一起走走,就这么简单。不过妻不会在意,妻是现代派的那种。可是,那种聚会的事,好长时间没有发生,妻忙于科所里一项外交事宜,成和珂也没有登门造访。就这么过了许多个日子。这些日子里,每近黄昏时刻,我都感出一种无法言喻的惆怅。妻没有继续召集那种聚会,我便把妻的下班回家视做多余甚至无法忍受,这在我的生活中是从未发生过的。以往没有朋友我只怨恨自己,如今有了朋友我却嫌弃妻,似乎朋友的存在比妻更重要更合理。

可是那个她究竟算做怎样的朋友?只见过一面,只说过几句话,还不知姓名。小屋在后来的日子里一圈圈禁锢着我的惆怅和苦闷,无奈我把下班后的静思改为上街散步,我在长街上蹒跚着,在公园中漫步着。

终于,新的生活日程使我有机会见到她,发现她时她正在公园丛林中呆立。我惊喜交加,她也异常高兴,我们仿佛久别重逢的老友,我们紧握双手,我们对看着,微笑着,久久也不分手,像似刚刚得到寻觅已久的宝物。我心田湿湿的,那种湿仿佛一阵春风拂过让我践踏了的草坪。此时此刻,我体会了我在爱。爱,因为自从见了她,我就生出再也不想离开她的念头。再也不想离开了。真的。

我们仍然是什么也没说,她终于放下我的手,背过身去揉搓眼睛,她哭了。此时此刻,我呆立不动,我仿佛听到一串压抑的、灵魂深处迸出的声音在寂静、深幽的草林里奏起一曲无声的音乐,这音乐因为备受压抑显出动人的空旷和粗粝,它不用任何音响便能启开孤独者的情怀,不管是在此之前还是在此之后,我都没听到这样的曲调。它有着深更半夜的惶恐、不安,有着红日当空的辉煌、热烈,有着晨光普照的欢快、宁静,有着夕阳西下的惆怅、沉寂……我在这乐曲中沉醉、痴迷……

夕阳拂着草梢推走树荫,我们在微黄的草林里默默不语。一段时间里,我总是注意着在不该用感情的时候应用思想,而此时此刻,我已全然不知什么是思想什么是感情,有的只是对生命切肤的体验和感受——

朋友可遇而不可期。

那个初秋的傍晚天黑得特别慢,我们在那个公园的草丛里站着,我不知同她说了些什么,好像什么也没说,又好像什么都说了。因为我们站了很久,我们不可能永无声息地站着,这不合乎情理,可是我确实记不住当时都说了些什么就怅怅地分手,我们终于还是怅怅地分手了。

我为这次分手准备的是无尽期的苦恼。我苦恼已极。我不愿离开她。我觉得同她说话同她相对有无限伸长的思想和情感,这种思想情感融合一道就是一段不可名状的欢愉;我还觉得假设能同她接吻同她拥抱同她生活在一起,我们之间会轰然之间生出一道岩浆一条瀑布一片汹涌的潮汐,我们会在粉碎中铸成另一种意义的生命,完全不像我和妻的结合——拼到一起的两个拼音字母。我多么相信我的预感。可是,我们分开了。"但愿别再相见。"走时她说。

深秋很快到来,我的苦恼像深秋袭扰大地的风一样无法逃避。这时妻科所里的工作已经松快,她快活地把成和珂招进家来。这时窗外对着的荆林家,灯火辉煌酒气熏天。这时我跟妻子去了多次成的"别墅"也没能见到她。我深深地懊恼着。

我在深秋的季节里深刻地反省着自己。我也许不该自觉地找什么朋友,也许即便去找朋友,也不该在朋友身上用心,比如不该认真地思想她的笑和笑所传达的语言。总之认真是我苦恼的渊源,我做千万次努力也不能像妻那样超脱,无所谓。妻是妻,我是我,妻改变不了我。我还大胆地觉得,我亏就亏在我有思想,没有思想的是妻而不是我。思想感情是一体的。不从对生命的体验中产生思想,一切思想都只能是思想的废墟。

我终于在跋涉一圈之后,回到属于我的痛苦里。真实的痛苦将永远属于我。于是我想到这个城市的那个秋天以后的日子将是多么冷漠,萧条,令人发抖。

1989 年《青年作家》第 7 期

小镇文化人

小窗面对两棵柳树。柳树傍着公路,公路傍着市场。于是小窗后面小镇文化站长张顺的眼睛里,就有一个很大,也很热闹的世界:柳梢摇动一地碎光,金银般晃眼;汽车抛起漫天灰尘,云烟般浩渺,赶集的商贩百姓,大潮般涌涨。于是,张顺就觉得,小窗虽小,就只四块玻璃,小屋虽狭窄黑暗,就只一张办公桌,一盏二十五瓦灯泡,他的世界还是很大,很开阔,亦很光明。

每天上班,打开门锁,张顺都坐定一只木椅,搓卷一支纸烟,目光逍遥地溜在窗外,饱览柳前路旁的烟雾人流。文化站常无事,张顺就一个人坐在那里,回顾自己来文化站前在乡下挣扎的往事。要不,就凝目注视贴在土屋土墙上的诗句:"无情岁月增中减,有味诗书苦后甜。"并不是任何人都会写毛笔字,都懂这个句子。最初他也不会,不懂。是县上举办文化站长学习班,从省里请来的一位书法家教的,以后闲来无事,脑里总有这句诗,练字就总练它,练得顺利,得心应手,就一下写到墙上。土墙屋就一下子增添了文化色彩。

倒有相当一些人,说过文化站破旧得像窑洞,像猪舍。他们却不知这猪舍一样的屋子,还是经了张顺当站长后的一纸文字才得到。得到土屋,曾使张顺非同一般地在心目中翻新了自身的存在价值。张顺不在乎人们怎么说,像什么并不重要,重要的,它是小镇三万人的文化中心;更重要的,恰是说三道四这些人,素日常来文化站,同张顺唠嗑、闲聊、交流。

张顺极安然,安然地在猪舍一样的文化站度过十个春秋。每天,如果镇长书记不下达什么任务让他下乡,如果计生办农机站经打办种子办不找他写什么材料,如果不配合当前形势搞什么宣传橱窗,他就安静地坐定小屋。或游目窗外,或注视墙壁,从中得到很大的乐趣。

张顺最会谈话,同来人唠嗑,不管心情如何时间如何对象如何,他都能善始善终,投其所好,随机应变,口若悬河,叫你心服口服赞佩不已。

张顺说话满脸赔笑。笑是一种修养,是文化人的修养。随着时日的堆积,笑便成熟在张顺脸上。下眼皮牵动腮部皮肉向上拱去,上眼皮牵动额角皮肉向下压来,一拱一压,两方领土汇合,且占地面积有限,就结下一个突出疙瘩于眼角,硬而且亮,上面还聚集着不同走向的皱纹,像干沙滩上冲出的小溪,曲曲弯弯,层层叠叠。后来,张顺不笑,也似在笑,并且十分生动感人。

平常机关有什么实惠,诸如分鱼分虾分挂历,极少想到张顺,认为同张顺之间的交往,只不过几页稿纸几个字的事。张顺对此,也不以为然,文化人嘛,视物质利益如鸿毛。不过,但凡镇政府上头有官,陪吃大盘子之类实惠则非张顺莫属。张顺终日细阅报刊,积数十年修养,国内外城乡事无所不晓,同上边谈话应付自如。机关的人把吃大盘子看作是天下实惠中最最实惠的实惠,唯张顺不与苟同,他感到是精神上的享受。大鱼大肉吃到胃里是挺舒服,但总抵不过呷着啤酒,同首长咀嚼国家大事的乐趣,抵不过享用首长亲切口吻与赏识目光的快感。

忙于谈论,忙于礼节上的应酬,陪吃大盘子,张顺极少实实惠惠吃饱过。酒倒是多喝了一点。常常饭后不多时,就胃里发空,就大碗大碗喝茶。张顺喜欢喝茶是近年来的事情。他喝茶并非吃了什么油腻,而是因为饿。张顺一人养活三个儿子一个老婆,生活十分拮据,吃不饱如别人吃饱一样经常。

张顺喝茶从不买茶,镇上每次来客的一点节余,都够张顺三两天充饥。

忙活一日,临近下班,已很疲乏,伸伸懒腰,吟咏一遍"无情岁月增中减,有味诗书苦后甜"的诗句,张顺便锁上文化站屋门,独自穿过镇中街道,朝家的方向走去。

照例,进家必得老婆几句粗骂,"老鬼,镇长也没你忙,什么弄不来家,吃饭还不及时。"无论外人眼里,张顺如何有水平有文化,老婆眼中的张顺,却是草包一个。自从那年张顺在乡下时去西沟唱大戏跟了他,日子一直清清苦苦。与张顺家挨着的机关干部,哪怕小小办事员,小日子也都搞得红火。有人安慰张顺老婆:张顺是知识分子、文化人,怎么能跟别人一样?"屁,文化人别长屁股眼儿呀,不吃不拉。"张顺老婆话粗,由不得别人继续相劝。张顺早已习惯在这种污骂中进入家中端碗吃饭,甚至,这骂,更有助于他将三碗苞米粥抽进肚里。令张顺欣慰的是,他的阿大阿二阿三,每每总是不声不响,冲到门口迎他进家,总是抢着给他脱鞋,端碗拿筷,并且没有一顿饭不是等他动筷才一齐动筷。文化站长的儿子跟别人就是不同,尊敬老人,懂得礼貌。张顺动情地想。

吃罢晚饭,张顺独处一隅,沉静地回顾一天,那首长的赞赏,得体的对话,总是有人纠缠不休的忙碌,都使他感到其味无穷。每到这时,张顺就脱衣上床,爬到老婆身边,一鼓作气翻到老婆身上,以防困意袭来误了事情。他读过许多写夫妻恩爱的书,他不信。自己从不认真看一眼老婆,怎么就有那种欲望? 要么,恩爱是美名;要么,天下夫妻都恩爱。张顺想。张顺没有想不开的事情。

一日，市文化局长率检查团下乡，陪了调查和吃盘子之后，喝茶之余，张顺品出事情有些古怪。饭桌上，检查团一行四人中的漂亮妞，老冲团长撩眉眼儿，每撩一次，团长好久接不上张顺的话，每撩一次，张顺都感到有一个球状带刺的东西扎进心窝，弄得张顺张口结舌，语无伦次。张顺从未陪吃过这种情形的盘子，宴席在各自红脸赤脖中结束。

张顺想，如今许多杂志，都有一些关于第三者插足的内容，且多半是妙龄少女插入中年夫妇中，莫非就是这样……刹那间，张顺产生一种获得什么奖赏的快感，并且，一想起那女孩的眼神，心就飕地一紧，泛起暖融融，痒酥酥的滋味。张顺傻了。

怎么会有这种滋味？好像长这么大才第一次有过，这滋味很甜。整个肉体都甜酥了，像电经了人身。是的，长这么大，还没一个漂亮女孩这么看过张顺。张顺似有所悟，原来那么多人情愿接受插足，是有利可图，这利不是物质的什么，金钱的什么，却好像比物质金钱都独特，都金贵。张顺悟得，这也许叫做爱情，男女间真正的爱情。他没有过。

这天下午张顺特别反常，他仿佛突然感到，他活得并不优哉，并没有什么精神支柱，四十多年，竟没得到过爱情。他沮丧着脸，破例顶着日头回到家中。老婆破例没骂，他却破例发现，老婆的脸粗如砂布，黑如紫茄。张顺没吃饭，他喝了整整一下午苦茵茵的茶水。

张顺不吃饭，阿大阿二阿三受了极大限制，统统一旁站定，大眼瞪小眼，最后求援似地瞪着妈，"他吃盘了有底儿，咱们吃吧。"张顺老婆说，说完就同儿子们一道舞起筷子。于是，桌上一片繁忙景象，瞅着眼前繁忙景象张顺恍然悟得，阿大阿二阿三给他脱鞋，推他上炕，并非识礼节，孝敬他，而是急着上桌吃饭，急着开始这场紧张而又严肃的战斗。这一感悟让张顺从心底恼火，直至饭桌撤下，他还心有余恨——妈的，骗了老子这多年！

饭后，屋内出奇沉静，只有老婆叮当洗碗声。

阿三是个好动的孩子，从小受宠惯，受不了沉静，把书包往炕上一甩，冬的一声，如炸了地雷，嘟囔着："破生活，都有电视，就咱没有，闷死人。"这句话激怒了张顺，他一下从炕上蹿起，欲给阿三一个拳头，却被炕沿隔住，没得逞。阿三惊吓得连退数步，碰到米柜柜角，哇哇直哭。阿三哭，老婆不语，没出粗话，使张顺转瞬间受了不小的感动。这感动并没改变张顺眼中老婆的黑粗脸皮，只使张顺有些愧悔，愧悔一个有文化的人，不该这么毛里毛躁，动拳动脚。孩子说得也许不错，他当了这么多年爸，工作这么多年，没给孩子挣得一台电视，再说，这一下午，自己净想些什么，情夫漂亮姑娘的，真是不知羞耻。悔着悔着，张顺战栗了——自己怎么会有这等狗胆？自己怎么变得这么缺德，没良心，不识事体？

老婆不知张顺的感动，却出奇地温驯，嘴上不带半句粗话，她安顿了阿三，默默捂下被子，坐定炕头，稍事喘息，又解衣扣。油烟味随衣角的煽动肆意散发。张顺瞅着老婆，为她的温驯继续受着感动，感动时，张顺想就势翻老婆身上，以压倒日间有过的非分之想。却又很古怪，张顺鼓足勇气，试了三次，就是翻不上去，最后，张顺干脆闭上眼睛，使足全身力气……

白搭，仍是原地不动，为什么呢？往常怎么就能轻易地翻上去？以往的夜晚，常陷入遐想、回顾的美妙境地中，浑身轻松如絮，有飘摇摇的美感。张顺想到这时，又生出信心——重新找回那种如许美妙的境地。张顺翻转着。望着模糊的天棚，望着窗外黑透的夜幕，极力去想白天的事情。白天的事情很切近，白天陪市文化局长吃大盘子，陪……蓦地，张顺大脑触到会撩眼神的漂亮妞。于是浑身掠过一阵热潮。完了，张顺想，甭想翻上老婆身了。

那女子是漂亮，漂亮得无与伦比。不过，重要的并不是她的漂亮，而是眼睛里传出的东西。有这么个年轻女子向自己传那东西那才叫美。张顺进一步想，难道就没有年轻女子向自己传过那东西么，以前他没有留心，推想起来肯定是有的。那能是谁呢？自然应是机关里人，机关里女子极少，妇联主任老王？老王是四十多岁的女工，不可能；农机站小潘？小潘虽才三十刚过，可古板得要命，每日除了给孩子打毛衣别无能事，不可能；广播员小刘？小刘倒挺好看，也还年轻，可人家正同银行"美男子"大卫恋爱，爱得要死，更不可能。那能是谁？张顺盯着发灰的棚顶，连连摇头。张顺心灰意冷，懒懒地翻了个身，突然，在翻身的瞬间，一个闪念，闪出一个人来——宣传委员何香。何香二十九岁，虽长相一般，可是个未婚女子，且又常来自己屋中唠嗑，何香最合适，最可能。张顺怕惊跑了何香似的，屏住呼吸，慢慢将身子躺平，努力抓住这一闪念，何香……何香最合适……

何香是镇机关第一个管文化的女干部，欲知何香读过几年书，似乎很难。四年，六年，八年，众说不一。旁人怎么说，何香不吱声，于是就很神秘。何香原是小镇北部山区的乡下女娃，有着喜欢与众不同的独特性格。知青下乡时，曾在知青点团支书史淑君的鼓励下，写过洋洋数千言的做好共产主义接班人的决心书贴在生产队的墙壁上，立即受到下乡检查的工作组的重视和表扬。受到表扬，何香感激史淑君最初的启发，就在知青点没粮吃的时候，把史淑君叫到家里吃饼子。后来史淑君走红，当上镇党委书记，一句话就改变了何香的命运。

刚来时，何香打扫卫生兼发报纸信件。后来又提升为干部，再后来又被任命为镇政府的宣传委员，并被选为市人人代表。在市里睡过软床，洗过淋浴，坐过电梯，吃过山珍海味，接待过记者访问，无疑成了小镇出色人物。今日何香，已非昔日何香，穿着打扮全变了，唯一的欠缺是她今年已经二十九岁了，还没有找到一个同她一样出色的伴侣。

二十九岁的何香，既已被提为宣传委员，就意味着要耍两下笔杆子，意味着需要一个人静静思索点什么，写点什么，于是镇长指令，分给何香一个单间——办公兼住宿。

何香有了单间,切切实实感到自己是个有文化的人了,整天同书,同材料,同文字搅在一起,虽然真正需要干的事,并无几件。

特殊的环境一经久长,何香便感到空虚和寂寞,寂寞时去读一些诱发人思想情感的文艺作品,心里就生出无数根触须。何香发现,光荣了这么多年,竟没有过一个异性追求她,自己不睬别人是一码事,别人不睬自己又是一码事,况且,自己还是极希望有异性同自己无话找话无事找事的,这一发现令何香诧异了许久。

何香独处时,喜欢打开门,喜欢两眼瞅门外,听脚步声。她多么希望同男人聊聊,尤其未婚的男人。这几年她的表达能力发生了很大变化,平常说话用字极其讲究。她能说出许多小镇女子不知晓的事情。这几年,她日渐的瘦,腰身显出明显的轮廓,脸上斑点早已被祛斑霜吃掉,她的打扮也高雅超群。连市里人都说,何香不像小镇人。

瞅着日头升起落下,一日一日,苦闷从内心生起,又无处说与人听,不眠之夜,何香想出另外一种法子——离开单间。可是,到哪去呢?总不能东屋钻西屋串,大姑娘了,不能失了身份。逼着去想,何香终于想出,到文化站走走。那虽是像窑洞一样离群索居的房子,但张顺健谈,听他讲话会忘记房子如何,自然更会忘记内心的烦恼和不安。书上说得好,人有几分知识,就多几分对人的理解。宣传委员同文化站长的联系本应很密切,以前自己太孤傲。

第一天的尝试,令何香十分满意,她讲到城里人身体保养,张顺便由身体保养,谈到心理卫生,又很婉转地谈到大龄女子的婚姻,张顺说,目前大龄女子多的主要原因:其一,是一定范围内,出现了超群出众的女子,曲高和寡,难觅知音,你就属这种情况。不过嘛,不要心急,天涯何处无芳草,知音总是有的。小镇其他人,认识何香的,见面第一句话:老姑娘了,还挑个啥。何香大为恼火,而张顺首先肯定了何香,某种程度上,还有赞赏的意味,又穿透着极深的理解,不愧是文化人,不愧是张顺。

何香觉得日子起了某种变化,这变化首先是,每天到文化站走走,散散心,心中的苦闷就减轻了许多。其次,何香这才明白一个道理,近年的备感孤独原是因为自己有了文化的缘故。

于是何香再出单间,非但目不斜视耳不旁闻,且更加气宇轩昂,走路,摆手,一招一式,都传递着人民代表,宣传委员,文化女性的孤傲与自豪。

张顺想着想着,就进入另外一种境地:何香向他走来。他平静地坐在办公桌前,将投向窗外柳荫的目光收回,投至何香脸上。何香微笑着,接受了他的目光,而后,回报他电一样撩人的眼神……张顺感到体内有股饱胀的热流涌动,这涌动对于他,虽很陌生,却极受用。张顺不安地扭动躯体,只觉被窝像蒸笼一样滚热。

第二天醒来,张顺觉得,身子仿佛经了瓢泼大雨,很沉,眼角的肉果,也木木的有些肿胀。沐浴着灿烂的阳光,来到文化站。室内暗淡,张顺拉一下灯线,停电,就着阴暗,坐到办公桌前。自从醒来,张顺就淡泊了昨晚的念头,偶尔忆起,觉得极其荒唐可笑,何香深闺处女,何以能向自己使眼神?自己又不是出乎其类,拔乎其萃的美男子。张顺凭望窗外,内心一片空白,不再有一丝幻想,邪念……

每日来文化站,成了何香例行公事的一个不可缺少的组成部分,最初她还难以接受张顺眼角两颗无时不在笑的鼓灵灵的肉果,后来,她偶得妙方,将目光虚幻地晃在张顺脸上,并不看定,碰到头发和头发以上物件的时候,再定睛,便彻底消除了肉麻之感。

今天,阳光水也似地温柔,玻璃窗反光强烈,何香的单间充满温馨气息。可这温馨仿佛一团火炭,煮沸何香心中愁闷,她再也不能安然坐在屋里听脚步声。何香走出来,经过经打办、计划生育办、镇长室,不知不觉来到院内,顺一溜墙根,向文化站走去。

尽管张顺淡泊了夜间将何香做替身的非分之想,可一旦见面,见到真人,张顺蓦地感到前所未有的惶悚和茫然。张顺红脸站起,迎进何香。

张顺从未有过的失态,令何香十分不安,以为是因她的到来,打乱了张顺正在起草的报告或总结的构思,为表示歉意,何香勇敢而实惠地看了张顺一眼,并赔了个精致的微笑。这一微笑,不设防地将张顺牵回夜间的梦幻之中,此时,此刻,不是什么梦幻,已经身临其境了。

张顺一边支吾着同何香搭话,一边躲闪着去注视何香,何香虽比不上市里小妞,却比老婆强百倍,何香牙床高些,上嘴唇短些,使她笑时露着半床牙花。别人嫌何香脸紫,张顺就没在意,若没有牙这缺欠,真不比城市小妞差到哪去,眼睛就比她大……张顺这么想着,分析着,眸子呆呆落定在何香脸上,任何香怎么躲闪,都躲不脱。直至何香束手无策离开文化站,他还在想何香腰好像有些粗。许久,当张顺从执迷中醒悟,得知何香已经离去,他才深深后悔起来,悔不该让何香走掉。因为此时此刻,他仿佛失掉一件宝贵的东西,这东西还没得到,就失掉了。

张顺无比怅然地叹了口气。他拉紧屋门,生怕谁来打搅似的。他望着窗外路旁的人流,目光不再逍遥,而略显呆直,何香走了。他想。张顺对着窗外景色,烦躁地捧着脑袋,永恒的笑僵了满脸。

出了文化站,何香一头扎进单间。张顺今天怎么了?她大感不解。长这么大,第一次碰见男人这么长久地盯她。这种盯法,是她日思夜盼,睡梦中都在想的,为这,她几乎耗掉属于她的所有青春热情。何香眼窝发热,有泪水不觉间盈满眼眶——终于,终于等来了这个时刻。可是,却是一个有妇之夫,是张顺。尚未来得及高兴,何香又很丧气,张顺,为什么是张顺而不是别人?

何香度过漫长而充实的一天。在这漫长的一天里,何香一直想,如果不是张顺,那一定是另外一番情景。张顺已婚,张顺脸上有两颗可怕的肉块。临近夜晚,何香起了一些变化,她不再为为什么是张顺感到苦恼,占有她的只剩下那灼人心魂的目光,尤其,当夜籁寂寂,政府大院只亮着她的小屋时,她就感到,今夜与以往所有的夜都不同,有一双眼睛在同孤独的她做伴。于是,何香久久不去放被,只一味沉浸在那目光的包围之中。以往也曾设想过在遭了这种目光之后的幸福感受,却不似今天这样真实。当然,也不似今天这样复杂,好像装了一些长短不齐的什么,这长短不齐的什么,是因对方是张顺。不过,不管是谁,总还是十分珍贵和难得的。她毕竟近三十岁的人了。

何香渐渐把张顺具体化了,他的个头身段脸形,还有笑,都一一呈现在何香眼前。她感到昏昏然招架不住,就起了想投进男人怀抱的强烈欲望。

一夜之间,何香发现,她已彻底被一个男人俘虏,她已和张顺无声地守了一夜,是不是爱情,她说不清,反正她急着见他,急等着上班时间。何香想,一旦见面,她绝不忸怩,她要瞪大眼睛看他,看他的眼睛,收掠他目光中蕴藏的一切。她读过许多爱情小说,她早就在内心解放了自己,要爱就大胆爱,绝不轻易剥夺自己的感情。她倒不想同张顺发生什么,成为什么,只想通过张顺,得到那股非同寻常的热流的包围。

自此以后,何香在张顺心中就已不再是幻想和替身。写材料、总结,同外人交流,陪吃大盘子,回家,何香都像影子一样跟在他的脚后。尤其夜晚,何香总同老婆并排躺在他身边,使他对老婆的粗糙脸皮深恶痛绝,使他再也爬不到那座山上。而何香却只能供他去想。他们还从未有过皮肉的接触,让张顺好生痛苦。痛苦一时无法解除。夜半,张顺坐起喝茶,喝茶时,张顺想,有文化的人了,应该解放,应该像书上写的那样,不压抑自己感情,只要不触犯法律……这么想,也只是想想而已,张顺觉得很苦。

更令张顺苦恼的是,他从此再也没有了以前的安然和自得其乐,从前因阳光柳树大盘子生出的种种甜蜜,仿佛已是隔世纪的事情。墙上的诗句,读起来让人生厌。越生厌,张顺就越憎恨市文化局长和那个漂亮妞,一切祸根全在他们身上,如果他们不来,如果他们背地里撩眼神,不让他看见,就不会产生这种后果。也怨自己读了些书,知道当今盛行的第三者和情夫情妇。如果不当文化站长,没有诸多方便条件,如果当初不唱大戏自学文化,一个大字不识,就什么都不会发生……张顺无休止地怨着,除了怨,对一切都失去兴趣。

这一天的上午,张顺同何香只一次见面,在文化站黑糊糊的屋子里,两人像别了数十年的恋人。张顺苍白着脸,带着痛苦、怨恨和感激,以及更深的什么涵义,望着何香,何香轻轻站定,默默不语,疯狂地捕掠张顺眼中的一切。

"张老师,你……怎么了……"

"我……我夜里想,咱们一起去牛山屯扶持个文化户。"

"我也想。搞文化宣传,你该带带我。"

"明天下午。"

"明天下午。"

第二天正午,太阳并不火热,山林上空环绕层层雾气,一派潮湿气象。从小镇到牛山屯,二十里山路,一路穿过树林。张顺,何香,走在密不透风的山林间。张顺一路走走停停,等着何香,何香一路停停走走,望着张顺,两人始终未能接近。张顺每欲靠近何香,就发现何香牙花血红,就削弱夜间鼓起的勇气。何香每欲靠近张顺,就感得张顺眼角的肉疙瘩咄咄逼人,只好迟步不前。他们就这么僵持着,步履缓慢地走在幽静、神秘的山路上。心跳不止。

山里的世界奇妙无比,云影如欢快的小船游在林海之中,枝丫经不住轻风摇曳,频频地动,蓝天在林荫的缝隙间颤颤地跳。

"歇会儿吧。"在一棵遮天蔽日的树荫下,何香说。

"歇会儿。"张顺应。

"就坐这。"何香拣一块长条石头坐下,望着张顺,擦着汗。

张顺四处看看,没有可坐之处,就一双眼睛盯住何香身边的石头,盯着盯着,张顺眼中喷出一股火,火星在何香裸露的颈和胸脯间闪烁。蓦地,张顺如只猛虎,扑向何香,将何香没头没脑拥进怀里,手在她头发腰间狠狠地撕扯,身子越箍越紧,几乎揉碎了对方的肋骨。

何香被这突如其来的举动振奋,虽是来得有些突然,动作有些失态,她还是在张顺怀里,顺顺着,吟呐着,闭上眼睛,竭尽全力去迎接全新的体验,眼角有泪有笑和别的一些什么……

黄昏时分,张顺与何香凄苦而恋恋地分手,在镇郊农田边,何香凝视张顺的背影,心像一团乱麻使劲拧着,撕裂般疼痛。再度回到她的单间,她感到走进了地狱。她一头扎到床上,静静而轻轻地揉着床单,翻来覆去,扭来扭去,而后疯子样站定,扑向窗口,向外张望,她不知道自己要做什么,她心慌意乱,怀疑自己已经疯了。

1989 年《现代作家》第 9 期

十五岁的五子

辽南山区的那个夏夜漆黑而带着莫名的响动。无数个厚重的夜晚都在这莫名的响动中忸怩前行,仿佛两只巨大的齿轮吱吱咯咯咬牙切齿地运转。纤细的游丝在夜籁怀中拱来拱去,在篱笆和草房中央放肆地跳舞,游丝把一扇又一扇窗户舔破,去肆无忌惮地抚摸土炕上光滑洁白的躯体,提醒他们隔在窗户外面星月的流逝,提醒他们隔在黑夜那边数也数不尽的日子、岁月。

辽南山区的夏夜总让人体会到日子的漫长难挨。

在漫长难挨的夏夜里,五子透过黑暗,看到哥哥们壮实的四肢在大炕上不安而焦躁地来回扭动,空洞如洗的草房屋散发着他们饱食终日却不得消化的熏人的气体。懂事以来的每年夏天,大炕上都整夜缭绕着这股难闻的味道,这是辽南山区夏天特有的味道。哥哥们总是在大炕比赛,看谁把屁放得响亮,放得充实而臭不可闻。而母亲总在此时露出平时少见的笑容,即使有黑暗相隔,五子也能看清母亲开心透顶的笑。

自从炙热的气息流入山里,母亲就开始将金黄的苞米稀粥做得充足而弥漫香味,在一张四脚肿胀的高桌上眼看着儿子们将肚皮撑得鼓鼓。"吃,多吃。"母亲的眼窝流动着迷人的光彩。五子每每用眼睛去舔哥哥们光光亮亮的肚皮,将刚刚通过喉口抽进去的又黄又香的稀粥一滴不漏吸进,吸进自己的肚里。五子吸着吸着,嘴角就流出黏稠的食水。多少年来,她一直被母亲目光威逼着等哥哥们吃完再吃,剩下多少吃多少。瞅着愈来愈光的盆底她两眼冒火,哥哥们却视而不见。哥哥们摩挲着汗淋淋鼓胀胀的肚皮在她眼前神采飞扬。从母亲平时漫无边际的诬骂中,从山里老辈人嘴里,也凭借自己的日日觉醒,五子知道那个令母亲和哥哥们高兴和等待的日子是什么。

　　那个夜晚,压着自己干瘪的肚皮,体验那种饥肠辘辘的滋味,在哥哥们此起彼伏臭气冲天的排泄中,五子掩鼻一遍又一遍咬牙切齿。由于视力集中,凝视窗户的眼睛酸涩得一遍又一遍淌出浑浊不堪的液体。她不敢去惊动那些液体,她怕因此惊动了母亲的笑。母亲的笑那么温馨而动情。母亲的狰狞面目倒并不可怕,只是那种玻璃摔地似的声音,像大马针挑起心尖上的肉,每每让她疼痛难忍,胆战心惊。母亲一连捞了四个儿子,在辽南山区就是四个金块。山民们眼气得满目生辉。积德啊积德。山民们从来不舍得在别人身上应用的词一呼而出。如果说大山是一块宝地,大山秋季的男人就是宝中之宝。辽南山区秋季的山野,整天整夜都是男人的世界,他们昼夜不停地在滚柴,茂密的山林取之不尽用之不竭。滚一批大柴就是百八十元,而一个秋天起码要滚四五千元。女人也无法与男人匹敌,杰出的女人一秋只能赚回八九百元,且一进山里就成了男人的猎物。拼尽力气滚柴的男人将山林惊扰得日夜轰鸣;他们又拼尽力气在女人身上玩弄花样,挥洒积压一冬一春整整一个夏季的热情和力量,把秋季的辽南山野搞得呻唤四起。妙龄山姑无论初夜属于哪一个山里汉子,只要进了山林就归所有男人。只有在肚皮隆起时,才由自己做主选择并确定一个男人成家立业,才永远的只能属于一个男人。

五子的母亲在生五子大哥的前三天才确定五子的父亲。一群汉子虎狼一样纠缠不休,让她迟迟无法选择。山林里野惯了的男人们都极情愿过早负起责任。五子父亲三天之后得到一子让其他汉子一顿暴打,母亲却一连生下四个儿子为父亲出气。乡亲们的热情鼓励使母亲一举之下又隆起肚皮,指望再一次从血泊中拾出黄金。没料在关键的、惊心动魄的瞬间显现了令人悸动的现实。母亲狠狠扭起血迹斑斑的胯骨,之后掩面大哭。

十五岁的五子,从没像那个季节那样对哥哥们的屁充满敌意,充满羡慕。她将咕咕直叫的肚子连连撑起,期望能在松手的刹那有东西从下面传出,却连连遭到失败。她只有将单薄的生命搁置在土炕上供浓烈的臭气熏蒸。她蜷缩母亲身旁,神经极度紧张地听一串又一串响屁;她浑身汗湿却一动不动,母亲的笑在灰暗的草屋里四散开去,咯咯咯将屋梁挂挂灰网震落,以致使屋棚纸哗哗啦啦直响;母亲咯咯的笑声仿佛白日里街前汩汩流淌的山溪透明而豁亮,像满山遍野间长起的片片绿叶新鲜而艳丽。母亲在这艳丽的笑声后面,补充着神秘的、让五子半懂不懂的话语。

笑声一阵阵滑向黑暗,滑向远处。土炕上,母亲同哥哥们的呼吸粗细有致,渐渐趋于均匀。蟋蟀在墙角明目张胆嘶叫,同哥哥们时而发出的笑声混为一体。五子双眸锃亮,直瞪黑暗中微微泛白的窗户。夜像一块抻不断的黏胶无头无绪。

五子轻轻将身子支起,憋足气,然后将弱小的躯体抽出被窝。她看见母亲的面孔一片模糊,那面孔像父亲死时躺在木板上,笼罩一层瘆人的青光。五子跳下炕沿,蹑手蹑脚推开屋门,经堂屋摸到院内,篱笆墙浓缩的黑影下,尿淅淅沥沥,溪流细小而缓慢,原就干瘪的身子在尿出尿之后更加干瘪。五子影子似的从院子飘到堂屋,路经碗柜的时候,她灵机一动,伸手拽开了柜门,五子夜夜都在撒尿回屋时灵机一动,奔向碗橱。

而夜夜都在手触进酱钵,沾拈满手大酱时彻底打消因饥饿生出的念头。手在柜门楞上抹净,又蹑手蹑脚推门上炕。一股臭不可闻的热浪顿时扑鼻而来,不久,便包围吞食了她。躺进被窝时一只手突然滑进来,尖锐的指尖在她胸脯上狠狠掐一把,痛得她咬牙切齿。她惊诧母亲的警觉,任她再三小心,也逃不出母亲的手掌。

夜深人静,蚊虫在呜呜哎哎吟唱。

五子醒来已是满天通红。辽南山区的晨光总是那样鲜艳夺目。特别在那个夏季,天空如火烧般飘浮朵朵彩云。五子是被母亲掐醒的。指尖顺昨夜的印迹剜下去,更加突出了那块深深的血污。她一惊跳起,穿衣下地,给母亲扒灰生火。她已经非常熟练这套程序。她帮母亲给哥哥们做饭吃,做衣穿。于是,五子就一时不闲地做活,一时不闲地思想自己为什么不像她的哥哥们。后来她从五姑奶奶那里得知,山里女人在娘家都是比不上下蛋鸭子的,只有嫁给男人给男人生了男人,才和下蛋鸭子同等名誉;女子在母亲身边,都要遭到虐待,什么时候走进山里,走进男人的世界,才什么时候从母亲手下解脱。

早饭吃出满屋轰隆声,四脚肿胀的木高桌被哥哥们的吃饭声震得摇摇晃晃。五子留在最后收刮上半碗稀粥和一小截饼子。坐到哥哥坐过的尚有余热的木凳上像模像样吃饭。这种机会已令她深深满足。她学哥哥们的样子,舌尖在碗边来回搜索,细溜细溜抽出好听的音响,汗水溜过单薄的小褂在她脊背上画着不规则的曲线。哥哥们人摇人摆向仓房走去。哥哥们许多天来吃完早饭就到仓房搓绳,准备上山滚柴的家什、工具,看着哥哥们粗壮有力的身材和夸张的动作,五子大口大口喝着稀粥,刚咬一口的一小截饼子因为想起母亲还没吃饭而被她狠心放弃。上半碗稀粥只用了不到三分钟时间就扫荡一空,一只空碗在木桌上敲出空洞干脆的声响。

日光热烈地普照半边山地。篱笆墙上新生的细弱的杂草蹿出红红的火苗；空气凝重无比，枣红色大马在马厩里焦渴地向五子打着响鼻，以期五子转动轻快的腰肢从那口合抱的瓦缸中舀出一瓢凉水。五子欢快地响应着，蜡黄的小脸儿在水和阳光的反射下，晶莹透明。年年岁岁，在这空旷的小院，只有枣红马的呼唤让她感到亲切，感到那份从未有过的富足。五子晶莹透明的小脸儿在院子里一闪一闪，仿佛一颗光芒四射的明珠，映得哥哥们个个细眯双眼。

五子很小很小，就在这个小院里以没有变化的动作充实着她的生活，就在没完没了地听讲故事。院内的臭水坑，墙外的猪圈，那张生了锈的铁锨，每日每时都在向她讲述着生动的、关于女人的故事。那故事编得有板有眼，那故事里就有一个晶莹透明的女孩，长相酷似母亲的母亲，酷似姑姑的姑姑。不知为什么，五子根本没有见过她们，她却总能在仲夏的晨光里看到她们，她们满脸神秘，一种不可预测不可捉摸的体验让她们诚惶诚恐。她看见她们在晨光里不安地向远处张望，向那个覆盖着厚重绿荫的山林张望。她们两眼浸满红红的血，她们的整个身子都是血淋淋的，她们同五子一样，长得极小极小，跷起的脚跟像两只剥了皮的树干。她们走出院墙又走回来，循环往复不厌其烦，她们总是在最后一度返回院里时喋喋不休同她说话，说沉重的木柴和滚圆的男人。她们的话让她似懂非懂，让她在朦胧中生出对于生命的渴望和恐惧。这段故事原本早已不再新鲜，这段故事却在今年夏天以排山倒海之势冲击着她的灵魂，她比以往任何时候都骇怕那个血淋淋的女孩，眸子里无时不在地留有她的身影，那身影仿佛辽南山区满面黝黑的石匠在石壁上刻下的图画。

五子晶莹透明的脸蛋使仓房里的哥哥们惊呆万状，纷纷将木鱼样呆板的眼睛溜向房外。他们的眼睛还流露着不易消失的自足和自乐。由麻绳牵引的那份对于秋山的期盼已无法掩饰在内心深处。五子没有理睬哥哥们。多少年来，除了他们饭后每每明光锃亮的肚皮外，她早就没有了理睬他们的习惯。这个夏天,她尤其打怵看哥们一张张黑紫的脸和那滚圆的身子。哥哥们的脸和身子总让她真切地感到血肉模糊的女孩就在眼前,让她不由自主翻肠搅肚的恶心。那瓢清凉的水将枣红马伺候得头摇尾晃。在枣红马用金色的尾巴扇出凉爽的气息时,五子已经飘出充满各种粪便味的小院。辽南山区的每家每户都在院内积累着耐人寻味的粪便气息。院外是弯曲婉转的山路,山路上各种蚊虫嗡嗡嘤嘤。炎热的夏季使蚊虫们乐不可支横冲直撞;路旁的草丛散发着马奶花的芳香。马奶花是五子生命中的母亲,很小的时候她就喜欢拽她的骨朵放进嘴里吮吸,那甜甜的凉凉的乳汁让她饱尝了不尽的快乐。

一块空阔山地尽收眼底。高大粗壮的水泥杆直立山地中央,传达着某种坚固、亘古不变的意志。水泥杆上那只多年失修生锈的喇叭蔫头耷脑,神态十分可怜。五子记得,在她小的时候,那喇叭里曾有声音,那声音一天三遍震得满山遍野隆隆直响。就是那时她每天一抬脚就来到空阔地带的水泥杆下,同挽腿撸胳膊的大人们一道聆听。她一句也听不懂,她每每注视大人脸色企图通过他们的脸辨别意思。大人们除了一色酱红的脸外,就是那种肆无忌惮淫荡的笑。大人们的脸上一年四季蓄满那种笑。他们每次听完广播,都要在空地玩一次男女混战,男人青筋暴起的胳膊在女人肥大洁白的臀上蹭来摸去让她永远不忘。后来喇叭在一个大风天戛然而止,后来兴各人干各人的事情,就永远地中断了声音。大人们再也无心光顾空阔地带,只有她每天必到,水泥杆成为她永远的伙伴。多少年来,从草房屋到水泥杆是她离开院子唯一的通道。旧时广播喇叭下那热闹场景是她唯一有声有色的记忆。她倚着水泥杆仰望高不可攀的蓝天,仰望蓝天上飞动的大雁和小鸟,饥饿的肚皮贴住凉凉的水泥杆,有一种扶摇直上的感觉。五子常常把自己想成那只扑扇翅膀的大雁,把四重大山踩在脚下,把母亲踩在脚下,把山山水水草草木木统统踩在脚下。山地黄了绿了,绿了又黄,漫漫的日子水一样绕着大山缓缓流去。没有浪花没有漩涡,冰凉的水泥杆支撑着五子干瘦的上肢,使她看到每年秋季加入大山的火红衣衫,看到那条不宽不窄的山路上冬季开始蠕动的大肚女人。那时她只有十五岁。

1989 年《上海文学》第 11 期

爱到三十

你很激动,你激动终于在你坚持提前二十分钟上班的第十五天,等到了会计的提前十分钟到来。会计几乎是在冥冥之中,就启动了办公室的门锁,走进屋子。会计的脚步,会计拿在手中的钥匙串,所传达出的声音有力地震撼着你的心灵,使你猝不及防,虽然你曾痴痴地期盼过整整十四个早上。

会计提前十分钟到来。这将意味你可能在整个大楼空无他人的时候走近会计,意味那句背后演习了无数次的话就要脱口而出,像吐出一颗杏核,一个铅球,甚至一块石头那样。你激动不已。你并不十分在乎同会计谈话内容的保密程度,关键是,两人单独在一起,说起话来那种语气,语气所造成的氛围,会比有人在场时容易达到效果,接近事实。

心旌异乎寻常的摇荡,使你在办公桌前站起的刹那,唇齿经历强烈的颤抖。你在桌上摸到一本书,大约是《自卑与超越》,是什么书并不重要,重要的是手中要有一本书或报纸之类,走进财会室会给会计造成走错屋的感觉,之后恍若突然想起一件极其微不足道的事情,你强调一定是微不足道,之后随随便便说出那句话,并且千万不要表露对那句话所传达事件的看重。

其实你真的不那么看重四十元钱。四十块钱算得了什么，一件夹克？一套卷发器？一只电火锅？是的，不能否认这是一个小小得到，你跟丈夫都在文化单位，工资低牵挂多，这些小件一无所有。但是你想，你并不十分看重，如果那天会计不在无意之中透露，聘任干部照发书报费四十元，你无论如何不敢有这非分之想。会计说完如同没说，长时间不去兑现，就让你心隐隐有些不安，就让你猜想会计是不是忘了，这么想来，你就觉得四十元钱虽是小数，可如果因为会计忘了便没得到，那种遗憾和可惜便如同白白扔掉一套卷发器。有时你会产生更为复杂的猜想，诸如会计根本没忘，是故意不给或者他已将四十块钱揣到自己腰包。这么猜想的结果，同以前就大不相同，你心底产生一股无名火气，觉得会计不公平、欺负人、自私、狭隘。你最最无法容忍不公平，这大约是你的地位所至——你是文化馆唯一一个从农村招聘的干部。你自从诞生了这个猜想，就每天受着这种猜想的煎熬，愈来愈强烈地鼓胀着问问会计的念头，并时而冒出几分勇敢。一巴掌扇到会计脸上，问他为什么不给四十块钱，为什么！

直到会计提前十分钟上班，你才发现你是个多么软弱的女子，你非但没有在这千载难逢的时机大动干戈，且心怦怦地跳，你踱着小心而缓慢的步子来到财会室，并且踱步的时候，你竟然对会计产生瞬间的同情，会计太忙太累，会计大脑很难有个贮存别人四十块钱的空间。会计完全是忘了，会计是个好会计。

你觉出你脸上有温情的笑意，你还痛苦地觉出这笑意含着某种卑琐成分，你只能是这么清醒地觉得，对卑琐的产生毫无办法，因为你无法摆脱你为四十块钱曾经诅咒过会计的瞬间回忆，或许正是这种回忆使你脸腮火热，嘴唇抖瑟，你明显感到，你没有达到演习时预期的效果，你的一切足以说明你要说的事情是多么重大，你是多么看重这件事情。

你把你的笑和瑟缩一直持续到看见会计那张账本一样毫无色彩的脸,会计的脸甚至显出稍微的沮丧。"你早。"会计说。"你早。"你说。你简直不是说,是一只小鱼一不小心顺嗓眼滑溜出去,搅浑你眼前平静的水湾,看不见水底光洁的沙石。你感激你手中拿的是书而不是报纸,这使你有机会直接奔到报夹旁抽出一叠报纸。你心底乱翻乱搅,大脑一片空白,你几乎把准备给会计那一巴掌扇到自己脸上。你从来都不否认自己是个多么无为无志气却有胆量的女子,可是,你错过了十五天等来的第一个机会。

你无望地从财会室走出,你迎来陆续上班的同志们灰暗的脸,你因为你的失败而觉得所有人的面孔都那么可憎,你甚至觉得他们带有早晨新鲜气息的微笑是对你的讥讽。你终于重新回到资料室,坐回办公桌前的时候,你那么执拗地怀疑起为四十块钱可否得到费这多心机的可信程度,你觉得简直无异于制造了一个天方夜谭。

你确实搞不明白你在钱跟前的怯懦和胆小的原因,搞不明白为什么这么羞于谈钱。你是乡村大家庭出来的女子,你懂事的年龄正是自然灾害肆意横行的年龄,你却在乡亲们吃糠咽菜的时候享用着父亲几十年倒买倒卖的剩余财富,你绝不炫耀你童年比别人多得的太平和美好是你最初命运的暗示,你是说,是那种没有遭受饥饿和贫困的特殊环境,培养了你,促成了你在物质面前的豪爽和大气。直至后来,当你接受文化教育光辉的普照时,你身心思想比别人更快更迅速从荒芜的角落走出,使你即使没有考上大学,却也破例走进县城的文化殿堂——文化馆。你从不否认贫穷和落魄是一个人成长的动力,许多童年遭受心灵和肉体摧残的人都在后来一反成了大才,你也十分自信太平和安康同样赋予童年接受这个世界的另外一种方式。自然,你明白你并非学识渊博的圣贤之辈,可你总觉得,你就是有朝一日被文化事业淘汰,也不该在钱面前那么委琐、胆小和自卑。你是父亲的女儿,身上有父亲的血液,父亲是开明大度的商人,你那么崇拜父亲的豪气和胸怀。

也许上帝是公道的,儿时没有尝到的苦头,长大需要补回。

你痛苦地捧着脑袋,你觉得得到机会却没有成功的痛苦比以往十四天任何一天的无望等待都无法忍受。你看不进书,对于四十块钱的渴望此时远远超出四十块钱本身,而是另外的不可名状的精神折磨。你想最初为什么会记起四十块钱书报费,似乎十分简单,一个明媚的下午,天气使人们心情舒畅,人们聚在财会室讲如今正式干部一年里的所得名目,会计不自觉溜出话意,被你不自觉逮住,并且在逮住的当时你并没有印象,而是后来的某个夜里,同丈夫讨论某件事情,才突然记起的。你痛恨这最初的记忆,以至于痛恨那个明亮的下午。

如果没有女孩的到来,真不知你将怎样度过这个上午。敲门声刚刚响起,你就情不自禁地动身开门,你在动身的刹那间几乎感到眼窝胀热。你明白,这个时刻有人找你,就如同有人向危难之中的你抛去救生圈。进来的是个女孩,女孩有名字,你却从来不记她的名字,而只唤女孩,因为你觉得在你的生活境遇中,没有比她更切近女孩这一名词的女孩。你的资料室不对外服务,到你处借阅书刊资料的读者你却从不拒之门外,你有所选择地给着读者借阅机会,你总觉得,文化馆所订资料和刊物的崭新是文化馆的悲哀,同时也是你的悲哀。这并不出于你的责任心和对事业的忠诚,你希望通过书刊加强你与同志间朋友间的情感交流,你怕孤独,实际上你对自己负责,你爱你自己。两年前资料室十分繁忙而杂乱,本馆人员穿梭一样往返其中,即使平庸之辈搞不出什么事业,也被终日无所事事驱使,端正正捧起书本。那时你忙,你累,你却显得有位置,你被那种浓重的学习气氛感染着,你仿佛成了文化事业的主人。后来情形就大不相同。展一幅画二十元稿费同画一幅广告牌一千二百元的价值比使美术干部兴趣大大转移,舞蹈干部则热衷于通俗歌曲和迪斯科的普及,深入小学拿一小时十元钱的讲课费,创编干部集中力量同企业拉关系以求以文补文。昔日的平庸之辈今日早已退出文化馆,停薪留职,搞起另外一种属于他们的叱咤风云的事业,平庸之辈不再平庸。资料室被一团死寂包围,偶尔一声门响都能弹响你浑身上下无数根琴弦,书架笼罩一片永远的洁白之光,你在这光的照射下,显出平庸之辈的倦态,然而你不觉得你有多么平庸和可怜,你觉得除了孤独之外,你还是那个对知识学问孜孜以求的文化女性,你觉得唯此才能使灵魂得到真正安慰,文化事业才有希望。可是,当有一天停薪留职专做贩虾买卖的串子满面春风找到馆长,说五年以后,他捐款十五万在文化馆前厅建一大型艺术雕塑,看着他今非昔比的鲜红脸庞,你迷茫了,你不知究竟是谁灵魂得到真正解救,不知是谁才使文化事业大有所望。

　　女孩含着痴迷而诱人的微笑走进屋来,你认为她是世界上真正的女孩是因为她的微笑有一种呼唤青春的力量,有一种生机勃勃的感召力,你需要这种呼唤,你因为有了这种呼唤而时常沉浸在青春的回顾中以冲淡你的孤独。不过,你很明白,她带给你的不完全是愉快,比如她总使你想到年龄在一个人身上的实际意义,想到人不能总是靠着回忆过生活。另外,她读书和笑的时间并不占有到你资料室的全部,她爱读书,她爱笑,她更爱同你唠嗑,她总是大人般地问起你的工作、家庭生活,孩子成长情况和身体状况。她在谈到家庭时显出超越她实际年龄的成熟,她告诉你儿童的早期教育在三到六岁为最佳时期,父母应不遗余力为子女创造条件,请最佳的家庭教师买最好的钢琴,她说在此时期父母应以父母的地位退出,退到教师的位置或保姆的位置,她说只有这样才能使儿童生活在知识和现代文化的草原,任凭驰骋;只有这样,夫妻才在结婚之后,迎来第二个辉煌时期,体味更深层次的婚姻家庭生活的幸福。你只觉得说话时,她的双唇像两片云一样摆动,眼睛像两颗星星一样遥远而变幻莫测,直至说到最后,你的思绪时而在遥不可知的地方混混沌沌,时而在放任月长假的丈夫那张灰白的脸上飘来飘去。你对女孩的每次热情指导都报以苦笑,到最后,苦笑已不能使你完全彻底表达当时的情感,你几乎对女孩产生了不乏恶意的仇恨,你觉得她像一个小妖怪伸出一只长着尖尖指甲的手,在你胸部、心部,抑或是肺腹什么部位拼命抓来挠去。你不知自己为什么会这样看待女孩,你想,也许女孩把你看成县城知识分子才说了此番话,你想,也许正是因为她把你看成县城知识分子你才有这种莫名其妙的不快。女孩的话是一种昭示,像一盏灯塔竖在你的生活未来,而这种未来的达到依靠什么你却不知,重要的是,你在设想怎样为未来奋斗的时候,想到美术组老黄,他一天中午顺手甩给你一个七十块钱的床罩冲你开心地笑,那是他给保险公司写八个字会议横幅的馈赠品,这尤其叫你无法忍受。女孩大约发现你脸上的阴郁色彩,她把笑控制在半透明的状态,"你身体不好?"她问。"没。"你摇摇头,你希望有人冲淡你对四十缺钱的念想,因而,你努力抓住跟她对话的机会,你太怕她还了书就走或是捧起书来自顾自地看,虽然你曾那么不愿同她唠嗑。很妙,她根本不去看书,她深情地盯住你的脸,双眼一眨不眨,你蓦地被她的深情打动。眼窝簌簌滑下了泪珠,你陡地转过身去,为自己莫名其妙的失态张皇失措。女孩扳过你的脸,纤细而洁白的手指抚上你的腮帮,"姐,你脸色不好,你需要补补身子,买点海参鸡蛋什么的,能补回,如果不是有病。"女孩的话仿佛注入泪泉新的水分,你更加抑制不住,你在挥泪的时候几乎是忘情的,你根本不知道此时此刻世界发生了什么,文化馆发生了什么……许久,你平静下来,平静时你耳边依然响着女孩刚才的话,你轻蔑而隐隐地哼了一声。女孩叫你姐,你曾经想你若有个妹妹该怎样爱她。可是你发现你无法使自己爱上女孩,女孩不理解你,女孩细致入微的关心刺疼了你,你并非不希望有人关心,而是关心得太细,细到海参和鸡蛋。你和女孩是两个世界的水滴,星星,草籽。

你调动了你全部理智,才没把女孩驱逐出境。女孩离开之后,你的整个精神濒临崩溃。你比以往任何时候都想得到四十块钱,似乎完全因了女孩海参和鸡蛋的启示。你不看重钱,你只是被钱紧紧牵出神经,你不明白这一切都是因为什么,你一直想,你是大家庭出来的女子……

　　你因为你的失败已经没有信心走进家庭。丈夫虽然并不知道四十块钱书报费的事,你却在许多个早晨偷偷埋在心底一个希望——晚上出现全新的情景——桌上多了烧鸡和炸鱼。丈夫一见烧鸡炸鱼就不要命。结婚以来,你极少让丈夫忘命过,或者同丈夫讨论一下买火锅还是给丈夫买夹克,还是买一套卷发器。卷发器是奢侈品,电火锅最为实用,汤菜一道下肚是既节约又实惠的吃法,你已经入境地想过多次。

　　你神志恍惚地朝家的方向走去,你记不住十几天里,有过多少个这样的时候,你眼窝仍然胀热,你为上午莫名其妙的哭泣后悔,因为丈夫对你情绪的变化极敏感,他总是细微地体察着你的心愿而后不动声色地关怀着你。你觉得那种细心简直成了你的负担。最初并不这样,恋爱和初婚时,你为丈夫的体贴入微神魂颠倒,并感到你是世界上最最幸福的一个。后来不知哪一天的哪一时刻你发生了变化,你感到了丈夫这种美好品格给你带来的沉重。当你逛一大圈市场最终只买回二斤小白菜时你那么怕被丈夫碰上,你甚至感到丈夫的碍事和多余,你想假如没有丈夫,你会轻松自如做起小白菜汤,之后喝得一塌糊涂。可是丈夫一边摘菜一边大张旗鼓吵嚷汤如何如何好喝,他一定能喝三碗,语言和表情都得到极度夸张,这时你的心像坠了石头,灌了酸醋。你多么渴望在你拎回小白菜的时候丈夫大发其火,那样你将痛痛快快同他吵上一架,痛痛快快说出为什么只买白菜的全部理由一泄心中郁闷。你们因为理解而闪烁其词,你们因为闪烁其词而没有碰撞,你们因为没有碰撞而没有瞬间的快感。

　　你在走近家门的时候,发现了意外情况,有客人来。你的意外并不因为家中很少有客,是你情绪所致,你在刚才以至于整个上午,都没有这种准备。你家客人多得无法计数,邻居李嫂说简直像个大饭店大旅店。

你知道，李嫂的话带有几分嘲笑，你的客人全是你跟丈夫的乡下亲属，到县城观光做生意，甚至写信也要来找你。李嫂绝非嘲笑你，李嫂嘲笑乡下人的土气和没文化。他们每次到来都在酒桌上大呼小叫周家赵家出了驻县城的知识分子，任你再三阻止不要大声说话都无济于事。他们说这没有什么怕人，说俺妹跟妹夫确实是知识分子嘛。他们甚至把你，丈夫的姓儿同周恩来赵紫阳连在一起，这种联系使他们声音更加高涨，使酒桌上的气氛达到沸点。你深深懂得，丈夫亦懂得，你们是乡下人心中升起的星星，他们把你们崇为至明圣人，他们把有才学有知识的人划在远离他们的彼岸，以为只能遥遥相望，而无法达到。你怀疑你和丈夫究竟算不算知识分子，一个小小资料员和剧团美工。不过当初你们可是朝着文化的光点奔的，你们在奔出乡野走进另一番天地的时候，曾是那样雄心勃勃要为家乡人争气，你们被雄心鼓舞着同乡亲们一样，认为最有出息最有希望的是你们。你们奔出来，亲人们也向往着你们。

你随着家有客人的第一个念头是做什么饭。这种实实在在的事情在你当初朝县城奔时无论如何想不到。做什么饭，一个极其重要的问题，如果来客是丈夫的亲戚，你需要考虑让他们吃上一顿丰盛的在乡下很少吃到的饭菜。丈夫老家在山区，那届那中全会的春风刮透山地骨髓，也不可能从石头坷垃里刮出油水。因而只要一见他们，你就蓦地产生责任感和大慈大悲的感情，你就从摊派给每天的伙食费中抽出一部分到市场拼命消费，其实你只不过花掉十几块钱，但你真真切切感到是一种拼命的滋味，你汗流浃背。客人走后你就只能拎回二斤小白菜。逢上你的亲属到来，你则需要考虑让他们吃上一顿不至于低于家里水平的饭菜，这完全是你的虚荣心作怪。他们不在乎吃好吃坏，他们的生活，由于不择手段都已达到小康水平。大哥二哥尤其优越，这大约是父亲或者祖上商人血液赋予他们奔生活的能力。二哥说虽在乡下，也什么都能吃到，二哥叫你随便做点什么都行，他不在乎。而你在乎，你不愿你的物质生活影响了你在亲人心里至高无上的位置,你要表现出物质和精神的平衡。于是,你还要从摊派给每天的伙食费中抽出一部分到市场拼命消费。消费时你发现你同哥哥的骨肉感情如今似乎掺杂了同童年完全异样的东西,你的成熟再也无法叫你抢哥哥手中一块饼子没能抢到大流眼泪,你在乎哥哥怎么看你。

　　走进厨房,你嗅出客人不是乡下来的。果然,推开屋门你看见一个腹凸腰圆的陌生人,丈夫向你介绍,站前服装店白经理。于是,你领会了丈夫的意思,需要置办酒席招待一番。你看到,丈夫终于迈入了商人的行列。你以为丈夫有准备,酒菜已经买好。可是你找遍所有角落,一无所有。丈夫把你豪爽大方待客视做你优点中最难得的优点,他却从来没有大大方方挥霍一次。那一刹,你突然感到丈夫做经商梦逃不脱失败,你不知为什么会有这种感觉,你却相信这种感觉的可靠,丈夫性格中太缺乏越轨和冒险素质。虽然当初有可能因为画画被剧团看中,之后又送他上了两年大学。

　　你打开抽屉,把留做交托幼费的二十块钱握到手中,这是这月剩下的最后一点现钱,你当时想,再有五天就要开支了,开支需要往前补充支出二十元,自己同自己拉一点小小的饥荒。你糊糊涂涂走出家门,在门口处碰见李嫂,"有客了?""有客。"李嫂笑了,不知为甚,你竟在李嫂笑的刹那间产生一种微妙的自豪和骄傲,仿佛与客人是经理有直接关系,你绝没有想到你会有这么卑微而可怕的心理反应,直至走到市场,你还感到心里哪个部位不对劲。

　　路过文化馆的时候,你又记起还待争取的四十元钱,于是你想,明天一定会得到。这么想着,你在买肉买菜的时刻,一点没有负担和压力,你计算着四十元钱可待两次客人。后来你又想,好像前天乡下嫂子来看病时,你已花掉四十元中的一部分,好像前天的前天,给儿子买一套换季衣服,也花掉了四十块钱中的一部分,于是你觉得好笑,没有到手的四十块钱,已经在你心里不知花过多少次,取之不尽,用之不竭。

尽管预感丈夫面临失败,你还是为丈夫做着努力。你大概盼望出现奇迹。你热情地招待经理,你的热情是这些天一直没有出现过的。你觉得经理黑溜溜的小眼睛里,塞满了钱,轻轻一眨巴,就有钱从其中掉出,完全不像丈夫的眼睛充满眼白和眼白带来的迷茫。一件衬衣死赚一元二,一件夹克死赚二十,一件呢大衣死赚七十。你发现,经理张口闭口"死赚"的时候,你和丈夫都避开他的眼睛以至于羞愧地低下头去,脖颈火烧般发热,仿佛眼前站着一个赤身裸体的活人。终于,你彻底明白了你至今没有要出四十块钱的怯懦是一种什么东西作怪,你觉得你是文化阶层的人。同时,你又发现,听完经理的话,你心像点亮一盏灯一样火热和透亮,你从丈夫颤动的手指上看到了共同的反应。

送走经理,丈夫刷洗时间之长让你误认为他已背过气去,他细细地摸弄着碗边,荡起轻轻的水声。你深知,丈夫脸上一定带着放长假以来少见的微笑,丈夫就要将这笑容公布于世或者与你交流。你不去惊扰他,你默默地等待着。终于,他耐不住压抑,他转向你,"贞"你听出他尽量不使声音显出激动,你却被似乎已经十分遥远了的声音震颤了心灵,你不假思索地给了他一个温柔的眼波。于是,你俩拥抱在厨房中央,你记不住你们多久了都不再有这种热情,你们似乎怎么也难能进入女孩说的婚姻生活的第二个辉煌阶段。你把脸深深埋进丈夫宽阔而可怜的胸怀,说可怜是因为你闻到他胸怀散发着浓浓的风尘气息,饱含着这些天东跑西闯的含辛茹苦,丈夫要办带有戏剧色彩的服装店,这一念头的产生不知耗掉他多少脑细胞和头发。丈夫从来习惯在自己的世界里默默地写写画画,之外认真地搞他的舞美设计,剧团放长假的事实像惊涛拍岸,使他一下子苍老了,犹如面临着世界末日……做出经商决定完全因为他对你的入微体贴,那几天你天天都等他和儿子吃完之后才上桌吃饭,你用你有活要做作为推迟理由,那几天你拿着一张幼儿园发来希望家长给孩子买电子琴的通知满脸惆怅,并且一次你把孩子吃掉的蛋清偷偷塞进嘴里抬起头时,正同丈夫目光相碰。

你紧紧拥着他,你真舍不得让他去为生活这般操劳,问题是他太文气,他的才能是布置舞台的灯光和布景,当初爱他首先因为他的性格和专业水平。可是你无可奈何,你比谁都清楚放假将意味着什么。这些天,你觉得你唯一能替丈夫做的,就是在无意之中争取到四十块钱。

你突然抬起头来,挣脱了丈夫的胸怀,你想知道丈夫的"工程设计"搞到什么程度,你从未问过丈夫的经商理想,你怕你的关心被丈夫理解为对钱的关心,你怕这种理解增添他在外边遭受挫折和失败的沉重,你故作毫不理会他的成败对家庭生活的影响。你用心良苦。

"有房子吗?"你小心翼翼地看着丈夫。

"联系几家没成,再跑跑。"

"投多大资本?"你显得很明白。

"四千"。

"……"你一直看着丈夫,你不知再应该问点什么,你的眼神却在继续向他提出询问。

"白经理是个好人,他肯出力,他说他做后盾。"

你全听懂,一切都还无影无踪,都还那么渺茫。经理的出现,才给丈夫带来最初的一线希望,而你感到这希望的线丝是那样纤细,经不得碰撞。这个世界,如果不是依靠自己本事而是依靠"好人",那实在是件碰运气的事情。

自从你深刻认识到羞于谈钱和在钱跟前的羞愧是小知识分子的性格弱点,你就决定无论什么时候,有无旁人在场,只要碰到会计,就直截了当要钱,就向会计申诉你的苦衷。你的重新鼓足勇气使你下午上班脚步敲着地面咚咚作响,走进资料室时门也关得那么有力。你觉得人就应该这么理直气壮地活着,活着并不欠谁的。

你坐到窗前,看到外面湍急的人流,看到日渐暖和的明晃晃的日光,心里生出无限感慨,你不知在这样的阳光里、在这条马路上,上班下班走过多少来回,刚来时你整天跑着跳着像只刚飞出的鸟,一头扎到资料室嗅着股股书墨气味犹如饥饿的人闻着肉香,你做了一串论文的题目供自己去攻破,而今,你体味了做学问和做人的艰难,你看到你像书架上厚厚堆起的书一样没有用处,无人问津。方寸之地,你经历了漫长的心路历程,使你走进了第三十个春天。三十岁,你不禁打了个寒战,三十岁的日子什么时候同二十岁拉开距离,变得这么实实在在孤独清冷?你不知道。

你瞅着大路又瞅着小路,大路通向车站小路通向市场,你想起中午就是沿着那条青石小路上市场花掉了十八块三角五,于是,你想起四十块钱,你离开座位站起,你毅然决然走出资料室,向财会室奔去。可是一件意外的事情使你信心倍减,你的语塞只发生在瞬间。财会室挤满全馆职工,会计坐在职工中间,老泪纵横,脸上还有道道血迹。会计是五十年代的学财经的大学生,有着威严而庄重的仪表,从不见他如今这样狼狈。你不晓得发生了什么。站了好久你才明白,会计被儿子打了,为儿子把未婚女子领进家住。会计扭曲着脸,抽抽噎噎强调领的不光一个女孩。儿子做木材生意,每随又一批木材的卖出就换睡一个女孩,因为会计反对,因为儿子不交分文且回家挑吃挑喝,会计说儿子的哲学就是对得起自己,会计在学说这句话时咬牙切齿骂了一句妈妈的,让人觉出他那股愤恨情结的入骨潜髓。会计坐在椅子上,像一头散架的老牛,一脸暗淡而绝望的表情。你记起他这些天来的沮丧面孔,你好像突然之间理解了他——他的整个身心都在受着道德和尊严的熬煎,接近四十年的文化馆生涯,培养了他把人格看做金钱甚至比金钱重要的思想,他无法接受在他近六十岁的年龄中,儿子呈在他面前的"新生事物"。六十岁,那是另外一个世界,跟你想得到四十块钱相去甚远。你觉得他太应该痛苦,太应该沮丧,知识人可以活得清苦,却不能不活得清白。他太应该在儿子这样有辱祖风的事实面前终日神志恍惚气愤暴躁。当他每日走进文化馆庄严的大楼,回想起自己青年时代的秉正刚直刻苦好学,那种生于内心的惭愧、疼痛与不安几乎使他丧失记账能力,那种与日俱增的折磨简直无异于把他绑在绞刑架上,他根本无法记住别人的四十块钱……你吃惊了,你惊诧于你什么时候变得这么理解人?你很清楚你内心深处并不认为会计儿子的行为有多么缺德,至少你不那么看重。你几年前还不是这样,几年前你觉得世界上就一条真理,你爱那条真理——我觉得对,就那么做。现在,你却认为谁都是真理,你为别人的真理改变着自己的真理。

你彻底放弃了四十块钱。

一声噩耗撞进了你的家门:父亲去世。仿佛一声震动宇宙的爆炸,你愣愣地盯住前来报丧的本家四哥,魂魄如一片狂风吹裂的云花。四哥富有经验地向你伸出手来,扶住你的肩膀,并且摸索着从衣兜里掏出一条皱巴巴的手帕。很遗憾,你没有流泪,你只随心里难受袭上一个念头,你已三个月不曾回家看看父母,一连三次动此念头都被来回五块钱车费搅黄,儿子需要一架一百二十块钱的电子琴。你知道父亲晚年生活多么需要你,父亲就你一个女儿,父亲因为有着呼风唤雨的青壮年时期无法忍受岁月赐给他的衰老,尤其日益开放的形势使他愈加不能摆脱他对辉煌年代的温习。人一生中都有辉煌时期,父亲的辉煌却极大沱围地照耀着家族,照耀着十里八村。父亲虽然日后在大哥二哥身上完善了他崩溃了的理想,可在晚年到来的同时,父亲竟产生了扩大知名度的念头。父亲抓了一辈子物质,临了,却有了饥渴的精神需求。你对父亲产生这种认识是在一个极其偶然的时刻。你下乡搞资料检查路过门口,回家匆忙吃了一顿午饭。就是那个中午,父亲坐在棕色的太师椅上,苍老得几乎发乌的眼窝里溢出一道潺潺溪水一样清纯而充满希冀的光,你当时以为是父爱长久没有得到支出所致。因为你非常难得回一次家,十二平方米的住处又无法把父母接去享受在最后岁月与女儿的厮守。"贞,县上人知你是谁家闺女?"就是这句认真而带着稚气的探问,使你对父亲有了全新的了解,这了解直至后来内心稍有空闲时,你莫名其妙地热泪盈眶。你知道,父亲这句话并不光看重他生命对你的影响,而更加看重你生命对他的影响。父亲一向把你看成周家最有前途最能够载入史册的一个。父亲说,爷爷的爷爷是个文秀才,是个贤人。父亲虽然得意他的经济头脑和非凡本事,却从不认为在宗谱上会得到怎样的体现。父亲从不过问你究竟算哪类人才,只知道你是跟书和文字在一起的。一次你无意中说起你在写一篇关于建立艺术档案必要性的论文,父亲没隔一分钟就讲起爷爷的爷爷,那一时刻使你觉得父亲的得意简直无异于一位屡获战功的将士,你的光宗耀祖父亲认为是家族中除了爷爷的爷爷之外前所未有,其后也不定多少代才会有的。侄男侄女学习成绩都很差。"忙就不回吧,你爷爷的爷爷十七岁离家再也没回。"父亲以为你不能经常回家是因为工作。父亲是那样的爱你。

父亲去了,他永远地离开了这个世界,带着他对儿女的满足和希望……

你不知四哥帮你忙了些什么,他显得那么清醒和老练,在你为儿子和丈夫写下纸条时(你居然没有想到去找丈夫和儿子一道回家奔丧),他沉稳且有规律地告诉你该带的东西和该有的准备。四哥说需多穿点衣服,要守灵。需要蒸供品,不蒸到饭店买也行。需要买纸,需要带大约二百块钱。送父亲登天的车马行装以及吹鼓乐只有女儿花钱才好使。四哥提出要带二百块钱。你听见你身体的什么部位发出咔嚓一声巨响,接着大脑就经历一阵轰鸣。呆立片刻你突然意识到需要在四哥跟前镇静,需要毫不迟疑地走到柜前,拉开抽屉,从中摸出二百或三百块钱。你确实走到柜前,你拉开一只抽屉,顺当地将手伸进,你摸到一个空空的塑料口袋,你知道最后的二十块钱上午已经取走,你和丈夫一月一百四十元的工资能在下次开资的前五天剩下二十块已经是奇迹。最后,你不假思索,将软软的塑料袋揣进衣兜。

经过文化馆门口,你突然为你下午对会计的理解以至由理解导致的四十块钱的失去痛悔无穷。如果手中有钱,你可以就在县城买供品和纸,你可以替四哥打车票,你可以为你健在的老母买点东西作为慰藉。你快速走过文化馆,你怕那种悔恨减轻你对父亲的哀悼。但实际上你不清楚,你的面部看不出一点你在经历同亲人的生离死别,看不出你对父亲有多深感情。

乡亲统因你的回来顿出眼泪,哥哥嫂子侄男侄女以及一些远房亲属一见你便大出其声,似乎因为你的出现才加深了他们的悲痛,似乎他们为这个时刻做了充分的眼泪准备和嗓音准备。你被一干人拥着,你想你是父亲的心肝女儿,在为父亲垂泪的一行人中,唯你应有最纯最真最最痛不欲生的感情。你曾多次在别的女伴丧父去母时恐惧地设想,假如将来有朝一日父母离开人世,那种绝望和悲痛叫人怎样熬得过去,你曾在多次可怕的推想中翻心搅肠肝胆欲裂。可是现在,你没有喊着叫着,没有趴在地上打滚,你甚至没有一滴眼泪。你怀疑你的哭神经是否被什么人在冥冥之中勾走。在哥哥的引导下,你看到了停在堂屋中央的父亲,父亲安详的面容仿佛在做一个年老之后第一个充满鲜花和绿草的梦,你仿佛看到父亲梦中正向着他的女儿微笑……

一场惊天动地的哭嚎在大哥的一声劝阻下进入尾声,许是大家哭得太累,屋中出现奇怪的宁静。在这宁静中,母亲牵你衣襟领到里屋,母亲红肿的双眼和沙哑的声音同过去的母亲判若两人。"怎么能不哭呢?"母亲惊讶地看着你,就像你是不懂事的小孩为她招惹了是非,"怎么能不哭呢?"母亲又说一句转身离去,受了莫大的屈辱的样子。是啊,怎么能不哭呢?望着母亲瘦小的身影你无以答对……

你被召去参加仅有两位哥哥和母亲参加的家庭会议。大哥二哥一致表示,父亲的丧事要办得隆重一些,要大扎车马大办酒席大请吹鼓手。大哥说父亲一生一世走南闯北,临了也要风光风光。二哥说儿女总还有份能力,尽了孝道尽了意愿也给后代看看。二哥说贞妹是有知识人,平常不能在家族和村子里显山露水,这次一定买下二十对花圈,让村人和后代看看你为家族带来的光辉,不是宣扬你,是鼓励后人。母亲还没有从悲伤情绪中出来,她一再点头,似乎这么做,能减轻她许多痛苦。你没有点头,也没有摇头,你心里有一个声音在呼唤——没有这种必要。你觉得这呼唤绝非出于你没有钱,父亲万不可能知道生者为他所做的一切,关键是,村人和后代可能从二十对花圈中领略你的存在,但,村人和后代是否有必要走你的路呢?你怀疑。

你想说,节俭办丧事才是文明、进步的表现,才能真正体现周家儿女的精神面貌。你没说,你下意识将手伸进衣兜,捏住软软的塑料袋,你想如果能从塑料袋中掏出数十张票子,那么你将理直气壮地说出那句话。你一直揉搓着那个软软滑滑的尤物,你第一次感到物质跟文明的微妙联系。

一切皆按哥哥的意见,大哥是个有气魄而有尊严的人,乡亲邻居在他调动下两肋插刀不全因为他养大汽车曾为大家多次效劳,二哥却是因为跑单帮后同乡亲一来二去的哥们儿义气。两人平分了父亲的全部优点。三天来,家里家外一片繁忙,仪式非同小可,有悲哀的哭号,有断肠的哀乐,有灵幡车马,绚丽的花圈,有一支庞大的给父亲亡灵报道的队伍,你感到了大哥二哥的强大和富有气魄的号召力,你感到同乡亲们一道在受一种形式的熏陶和鼓舞,同时,你感到自己是那样弱小和孤单。你不知究竟是谁的生命影响了父亲,你眼中始终晃动着二十对金灿灿的花圈,你手不时的触到兜里软软的塑料袋……

1988年《海燕》第12期

一度春秋

在辽南北部山区，在与岫岩县城临界的十里洼，年，是堆积在庄户人院中的一垛干柴。一进腊月，干柴便被传统风俗点燃，烧着年糕烧着豆腐，烧着萝卜丝隔年白菜，烧得庄户人里里外外忙忙碌碌，烧得整个十里洼其乐融融。

十里洼人心中那份欢乐，是并不能呈于表情的。他们往往一进腊月，就唉声叹气，长长的鼻息透着许多的沉重，仿佛岁月走到这里，走进了一汪泥潭，走进了神门鬼地，仿佛他们在岁月的沼泽地里，被鬼使神差不能自拔。他们交流着即将浪费的压岁钱、电字钱，交流着要请几顿酒，浪费多少豆油白面，他们说真是的又要过年。然而，在明光通亮的夜晚，把攒了一年的压岁钱分给儿孙嫡女；在吵闹喧哗的酒桌喝酒，酒随喉口和指丫缝流淌，那种一年中少有的、全身心感受富足的经验，早就火辣辣烧在他们茫茫天地间流淌的灵魂中、思想里。一年三百六十五天，他们每刻都在计较这种浪费。一年三百六十五天，他们每刻都在迷恋这种浪费。日月在计较和迷恋中流转，他们不曾知觉。他们为年而出力，而积攒，又被年折腾得一无所有。他们年年过年且不厌倦。

一

年年过年,杀猪蒸糕放鞭问好,一切风俗、规矩似无什么变化。然而把一些年堆积起来,回过头看,一年和一年,今年和去年,是有许多不一样的。就说十里洼村西的张守山家,去年过年,三个儿子还都是学生身份,每人穿一套蓝制服,这里走走那里站站,文绉绉得很是同庄户人格格不入。今年却好,哥三个一盘散沙,三个当中,就有两个已经沦为农民。老大高中毕业,没考上大学;老二初中毕业,没升上高中。哥三个再也不似从前一走一排。老大终日躲在西厢房里闭门不出,爹娘分派给的每年必行的礼节他一律拒绝,饿到不能拒绝吃饭的时候,从厢房出来,低头走到后屋,一口气咽下一碗大楂粥和爹娘不分青红皂白的粗骂,再回到厢房里。老二并不拒绝行使从前的古风俗节,却不准仍然做着学生的老三跟着。他一个人挨门串着,问着好,串到设了局子的一家,就胳膊一伸,一边说算我一个,一边进了位置,样子十分老到,丝毫不像刚下学的中学生,仿佛对赌具有与生俱来的经验。老三呢,虽是仍然做着学生,然而两个哥哥的结局让他看到自己的结局,再也没有勇气在人多的地方亮相,似乎觉得注定是个农民的坯子,还穿学生服,做学生状,不如就理直气壮做个农民体面,装模作样是丢人现眼的。

一年之间,三个儿子发生了这么大的变化,做父母的看在眼里,心里感到十分难过。去年过年,瞅着衣冠齐整、文质彬彬的三个儿子,以为成就他们哺育的功名就在不远。送儿子出外念书是他们多年的愿望,他们省吃节用,不惜舍弃庄户人原本低廉的一年三大节日的消费。吃不上年糕,在正月里啃苞米面饼子的日子,只要看到书生气十足的三个儿子,就仿佛在冬季里看见桃花,心底充满香气。谁知道仅一年工夫,儿子不但打破他们多年的理想,就连人也变得陌生。父母说什么话,安慰、劝、骂,到最后泪流满面,全不奏效。父母的话好像再也不能进到他们心中,他们与父母之间好像生出了什么障碍。什么障碍呢？他们怎么突然之间就长出了尾巴、生出了脾气呢？做父母的苦苦思索，思前想后，当想到从前为了三个儿子与哥嫂争夺这所大院，用菜刀和斧头把偏瘫的嫂子撵了出去，并把整个房檐都镶了镜片，希望将一切不利于自个儿的凶光全返出去的情景时，他们捧腹长叹：原来，人想要强是一码事，命中注定又是一码事。而命，全是让他们自个儿弄坏了，遭到了上天的报应。然而，没用多久，他们又抬起头来。做父亲的说，十里洼能念上高中的，不也就咱家老大吗？母亲说是啊，俺也这么想，不就咱家老大嘛。

尽管张守山两口子想得很开，不能否认，一九八九年春节，张家大院是很寂寞的。烧了他们一家五口十几年的理想之火冥冥之中悄然熄灭，屋里屋外，房前房后，东厢西厢，统一片肃静。屋顶的瓦片静静地泛着灰光，瓦楞间长出的须草在呼啸的北风中东倒西歪。院子正中芙蓉树上，往年总是热闹的喜鹊窝里空空荡荡，树枝被风摇出嘎吱嘎吱的声响。张守山同婆娘一个炕上一个地下圪蹴着，他们木头似地瞪着两眼出神，他们把老三当成了出气筒。他们说老三你听着，这房可没你的份，你不学好考上大学，就白想回来住，这不是你的家，你听着。他们一遍遍重申，从容不迫。谁知老三被他们锁到西屋后，根本没在那里用功。他把书本翻了一炕，写字造句，他根本做不下去，所有的词句，都跟年连在一起，而一想起年，他的心就火烧火燎，就像洒到桌面的白酒遇到火花，忽忽啦啦燃成一片。他追忆着以往同哥哥们一道挨家串门的热闹情景，所有的孩子都向他们投来羡慕的目光。哥三个一块玩虎香棒，大哥二哥都鬼不过他，到最终都是他赢了。大哥二哥欺他小，赢了还要他钻桌子，他自知受欺，却自愿上当。他最受用那钻桌子的过程，好像整个世界都在跳舞。老三一幕幕玩味，偶尔听到东屋传来尖锐的骂声，才想起那样的日子已经一去不复返了。一想起那样的日子一去不复返了，他就咬牙切齿，他恨大哥二哥好日子全让他们糟践了。他学习好与不好，本是可有可无的，到如今他们上不去，把一个年搅得冷冷清清，还要把父母的目光转移到他身上。这么一恨，使他原来还在沉睡的意识猛然间觉醒，他觉得自己根本不是念书的料，他是不要再继续念书的，他也要像他们那样，下学来想干什么就干什么，至于干什么，到时候再说。

张家大院前所未有的寂静。或许从前也这么寂静，从前有愿望在心底烧着，一切都不觉得罢了。现在这愿望被浇灭，心里沉闷，寂静也就更添了几分。老二一早脸也不洗就不见了踪影，连午饭都不回来吃。老大一天闷在西厢房里，不知哪里有什么秘密让他打发这长长的时光。有时候，他们以为他睡了，悄声到窗外去望，见并没睡，一个人小猫似的趴在旧柜上划拉着什么，就想这儿子大概是受了刺激，愚了。村里李增生的儿子一心想当兵，因为近视眼没检查上就疯了。母亲向父亲说了这可怕的想法，两人都不安起来，他们商定，不能再说了再骂了，由他去吧，开春让他下大田散散心，或许能好。老大一人在厢房里丝毫不知父母的惊吓，他在理想碰壁的同时，复找到了全新的理想。这理想不在十里洼，不在十里洼外面的农村和城市，这理想全在一个宽约半尺长约七寸的笔记本里，这个不薄不厚的小本子是他理想的全部。自从落榜，自从无法向父母诉说他的心情，他就精心营造了它。离开它，站在空旷的庭院中，白天看着苍茫的田野、辽远的天际，看着十里洼很少变化的房屋院墙、四处飘浮的干草枯叶；夜里看着孤寂的星星、充满粪土气味的土院，看着沉睡的、让人担心是否还会醒来的十里洼长夜，他感到空虚、惶恐，感到自己只剩下一个硬硬的躯壳，内心一片灰暗；而只要返回西厢房，走近它，打开它，拿起笔，他就觉得他丰满、实在、有血有肉，就觉得有一个美丽的、神秘的世界被他占有。他会觉得他真正是一个走进青春期的男子汉。在笔记本里，有他深邃的思想和智慧，这思想和智慧是父母世世辈辈都不曾有过也不曾知道的。一想到张家祖祖辈辈都不会拥有他那样高深博大的思想，他就浑身发热热血膨胀，就觉得自己尽管没上大学，却是十里洼最最有出息的一个。他在日记里这样写道:人可以平凡却不可以平庸,吾辈虽然名落孙山,恢宏理想不得实现,却不甘心像父母那样一味地为日子为生存这一单纯的目的活着;吾辈饭可不吃衣可不穿,做人的信念不可改变。他在另外一天,又写了这样几句话:青春是什么呢? 青春是闪动在心灵深处的思想的火花,而不是听天由命、唯命是从的徒劳的运动;青春是看不见摸不着的想象力,青春是流动的情感起伏的情绪多变的情态;总之青春是自由的自己的。他就这么一天天厮守着他用思想和笔浇铸而成的本本,心里充满了无限的深沉和激情。年该做些什么,从前在年的日子里都做些什么,他一无所知,到有机会从厢房走出,一切关在小屋里的思想都被阳光驱逐、被父母的粗骂叹息驱逐,他便没精打采真的仿佛是一具躯壳。

一九八九年春节,张家大院是沉静的没有生气的。正月初三,又有一场大雪纷扬而降,院墙、草垛、芙蓉树,同地面迷迷蒙蒙连成一片,天是那样的灰而暗淡,地是那样的暗软而不踏实,偶尔有鞭炮声传来,在张家大院死寂的空气中打个漩儿又流走。傍黑,送年饺子下锅,蒸汽在风门外汹涌的时候,张守山从炕底翻出几个二踢脚,说老三,快去找老二。妈的,年也不送。那话语乍一听是很严厉的,咬牙切齿仿佛找回来不是送年吃饺子,而是把他们也当饺子下锅,可仔细品味,那语音属降调,缺乏底气。

老三关在屋里一天,早已飞到外面。有颗挣脱了心窝的不安分的心在作怪,从父亲那里领来的任务刚出大门口就不翼而飞。大街上熙熙攘攘,无数只灯笼在街面上跳跃,狗叫鞭炮声一齐向四野翻滚,老三涌进送年的人流,心软软的,身子飘飘的,他不知道这是送年,只觉得一只瘪了很久的皮球一经充气,便把握不住。他跟着送年的队伍一直走到黑夜。香烟越来越浓,盘子里的饺子没了一丝热气,张守山等不及,忘记曾与婆娘订好的不再去管老大的协议,他忽忽隆隆撞开西厢房的门,直奔老大跟前。他抓住老大脖领,说伤风败俗的孽种,送年还用叫吗? 张守山原本没打算骂这么狠、这么难听的话,过年把祖宗请来家了不能大呼小叫。然而这话在他心里往返太久,这话一经骂出,他连手带脚统一阵麻酥,他没能拽出老大,自己却手软心凉。他一步一步退出厢房,嘴里胡乱地骂着一些话,那声音像梦中呓语,没有半点力量。他回屋后,眉头结出结实的疙瘩,独自跪在祖宗跟前三拜九叩,请求祖宗原谅他养了一帮不孝之子,在祖宗面前,他是不敢说孽种的,据十里洼老辈人讲,祖宗最忌讳后人造孽,当真怪罪到日子里,出什么灾祸是担当不起的。于是磕拜完毕,张守山独自提着灯笼,拿着鞭和爆竹,携着祖宗,到了荒郊野外张家坟地。

　　送走祖宗,少了许多束缚,张守山同婆娘在漫长的正月的夜晚里,彻底放纵了思路。他们思前想后好不苦闷,他们想起当年那显赫的庄户人不敢想象的辉煌的设想是怎样诞生在他们卑贱的生命中。刚娶老婆那阵,张守山是一心想同哥嫂和平相处侍候老人的,到终再与哥嫂平分这并不丰厚却有十三间房子的家,这也是十里洼代代相传不可违背的规矩。谁知,老人双双谢世之后嫂子突患偏瘫,老婆接二连三生养。一个年轻的女人受着体力、胸怀的局限,生出许多白眼、责骂;另一个年轻的女人受着疾病和自尊的折磨,生出许多绝望的咒语,由于绝望,诅咒是狠了一些,把整个大院都咒了进去:什么看你不病不死,等你病了,三个儿媳妇不分扯吃了你。这大院就留着埋你,埋你祖宗三代。由于气愤,被诅咒的一方,行动冷酷了一些。他们夫妇一道将哥嫂赶到场院窝棚,他们冲哥嫂发下一个惊天动地的誓言:王八犊子等着看吧,不把三个儿子送出十里洼我对不住你。这誓言首先惊动了他们自己,十里洼在此之前,没有任何人敢下这样的赌注;也没有哪家儿子从十里洼挪出半步。这誓言深深地震动了他们年轻的生命,同时也震动了十里洼生儿育女的人家。夏季河套或树荫下乘凉凑到一块,街坊邻居从不放过敲打的机会。什么看人家张守山种儿多好,一生能生出三个跳龙门的鲤子,什么老婆地儿也好,肥力高质量高。这敲打最初使他们感到沉重,感到不快,后来随着时间的推移,敲打反而加固了他们对于实现誓言的信念。当发现儿子一天天留恋书本,他们更认定这个不可逆转的事实。女人被这一事实鼓舞,感受到一种难以诉说的快乐和平静,如今她没有了这平静。男人守着女人一夜不与说话,他怨恨女人当初耐性和毅力的欠缺,划出一段脱离庄户人的弯路,要自己为这弯路付出代价。一个有耐性的女人总是能给生活添出一些弹力。他还想到像他这种年龄,隔在计划生育墙外,有三个孩子又都是儿子,在十里洼,以后日子间的麻烦、困难是不堪设想的。女人感知了这怨恨,寒冷的凉气逼人的夜晚,这怨恨已经如同一缕炊烟飘在北风中,清晰可见却转瞬即逝。紧紧缚住女人思想的,是如何安排眼下的日子。眼下的日子令她不安,她要在十里洼乡里乡亲眼中,彻底收回她平素的居高临下,她要跟她们一样,来探讨儿子娶什么样的媳妇,给儿媳多少压岁钱,一样站在婆媳间的缝隙里唉声叹气。问题是,她要应了嫂子的咒语,在大院里同儿媳缠在一起,那是缠不出什么头绪的。

漫长的夜晚,漫长的正月,张守山同婆娘整个的心都在苦海里熬煎。开朗时,想十里洼的日子原本就没有什么头绪,一个希望破灭了还有另一个希望,没有希望的日子,就平平淡淡过下去;沉闷时,想十里洼的人家,有钱没钱都过得那么滋润、平稳,为何就自个儿绊绊磕磕;不叮朗也不沉闷的时候,就想十里洼的日子,是有一个轨道的,就像听说火车行驶必有铁轨一样,离开铁轨是要翻车的,要送三个儿子进城上大学的念想,是超越了十里洼日子运转的轨道的。他们这么想着,饭是有一顿没一顿的吃,觉是似睡非睡似醒非醒,到有一天队长踏着日光和化尽积雪的土道挨户收报粮种的数目,他们才彻底醒来,才意识到新的一年是无论如何都要开始的。

二

或许是正月初三那天傍晚，出门找人的老三同被找的人，一夜没有回家给父母带来的希望的彻底破灭；或许是寂寞突然袭击了张家大院，袭击了张家的年张家的正月，张守山夫妻难以逃脱一种新的安排、新的选择；或许老大老二老三目中无视父母的成熟来得太陡然，让父母一时难以承受，过完农历二月初二——十里洼庄户人家奔着的、跟年有着联系的最后一个节日，吃完最后一顿饺子，张守山夫妇把三个儿子叫到正屋，从容不迫地宣布了一个与十里洼风俗礼节再一次违背的重大决定：给三个儿子分家。

在十里洼，分家往往是秋天才有的事，且大都等到儿媳添了孩子，当老的将就当小的有了能力，不管在一起过得开心不开心，一有了孩子，分家的事就迫在眉睫。然而，眼下非但不是秋天，且三个儿子又刚刚下学，他们顿时目瞪口呆。老大看看父亲，看看母亲，仍然以为他们是气愤之至的恐吓，然而刚刚转头，母亲又起了话音：老大不是叫西厢收了魂吗，西厢三间就归你了；东厢三间归老二，里面的破烂东西清出来，能分的分，不能分的，沤粪；老三嘛，念不念书由你自个儿，念不念书都得分出去，正房西头两间归你，算你占了便宜。正房比厢房好，就少分一间，不过房头有厦子。你们听着，爹妈的话都是真的，给你们两天空儿收拾屋垒锅台，大后天，就单独立火。老三要想念书，眼下妈给代饭，不念，自个儿立火。

他们的母亲是严肃的、认真的，他们的母亲在说道这些话时，语调极其平稳，然而正是这平稳释放着一种巨大的、父亲不能够替代的能量。就像当年他们看到她把偏瘫的大妈推出去后，把他们叫到里屋，告诉他们将来一定离开这所大院一样，他们的母亲没有丝毫激动。多少年来他们被这平稳的语调熏蒸着挤压着，如今他们又一次感受到它的不可抗拒的逼人的气息。老大惊愣片刻之后,突然从分家的字眼中捕捉到一个让他为之振奋的事实,分家,永远地脱离父母怀抱。这么些年,他是不自由的,这么些年,他一直没有停止对父母、对十里洼的鄙视。现在,他要离开他们,他自由了。老二听完母亲的话,目光落在了一张年画上,他涌到脑里的第一个念头是:完了,再也没有年了。老三靠住门框,并不突出的喉结上下慢慢滑动,念书,他不愿意;不念书分家,他也不愿意。最终,他还是说出了他在心中叫喊已久的声音,这声音刚刚落地,做母亲的就顺势摔断躺箱盖,狠狠地骂了祖宗和祖宗名下的一系列人物。

张家大院一下子打破寂静。当天下午,院子里就有从村里请来的分家人在那里比比划划,关键时刻,比如称粮食称腌肉,他还要在一个烧纸做成的本子上划拉两笔。十里洼知道消息的,也有来看光景的。看光景的人心上本是有着几分喝彩的,为那昔日让三个儿子架得很是风光的母亲今日并没逃脱同他们一样的路数。可是他们看到了三个不足二十岁的孩子,木呆呆站在院里,根本不知留心分家人点拨出来的、永远属于个人的东西,他们纷纷觉得心疼,他们一面心里骂着狼心狗肺的爹娘,一面插手帮忙查数东西。

二月初三下午,张家大院是热闹的。张守山婆娘发话,今个晚上,允许他们同分家人一起吃最后一顿团圆饭。就是张守山婆娘站在已被分空了的酸菜缸边,握着手中围裙说出这句话的时候,老三哇的一声哭了。二月初四,他还没有完全断送年的意识。这个年在他家中名存实亡他觉得是件奇怪的事情,他觉得这奇怪的事情在他家中是会得到更正补充的。就像这些年来,每次父母吵嘴,都在吵嘴之后的第三第四个日子里,用油煎土豆小咸鱼加倍地为家庭气氛增添欢乐。夜里,他严密注视古铜色屋门里关着的父母的动静,那里边叽叽咕咕的话语多少年来他都无法破译。他隐隐有一种被父母、被哥哥抛至荒郊野外的感觉,他感到孤独、恐惧。

这是一个寒冷却没有北风的二月的夜晚,在辽南山区,在十里洼,在张家大院,年轻的儿子同父母同分家人一道,吃过了他们共同生活的最后一顿晚饭。张守山夫妇,完成了他们做父母养育儿女的最后的责任——分家书上写道,从分家之日起,独立的每个儿子每年必交养老费五十元。当天晚上,老大老二就各自在自己的屋中睡下,老三被父母接受代饭,一个人孤零零躺在西间土炕上。

三

不愿做平庸之辈的老大在最初的夜晚里,仿佛一只丢失在山崖口的绵羊一样无法安睡。他关着灯,沐浴着冬天升上来的水晶般泛白的月光,他无法将乱糟糟的思想诉诸语言写到日记里去。早先,他的文章作在愚昧庸俗的父母身上,作在破烂不堪的家上。父母和家,淹没着他的理想反而生发他的理想,压抑着他的思路反而使他的思路更加不可阻挡。父母和家,是他理想的参照,是他理想的土壤,他日记本上记下的、所有关于人的信念,关于青春生命的感想,都是由祖祖辈辈没有改变在十里洼土地上劳作的父母乡亲引发的。上学时,每每走到后山俯视村庄,他都感到一种莫名的忧伤,他刚刚走出来的长长的屯街,在那里变成一个白点,点缀在屯街身旁的房屋,根本看不出它那高大的形影,就像一堆残积的木盒,木盒脊背上飘动的炊烟,在深赭色洼地上游回,最后去无踪影,好一幅残破、废旧的景象。他感到忧伤,是他的村庄不能像他那样从低洼走向高坡,还是那洼地里织网一样穿梭的人织不出新的日月,他并不知道,然而这种情感拉开了他跟十里洼的距离,拉开了他跟父母乡亲的距离。他开始在这距离中间,用他书本上学来的、并不深奥的知识丰富他的想象。多少年来,这想象让他看到自己的与众不同、自己的高傲,以致使他高考落榜,也没有掉进深渊一蹶不振。有十里洼这块一无变化的土地反射着,有父亲母亲四合院里同鸡鸭无休无止唠叨着,他看到他是跟这里山山水水完全违背的。当然他并不知道他跟兴起在外面的现代文明有着怎样的联系。然而现在,当他发现父母用十里洼传统的方式,把他从父母那里分离出来,他竟觉得,他的关于人生理想的林林总总,像稻苗突然被拔离地面,没有了生长的机会和可能,他大脑一片空白。从平庸的父辈那里解脱出来,他拥有了完全独立的自己,他却彻底地丢失了理想、自信……月亮在午夜时分跨越了屋脊,厢房里黑暗下来。老大找不到从前的思路,日记本枕在头下,直到天明。东方泛亮,母亲拖着搅拌鸡食的木棒在院子里走动,老二在新砌的灶坑里撅屁股烧火,他才知道明天再也不是从前那样虚无缥缈、来去无踪,明天在他这里有三间房子五亩地、两只鸡一头猪,有具体的烧火做饭、打垄种地。

猪、鸡、人的早饭困住了不愿做平庸之辈的老大,在此之前的所有想象中,唯独没有伺候鸡鸭猪狗过日子的想象,母亲又一次性地放下了他们这些包袱。生火生不着,他一次次被草烟呛出来。揉着泪眼去看后屋从容自如的母亲,老大震动了,老大觉得自己好可怜。他一向觉得父母可怜,乡亲可怜,自己怎么也变得可怜了呢?

自己蹲在灶坑生火的动作多么像十里洼的女人呢?自己竟然成了十里洼的女人。他为这个联想恒久地惊愕着,烧不起火苗的锅底,将草烟灌了满屋。许久,他才重新划着一根火柴,抱定一个如不点着坚决不再点的念头。然而这关键的一根借他在关键时刻捏来的一张纸片产生了划时代的效果,火苗徐徐燎琢沉睡了多少年的锅底。老大也就像十里洼所有人家一样,历史性地燃起了自己的柴草日子。尽管米里有沙,菜里缺盐,尽管猪叫鸡跳饭时不定,一天当中,总还有饭食可以进到口中。

那个夜晚,老大的不安、惶惊,一直到后来的不得已,老二是从不曾察觉的。面对突如其来的分家这一事实,他除了瞬间的惊诧,没有任何感想,他仿佛早就有了精神准备似的异常沉着、稳重、心中有数。分家的下午,他站在院里一直是十分留心的,他能够把分来的所有东西——油盐米面、木头、席片都记在心上。在他的记忆里,有一个镜头叫他经久不忘。那是母亲把大妈撵走之后,安顿下来的第一个日子,母亲兴致勃勃在各个房间中安置菜缸米柜的情景,母亲把在柜角穿梭的耗子踩在脚下之后,依次记下了菜的棵数、粮的斤数,以及垫柜腿的砖头数,母亲当时的表情是那么舒展而满足。那个晚上,他彻底温习了母亲当时的心情。事隔这么多年,他居然能够记清母亲当时的一举一动,这一举一动在视野里晃动的时候,他便也像母亲一样在爬满耗子足迹的屋宇间干了起来,坛坛罐罐砖头瓦片、米袋粮仓,这一切都那么陌生,这一切做起来又那么熟悉。老二做梦都不曾想到,他会这么熟练地操作他从不曾操作过的事务,尤其到第二天早上,他蹲在灶坑烧着锅底,看着稀粥在锅底冒泡,他心底膨胀出一种比念书算题要美百倍千倍的情感。

那个有着稀疏月光和北风的二月的夜晚,只有老三还沉睡在父亲母亲的日子里。然而他长哭一声,没有得到父亲母亲同情之后,他的惊悸、恐慌已经幻化成一个美丽的景象留在他与父母的生活中。那个晚上,他并没有睡沉,他用尚还幼稚的心灵抚慰那一美景。他在抚慰的过程中,眼睛睁得大大。他大大的眼睛瞪着依稀透明的窗户纸时,仿佛流露着不尽的疑问。做成那一美景的材料,是一张土黄色烧纸和笔画模糊的黑字,他们每人将自己食指沾上鸡血,到那里狠狠一按。他自然不会懂得那一张黄纸为何具有那么神奇的威力,然而自从他的手指按过那张纸,他就知道有件重大的事情将在今后的时光里改变着他的生活。他再也不可能待在屋里,以学习为名叠小纸人,他不可能在过年的时候代表父母到邻居家送礼;他不可能再如从前那样,一入冬天,就跑到山上撒野、打疙瘩头,为一个热热闹闹的年积攒燃料。最重要的是,在此之前,他盼年的心情中,是以父母为主体存在着的。漫长的夜晚,不能入睡的时候,老三心中,除却了惊悸和惶恐之后,取而代之的是对父母的憎恨。这憎恨好多年以前,他的父母打他骂他,逼他读书时,就冒头了。只不过好多年前,他从不敢正视这种东西。如今他看到他们的父母是那样严厉,尤其他看到他们父母往外扔行李时毫不手软,还咬着牙根说等找个媳妇再换行李,这话最最刺激了他,这话就像当众扒了他裤子一样让人难堪,这难堪使他尽管接受了母亲代饭的恩惠,也永远失去了对父母的信任、爱戴。

那个夜晚做父母的送走分家人后,没有通常人们想象的举动——把一行儿子叫到屋里,教给他们祖祖辈辈过日子的法则。在辽南山区,在十里洼,分家之后的第一个晚上,父母训话是理所应当的。养了一帮不知体谅的孽种,赌气分家竟越分越气。她想不是不爱念书嘛,那么就下来过日子种地,看看老娘是不是害苦你们。做母亲的已从一个失望中解脱,陷到另外一个让儿子通过实践检验真理的设想中去。这设想在最初的夜晚,照常让他们兴奋不已。

接下来是十里洼沉闷的压抑的春天,村长手摇磨掉了皮毛的狗皮帽子挨家征收教育基金。提前知道消息的人家纷纷起早散到偏远的山地,唯有张家大院被新近分家的事儿搅聋耳朵。张守山夫妇、老大老二老三,一遭儿被堵在宅院里。村长的话音在先很小,像怕惊动了鸟雀,后来,在张守山夫妇大声追问下,他才把狗皮帽子往膝盖上一扣,做一个豁出去的姿态,大大方方扬出声来。这一下可把张守山婆娘气坏了,她供儿子读了多少书,多少年来她一直在供儿子念书,可多少年来,从没听说要为教育收费,如今她的儿子一个个败下阵来,成心狠狠打他们爹妈嘴巴,公家又来捅她心窝。张守山婆娘解下围裙把腰一叉,先是指村长后又指三个儿子连葫芦带瓢一块收拾起来,什么你爹个尾巴,你在早干什么啦在早发大昏钻耗子洞啦,驴熊个村长顶个狗皮帽子,谁听你的!什么狗杂种败家的,老娘话你们不听,吃苦遭罪在后头,哪个有钱出来瞅瞅,个驴熊包!张守山婆娘不住地骂,直把狗皮帽村长骂出门去。

她简直是急火直上,她恨不能现在就看见她的儿子遭罪,以证明她当初的正确无比。那个做村长的，走出张家大院头都没回。什么教育基金，他压根就没有听懂，庄户人有钱念书没钱不念，念与不念到头来都得吃庄稼饭。凭什么念书拿钱不念书也拿钱，庄户人本来油水就少，谁也经不住一刮再刮。年轻村长原本虚弱的气量碰了钉子，出了张家大院就奔自个儿的田地，做自个儿田地的主人去了，留下一股浓烈的硝烟在张家大院弥漫。

许是硝烟的火药味太足，张家大院再一次寂静下来。做父母的想，怎么就是命中注定了呢？怎么就是这么背运呢？做儿子的并不像他们母亲那样悲观，却也知道，他们将终生失去了求学的机会了。这种念头最强烈的还是老大。"教育基金"四个字刚从村长口中吐出来，他就有一种眼见帆船招摇远去，自己却隔在大洋彼岸的感觉。这种感觉在他落榜之后是从不曾有过的。沉在十里洼低矮的草房院子里，落入广袤无际的洼甸子上，用时间和空间隔离了学校，他变成了另外一个人；这种感觉让他想起多少年来对于书本的感情，让他想起凭那份用功和自觉取得的成绩走进考场的不堪回首的情景。他一直是不敢回忆那一天的。那一天吃了母亲给蒸的肉馅包子，由于凉，还由于平时很少吃肉，肚子里闹开了花。他接二连三上厕所，过多的请示打掉了他的自尊、自信，过多的委屈挑起了他的自卑、自责，看着老老实实安于答卷的书生，他内心充满失望，充满了对于十里洼的怨恨。正是从那一刻起，他在内心里彻底冷淡了父母，冷淡了十里洼。没有人会知道，对于升学，对于离开农村，他那不可一世的满腔的执著。或许正是这种执著，让他急于造一个开阔的文明的天地供自己灵魂畅游，让他的想象愈发不着边际，使他在仅有的三十分钟没上厕所的大块时间里，将"写一个你喜欢的人"的作文考题写到真空里去，在一个臆造的世界胡说八道……

老大独自在庭院里站了许久，母亲的辱骂，痛心的往事，统点点滴滴沉进心里，他闻到了头发间、衣襟上的草烟猪食味，他在极现实、随时可闻的气味中,深深地埋下头去。

十里洼的春天是沉闷的、压抑的。在这流汗无声、耕地无边的季节里,张守山再次找到分家人,拿着量地的拐尺到罗锅坡地、到媳妇儿岭分量了土地;之后,简单地数道了什么地适种什么种,什么地适下什么肥,就交了差;再之后,张家的所有男人,同十里洼其他男人一样,一天当中,除了早上晚上,全泡在大田。年仅十六的老三,起初不愿下地,后来他的父亲在邻家租了马,没人牵引,就逼他做牵马的活路。三个儿子,经过屯街,扬着白嫩的小脸不往后山的学堂里走,却沿草坝小道去罗锅坡地,为十里洼乡亲做了明光显眼的前车之鉴,一些也曾打算供儿女念几年书的人家,院墙外瞅着远去的背影,内心又起草了另外的打算。

在长满艾蒿的草坝上走,春日的光辉义无反顾地铺张着、宣泄着,满世界的露水都被春光吞尽,满世界都洒满了水晶般明可鉴人的光斑。张家的老大每日在这光斑里蠕动,一耸一耸恍如湿洼处贴着地皮打洞的蝼蛄。每日上山,他都带着日记本和泰戈尔的诗集。把丰富的想象做到大田里日光里,使他重新找到自己。他已经完全丢弃了他的厢房里的家,那里除了吃饭睡觉已经失去了以往的意义,而唯有的吃饭睡觉让他厌恶,让他难受;那里除了烟灰味就是剩饭味,在这种种气味熏染下,他变得迟钝、木讷,毫无生气,他看到没有生气的他已经同父母所差无几。他在自己的地里用镢头来回松土,松不动的时候,就坐下来望天。已搁下多日的日记是续不上了,书也看不下去了。汗水同日光交错,淹花了眼睛,握镢头把的手粗硬得拳不到一起,然而一望无际的山野、白云畅游的蓝天,给他提供了绵软、宁静的心情,山道上偶尔远去的一辆马车,天空中不时飞走的一支雁群,甚至一个庞大的蚂蚁搬家的队伍,都可载着他的灵魂飘游远行。他时常对照山野来看自己,也时常对照春天来看山野,他想出了许多美妙的诗句:青春不是梦/是山野上飘荡的风/是春光里燃烧的叹息/是洼谷里惊起的虫鸣。他被这些美妙的诗句鼓舞着,度过了十里洼人不曾感知过的春天的时光。当他看到同他在一块地上打垄的老二歇下来除了吃饼子就是睡觉,或者把地头草坝开垦到不能再走人时,他赏心悦目的心情中,多了一份鄙视。

整整一个春天,张家老大都是欢快的平和的,他没有话。他的脸色,他每日按时下地的态度,都是他的父母和十里洼乡亲预料不到的。然而春天过去,夏天刚到,就有人在罗锅坟地发现秘密,说是张家老大莳弄的地块,苞米苗只出了一半。仅有一半的苞米苗,差一点长在垄沟里。人们在河套边,一边冲刷着塑料,一边讲着笑着,宽怀的人说,这也难为他了,不看他一天到晚拿着书本下地,哪里是种地的料? 不容人的人,话则就不是这么说了:有本事考大学呀,考不上大学装什么相,不吃不喝才叫人服!后边的话,揭穿了事物的本质,后边的话,传到张守山那里,夏天已到了根底。这个时候,老大种下的所有庄稼菜苗,全见出不如老二的苗壮,做父亲的,就当着满山人大吵起来,你呆了还是痴了,养你这些年,半吊子都不如,王八蛋你呆了痴了老子养活你白(别)这么丢人现眼!十里洼人最容不得有地无苗。见从不发火的父亲眼珠发蓝,老大一时间懵懵懂懂,以为真是自己有了什么不对。停顿一会儿,悟到父亲只为没出土的苞米,便松快下来,心想呆痴的不是我,呆痴的是你们大伙,你们知道一个人站在野地里会想些什么吗? 你们除了种地打粮,是不可能知道别的什么的。

整个一个春天,张家老大最是自负的。尽管浑身挂满臭汗的时候,免不了生出一些惆怅和叹息;尽管夜幕降临,走进多少年来没有改变的家,面对草屋草炕要生出厌烦和绝望,然而正是这种叹息和厌烦,成为他区别于十里洼乡亲的理由,并且他几乎每天都到河里去洗,每天都要换上干净衣服,每天都有一些陌生而新鲜的诗句跳到他的脑海。

然而这种自负并不能持续久长,随着春天的消逝夏天的到来,随着雨水的渐渐增多,他也必须和村里人一样,守卫在自家的地头水道沟边,守卫在自家的猪圈旁风门旁,雨浇湿了头发脖领,浇湿了房檐瓦楞,同时也浇湿了这颗年轻且富于幻想的心。细密的雨脚在整个十里洼击出一层白雾,潮湿的雾气挤满十里洼每一寸空间,屋子里,木柜腿板凳腿统生了白毛,炕席缝,钻出崭新的稗芽,看着从屋檐下流到父母老二一起的水道沟,又从水道沟汇入十里洼谷底小溪,老大的心一直往下沉。他再一次醒悟,自己其实一整个春天,都在做着十里洼人祖辈做着的事情,自己原本同十里洼任何人都没有什么不同,自己原本是很可怜的。这再一次的醒悟,对于张家老大是现实的,同时也是残酷的。这残酷的现实如一根重棒,狠狠地击中了浪漫的年轻人,他脱掉湿淋淋的衣服,一头倒到生满稗芽潮湿的土炕上,整整三天没有起来。

四

一九八九年夏天,一场重复在十里洼多年的连阴雨,在浇倒张家大院一个年轻人的同时,又细致入微地滋润了另一个年轻人。在与张家老大西厢对着的东厢房里,张家老二正在用思想,在肌体里,同十里洼最能做活路的十八岁少女吴斗秋做着甜蜜的、秘不可宣的交流。这交流是张家老二从没有想到过的。他原本是平常的、不显眼的,自从明白自己不是念书的料,就再没有做过非分之想,那些比念书容易得多的山地里的活路,他做起来是那么得心应手。他愿意出力流汗,愿意看到经自己双手打起的齐刷刷的地垄。饥饿时,啃着生地瓜,或就着大葱饼子狼吞虎咽,对他就是一种享受。尤其疲乏之后,躺在地头草坪上休息,浑身上下,酥酥痒痒的皮肉的骚动,他仿佛已经进到极乐世界。他喜欢出力,食欲极旺,他常由自己的饥饿想到畜类的饥饿,于是他从不放弃一日三餐对自己、对畜类的饭食的炮制。在一天又一天山上家里的忙碌中,或许真的有一个属于十里洼庄户人的伟大的、恢宏的设想,然而他自己毫无察觉。他只是这么踏踏实实耕作着,学着十里洼人,上山一身汗水下山一筐野菜草梗，后来发生的一切，都因为有一个老大在他身旁做着比较，都因父亲在那炎热的午间当众训斥了老大的结果。老二记得，就是父亲训斥大哥的当天晚上，村里老媒人刘老中出他意料走上门来。他对即将发生的一切是毫无准备的，因而慌乱多于礼貌，他迎进老人不知让座只管抠鼻孔，他专心致志抠出一块污黑时，听到刘老中倚门口说，老二，都看你是个种，俺看老吴家的斗秋可是顶好了，你俩办了，养一个孩子顶不会错。他话音匀细、绵长，听起来仿佛地腹深处传出的神明之音。尽管毫无思想准备，接受起来却并不很难。老二先是一愣，停止了抠鼻孔的动作，顺势将一只手撮到下巴上；之后很长一段时间，都在琢磨吴斗秋的模样；再之后，吴斗秋成了他每天里唯一能够想到的人了。

张家老二是最不愿动脑子的，可是刘老中那句关于养孩子的话，仿佛一只活钳钳动了他肌体内一直都在沉睡的机关，使他一下掉进一个无法得知的细节里。这个平素死板、老实的张家后代，受着肌体的支配竭尽全力回想着他的父亲母亲当年同他们在一铺大炕上的情景，细致而耐心地观察着窝里的鸭子和大街上的狗。他的想象观察虽然有些下流，他的内心却有一种无与伦比的激动。接着雨季到来，绵绵淫雨在地垄里流，在屯街上流，绵绵淫雨浇注、蛊惑着十八岁男子的信心。挑水沟、垫道、刮土豆皮，无论手上做着什么，心上始终纠缠着那样一个隐秘的细节。正是阴雨同遐想依然故我地交织在一起的时候，一个令十里洼张家老二血管贲张的人来到了他的生活中。战战兢兢的刘老中，亲自将十里洼有口皆碑的女子送到了张家大院东厢房里。这一切来得突然，猝不及防，然而这一切正符合十里洼的传统风俗，只要老子同意，只要有媒人牵线，青年男女是不怕搞出孩子的。

长这么大，张家老二第一次这么单独同一个女子相处，长这么大，张家老二第一次在这样一种意义上同一个女子单独相处。觉醒是瞬间的，这瞬间的觉醒丝毫没有影响他去做以后的事情。他脸红、心跳、脑门发热,他不知道眼前这个女人是否适合自己,或者说他不知道带着一种选择的目光审视对方,在他的眼里心里,吴斗秋已经让他无法选择,他已经别无选择。他别无选择,并非他同吴斗秋产生了具有文明含意的那种爱情,是说张家老二第一次,把养孩子的事联系在吴斗秋身上。十里洼男人,大都没有逃脱这种路数,最先在媒人那里获得印象的女人,最后往往成为生命中不可或缺的一部分。

这是一个阴雨季节雨水最最稠密的日子,这个日子,不愿做平庸之辈的张家老大,躺在生有稗芽的土炕上,于充满木质和地瓜霉烂的气味中,昏昏地听着天地合一的、单调的、没有变化的唰唰唰的雨声;也是这个日子,点点雨脚打开了张家老二人生课堂的第一课。上学下学,分家,挨母亲骂,晒毒日种地,均没有唤起他细微的对于痛苦或欢乐的感想、体验,均没有让他想到眼前跟未来的联系。一个活生生的、有颜有色的女子的出现,使他蒙昧的情感起了变化,他觉得小屋顿然大亮,他不由迟疑,便想到一个十里洼人重复过千遍万遍,而每一遍都是那么璀璨闪光的日子——结婚。想到结婚,张家老二几乎欣喜若狂。他上下捋着头发一遍一遍,每捋一遍,都有一句话被抻得细长。

"俺……俺自个儿过,结婚老人不管。"

"听你,老人不管就不结婚?"

"谁给做被?"

"那就不盖。"

被雨水装饰得更加低矮的小屋,两个刚刚见面的年轻人受一种本能的驱使,已在探讨最实际最原始也最深奥的有关生命的问题,这个问题挑逗得他们浑身燥热,也让他们在仓皇逃窜的眼波中,蓄满粗野的、耐人寻味的余晖。余晖烧在他们眼里、心里,不久就烧红他们的脸颊,烧断了他们的谈话。低矮的小屋里,有一股焦煳的树叶气味在飘散。

这个日子,张守山夫妇仿佛一对麦田守望者,正为他们精心策划的场面津津乐道。因为一个巨大的失误,他们曾发誓丢下分家另居的儿子永远不管。可是当他们看到年纪轻轻的儿子会把日子经营得严丝合缝,他们还是回到了十里洼凡俗的向往中。他们指望儿子养老,这个左右十里洼一代一代的问题亦没有跳出他们的生活。他们沉湎了一个春天,他们也细心观察了一个春天,他们在春末的夜晚,一夜一夜数道十里洼正经人家的女子,一个一个否定了之后,张守山夫妇在吴斗秋身上打定主意。主意打定,他们又一夜一夜为找媒人拿什么东西思谋,最后,思路集聚在房梁老木头上的木耳时,他们露出了十几年少有的笑容。一早,张守山婆娘喂了猪鸭,在院坑边的石槽里摆洗了入夏以来的泥裤子,不到半晌,就进屋不再出去。他们不敢尽情喘气,仿佛用力一喘,便制止了就要发生的好事。他们坐在柜前的春凳上,眯缝着老眼直瞅窗外。窗外细雨纷纷,几只嬉水的鸭子在院当中嘎嘎叫着,不久,刘老中穿蓑衣领着披蓝色雨布的斗秋走进大院,这一刹,一股暖流忽地向后屋正房袭来。做母亲的,被这暖流冲撞先是扑哧一笑,紧接着眼泪流出眼眶。她内心仿佛一只装满水的瓦罐,被谁使劲晃动了一下,水急急地游荡着,整个人都跟着游荡起来。好多年来,因为大嫂的诅咒,因为十里洼婆娘对婆媳之间冲突的渲染,也因为自己的争强好胜,她从来不敢想象在这大院看儿媳妇是种什么心情,这心情是那么受用,那么真实,耐人琢磨。婆媳妇,做婆婆,一切都是实实在在,近在眼前,不像多少年来为一个光点奔着,眼前总是虚飘一片,多少年来自个儿是多么可笑。张守山婆娘一边抹眼泪,一边拽张守山胳膊,说看见了嘛儿媳妇!那就是咱儿媳妇!张守山连连点头,眼角也有泛红,他经历了跟老婆相同的感情。多少年来,逼儿子骂儿子,给儿子分家,就是没有想到会有这么一天,妈的真是,真是他妈的。他一跃从春凳跳下来,像有什么烧着屁股,在屋里来回走着,一遍又一遍重复着他妈的。

那个上午,如果不是后来突然的醒悟,他们会在生活了二十多年的屋子里充分体会他们从未体会过的作为父母的甜蜜。他们会因为这种甜蜜的体会想到他们起初对儿子的另外一番塑造是多么不合情理。多少年前，一个女子骑一只毛驴，进典当铺似的进了张家大户人家的院落，以自己因贫穷而显得低贱的身份在大院里开始了她的为公婆、为儿女、为日子的劳碌。多少年后，这样一个女子取得了整整一个大院的所有权是多么不可思议。然而他们的感受没有引申开去，滋润开去，他们的感受在一件意外的事情上受阻。刘老中把斗秋送进厢房，没有像想象那样转向后院，找到年轻人的父母谈些有关订亲的事情，他只在院内站立一刻，瞅着西厢愣了会儿神，就甩着蓑衣离门而去。刘老中的做法，使张守山夫妇大受震动和启发——刘老中原来只看中四两木耳，并非看中他张家后人，是他们的大儿子抹掉了刘老中对他们的信任，他们原来还有个大儿子在那里昏昏沉沉痴痴呆呆。这一启发，使他们原本舒展、柔软的感情兀地硬朗起来，拘谨起来，他们想起曾几何时，因为这个痴呆鬼的假聪明的诱惑，连牲口都没有置下，一春天里租人牲口，人家长言短语的满脸嗤笑，从没有瞒过他们的耳目。由欢愉向恼火转变的速度扭曲了做母亲的粗糙脸皮，她拼尽所有耐性，才等到吴斗秋离开厢房。在这等待的时光里，她攒了满满一喉口话，她要骂老大，骂老三，老三一夏天坐不住家，派他去三老头儿家帮忙送葬，三天不见人影；她还要骂分家参言了的李更家的。吴斗秋刚刚消失在街门口，做母亲的就头顶细雨，跳到院子里去。

或许这火气早就积攒在张守山婆娘心中，没有出土的庄稼，奄奄一息的西厢每日都要为这火气添加燃料；或许老二刚来在生活中的前景让她看到自己的责任，张守山婆娘在院子里冲着西厢大吵大骂时，声音惊动了半个村子，她手叉腰围满嘴唾沫。你个臭要饭的，活冤家，你个半疯精神病，十里洼什么样的都有哪有像你，你个驴操的。张守山婆娘开始骂时，还比较在乎语气的轻重，因为她还想骂骂李更家的和那些笑话他们的人家。可是谁知道阴雨天气也有人聚在门口看光景。她话到嘴边又咽了回去。想骂的话骂不出去,气体和话语在喉结积压,终于,她无法顾忌语气的轻重,在儿子身上突破了一道防线,什么操你祖宗你怎么不死了,死了张家大院才算干净;什么看你找不上媳妇谁管,指老子没门儿。张守山婆娘这么骂着,越骂心劲越足——刚刚离开大院的一个快乐的形象使她不必顾忌日后的下场,老大揭开的她肌体内的伤痛使她到处寻找止疼的良药。两相推动,她声高气朗,面目扭曲。声音在雨水间穿梭,清凌、尖锐,仿佛隆冬季节铁器在薄冰上划击。多少年前,她委曲求全忍气吞声,省吃俭用,无论多么忙累,多么受人下眼,除了苦做苦干,没有任何生活的希望;多少年前,张守山婆娘,靠着她的一张利嘴改变了她的命运,这是她四十二岁生命史上唯一闪光的一页。这一页一直翻动在她的生命中,这一页使她重新认识了生活,认识了自己。直至这些年来,她一直没有停止对儿子的进攻。然而,这些年来她是失败的,这些年来她是拘谨的压抑的,她极少像这个日子这样放纵,这个日子她看到自己当年的风采。她相信不久以后,她的儿子会有变化的,她的日子会有变化的。她的语声招来了十里洼好事的男女老少,他们不晓得这个女人为何雨天出来骂仗,这个女人十几年来一直是阴冷、古怪、不合群,骂起仗来像有奖励。

　　婆娘这么骂着,张守山没有上前制止。他早就想前前后后好好收拾一次老大,他那日出日落魂不附体的熊样儿他每见到都骨头缝里发愁。在东罗锅腰下地块里骂过那回,好几天都没静下心来,不能也如女人那样骂得狠些、透些,让他浑身难受,他真想跳起来扇他的脸蛋,问他考不上大学又种不好庄稼有什么脸皮见人。这些年来,婆娘总是适时地为他出气。

　　被雨雾笼罩的十里洼的张家大院,张守山的二儿子,重见了母亲当年的威风。这威风让他刚刚涌进心中的快乐一遭儿消尽。他不敢看母亲的脸,他却敢于走上前去拽住母亲的手。冥冥之中她发现他已不再是从前的老二,他在伸手之时没有了儿时的胆怯。他说就不管吧,管能管好?他的语气听来是那么宽怀,仿佛一个饱经风霜的大人面对复杂纷纭的世事。他不曾饱经风霜,他却深深地了解哥哥。他了解哥哥,是说哥哥从来都没有让他弄懂过。他们形式上形影不离,语言上却从不相通。他不吱声,大口大口吃饭的时候,哥哥说他是猪;他想说话,说听说冬天砌墙泥里放盐不冻,哥哥说他张口闭口大粪味;他说你尽胡说大粪味在哪里,哥哥又瞪眼拍手大笑。在他眼里,哥哥是个魔怔,在哥哥眼里,他却像头蠢猪,他们谁也瞧不起谁,谁也弄不懂谁。当念了七年书,到最终只能记得"锄禾日当午"的作者时,他以为只有哥哥那样的魔怔能够考上大学。然而,哥哥没有考上,他们同归了一条路。他却又觉得他们之间隔着一条跑道,哥哥和他居住的不是一个世界。随着分家后各自日子的展开,随着大田里庄稼苗的差别日益明显,望着时时眼神呆板、表情古怪的哥哥,老二越发糊涂起来,他不知道祖先是不是有意让谁天生就很痴呆,天生就是傻帽儿。他同哥哥一起长大,都没能弄懂他,做母亲的有什么办法呢?

母亲这么生动地骂着,老大在西厢房里不知不觉。几天来,他一直是昏昏沉沉的。最初,心情消沉的时候,偶尔还可想出一句诗来抒怀,他觉得他是天上一块浮云,虽变化多端美丽无穷,却一吹即散。后来,胃里空虚,身上没劲,脑袋里混浊一片。有时要有一个旧梦,好像说他坐在一只红船上,沿着十里洼浅薄的小溪,顺风扬长而下。旧梦隐去,睁开双眼,看着破旧的墙壁,眼睛就停泊在一个现实里。现实的墙壁贴着发黄的报纸,上面有四个黑体大字:防微杜渐。这四个大字他从认识字那年一进西厢房就能读到它,一直读到现在。小学六年级有一天从老师口中得知它的含意时,他觉得这话就是冲自己说的,他从许多细微的小事上严格要求自己,使自己不再重复父亲的老路。老大眼睛停泊在这四个字上,脸上露出了自嘲的笑意。他想他的事都不是出在小事上,平常做好多少小事,最关键的时刻冲不上去,一切都前功尽弃,那关键的一刻预示着他能否彻底离开十里洼,把一个岸上焦渴的小鱼放到水里去。可那关键的一刻为什么没有上去呢?他再一次在劫难逃地掉进深渊,为那考场上的种种往事耗费心血,折磨感情。折磨得筋疲力尽的时候,从深渊里跋涉出来,老大又想,这关键的一步没有上去,还是源于平常的一些小事的。想到这里,老大的悲观,就再也无法抵御下去。他是极少去想这么实在的问题的,而一旦思路滑坡,他便经历一种世纪末的感情。正是他绝望得有些发木的时候,他听到一声尖叫,这尖叫开始让他想到母鸡打鸣,愣怔一会,听那尖叫由单纯的单调扩展到一些细碎的内容,并且因了内容的丰富,音调变得错落有致。他便断定那是母亲的声音。母亲又为何在这样的雨天里骂街呢?他支撑双肘,从土炕上爬起来。多少年来,他一听见母亲的骂声就心里打战。

　　一年一年重复的日子,母亲抒情的内容从不重复。母亲操劳过度之后的抒情,随着他年龄的增长,让他愈发感到庸俗、粗鄙、可怕。它能够控制大院内的空气,它能够将人内心的情绪破坏殆尽。多少年来,他尽管总以旁观者的身份蔑视这种庸俗、野蛮,他却无法不为这种蔑视压迫神经。他从炕上爬起来,缓慢地靠近窗前,他看到了母亲。母亲正用喷火的眼神勾着西厢,当肆意挥洒唾沫的母亲从窗玻璃上勾着了他,她的抒情语言蓦地变得形象而恶毒。母亲说驴操的你好啊你还活着,俺寻思你死了你怎么就不死?老大直地看着他的母亲,他的母亲居然提到死。死,他脸上瞬间发酵出一丝笑意:母亲什么时候变得这么理解他呢?这些年来,他一直在做着与十里洼,与母亲的思路相违背的事,母亲怎么会在这个阴雨连绵的夏季与自己沟通了呢?这真是奇迹!然而他只兴奋了瞬间,只一瞬间他就回归了老路:母亲与他沟通了,他与母亲沟通了。他无论怎样,都是十里洼的人了。老大死劲瞪了瞪眼睛去印证母亲,到雨水和母亲生动的嘴脸在眼睛中迷失的时候,他再一次躺了下去。

五

一九八九年阴雨季节,十里洼张家大院,张守山婆娘抑扬顿挫的抒情一直持续到中午时分才结束。中午时分,张守山婆娘口干舌燥,偏襟小褂、头发,形成无数道水流,圈里的猪在泥水里发出吭吭的叫声。种种原因的合作,使她再难执著下去,回到屋里,张守山已将姜汤熬好,干衣服也从里到外找到春凳上。换了衣服,面对姜汤,婆娘眼泪唰一下流了出来:怎么就养了这么个孬种呢?怎么命就这么不济呢?她一边抹着泪水,一边低吟,手掌堵在嘴上抽搐的样子,似有不尽的委屈。

然而,正当张守山婆娘就要止住哭声的时候,离院不久的刘老中鬼使神差又返回张家大院,有意跟张守山夫妇过不去似的告诉他们一件意外的消息,说老三跟外村来的吹鼓手走了。这消息把张守山夫妇震了一下,他们仿佛听到老三让狼叼走似的惊愕着,婆娘汪着泪的眼圈顿时放大。后街宋姓三老头死了已经四五天了,差老三帮忙至今没有回来,婆娘看看刘老中,看看张守山,当从他们脸上印证了这个事实,她哇地放声大哭起来。哭声不比骂声脆快,却粗放战栗,她两手轮换着在空中比划,像比划儿子又像比划刘老中,被哭声灌满的喉口呜呜噢噢再也骂不出话来。

好长一会儿,张家大院才静了下来,刘老中弯曲的两腿在院中击出混浊的水花,几只鸭子被冲散又聚拢。偏晌,雨也渐渐停了,寂寂的屋檐滴滴答答滴着沉进草秸中的雨水,声音显得十分的孤寂、单调。躺在西厢房的老大,听完了院外同雨柱混淆的吵骂,接下来,又听到柔软的肠子在腹中翻搅的声音,咕咕噜噜哗哗啦啦。依着一种本能,他颤巍着从炕上爬起来,在米袋里找到些高粱米,然后挣扎着到灶坑生火。锅灶潮湿,草烟四处溢漫,呛得他泪眼汪汪。他拭抹眼睛的时候,透过灰暗的光线看见了对面的老二，他已经在那里捧着一碗土豆什么狼吞虎咽。老大不无羡慕地盯了一会儿，之后咽下一口涎水，去缸空儿找一把旧芭蕉扇，用心地扇着灶坑里的火。

雨季的白昼是一堆浓稠的黏胶，流动得极其缓慢。下午，张家大院有几阵活泛，老大将吃剩的高粱米饭分开喂了猪鸡，老二用单轮车从河套推来沙子，垫了整个院子。做父亲的，就着残留在瓦盆中的雨水，洗了两双踩满黄泥的胶鞋，大家分别做了这么一些事情，下午才只打发一半。下半晌，做母亲的又来到院里，就老大用高粱米喂猪的事再次亮出嗓子。不过这次声音低了一些，节奏也慢了一些，显得有些温和，在说到有关节约的事情时，还讲了一个因果报应的故事，并在故事讲完之后，告诉老大，秕糊吃了到后屋厦子里去拿。老三跑了，没人帮他养猪，叫他回来喝清水。这个时候，又有一个人来到张家大院，是狗皮帽子村长。不过眼下他已不戴狗皮帽子，戴着一个苇席编成的尖顶草帽。他再次低声低气地提到教育基金费，张守山婆娘侧身瞥了一眼，他赶紧低下头去，仿佛一个令人生厌的乞讨者。搁了好长一会儿，张守山婆娘才接上话茬，说要收，眼下没有，等秋后交了粮再说。交了粮，三个儿子的钱全由老子付，就给他们交这一次。听完这话，村长点头哈腰离开大院。

村长已经深深悟得十里洼乡亲，各种税款，都是要抗的；各种税款，也都是要交的，只不过得给他们时间。打发了村长，张守山婆娘不知怎么，觉得有股酸楚的溪流再次从眼窝，从鼻孔，从喉嗓往外奔，让她兀地说不出话来，让她来不及回避儿子，就又出了哭声。这哭声由于不曾提防，开始还很响亮，后来，经过理智的把握和压抑，变得哽噎、颤抖，而恰因了哽噎、颤抖，更叫人回肠荡气，不似午时那粗放的哭声只能刺激人的听觉。老大、老二有生以来第一次看见他们的母亲无声流泪。多少年来，他们一直以为他们的母亲只会用声音抒情，多少年来，他们的母亲是那样严厉、冷峻，让他们敬而远之。老大多日来近乎枯萎的心，突地被一道溪流冲荡,他感到这道溪流使他整个一个人都变了形状,他不知道这是一股什么东西,那样富有力度,那样富有光辉,让他在浑身上下血流膨胀的同时,还清晰地看到他跟母亲、母亲跟张家大院无法分割、息息相通的线丝,让他看到这线丝怎样在这块土地上每寸空间飘悠了祖祖辈辈、年年岁岁。

接下来的日子,连阴雨一去不再复返,雨季一过,夏天便也翻过十里洼,翻过了十里洼西面的媳妇山。秋风一次一次地迂回着硬朗起来。张家大院的父子同十里洼人一起,走进了秋天的忙碌。厢房里死过一次的老大,再一次走出西厢,走出张家大院,竟也添了不少精神,他不再带日记本上山,只带简单的午饭和应用工具。有时,母亲为他们送来油炒米饭时,他脑里也要蹦出几句诗句,不过那已经不是什么青春童年,而是高尚的母爱和金色的秋天。田垄里歇息的时候,看着无限大又无限小的天地,时而会被一种叫做思想的东西撕扯一下,然而金灿灿的苞米棒上饱满的米粒,像一个哲人伫立在他跟前,给那思想下着定义,使他总在近于恍惚不踏实的情景中,度过一天又一天劳作的秋天时光。

深秋很快到来,地里的庄稼一天天泛黄,十里洼积水风干的大街上,满是磨刀、打仓、铡牲口草料的人群。秋天的阳光比夏日还要火爆,尤其临近正午,大街上一丝风都没有,十里洼精心操作着的人们满额细汗。然而,同春天不同,汗水漫不住人们的思路,人们在大街上挥汗,同时要挥洒格格的长笑,要交流快活的笑脸快活的目光,相近者的人家,还要交流着快活的语言。由于快活,他们常能想起一些开心的往事,比如哪一年谁家打高粱秸粮仓一头宽一头窄,到装粮时一下蹶了腚,打死五只小狗崽儿。他们你一言我一语,没完没了,就在这种十里洼屯街上一年一度繁忙的日子,有一个人在南罗锅坡地田埂上,跟跟跄跄朝十里洼走来。吴斗秋初瞄见时,以为是个疯子,细看一会儿,才认出原来是张家老三——她未来的小叔子,她兴奋得来不及去张家报信,就跑出屯街迎了上去。

此时的老三,正被脚背上溃烂的伤口折腾得一步一叫,他没有注意已经回到十里洼,他更不知道有一个只在一个季节就从邻居演变为亲属的人在为他的回来高兴。离家出走,并不是他的本意,然而,他确确实实离开家乡两个多月,他已经为离开家乡付出了惨重的代价。自从明确了对父母的憎恨感情,他在行将开始的春耕季节里,一直没有同父母说话,分家对他最大的打击,就是孤独,这孤独不是独处的孤独,是人心不再相触的孤独。他不知道父母每天在想些什么,更不知大哥二哥在想什么,他们好像突然之间离心离德。在那跟哑巴牲畜朝夕相处的日子里,他不止一次趴到马背上感受它肉体的温暖,马的体温通过他的肌体在他身上传导的情景,让他重温了旧时的同学相处、兄弟相处,以及儿时钻父母被窝的快乐。这快乐在一日一日消逝的春天里,几乎成了他唯一的精神支柱。然而,不到春耕结束,租来的牲口就被父亲送走。父亲宁可用手去刨,也不肯花掉一天两块钱的租金。再也牵不到手里,感受不到体温的大马,让他一连好几天都魂不守舍。他孤独,不安,他仿佛一个冬夜里被扔出被窝的孩子,在感受到寒冷的同时,还感受到黑暗。就在这样一个孤独难耐,做母亲的又不知不觉的日子,村里死了一个老人,他被父母当做半拉劳动力派去做了举花圈的帮工。

或许真的存在车到山前必有路的古训,或许这只是单为老三准备的认识生活的机会,老三在这桩热热闹闹的丧事上,体会了大家同心同德、齐心协力为一件事情奔忙的同时,又体会了悠闲自得、无拘无束。分家之后的每天每天,都要在父母看管之下,就是这次,他的心再也无法拘束起来。出殡的早上,听有人来找吹鼓手,说金龙潭又死了一个老头,吃罢响饭,他就瞅准吹鼓手,尾随着他们去了金龙潭。在家是孤独的,出门也是孤独的,然而出门有好吃好喝,有白天吹吹打打热热闹闹报庙的队伍,有夜里满院守灵辉煌的灯火。那灯火辉煌的夜晚,人在灯影下绰绰晃动,最令他心旌摇荡,他仿佛重新置身于过年的气氛当中,人来人往,鞭炮齐鸣,喇叭欢吹,纸烟缕缕。他沉醉其中,像一个孩子似的欢天喜地。就这么的,他跟着吹鼓手天天过年,从金龙潭到西柳沟,从西柳沟到步云山,到有死人接不上的时候,经一个吹鼓手引见,进当地石灰窑当了窑工。那是火烧云从山背向天际铺射的傍晚,无事可做的张家老三来到素不相识的大山夹缝,大山粗犷的轮廓和火红的云团做成一幅狂乱的美景,这美景与满天飞扬的薄雾般迷蒙的石灰重叠,充满了神秘的色彩,这神秘给刚满十六岁的年轻人带来了无尽的诱惑。十里洼没有这种神秘,十里洼站在媳妇儿山下一览无余,纵是在大雾天气,也可毫无差错地分辨出房屋、屯街、树林、山野地块,而更重要的是,就在这狂乱跃动的暮色里,有一个庞大的人群在那里熙攘来去,对于人群的向往是他一个春天都没有淡泊的事情;对于人群的向往使他模糊了关于家的记忆。家,似乎离他太空般遥远,唯一存留的印象,是母亲那张严肃、枯瘦、坚硬的面孔和沉寂无声的大院,而一触及寂寥的大院,他就浑身瑟缩。他满怀着年轻稚嫩的想象,在那样一个晚霞四射的时刻里,走进了陌生的、神话般阔大的世界。然而,他喜欢人群,他却不知一个人群长期聚拢而成的集体,绝不是谁家死人临时搭起的送盘缠出殡的班子。一个集体则是一个繁复的社会,他根本没有应付这个社会的人生经验,当他带着十里洼人个体的、散漫的是非观念走进窑洞,没用半月,他就走进了没有人的意味和权利的人生的地狱。由于习惯没有时间约束,习惯漫无目的无依无靠,他总是因为迟到被罚加班加点。同屋睡觉的男工从来都不喊他。加班错过食堂开饭的时间,空虚的胃肠无食物充填则充填了更多的气体,气体膨胀使他无法忍受。最终,他不得不在石头和工头的脑门之间动用了心机。上苍是长眼的,工头的脑门在那一刻因了一个奇怪的念头稍稍一动。他只在一伙男工拳脚武力之后,坐了半个月班房。被审被打,挨饿挨骂,在那暗无天日的班房里,他平生第一次想家、想父母。那空气清新、日光烘得暖融融的洼地,那沉静的人烟稀少的山野,虽单调、平淡、乏味,可那里没有不公没有委屈没有饥饿,没有皮肉的疼痛,他一想到委屈就要掉泪,就越发想家。家里刀铲撞锅的声音,风箱来回呼啦的声音,尤其晚饭前母亲招呼吃饭的声音,如今想来那么温馨、甜蜜、亲切。漫长的十五天积蓄了他对家的满腔热望,使他在回家的路上一阵阵眩晕,使他彻底忘却对于父母的怨恨。走下洼地山坡,苍茫的光线里,冷不防看见一张熟悉的面孔,他蓦地脚跟发软喉口哽咽。家的突然到来,使他平日盲目的渴望一下子触摸到一只温软、富有弹性的实体。这实体反弹出一种力量,将他脆弱的纤细的渴望击倒,他妈的一声,坐到了长满棘草的土坝上。

老三回来给张家大院带来了前所未有的欢乐气氛。十里洼生儿育女的女人几乎一家不漏,纷纷走进张家大院。她们有的见到老三,说一些他让她们多么担心的话,有的什么也不说,只从老三的干瘦和烂脚上,焕发一些女人的疼爱,来折磨自己的感情。然而这折磨是快乐的、受用的。李更家的,借了这个大喜的机会,用了一把真实的眼泪,抹平了她跟张守山婆娘的隔膜。做母亲的,看着乡亲,看着儿子,一味地抹泪,自从那天在院子里当儿子面流出泪来,她就再也收拾不住。以往多少年的坚强、忍耐、毅力,好像全在那一个雨水稠密的日子里抖落了,再也拾不起来了,她变得抑郁,易于伤感;变得琐碎、细致;老大炕潮不潮,老二的饭做没做,他们在山上有没有饿,全在她的心上。而一想到这些,她的心就仿佛让鸡啄子似的隐隐作痛。这疼痛是活生生的,无法治愈,这疼痛有时是独立存在的,有时又同老三的出走连在一起。如今,老三回来了,老三就在眼前,她十六岁的儿子多少天来在外边吃哪睡哪?她十六的儿子让她怎么能够放下心呢?

尽管想家,想念父母,老三却一直以为母亲不会放过他。母亲会就此大骂不休。他做了充分的准备再骂也不还口,再骂也比在外边好受。

然而,出他意料,他的母亲已经变得十分的脆弱,他的母亲像只受伤的母鸡,简直判若两人,让他感到温顺可亲又可怜。那天傍晚,母亲抓了圈里的两只鸭子,请了吴斗秋和刘老中,请了老大老二,吃了一顿团圆饭,这是张家大院分家以后第一次合家欢聚。由于母亲的变化,由于多了一个吴斗秋,老三感到,这顿饭的气氛,是他张家多少年来从不曾有过的。

秋天是欢快的,欢快的秋天在十里洼,有哗啦啦鸣响的苞米叶,有噔得噔得奔跑的马蹄,村街口、野地里,人和苞米高粱打成一片。由于没有牲口,张家所有人都一遍又一遍耐心细致地做着准备工作。仓打得不结实重打,往年只需打一个,今年却要打三个;地里的苞米割倒掰下,然后挨垄蘼垄上的须草,等待一旦谁家车马腾出,一块儿拉回家去。看到老二密密实实高高壮壮的苞米棵,老大有些脸红。为了避免这显而易见的比较,他改变了十里洼祖先收苞米先掰后割的方法,而是先割倒后掰,并在掰的同时就将叶子扒掉,以迷惑人们的估量。老大在做这一切的时候,觉得自己是狼狈的、难堪的,一边想要是有道地缝,一准钻进去,一边发誓明年春耕一定用心,有种才会有收。不愿做平庸之辈的老大在野地里,想着这一些具体的、为以往所不齿的事情,为牵动十里洼祖祖辈辈的春种秋播耗费脑筋,他自己是觉察不到的了。

在繁忙的秋收季节里,老大老二老三的齐心合力为日子张罗,使张守山婆娘再一次看到了自己在张家大院的成功,使她看到她在那个夏天的正午破口大骂的重要。她在高兴之余,还同张守山忙着另外一件事情,他们要在中秋月圆之时,给老二订婚。他们提着四十个鸡蛋找到刘老中,要他去吴家为彩礼的事儿费点口舌。他们原想吴家闺女能过,他家儿子能干,不相上下,用不了多少彩礼。可刘老中回话说,少到家也得一千,这一千非得当老的出。这一下难为了张守山夫妇,照此标准,三个儿子三千元,他们抻断腰筋也是办不到的。他们立即回话,说订亲结婚八百块钱,花多花少由他们个人负担,愿者上钩。见男方硬朗下来,女方的母亲也做了让步。他们原来只想到多年失修的厢房说不定什么时候就要漏雨，要点彩礼以备后用，对方一硬，他们才思谋出，张家确是拿不出钱的。再说房子也不是说漏就漏，让几年工夫，他们个人也会攒上一点儿。于是，八月十六，张家吴家举行了订婚仪式。在这仪式上，张家已经多了一个外姓人了，张守山婆娘又恢复了以往的威严。她说，老人没有功劳还有苦劳，没有苦劳还有疲劳，没给你们攒下什么，还有三间房，你们不能怨当老人的。她说这事儿订了也不能办，还有老大，十里洼不兴倒流水，什么时候老大办了，你们才能办，平素来往，少动手脚。

自打订婚，吴斗秋几乎每隔两天就到一次张家大院，帮助老二喂猪喂鸡拿草做饭，他们人在一块，为一些具体的事忙着，却从来没有不轨之念。尽管早在两个月前，东厢房里第一次见面，有过一次觉醒的青春冲动，然而他们一经把婚事订下来，便又十分的理智、十分的拘谨，他们在一起无话可谈的情景，仿佛订婚是一道织进人的情感间的樊篱。订婚，使他们进入了真相大白的规定情境中去，他们失去探险的兴趣。然而，初冬的一天，厢房里一次意外的皮肉接触，揭去了他们虚假的伪装，剥开了他们与十里洼人共同制作的硬壳，他们在厢房热热的炕上，亮出了他们赤裸、骚动的思想。吴斗秋一边用指甲划着炕席，一边自言自语，大哥连对象还没订什么时候才能办呢？看似自言自语，其实早有一个人在心底里热烈地响应着，并在响应的同时，想到一个更为具体的问题，咱什么时候才能有孩子呢？有了孩子像谁才好呢？他们互相推着，男的说像女的好，女的说像男的好，推来推去，他们发现一个秘密，在他们之间，像谁都是一样的，都只能是干活出力，他们的后代难道还要这么继续下去？他们对望着，说不出话来。许久许久，他们都在为这冥冥之中发现的秘密困扰着。

对面屋里一男一女的形影相伴，使老大备感秋后日子的孤单、凄冷，这是他往昔所没有过的感觉。自从夏天过去，不知为什么，蓝天秋日，落叶黄昏,全走不进他的日记。他每一捧起厚厚的日记,就想起吴斗秋那张粉红的脸,这张脸让他日记上的小字变成一群乱飞的蚊虫鸣叫在他眼前耳后,那张脸让他的日记失却了全部光彩。青春是什么?青春到底是什么?

　　日光烈了又淡了,地上渐渐有了白霜,白霜一天比一天化得晚,目光在太阳下晶莹闪烁的霜花里顾盼,深远的背景里,散散点点飘洒着树叶样的人影。这时节,十里洼的男女老少,都奔波在山野上,树林间,打树上的干枝,挖树根底枯死的树根。十里洼人管死树根叫疙瘩头,到了打疙瘩头儿的日子,就证明一年的苦累都已过去,粮归仓草归垛,猪鸡鸭鹅全归了圈,只等备些燃起火苗就久久不灭的疙瘩头,到时好把各种粮食做各种不同的食品来烧,好把猪鸡鹅鸭弄到热锅来烧。十里洼人从树坝上挖到疙瘩头,就仿佛城里人站在阳光里玩万花筒,他们从那枯干的树根上,看到一个五彩缤纷的世界。然而,此时的张家老大,在喧蓬蓬的枯叶覆盖的树坝上,拾起的并不是以往对于年的印象,而是一个全新的发现。他发现在一簇树根中间大约三米左右的地方,长了一片黄黑相间、新灿灿茸嘟嘟的蘑菇。他对这片在初冬里生长的蘑菇产生了浓厚的兴趣,在他的印象里,好像有一本专门研究食用菌的书,他想,可不可以在这片草林里,人工培育一茬一茬蘑菇呢?张家老大在哗哗啦啦鸣响的树林间,露出了个殷实的、光彩照人的笑。

　　见大哥一边凝目远眺,一边痴迷含笑,树林里摇着树枝的老三,也会意地笑了,他想大哥定是想起了以往过年的美好情景。以往,他也是这么好盼年的。可是眼下,他却不再像从前那样盼年了,他心中在想的,是多少天以前,把他从石灰窑往班房押送的一个场面,在媳妇儿山外边、在金龙潭外边有一个许许多多人组成的繁华的世界,那世界要比十里洼的年热闹百倍千倍。

　　一九八九年冬天,辽南山区天气异常暖和,水不结冰,地不上冻,在媳妇儿山山外那个人群密集的地方有条"警惕地球变暖"的巨幅标语十里洼人并不知道,他们以为天总要冷的,只是要比以往晚些。十里洼年高的刘老中,以他的威望传播着他的估计,说今年最冷的日子肯定在年上。这一估计一经传开,全村人都确信无疑,他们纷纷扒开草垛,在草垛底一层层垒起来树枝、茬根、疙瘩头。张守山婆娘听到这个消息立即修改了一个计划,那就是,今年过年,都要他们回后屋过,厢房太冷。

1989 年《海燕》

蓝光

我不知道,我何以这样迫切的,要在一个干旱无雨、光线锥子样扎眼的季节里,想起写你。你那颤巍巍抖动着蓝光的步履,本该早已超越世间万物,复归一个阴森可怖的世界。可是,你没去。你在干旱无雨的季节,跻身辽南土地的每一道裂开的缝隙,向你生命的腹地走来,带着殷切的、不可违抗的意志,带着幽幽蓝光,洒脱且颤巍巍地走来。

八十二年前,你被你的父亲驮在小毛驴上,一路吃喝着嫁给辽南这块土地的情景;你在这块土地上不知疲倦的生殖繁衍的情景,没有人告诉我,拘谨和忘情都只能是种假设,但是,童年记忆中,你黑布夹袄散发着的无所不在的蓝光,始终启发着我的想象。我就想,八十二年前,一个秋光泼辣的天气里,十四岁的你兴高采烈地跟你父亲出来兜风,你一路笑着闹着,你从来没有看到这么艳绿的稻田辽阔的大地,太阳热乎乎烤在脊背,胯下毛驴每步走动产生在心里身外的感受奇妙无比,你拥着毛驴,爬沟过河走着无尽的路,你在无尽的天空下做着十四岁女孩无尽的想象,你以为从此后你将再也不用关在屋里,每天都随父亲出来兜风。"十四岁啦。"你的父亲这么说。那重重的语气让你看到十四岁面临的重要日子。

然而,在一片密密麻麻的稗田边,在你正把脸上天真烂漫的笑意挥洒给柔软秋风的时候,你从毛驴身上跌倒——你被两个甩着长辫的汉子推下毛驴,你的父亲离你而去。后来,你才明白,被劫持是父亲的阴谋。父亲为什么这么急于嫁你,你一辈子都无从得知。然而,就是你从毛茸茸的驴背上滚进水沟的一刹,就是你从水沟里被几个红脸汉子扶起的一刹,你惊愕地一晃脑袋,那缕蓝幽幽的光便从沟谷中爬起,跌跌撞撞附在你的身上。

你死得古怪而壮丽,是这种古怪而壮丽的死,再一次涂抹了你在你繁衍的后代们心中的记忆。这是天意,也正是你的本意。选择这种死,大约是你有生九十六个年头的全部阴谋。你一早起来还好好的,吃了两个荷包蛋,之后取下挂在墙上的鞋拔,穿上今已绝无仅有的苞米核尖尖样的布鞋,颤巍巍走到残石垒成的鸭窝前,揭开鸭窝门,去够鸭蛋——这一过程已构成你晚年生活不可或缺的节律,调整着你已经很是衰老的精神世界。那之后,三婶送来入腊月的第一锅年糕,三婶喊妈呀,来家吃年糕,没去扶你,你却自动很坚实地走进屋子,你虽九十六岁,但耳不聋眼不花。你爱吃年糕,幼小时你母亲不会蒸年糕使你一辈子对年糕热爱无比,童年的遭遇往往影响人的一生。就这样,一口年糕下肚,你昏倒下去,你倒在供你坐了大半生的炕沿边。你的倒下没有使全家人大惊小怪,你老了,你是一个熟透的瓜。家族人一齐声嘶力竭喊你,哭你,你没听见,就那么地去了。你是辽南山区一颗寿星,你的去世惊扰了十里八村,家族为你举行了隆重的葬礼,并按你生前要求,不送火化,实行土葬。然而,你只在土下安然地待了三天,管殡葬的公家人就来到你高大坟墓前,揭开儿孙为你建造的相安永恒的屋舍。那一刻,你让大家看到了什么?你让你的后代看到了足以震惊世界的一幕——你僵硬地坐在棺材里,三天前穿在你身上的寿衣被你撕成一条一条,你干瘪的胸脯上有道道血迹,脸上有两颗泪冻成冰球。

假设你生前不惧怕火化,假设公家人消息闭塞,你的一切都会像一根从遥远天际扯来的线丝,从此彻底被埋入地下。然而你策划了一个骇人听闻的阴谋。最初的一瞬,你让你的后代们筋骨抽搐疼痛难忍,连公家人都忍不住面目沮丧。你在黑咕隆咚的地下活过来时,经受了怎样的不能再生的绝望,你只是睡了长长一觉,醒来就进了另一个世界。我声泪俱下。我觉得这比任何一种死都要残酷千倍百倍,这只是你讲过无数遍的故事中,那个敢于当众把叫花子眼睛用炉锥扎瞎的人的最后下场。你的故事里总有无比凶恶的歹毒之徒。那是一个混浊阴霾天气,寒风仿佛尖刀阵阵逼人,我把目光扫向跟我一同跪在坟边的母亲、二婶、三婶。我应验了我的感应,我捕捉了她们脸上闪烁迅速的灵光,这灵光使她们比以往任何时候都更加光彩照人,你走后的三天里,她们的脸恍如去了一层油污有了亮色。然而,没用多久,我就知道,我错了,我全错了,你只不过为我们设计了一个短暂的误解,你的用意不在这里,你以你独特的方式体现你永恒的存在。因为,就在棺材被一行人抬上汽车时,我看到母亲二婶三婶都深深低下头去,在顺山坡小道回家的路上,她们个个像失了魂的娃子,蔫头耷脑,满面灰青。我还奇怪地看到,那缕多少年跟随你无所不在的蓝光影子样顺着山路爬回家去,紧随母亲二婶三婶脚后。使我感到,你那飘洒而来的生命的线丝并没断折,她依然向纵深飘洒而去,在日轮与月光间环成一个圆,无终无止。

你清晰地走到我的记忆中来,已经是六十九岁年纪。你粗硬的发丝在后脑勺绾成一个永远没有变化的髻,你一双小脚支撑的身躯那样高大,你是那时乡下极少见到的高个女人。你脸皮白净,皮肤却略显僵硬,眼睛细长,眼角却微微耷拉,你不算好看,倒也并不难看。你小脚在狭窄的四合院里一颤一颤时,就仿佛有股钢丝般富有弹性且刚劲的力量潜在你的躯体深处,让人感到你是男人的化身,爷爷的化身。我没有见过爷爷,他在你生完三儿两女时,就率先起身告辞了这个世界,据人讲爷爷老实得一脚踢不出半个响屁,却因爷爷是排行老三,爷爷的父亲把手中仅有的十二两银子兑换的你给了他最小的儿子做老婆。所谓庞大的申家家族,只不过是你一个人的功劳,至于爷爷出了多少力,很难说。我同家族其他人看法不同,我总认为父亲二叔三叔不一定都是爷爷的种,说不定有二爷或三爷的。请原谅,对你的不恭,是我二十岁以后才开始的。因为我听说,大爷二爷二十几岁时,穿一身蓝布长袍,威武雄壮,每日不念四书五经,专执一根木棍缠在辫子上活蹦乱跳像只兔羔子。于是我就想,那两个劫持你的汉子不会把占有你的第一个夜晚让给老实巴交的爷爷。他们把你黑灯瞎火领进家里,关在一间散发着腐臭气味的厢房中,他们来不及让你换件衣服或洗洗澡,就讨论该谁先得到你。大爷说如果没有我的果断,小女早就随她父亲跑掉;二爷说这不重要,她已被她父亲卖了,她跑不了,重要的是我背她穿过稗田翻过河沟和树林的;大爷说正因为你小子先挨近她的身子,现在就不该还是你。这时节爷爷的父亲在染坊给人家做长工还没回来。最终大爷说按年龄轮着,你就别争,再争会儿爹就回来了。大爷将二爷、爷爷锁进西厢,他一个人闯入东厢。好奇怪此时的你,完全没有了十四岁女孩的怯懦和胆小,你像生完孩子身子刚刚恢复的女人第一次面对男人的贪欲,你两眼喷射着冷峻且热烈的火花,你吞噬了大爷,而不是大爷吞噬你。大爷临出门时,一面嘴里念着什么一面将你的乳头扣进你对襟衬褂的扣眼儿里,乳头在扣眼儿里将一只衣襟吊起,你如一只飞不起来的蝙蝠。二爷进来时,情急所致差一点把乳头当成纽扣揪掉。他们在你身上竭尽百般猥亵之能事的时候,他们完成了他们有生以来最最辉煌的过程。你平静且安然地站着,坐着,躺着。在冰凉潮湿的土炕上,任他们摆布。那道幽幽蓝光被你压在身底苇席上,苇席上有黏黏糊糊的液体,在蓝光中呈出艳红艳红的色彩。

三天以后,你正式嫁给爷爷。虽然在辽南山区,多少年人们都相传着,你为守贞节将大爷二爷的重要部位捏坏,可是,多少年来拖在你身后的那道隐隐的蓝光,给了我以及你的儿孙们无尽的想象。

  你打发了爷爷的父亲,打发了大爷二爷,打发了爷爷,打发了青春和旧的岁月,孑身一人向着新岁月走来。你在四十九岁的一天,迈进申家四合院门槛,溘然碰响了一块给爷爷垫棺的砖头,那一刻起,你便成了我们申家家族顶天立地的支撑,你是那样平静地走来,脸上没有丝毫生动的表情,坚实的偌大的髻在脑后一颤一颤。蹲茅坑木架上望见你时,我就觉得,是你的平静消蚀了爷爷大爷二爷的性命。"吃饭哎。"你在晚霞烧红半边天的时候冲着甸子喊。爷爷们便一冒高儿从棉花地窜回炊烟缭绕的堂屋,顿时你幻化成缕缕炊烟包围了所有男人,这不以你的意志为转移的温情的包围,使你无意在男人心中变得那么强大,不同凡响。然而你在一日三餐往炉膛杵柴时,动作悠然地将槐树枝上刺针拔下,夜晚将它密密麻麻摆在你门口和窗台。面对大爷二爷满脚血迹,你平平地说这是怎么了呢?你给他们包扎,你的手跳跃着躲避着同他们皮肉接触,二爷大爷出神地盯住你的手和脸。他们渴望从你脸上看到什么呢?他们却在不久以后的一天,看见你毫无顾忌地走进抢了他们辛苦一年收下的棉花的胡子窝。你去了整整一上午,你出来时,带出棉花,你的衣扣扣错了一个,黑布夹裤扭转了中缝儿。大爷二爷在欢喜的同时,抬起自己伤痕累累的脚板,爷爷看着你的衣扣,他们硕大的眼睛里,糅进草灰一般灰暗无光……

  你的平静是与生俱来的吗?你在以为是跟父亲出来兜风的时候,你那仿佛盛开的荷花般的娇媚和喜悦,你的忘情,你的吮吸乳汁般的生动……如果没有挡住滚滚稗浪的坝沟间的被人推倒,将十四岁沿着无尽的绿色田畴延伸开去,该是一种怎样的情景呢?不,十四岁,你面临成长,而任何一种成长都发生在不知不觉间,突然到来的命运使你一刻之间判若两人,你宣示了你的成熟。

日子水一样奔流,从没有停止过,你在一团巨大的影子似的四合院里经历着千变万化的心情,早起夜睡,一日三餐,猪鸡鸭狗,你却觉得你在重复着若干无数个没有变化的日子。当有一天你坐着马车去辽南有名的小镇——青堆子赶集回来,三个儿媳相争着迎出四合院,她们那殷勤的笑脸和红花衣服裹着的年轻的身段,使你暮然间领略了这个你在感觉上没有变化的日子,已把你推到怎样的境地。你曾是这个家族中男人的中心,你像一缕火苗燎舔着他们身心,不知不觉的,你又成了女人世界的特权者婆婆。最初的一瞬,你几乎有些手忙脚乱不知所措,你接过三婶为你拿出的蒲团,接过二婶递过来的鸭毛扇子,望着她们——母亲虽然一急之下什么也没拿出,但她躲在三婶身后做出的那种怪模怪样的笑所表现的不自然,已足以让你感知她对你的恭敬和不安。你望着她们,你第一次确切地感知了你——作为婆婆的权力,然而,你没有笑,你像以前一样平静,你的眼神在微微下耷的眼角处凝住,你射进瞳孔的一幕是我母亲红裙的一角,二婶膨胀的臀部和三婶戴有双镯的手臂,你于是转过头,狠狠咽下一口唾沫。

那时候,你已四肢干瘦脖筋突起,并且这干瘦的躯体从没脱离过黑布夹袄。

那时候,站在一边蓄意从你黑布袄兜摸出几块塔糖的我,清楚看到你有一口气没有吐出,我还看到那道幽幽蓝光就在你脑后慢慢蠕动。

事实上,这道蓝光从来就没有离你而去。

四合院北屋正房那间散发着草灰气味的土炕,自从十四岁那年真正嫁给爷爷,你就一直没有离开过。你坐在炕上仔细聆听轮上饭班的母亲、二婶和三婶在堂屋里刷碗刷锅弄出的声响,以此掌握她们各自的情绪反应和心理变化,而只要堂屋里搁碗或用刀铲刷锅的声音有什么异样,你就在土炕上狠狠地咳一嗓子,这一嗓子足以消灭堂屋里发生的所有音迹。你平素极少说话,你的干咳却比语言有用且精当,可是,日子一长,你的妙方就只对母亲应验,二婶三婶根本不听你的。"妈,你要喝水?"她们故意误解你,掀开门帘,极其认真地面对你问。你平静地看着她们,无法回答。二婶三婶都是青堆小镇女子,如果不是你频频上街赶集与二婶三婶父母有了十斤稗子一匹大布的礼尚往来,如果不是你们凭这种往来焕发的情感共同包办了儿女婚姻,二婶三婶绝不会嫁给山沟里长大的二叔三叔,况且三婶容貌美丽、性情高雅、贤淑;二婶虽有些尖刻、娇蛮,但读过三年道德会,二叔三叔十五岁被征兵,常年离家,孤家寡人的日子使她们对你愈来愈缺乏耐心,她们试探着以她们独特的性格和智慧对你不自觉的统治表示反抗,你的干咳总是使四合院十分警觉,于是,二婶三婶的故意误解常让住在堂屋西间的母亲诚惶诚恐,深怀不安。母亲会披红花小裲突然冲出来,站到你的跟前,用她自认为恰到好处的殷实的笑冲破你面临的尴尬。母亲太柔顺,太善良了,她不愿任何时候任何人有不愉快的遭遇。然而母亲真傻,母亲破坏了二婶三婶玩味自己智慧的情绪,而你又多么不愿意第三者知道你的被挫,且母亲的小红袄无意中再一次提醒着这代人的崭新和年轻……而你,你依然平静似水,每天每天,仿佛这一切都只不过是山溪冲出沙石一样自然。

我至今忘不了有那样一天,二婶不小心将一只陶盘打碎,其脆快的声响震响四合院,你在土炕上猛力地干咳一声,拖着重重的尾音。二婶来不及拾掇碎碗,就另拿碗舀一碗凉水端到你跟前,"妈,你是不是渴了?!"二婶说,二婶不小心摔碎碗的一瞬,原本是很歉意很不安的,听到你几乎划破耳膜的干咳,她的歉意和不安便立即让位,被另一种东西取代,我这样认为。母亲照旧惶惶不安地从西屋跑出,殷实的笑中加了几分恭维和献媚。你看看母亲,看看那碗水,你身子向前一动,那只盛满凉水的碗欢快地泼到地上,母亲脸色立即变白,我从来没看见过母亲脸色那么难看。而你,你笑了,我敢说,你的笑没有半点恶意,你完全是宽容了自己一次失误的笑,下耷的眼角细眯着,你挡住了母亲正欲哈下的腰肢,自己去拣碗碴。之后,你抖动了绾在脑后那个永远没有变化的髻,大襟夹袄在堂屋里携出一缕轻风,你淡淡地看了一眼伫在堂屋的二婶,径直朝四合院门口走去。

你手端碗碴走了许多路,你细高的身躯在田边草埂上左右摇摆,你粗粗的喘息似乎极力平息内心某种激动。我不知你究竟要做些什么,只跟着你朝前走,微风吹拂稗叶和坝埂上的草叶翻卷无尽的波浪,窸窣的声响仿佛在向世界诉说着不尽的秘密。你突然站住,你在横亘眼前的坝沟边站住,尖细的脚面上沾满草屑,你把碎碗扔进沟底,在深水吞没碎片时,我发现你用你不算完整的牙齿咬住你干瘪无血色的嘴唇。我的发现启动了我的灵感,使我记起我那丰富的想象,那个我想象中你被从毛驴身上推下栽倒的地方,你在这个地方兑现了什么,承诺了什么?你注目没入水中的碗碴,长长嘘一口气,这口气长得仿佛你压抑了一天,甚至前半生。我懂得了,我彻底懂得了,是辽南山区的这个独特的坝沟消融了你天性的易于激动生长了你的平静。

是那条又深又长的坝沟影响了你的一生吗?

那个降临辽南山区的夜晚同无数个夜晚一样,没有雾,没有风,星星嵌在银河两岸瑟瑟发抖,黑蓝色天际挥洒着无边的冷峻和寂寞。你在这清凉且空寂的夜晚,两眼凝视着二婶三婶各自空守的东西厢房的灯一一熄灭,没有任何人能知道,你在看着黑暗寂寥的东西厢房时,内心深处体验了什么。你坐在院子中央的合家欢树下,你注目东西厢房,聆听着它们在静夜中渐渐趋于死寂,无声无息。每夜每夜,你总是没有停止过,你好像那么看重这一时刻的体验,这体验好像是你生命中不可或缺的一部分。

二叔三叔参军后很少回来,他们驻军鞍山,也很少接二婶三婶去。于是,你在合家欢下蒲团上度过的吮吸着快乐似的初夜那么久长。他们也曾探亲几次,每每不肯熄灭油灯在一团模糊的光晕里打发久别重逢的时光,你的病就不期而至,你在炕上滚来滚去,嘴里哎哟哎哟地说不出哪疼,却表现出仿佛被火烧灼似的疼痛难忍。二叔三叔,二婶三婶还有母亲一夜一夜陪护着你。直到二叔三叔假满归队,你才一个干柴棒子似的从炕上爬起,面对恢复平常了的日子。你没有对婶子们说这病来得急走得也急,折腾得老二老三没休息好,你没说。你没有半点歉意。你仿佛压根就没病过似的如从前一样,平静安然地看着二婶三婶每个夜里空守死气沉沉的厢房。

这样清冷且使你受用的夜晚,你倒是最最注意屯街上突然响起的狗叫声。在这个家庭里,你最最盼望的就是父亲的归来。好像上帝在你儿子一出生时就安排好了各自命运,让三叔二叔撇家舍业,让父亲一辈子走南闯北为家业奔波操劳。父亲以他机智的商人头脑助你维护了由你繁殖壮大的申家家族的家业,他倒大布倒棉花,倒禁倒的黄金大烟泡儿,在日本鬼子眼皮下,在密密匝匝的苞米地里出生入死。父亲十三岁就离家出走,频频地招惹匪胡子,也频频地往你手中数票子。父亲每每总在夜深人静时归来,街上零星有几声狗叫以致后来此起彼伏不可收拾时,你已经悄悄打开大门候在门旁。"妈,"父亲急匆匆冲门而入总是不忘小声且急切地唤一声妈。你并不答应,你悄悄关上大门,之后吵醒二婶三婶和母亲,令她们赶紧烧水做饭。你和父亲就钻到里屋,喊喊喳喳到饭水烧好。这是平淡的日子当中唯见你兴奋的时候,你手捏票子攥住大襟夹袄衣兜,你脚步轻盈地从里屋走出,脑后的小髻在灯影里若隐若现,母亲和婶子们便统把目光集中在你的衣兜里。此时此刻,你说话的声音也不似以往那样平静,激越中有几分颤抖,"清他妈,今晚规矩点,他太累。"母亲于是在收拾完碗筷后,乖乖地萎缩墙角,眼睛躲闪着不敢看父亲。

父亲对母亲的感情虽粗,却一向很好,他又不像二叔三叔那么唯唯诺诺唯命是从,他当面从不驳你话意,然而回房间该怎么做依然怎么做。

父亲崇拜你,父亲更崇拜自己。父亲没念过书,但他从来都正视自己的需要。那天晚上,父亲一关上门,就纵身扑向偎在墙角的母亲。父亲一只手把母亲箍在怀里,一只手去解母亲的衣扣,自己的衣扣。父亲滚热的胸怀都快要把整个屋子烧化。母亲像只小船飘荡在无边的海域中,也像一朵小花在无边的天空飘舞,就在他们如胶似漆的时候,你咚一声推开屋门,你平静地看着母亲,你说"根儿是大事"。你说时就像自言自语,说完就退回自己房间。可是,母亲无论如何也要挣脱父亲怀抱,母亲几乎羞愧得声泪俱下,扫兴的父亲一把将母亲推出老远。

第二天是母亲饭班儿,母亲像犯了罪的囚徒,见所有人都低眉下眼,她尤其不敢抬头看你。姥爷曾是辽南山区有名的风流人物,他娶小姥姥成了母亲在你手中羞辱难当的把柄。你却像什么都不曾发生过似的,你一早醒来坐定炕头儿等母亲给你送洗脸水、鸡蛋水,等母亲送饭后的漱口水。

第二天早上,你把二婶三婶招来,当着母亲面,你每人数给她们两双过膝袜子——这是父亲头天晚上载回来的,他们一伙抢了一家洋货店。你独独没给母亲。什么意思你没有解释,你从来就不善于多言多语,你随便让别人去想。母亲自然想到是她昨晚得罪了你。而二婶三婶却认为她们是小镇女子,她们从小就穿过膝袜子,而母亲是山里人,虽是山里大户人家的女子,却不一定有穿过膝袜的历史。

谁也无法知道,两双过膝袜子对母亲的打击有多大!

母亲柔顺、善良,母亲从小就喜欢打扮好看。母亲从小姥姥那里知道好看能让人多看几眼,好看能使别人心情愉快。姥爷娶小姥姥抛弃亲姥姥,最初母亲恨小姥姥入骨入髓,慢慢的,她从小姥姥那种赏心悦目的装扮中谅解了姥爷,是姥姥的拖拖沓沓丢弃了属于自己的男人和日子,因此母亲常常对自己的命运怀有几分惴惴不安——小姥姥在不知不觉间闯进姥爷的生活,毁了亲姥姥一生,将来会不会有一个令人耳目一新的人突然闯入她的生活毁了她的一生？白天黑夜，院里屋里，母亲一刻也没有停止过这种恐惧。可是，她没有钱。父亲做买卖挣回的票子她一个也看不见，她只有眼睁睁看着二婶三婶打扮。母亲是个情感世界十分丰富细腻的女子，母亲不放过泊在生活中任何一件细碎小事细细体味，其中的酸甜苦辣尽收心底。

直到我三十多岁，母亲七十多岁的时候，她还念念不忘两双过膝袜子，她说当时她偷偷哭过多次。

母亲说她是那么的顺由着你，孝敬着你，你究竟为了什么这般的同她过不去，她说你当时就像最最知道她在乎穿戴似的。

三婶的孩子一年年增多，你只注意精打细算在你每一个孙子来到世上时，分给她们母亲各自相等的八十个鸡蛋，你忽视了你的儿子长年不曾回家，即便回家也让你占去夜晚，她何以能够连连生养；你只注意你的头半夜四合院里平安无事一片死寂，你忽视了你因为一天劳累而困倦的漫漫不醒的后半夜。

你是个从来不参与家里外面活计的人，你每日最重要的事情就是坐炕沿和门口蒲团上观看儿媳们为打发日子里出外进忙忙碌碌，再就是间或的搭着邻居的马车上青堆子百货店、染坊散散心。你是辽南山区有名的刚强能干的女人，你的能干就在于你从来不用自己动手，儿媳们服服帖帖任你摆布。而在三婶生第三胎的日子里，在母亲和二婶对三婶生养充满怀疑的时候，你平生出乎意料地下地帮助烧火做饭煮鸡蛋，你的腰肢在堂屋里扭动显得那么不合时宜，一向不愿张开的嘴唇一刻不停地活动，你说女人坐月子可不是小事，月子里生了病一辈子养不好；你说女人就是这么回事，凑到一块，就得大家相互金贵。你破例每天都亲自往西厢送鸡蛋，你逼三婶多吃鸡蛋，你的举止激起二婶对三婶的嫉妒，而这种嫉妒不可估量地影响着她们的后半生。

你也同样唤起了三婶对你的感激之情。每日当把两只鸡蛋一碗小米粥送到三婶炕沿，三婶都急忙爬起，慌乱地说不出一句得体的话，每每驴唇不对马嘴。三婶简直搞不明白是什么奇特的东西唤出了你少有的热情。三婶热泪盈眶。三婶从小没有母亲，父亲在她八岁那年去世，她就同父亲留下的一笔财产一道，留给了一个孤独的染坊老人。而她嫁后，那位老人相继去世。她没有亲人，三叔又长年不在家。三婶恭恭敬敬小心翼翼看着你，三婶贤淑但任性，她平常极少这么温驯过，尽管平常也极少当面反对你。你不看三婶，你像压根就不知道三婶有多感激，你像在说这本不值得大惊小怪，你那么平静的进来，出去。

你一直将三婶伺候满月，才停止了与母亲和二婶的一同忙碌。你却破例中止了晚饭之后，清凉的夜空下，你那生命中不可缺少的合家欢树下的静坐。各家收拾了马车，闩上大门，把无边的夜一截门里一截门外关住，你就抖抖黑夹袄的下摆，率先熄灯上炕睡觉。四合院的初夜奇异地出现自古少有的空旷、寂寥，四周墙角灰缝下夹蛄虫肆意咕咕吵叫，声音粗粗细细，仿佛牙齿在尖石上磨砺，在院中央划出一段因为意外变故而突然充满神秘、玄妙的日子。

你衰老了吗？汩汩流淌的岁月在一个没有任何特点的地方突然转弯，让人看到截然不同的过去和未来吗？

茫茫长夜，星星在窗棂上不停地眨着眼睛，窗缝里，一股沁凉的气息机敏地沟通屋里屋外。你没有合眼，你的眼神同星星一样活泛、冷漠而淡远，你根本没有半点睡意。你大脑中出现了辽南山区给你留有印象的所有田畴、道路、坝沟和水泡，你在记忆中搜寻着一汪波平浪静且很深的水泡，辽南山区没有这样的水泡，你却记起那条绕山而转的深深的大河。它在一块稻田北头，西临长满红叶芭草的沼泽地。多少个早早躺下的不眠初夜，你的满眼满脑都是这条深不可测的水流，那水软软的、蓝蓝的，没有污渍。你的心里身外被一汪清水浸泡时，你经历了无法言喻的欢快，这欢快仿佛十四岁那年误把嫁日当成出门兜风；仿佛你精心布满刺针的阵地恰巧被二爷三爷踩中,你看着他们血红的脚面说,这是怎么了呢……你在这种清晰又混浊的欢乐中进入梦乡。

大河是你那个特定时期梦的主题。

一道蓝光划破墨布一样的夜在四合院中跳跃、闪烁。

你干得多么漂亮。你不动声色。你平静似水。你一生的所作所为,都只能用"漂亮"二字来概括。

父亲完好地配合了你,父亲崇拜你。父亲一向正直、胆大、有心智。那天晚上你在坚硬的土炕上终于等来不迭连声的狗叫,你于是没有开灯,轻手轻脚挪到大门口,轻轻地打开大门。你一见父亲就把他拉到一边,你告诉他不要动,有贼,你指着西厢三婶的屋子。父亲立即彻底明白你的意思,父亲义愤地伫立着,双目喷射怒火却又一时不知所措。你将父亲的手拉过来,引导到自行车轱辘上。父亲蓦地一惊诧,低下头,俯身摸索着去卸自行车里带,父亲因为你高明的点拨激动得两手发颤,父亲很快就在大门洞里卸下里带。

当父亲在三婶炕上活活勒死"盗贼",经你指点向那个软而蓝的大河背去时,你已将吓死的三婶揪活,你啃她脚心刮她人中,揪她脊背,你抹着三婶涌泉样的泪水充满爱怜地说,不要害怕,贼已送走,他没有偷走你的衣服。你当三婶一再重复他是偷东西的窃贼,你说辽南山区这种窃贼到处都是,和旧时候的匪胡子没什么两样,三婶在你一而再地重复强调中脸上渐渐有了血色。

三婶一连多天没了言语,她眼神迷惘,无精打采,动作举止也十分混乱,就像走在云里雾里,就像有人在某一时刻用铁丝将她魂魄勾走,只剩下一副光光的躯壳。三婶不敢看父亲,更不敢看你,她每每总是有意躲避你,三婶以往俊俏的脸蛋和秀丽的腰肢骤然间瘦成大海里的一叶扁舟。

三婶无意招野汉子,那个胆大妄为的男人是她少年在染坊里认得的一个帮工。他一刻也没有停止过对三婶的感情,收养三婶的老人把三婶无声嫁走后,他曾找遍辽南山区,他终于找到三婶,就一直做着三婶的野汉子。他每天十一点以后从墙夹头跳进四合院,同三婶过着短暂却甜蜜的良宵。多少年来,神不知鬼不觉。他也没有停止过问三婶,家里人对她有没有什么两样,企图从中得知他的行踪有没有被人察觉。三婶每每用舌头卷着他的舌头笨笨地说没有,没——有——,三婶心里在笑,笑得那么开心而诡秘。

你对三婶的失魂落魄视而不见,只是有时你会偷偷将目光射进三婶红袄扣眼,在那里做片刻想象。这想象时常将你的脸色由红变紫。你恢复了每晚四合院蒲团上静坐的日程。而母亲二婶对你为三婶的偏向却耿耿于怀。因为有病的三婶轮上饭班,你间或帮助烧火或拿草哄孩子;因为不久以后母亲坐月子和许久以后二婶坐月子,都没有得到你送水送饭的关怀。母亲二婶也因此不理睬三婶。尤其二婶。

黄昏仿佛骤然而至,雨季仿佛骤然而至,一个又一个雨淋淋的夜晚把凌空四野冲刷得透明如洗。而四合院的墙角边,合家欢树下的小径上,已积下了层层污泥,光而平的院子也被雨水剥噬得没有弹性。层层污泥就是层层岁月,变了样的小院就是不变的岁月,你在这折折叠叠没有弹性的岁月里为自己积下了许多收拾不完的财富,你有着充分的精神准备,你或许不用准备,活着就是一种准备。

四合院不再是你一个人的天下,二叔三叔带着战败的满身浊气,也带着岁月输给他们血管里的男人的血液,回到家中。他们身上有种外向的力量使你的四合院不得不被瓜分。你精心营造的世界终于被打碎。在这最初的瞬间父亲有些经受不住,父亲自认这个天下是他和你共同打出的。这些年来他也因为有着这样一方天下,走南闯北出生入死临危不惧。合家欢下,父亲拽住你的手,注视你,急切地等待你力挽狂澜的回答。

你给父亲的回答是随便怎么样。你平心静气,好像这并没有什么了不起,好像你从不在乎四合院归谁。你每每在关键时刻总表现出超常的平静和无所谓。

然而,分家的第二天中午,你就在大街上喊住我,你再次领我顺稗田边远走,走到那个意义深远的坝沟旁。山野模糊不清,泛黄的稗秸和草茎在秋风下抖抖瑟瑟,你深邃的藏入下耷眼角中的目光火辣辣盯住炎阳下的远方,我看到你的目光在毒毒的目光下由强烈变得暗淡,我又感觉到了你那平息某种激动的喘息……

你需要把你的四分之一同任意一个儿子合起来,组成一个完整的小家庭。你选择了父亲。你只有选择父亲。你从来不记得白天的景象,高悬四合院上空日光的强与弱,亮与暗,似乎都与你的生命无关,而只有那些夜晚,那被岁月收回了所有意念触须的夜晚,那混浊的,通体散发着草烟气味的夜晚,在你高大瘦弱的躯体上,啄出一道道看不见摸不到的痕迹。你没有梦,你翻来覆去,你告诉我炕太硬硌骨头,你给我看你胯骨两侧已硌出两块血污,你一阵爬起,一阵躺下,是那么不安,那么难以平静。看来你真的老了,你在有人瓜分了四合院的时刻就突然的老了,你再也无法平静,你在忍受无所事事的时光的熬煎、折磨,你白天的平静是以晚上的折磨为代价的吗?你在这种平静与不平静之间,在这记忆犹新的漫漫长夜,向七十岁八十岁走来。

漫漫长夜,孕育了什么呢?

你启动了你心扉的大门,在总也没有尽头的夜晚里,你开始讲故事。你讲有那么一年有那么一天,一个叫花子伸手向一个员外讨饭,开付开付吧,那员外狠狠睨了叫花子一眼,转身就走。第二天,叫花子在员外家门口,用锥子将员外眼睛捅瞎,而第三天,员外家的一伙帮工在邻村找到叫花子,把他打倒,用通红的火钩去烧他鸡巴,烧得他一抽一抽嗷嗷直叫。

你的故事里无一不是歹毒之徒,你的故事无一不是那种驴打滚式的没完没了的厮杀。

记不得是什么季节的深更半夜,你讲着讲着直直坐起,你像突然发现什么秘密似的瞪着窗外,之后穿衣下炕。你在四合院里来回走动,像个幽灵,一会儿走到东厢房门外,一会儿走到西厢房门外,你这么来回折腾着不知多久,最后在庭院中央嗷的一声长嚎倒了下去。叔叔婶子母亲被你惊动,他们先后跑到院中央把你抱起,抱到正房的东屋——你睡过六七十年的土炕,你终于忍不住父亲啃你脚跟的奇痒,你睁开眼来,你看见围前转后你的儿媳儿孙,你说你怕,你说不要走谁也不要走,你说你愿意大家就这么地守着你。

狂风和暴雨终于到来,它们在袭击辽南大地的同时,袭击了你的四合院,四合院上空雨点翻飞草末四溅,你从沉睡中惊醒。可以说,如果没有这场狂风暴雨,你怕早就那么沉沉地衰老下去,你被雨浇醒,你的大脑一片清新,你就像十四岁那年被父亲欺骗使你突然间成熟,你说你压根就没有什么国民党少将的弟弟,你说你离家时弟弟才七岁,还是两袖鼻涕一脸泥巴;你说你的儿子当过兵不假,但他回家根本没带什么枪,根本没有。在一个陌生的四壁花白的小屋,你颤抖着脑后的髻——你的髻已不似从前那样结实,松松垮垮几乎有些披头散发。你说,你还没有说完就被一只大手扳倒,你眼前一黑,你经历了跟六十年前被两个汉子从驴身上推下来相同的感觉,你惊愕地一晃脑袋,你从地上爬起来,你说你真糊涂,老二回乡可不带回一杆枪,你说你简直糊涂死了,那枪是二媳妇收拾的,她当时接过手就拿进东厢房,谁知后来哪去了?

于是,二婶陪二叔一道挂了装有石子的马笼子,分家以后的二婶无论如何想不到,她会重新变成笼中鸟。二婶从不记得有什么枪,二婶一再肯定没有,二婶在一阵皮带抽身之后昏厥过去。当二婶醒来,她听见了一个如雷轰顶般的声音,二婶听到你的供词,二婶停顿了很久很久,二婶终于在停顿之后哆哆嗦嗦说,说想起来了,有过一支枪,那枪后来转给了三妹,三妹屋里没有潮气。

你并没幸免于难,由你繁殖的这个家族的任何人都没有免除灾难。你、父亲、母亲、二叔、三叔、二婶、三婶,都被打得死去活来。你并不清楚——人活在世上有许多与自己命运攸乎相关的事情都无法知道,你父亲最初嫁你的目的,只是为用申家返回的十二两银子供你弟弟念书,你弟弟用你卖身钱念上书并且后来当了国民党少将,精通三国文字。却战败没能逃走,成了在押战犯。六十年前你以在艳绿的坝沟边突然跌倒的另外一种苦难命运换得了弟弟辉煌的一生;六十年后弟弟以他非凡的影响使你的苦难更加深重。

你又回到供你走进走出六十多年的四合院,你在四合院门口的石柱旁,同时遇见面目臃肿的二婶和牙齿脱落的三婶,家族人在你们相遇时齐拥向门外,大家关切地注视你,注视二婶和三婶。你腰深深弓着,嘴角淌着血水,你平静地看了一眼二婶,二婶却避过你的目光,去看三婶,三婶将目光投在溅有血滴的脚背上。你们奇迹般地马上离开,各人奔自己的屋子,没有质问怒视和厮打,二婶三婶在被各自儿女围住时,出声恸哭起来。

我拥进你的怀里,抚摸你红肿的肩膀,我一边号啕大哭,一边擦去你嘴角的血迹,这是三十多岁的我永远不忘的一幕。我随时准备擦你流出来的眼泪,可是你没有哭,你神色凝滞,恍如麻木一般。你不疼不屈吗?你为什么不哭呢?

突如其来的雷雨渐渐的稀薄下来,四合院本该是二婶三婶向你哭诉冤屈讨伐泪债的地方,然而没有! 小院里一如从前一样平静,合家欢在微风吹拂下摇来荡去,散发着幽幽的芳香。

仿佛是你蓄意导演了一场风暴,仿佛是这场风暴蓄意导演着你的命运,你在冥冥之中获得再生,你重新走出四合院,在院门和大街上活动老腿，你每走进走出都要受到重点保护，母亲二婶三婶注意你的行踪，及时为你送蒲团扇子和拐棍。母亲在为你做好吃的时，脸上洋溢欢欣和乐意，二婶三婶也破例每做好吃的都要送来。二婶像只出笼的鸟又飞回笼子，对你服服帖帖，她们经常陪你在院里坐到深夜。她们变得异常话少，她们几乎整个一晚都什么不说。你反倒逐渐地话多起来，你讲你十四岁以前从父亲那里听来的鬼和神的故事。你说鬼常常在夜间出来，他长相像人，是人死后变的，墨黑的十分可怕；你说神是看不见摸不着的，每个人的一辈子都要受鬼和神的捉弄，你说他们叫你享福受苦，叫你吃亏占便宜，都是不能改变的；你还说一个婆娘在她男人不在家时偷野汉子，被她婆婆和大伯子用自行车里带勒死，那野汉子临死时眼泡都鼓出来，那就是鬼神的安排。你常常说到深夜，你说得母亲二婶不住打战，你说得三婶牙帮直抖，你说得你的儿孙们毛骨悚然。

　　你说时，活动着露风的牙齿，你瘦削的下巴大幅度摆动，长满老年斑的脸皮一牵一牵。你间或地停下一段时间，望望星空，咂几下舌头，看看大家，你表情那样平和、淡然，没有变化，仿佛一尊会说话的石佛。

　　你的故事使四合院笼罩一团迷蒙雾气，你的故事仿佛撒向四合院一层蜡油，母亲二婶三婶脸上都涂有浑黄的阴郁之色。那场风暴过后，母亲婶子都脱掉花衣，穿上与你一样的黑布大袄，于是，散发在四合院的迷蒙雾气变成了团团黑色云翳，缭绕在本该是透明的日月里。

　　母亲婶子告别彩色的年龄。母亲娇小的身架，三婶细柔的腰肢，还有二婶那不算娇小也不算细柔但却十分匀称的身材，统掉进瓦缸一样粗的青布夹袄里。这时你似乎并不意外，你好像突然之间与她们拉近距离，你还在有一天突然打开柜盖，从柜底翻出多少年前爷爷二爷用棉花换来的一匹青色大布，你把大布抱到炕上，趴窗台朝东西厢房喊，他婶子哎——这是年老之后你对她们的第一声呼唤，好多年你都失去了这呼唤的机会。我清楚地看见，你在喊完这嗓子后，干瘪的脸腮闪出一道金光，这道金光只在你的脸膛闪烁了一刹,它却仿佛照亮了你非凡的一生。我从未发现你那么神采奕奕过,你下耷的眼角飞扬着,把极少见到的笑意输送给了额头和脸腮的皱纹。你比以往任何时候都不平静,你把布匹打开,在母亲二婶身上比试,你说这些布是你的全部柜底,够你们仨穿一辈子,你跪起坐下累得呼呼直喘,你一分为三把布匹分成三块,母亲谦恭地接过,嘴里连说是的是的,能穿一辈子。母亲已五十多岁,母亲知道她再拖沓再不鲜亮也不至遭来亲姥姥那样的噩运;二婶三婶却是凄然地皱着眉,笑和感激夹在阴郁之间。也许是笑和感激夹杂着阴郁,她们各自抱着布匹离你而去。

你从绿色的沟坝上走来,你一路欣赏着平静的、辽远的、崭新的世界,你走进十四岁;你又从十四岁走来,走进另外一番生活,走进了无底的平静。你平静了一辈子,在该高兴的时候,该悲伤的时候,该大哭大笑的时候,你都那么平静,老了老了,你依然平静似水。

在你重孙的搀扶下,你再度走向稗田尽头的坝沟,然而坝沟早已没有了原先的轨迹,变成一条宽宽的水渠,稗田变成一望无际的稻田。你在那里坐了许久,你用你拄着的拐棍在草地上画圈,画一个再画一个,你画了无数个。你重孙子回来说,在你画圈的时候,有道蓝光闪闪烁烁跳到你的身上,那道蓝光透明且柔软,像团棉絮上下飘浮,十分生动好看。

是那道蓝光启发我理解了你选择的死,还是你选择的那种死启发我理解了那道蓝光?你的拐棍,你的用拐棍画出的一个又一个圆,为什么久久也不离开我的眼前?你画成的圆,是太阳?是月亮?还是地球?还是什么都不是?我可是看见它恍如秋风扬起的树叶,拂擦辽南山区大地的每一个角落,我可是极用心的等待一个寒冬将它腐烂,把每一个角落都变成沃土。

1990 年《春风》

一日风景

老秋用力蹬几圈,跳下车子。老秋跳下车子,看到的是黄泥潭老冈。万谷乡没山,属黄海北岸大半岛上一个比小半岛还小的半岛。沿海地带。乡间土道却是奇高奇低,极不平坦。黄泥潭老冈,五里地的坡度,全得靠走。看到老冈,老秋擤了擤鼻子,抬了抬帽檐。老秋最怵走这老冈,老秋有脚鸡眼。早上,翟乡长揭开文化站的门,就把一句湿漉漉的话扔给他:上黑尖口送个通知,让宋长远十八号备二十人饭,县召开村屯文化网络拉练会。老秋愣了一下,心想没车怎么去得了黑尖口。翟乡长没理会老秋的愣,捏了一下风纪扣转身走了。作为文化站长,老秋经常下乡。翟乡长最最关心村屯级文化网络。万谷乡的群众文化工作,年年拿奖。越拿奖乡长越起劲,越起劲老秋越跑得频。可是老秋跑的都是近路,黑尖口有事都是乡长发专车。黑尖口靠海,富裕,司机也都愿去。许是来到年检,乡上实在安排不开。老秋想。老秋于是推车上守卫门口打了气儿,抹了抹车梁和货架——老秋每次下乡都把车子擦亮,上路了。

从乡政府到黑尖口,约五十里路,骑车得走四个小时。冬天的黄泥潭老冈,泛着暗紫色的冷雾,徐缓的北风撩着冷雾缠绸子似的在坡背上缠绕。老秋走一程,帽檐往上触一触,帽檐一触,热气儿便像欠了缝的蒸笼似的往外直冒。深冬季节的头半晌,从北往南走的人很少,多数人都是从南往北走,车上载着麻袋米筐什么,出来赶集。迎着他们,看着他们轻轻悠悠从坡上往下贯的神态,老秋心里挺闷,觉得他们是有意将脸上的表情做得明朗。老秋心眼不窄,关键是他右脚掌上的鸡眼,那脚鸡眼钻心地疼,像一只小虫在脚掌的血管里啄,每一啄,他心里就闷闷得放不开。

十点半钟,老秋走上老冈顶尖。老秋上去才知道,其实这冈真不高,就是太长了一些。就是因为太长了,乡里下乡到老冈南端很少骑车。黄泥潭老冈上的泥土并不黄,而是黑里透红。老秋终于得机会骑上车子,老秋骑车下坡,见迎面气喘咻咻上坡的人,很是痛快。

然而老秋无法掩饰他的轻松,汗随迅速流动的小风一丝丝飘去,笑纹在脸上一丝丝漫开。老秋真受用,在车上下坡忘了脚鸡眼疼的滋味,由于下坡,全身心都轻快,黄泥潭坡地里的草秸,怪显眼的,那沉睡着的铁锈色的土,更是新鲜透亮,散发着一股股的馨香。

黄泥潭村和老冈之间,有一道河沟,河沟没冰没水,只有几块光石板在那里孤零零泛着冷光。河沟不深,骑车却跨不过去。老秋跳下车子,脚鸡眼立即垫住脚,老秋哎哟一声,咬咬牙,嗓眼吊出长长一口气,东歪一下西歪一下,心想当初真不如手术了好。上次下乡甜梨园抓社教,第二天返回,乡上有反映,翟乡长说,这脚鸡眼能手术。老秋没去做,老秋不晓得还要上黑尖口。

日光淡淡地洒着,冬日的日光总是那么疏淡,像一个人假惺惺的笑。远处,黄泥潭屯街对面菜园里,有个人影在冲老秋望。老秋一歪一扭走着,把冻在乡道上的驴粪踩成一个个柿子饼。乡政府那疙瘩的市场上,到处有卖那种柿饼。想到柿饼,老秋觉得有些饿,可是老秋知道离吃饭的地方还远着呢。不吃饭也许行,脚鸡眼不处置处置,怕是不行的。老秋推车朝村里走,家家房顶都飘着白了了的卤烟,街面上,有猪大油的香味和草灰糊焦焦的辣味,老秋在一只水井旁的碾盘边站了下来,老秋探头朝水井对着的门洞里瞅,门洞里的风门洞开,可不见有人。老秋正凝神里边,突觉身后有人,回过头朝后看,只见一个十六七岁的秃小子在光秃秃的菜地里注视老秋。老秋感觉到,秃脑袋就是头会儿看见的那个人影。老秋想冲他喊一声,要他回家拿把剪子。没等张口,秃脑袋嗖一声钻进草垛空儿,不见了。不一会儿,洞开着的门洞里走出一妇女,两手在围裙上蹭着急匆匆向大街走来。老秋高兴有人来,老秋说嫂子,借把剪子使使。剪子?嗯,剪子,挖挖脚鸡眼。那妇女停住,手从围裙上散开,张眼瞅了瞅老秋,没吱声,又转回身子。老秋支上车梯,拽只手套扔到碾盘上,然后小小心心坐下来。坐下时,肚子咕咕叫了两声。老秋前后望望,怕有人听见似的。

那妇人往回走了几步又站下来,她像突然想起什么,长声喊着金水金水,家去拿把剪子。只见刚才溜掉的又瘦又矮的秃脑袋从碾盘西侧草垛空钻出来,一溜风跑进门洞。谢谢啦。老秋说。那妇人看看老秋,笑了,俺叫黄银凤。你半道上要剪子干什么?黄银凤声音很柔和。黄银凤一边说着一边奔草垛。脚鸡眼疼死了。黄银凤欲哈腰扒草,突然又站直起来,目光在老秋头顶的帽子上飘浮,转了一会儿,又神秘地笑了。你是乡上来的。你怎么知道?老秋感到奇怪。听讲,乡里干部都戴鸭嘴帽子。这叫前进帽,那年乡长上县开会,买回一顶,不几天乡政府就……老秋没说完,被唤做金水的秃脑袋气喘吁吁拿把剪子来,带出一股奇特的味道。老秋接过剪子,想回去是得做手术,总不能老半道借剪子,再说拿剪子挖脚,有人会嫌弃的。见老秋脱鞋,那女人不再搭腔,勾腰到草垛拿草。

黄泥潭多少户?送剪子时,为了表示礼貌,老秋认真地问。六十三户。黄银凤说。黄银凤正忙往锅帘上端蒿蒿酱,锅底的火又从灶坑往外爬,黄银凤没接剪子,也没看老秋,一忽儿锅上一忽儿锅下,满屋子弥漫着草烟。老秋站在门外,擎剪子的手抬起又放下。黄泥潭真不错,天高皇帝远的。老秋停了一会儿,随便说出句。其实黄泥潭同万谷乡哪个村都没什么两样,天高地阔,房屋屯街同天地融为一体。老秋到哪里下乡都愿意这么说。黄银凤盖了锅盖,还是不接剪子。黄银凤蹲到灶坑往锅底添火。嘻嘻,城里人下农村,都说农村好,可叫他们回城,都屁跑屁颠的。黄银凤把脸歪在灶坑的火堆边,脸让火映得又红又亮。听说城里人,老秋肩膀的皮肉紧了一下。老秋想其实俺也是农村人,不过当了文化站长,会说几句话,会做城里人的模样。老秋心在胸膛里有些飘。听到这种话,老秋心总禁不住有些飘。

老秋站门外,眼睛四下撒目,院子和他家一样细长细长,像瘦男人的大腿。大院真敞亮。老秋说,像似自言自语。紧接着,老秋想起手里的剪子,再次托起,提高声道,给,谢谢啦。黄银凤灶坑里仍不抬头,一把一把往锅底杵草。

乡下人就是没礼貌。老秋想。上回去甜梨园,在村长家吃饭,村长老婆一只手端饭伺候,另一只手抠牙。老秋门外站着,想起黑尖口的通知,有些着急。老秋肚子一直在咕咕叫。老秋伸手把剪子放在锅台上,又一次说谢谢啦,我走了。老秋刚转身,黄银凤从灶坑站起来。又上黑尖口?老秋站住,嗯。黑尖口饭好吃?对了黑尖口守海有鱼虾。黄银凤人和声音一道灌在草烟里。老秋说不是的,我头一回上黑尖口。老秋想一个人上黑尖口还真是第一回。到了黑尖口,晌歪了,怕还吃不上饭哩。不嫌乎就在俺家七(吃),大米饭茼蒿酱。老秋眼睛蓦地一亮,看看表,说这感情好哇。

老秋下乡,如果需要在乡下吃饭,都是安排在村长家,从没在百姓家吃过饭。老秋跟着黄银凤,穿过烟呛呛的堂屋,来到里屋。里屋不宽,炕上一张木桌,墙壁上满是女明星画片,地上有个乳白色两凸一凹旧式木柜,孤零零吊在一隅,日光从窗外射进来,衬出在空间游浮的热热闹闹的尘灰,屋里有股难以说清的类似烧了菜叶的味道。上黑尖口文化户送通知,谁知黄泥潭老冈这么难走。老秋觉得吃饭得有吃饭的理由。才刚你还说黄泥潭好呢。外边人都挣(这)么会说话。黄银凤堂屋里大声说。黄银凤把地瓜一个个拣回保险盆(辽南叫白钢盆为保险盆),盖上盖子。又顺手扔锅里几只咸蛋。不是你那帽子,俺可认不出乡上人,你那脸像什么,像不像紫葫芦咯咯咯。黄银凤话语笑声很响,就是在官道上跑的是不是? 嗯,老秋支吾,老秋想根本和下乡没关系,都是下班回家进大田晒的。老秋虽在乡上工作,家里却有三个人的口粮田。老婆心脏不好,全得他一人种。当兵那年,肉嫩,在外面练枪,一伏天就晒透了,再也没褪出来。老秋编谎,心下空虚,话刚着地就四下张望,正与隔一道玻璃往里望的金水的目光相碰。听说集子上有美容师,能换脸皮,就去换一换呗。黄银凤把咸蛋切好,端着进了里屋。老秋有些不好意思,脸热热的。老秋看看油光光的鸭蛋黄,又看着窗外的金水。

吃饭的时候,黄银凤在门里喊金水,金水亮亮的秃脑袋颤动了一下,悄没声进了里屋。金水进屋不看老秋,直奔桌子,就像老秋是他家常客。金水的指甲很长,很透明,像城里现代派小青年。当家的呢? 哦呵打鱼去了。老秋一愣,之后点点头,似有所悟。冬天跑养殖海滩偷着打鱼的人越来越多,乡上想了许多办法就是管不住。老秋挺欣赏黄银凤的直率,抬眼看了看。黄银凤长得挺俊,脸上有一对酒坑,笑时溢着温情,尖下巴,就是脸皮松了些,与黑亮亮的眼睛不相衬。上县里市里开会,老秋从来不敢直眼看女士。下乡,就不一样。老秋自己也不知怎么,下乡下心里没遮没挡,挺自在。七(吃)饭七饭,没什么好的。黄银凤操起筷子,示意老秋,鼻尖上沁满汗珠。

老秋端碗,黄银凤顺手送进碗里一块咸蛋。老秋刚伸出的筷子顿了一下,像似被感动。扑哧,黄银凤笑了。俺不知叫你什么。你就叫我秋站长,我是文化站长。哦,文化站长,认识电影站长?认识,电影站长可不是什么好东西。老秋愣神,筷头在当门牙上搁住。他把俺黄泥潭得罪了。为什么?上秋,他打发村长下来收电影费,俺一年没看一场电影,一人要一元钱,你说熊不熊。俺大伙坐井台骂了几天几夜,到今儿还没骂完。他算是不得好死啦。黄银凤说着,脸被窗玻璃返到炕席上的日光晃得金灿灿的。电影费的事,三句两句话下不来,老秋摇头直想乐。老秋那个村也交,村民也骂电影站长,其实上面叫收,电影发行的各个单位都靠这个开支,怨不得站长。当然也怨不得百姓骂,家家都有电视,人家不看电影逼人看,逼也不看,就下来干收费,百姓不满总得抓个替身,就抓了乡电影站长这个倒霉鬼。见老秋没吱声,黄银凤又夹一块咸蛋送进老秋碗里,老秋一抖碗,刚要说别这样,黄银凤要过金水的碗,进了堂屋。

黄银凤给金水盛饭去了。老秋留心看了看金水。金水见有人看他,便眯起眼睛佯装朝外瞅。金水十六七岁模样,脸一点也不像黄银凤,宽宽厚厚,眼珠子透出一种粗蛮、傲气,再加上他的秃脑袋长指甲,令人生畏。念几年级?老秋问。不念。金水用眼角斜斜老秋,语气低而脆,声音就是个男子汉。老秋默默着,不吱声。阳光爬在炕上,又由炕上爬上饭桌,又从桌上爬进老秋碗里,屋子里暖融融的,老秋感觉到一双小眼睛直直地盯着自己,他觉得金水很怪,老秋几乎有些讨厌金水。

黄银凤盛饭时间很长。老秋碗里的米粒吃光了,还不见主人回来。老秋本可以不吃的,可是老秋没饱,老秋想到下晌还得从黑尖山赶回,下晌还得爬老岭。老秋同金水一道等饭。屋子里静静的,几只家燕在窗外屋檐的窝里叫,老秋侧耳听,堂屋里并没有主人盛饭的声音,只隐隐约约,好似在很远的地方,有一种窸窸窣窣叽叽咕咕的声音。老秋感到古怪,感到就和金水似的很古怪。老秋看看表,十一点四十分,老秋想算了,不吃啦。刚要放碗,黄银凤神奇地出现在屋子里。来,吃。黄银凤递给金水半碗,将一满碗白花花的米饭扣进老秋碗里。老秋端碗的腕子颤抖了一下。老秋说太多了吃不了。黄银凤说才两碗,不信人一当干部饭量就小。老秋说真的不行。金水说给我吧。金水伸出手里的碗,老秋把饭拨过一半。黄银凤顺着拨过去的半碗饭,用眼睛烫了一会儿金水。老秋想金水倒挺现代。黄银凤脸有些苍白,之后又泛红。黄银凤狠狠吞了口唾沫,想了想,似又想起什么。电影费是小事,黄银凤说还有农业税特产税教育基金呢,房后长几棵苹果得交钱,金水不念书了还交钱,不念书交钱哪家理儿?乡长这事儿都知道?知道?乡长知道也收?乡长这个混球儿。老秋只管往嘴里扒饭,这些事,下乡听得多去了,说不清,和下边说不清和上边也说不清,上边有政策,政策自有政策的来头,不是一个文化站长能说清的。老秋嗯呵地敷衍着。是喽,俺讲也没用,该交都得交,村长跟咱也不沾亲带故,那么交点钱也不打紧,上边还得来管管俺。黄银凤脸腮再度金灿灿起来,酒窝里溢漫着一股青春气息。往年四季都有唱大戏的,现在可倒好,听说剧团管不了作风问题,散了伙。上边散伙分几个乡下来呀?也好让小年轻脑筋活跃活跃,省得整天净想剃秃脑袋留长指甲。怎么特怎么干。黄银凤一边说,一边往老秋碗里夹咸蛋,老秋吃完饭,碗里还有两块。

　　老秋没正心听黄银凤讲话,老秋想到黑尖口的通知,老秋说黑尖口离黄泥潭多少里?黄银凤从深远的地方收回眼神,一脸疑惑。大概……大概二十几里吧。黄银凤说。黄银凤脸和脖子蓦地落下一道阴影。

　　金水吃罢饭,一句话没说就跑到外面去了。老秋看着这个古怪的秃脑袋一闪就不见了。老秋胃里沉重,脸一忽一忽热起来,老秋知道脸一定很红。人不知为什么一吃饱饭就脸红。其实,老秋心里很感动。每回下乡,在村长家吃饭,吃饱后老秋都很感动。吃饭不花钱回去还报补助,村长家的菜里,还有鸡肉猪肉什么。村长家的伙食都那么好,不过,黄银凤的饭菜也不赖,有咸蛋。老秋感动,就伸手到上衣兜里摸,摸出一个蓝盈盈的本子。老秋哗哗翻开本子,就在上边写开来。老秋下乡,感动的时候,经常动用这本子。见老秋在本子上写,黄银凤眼睛蓦地泛亮,心颤颤地往嗓眼儿涌,村长一年到头就管收点税,农民增产减产全不管,工钱你猜,三四千,纯是割大伙心窝肉往里添,乡上不得研究研究?!老秋打开本子,本是为了敷衍,可不知为什么,一打开本子,就觉有许多话往外蹦,农民负担越来越重,农民生活越来越单调,农业技术的普及、文化户的普及还远远不够。老秋笔走龙蛇,笔尖在纸上刷刷作响,整个屋子都很沉静,整个屋子都很神圣。老秋听自己笔尖划本子声音很神圣,这神圣的声音刺激老秋血管勃勃直跳,老秋觉得整个人有种膨胀的感觉。合上蓝皮本往兜里揣的时候,老秋说,肯定回去研究研究。

出了屋子,老秋连连道谢。屋外很凉,风从房夹头刮进来直往脖口灌,日头远远地吊着,仿佛老太太的花镜片。老秋耸耸大衣领,像似有些冷。老秋顺长长的街脖一瘸一瘸往外走,皮鞋尖踢碎几堆鸭屎。哦苹果树,老秋视线碰到了几株苹果树。可不秋站长看看嘛,就这几棵苹果树,收俺七元五特产税。黄银凤边说,边紧赶两步,是吗?七块五,老秋下意识重复着,来到大街,屋内曾涌在身体四周的热流随大街上风速的加快渐渐消逝。

老秋来到车子跟前有个奇怪的感觉,好像车上少了什么,少什么?老秋细细察看,锁、车座、链子都很牢固。老秋时常有这种感觉,其实什么也没少,就像有时写字越看越不像,其实根本没错一样。老秋按按车带,有气儿。

老秋转眼,觉得眼里有个东西,定神去看,是金水。又是金水站在搁闲的菜地里远远地朝这边望。目光从那干瘦的脸上射出,黑幽幽的。

黑尖口有文化户黄泥潭怎么没有?老秋要上车时,黄银凤问。噢那是退休干部办的,县里有名。黄泥潭没有退休干部,黄银凤有些扫兴。文化户做什么?黄银凤送老秋过了水井又问。保管一些书供大伙看。老秋已经上车,谢谢啦。老秋上路。黄银凤追到水井前的粪坑边停了下来，神色很茫然。金水也往前跟了几步，一群鸭子燕子似地往菜地飞。

老秋一路喜滋滋的，怎么会不喜滋滋的。肚子饱，脚鸡眼不疼，还看到灰蓬蓬的大海。海腥味在空气中悠悠转，老秋看看表，想现在赶没赶上潮流呢。春天跟翟乡长下来，临走，宋长远每人准备一兜海鲜，翟乡长坚决不拿，到最后宋长远脸呈鸡冠色，翟乡长才说一句留着下回。下一回老秋没跟来，不知是不是真的拿了。老秋进村直奔宋长远家。宋长远家很蹩脚，穿一条乱挤挤的胡同，下一个很长的坡，再上台阶。下坡的时候，坡道上有鸡，老秋信手去拨车铃，却拨个空，注意一看，车铃没了。老秋盯了一会车把，摇摇头，知道在黄泥潭那会儿的感觉并没有错。

西（稀）客从东边来，好兆头。老秋在草垛空儿，撞上宋长远的声音。原来宋长远远远地就瞅着了老秋。宋长远眼角的皱纹顿成菊花瓣儿。东罗锅上一露前进帽，俺就等着看，俺半晌一口气打了十几个喷嚏。俺是你喷嚏喷来的这不喵喵……老秋扑哧一声坐到一个木墩上，脱鞋露出潮乎乎的脚掌，胸脯蓝黑色毛衣涌在大衣外面，颤巍巍的。准备准备，十八号县里下来拉练，老秋气怎么也喘不匀，鼻息重重的。哦准备……俺就知道……我说秋站长唉，宋长远突然压低声音，能不能跟俺儿媳妇过个话，叫她白（别）找碴。宋长远一双混浊的老眼在忧虑中转动，手指朝西边屋子指指。老秋像是突然明白什么，点点头，之后穿鞋站起，长脚鸡眼那只脚在鹅卵石上拖出噌噌的声响。半天，老秋出来，面呈喜色。宋长远嘴唇立时抖成一团，混浊的眼睛满是泪。老秋不太体悟宋长远何以激动得白头茬都打战。她怎么说，宋长远似乎不太放心。她说来就来呗，这是好事。宋长远松弛的腮骨上顿时淌出泪水。见宋长远流泪，老秋有些心动，老秋想宋长远以前可不是这个样子。老秋看着昔日唾沫星摔八瓣落地有声的宋乡长眼下那副可怜巴巴的样子，心里很不是滋味。老秋想人还是不老的好，人不老时，还是明白点好。宋长远当干部时，为政清廉，儿女一个也没进乡办工业，儿媳就一直记恨在心，儿媳不愿男人常年漂在海里。

进屋吃了夜饭再走。宋长远手抵在老秋后背上,用了一些力气。不啦不啦。老秋执意不肯。

走下石级穿过胡同,老秋突然想起车后座上别的兜子里,早走时,装了几本书,县图书馆白给的。县里规定,先进文化户藏书必须达到两千册。老秋一溜小跑返回台阶,却见宋长远提只空包站在院里,脸上的皱纹里满溢着焦急和不安。宋老宋老,你看加上这几本,是不是够两千册了。宋长远急急惶惶跑出,唉唉,是是秋……秋站长,俺这月已达九百多人次,九百多人次。宋长远一边说着,一边看手里的空包,一脸惶惑,老秋你、你,你可慢走。

老秋呵呵着,马上转身。老秋在石阶下的胡同里喊,我回去就写汇报材料——。老秋从胡同往下走,又望见灰蓬蓬的大海,大海四周涌起一层云雾,罩着整个海面阴沉沉的。老秋没有了喜滋滋的感觉,老秋心里有些空落落的。

黑尖口向北伸去的黄涂涂的土道上,老秋骑车猛蹬。按最快速度计算,到黄泥潭老冈也得四点半,过了老冈再回家,怎么说也得八点钟。老秋想要是让住外面,即使不报两天补助也不回了。可是住哪呢,住宋长远家吗?老秋眼前于是浮现出一张扭曲的面孔:他当乡长图自个儿名好,儿都不管,呵老了没能耐了,又往家招人提精神儿,成天价闹哄哄家没家样谁替俺累,还先进,俺看全是为自个儿,要来来吧,俺走俺回娘家。老秋迎着西滑的日头,脚下的路一程一程消失在身后,旁若无人的行进中,回想那小媳妇伶俐的口齿,回想宋长远的可怜相,老秋心里很沉重,总归老秋也有一个儿子,也是要老的。

冬日天短得可怕,四点刚过,天就下来黑影。当老秋骑过黄泥潭村来到老冈,天已黑透。老秋独自在黑森森山坡道上晃动,一瘸一拐的样子仿佛一只黑熊。黄泥潭老冈南坡有树,光光的枝条北风一吹嘎嘎直响。老秋目不斜视耳不旁闻,由于紧着赶路,老秋的脚鸡眼又疼起来,老秋再次想到手术,翟乡长说手术就好了,这或许是真的?!

快到坡顶的时候,老秋听到一声狗叫,老冈上没有人家怎么会有狗呢?老秋用手抹了抹眼睛向四下撒目,驴日的准是在林里调情,畜类到底不是人,不知道羞耻。正骂着,就听有一群狗从道旁的树空向老秋扑来,狗的叫声粗劣而狂放,老秋一边躲闪,一边两手提着车把吓唬,嘴上骂不迭声。狗没被骂住,同样没被擎起的车辖辘吓住,仍朝老秋扑来。老秋嗷嗷叫了两声立即调转车头,老秋惊奇自己的叫声很像狗叫。老秋骑车向坡下蹬去,直到黄泥潭村里,狗还在后边撒泼。

老秋呼哧呼哧喘着,浑身抖成一个个儿,操它祖宗。老秋骂。老秋平素很少骂粗话,话是不能出自文化站长之口的。老秋骂狗,又是在夜间。就不假思索了。他看见自己又停在了上午挖脚鸡眼的水井旁。老秋胸脯一涨一涨,要不要找个什么人送送呢,老秋想到黄银凤。这是个善良的女人。老秋一边想着,一边推车转进了长长的院子。轻轻敲门,黄银凤就走出来,昏黄的灯光在一团蒸汽里把黄银凤脸的轮廓照得很虚。见是老秋,黄银凤并没吃惊,黄银凤仍像白天那么热情。秋站长找宿?黄银凤脸上的酒窝里有种温馨在跳荡。啊不,我必须赶回我是……是怕狗不敢过老冈。

怕狗?不等老秋说完黄银凤就咯咯咯笑起来,笑声撞得风门塑料布嘭嘭作响。怕狗咯咯咯……黄银凤脸上的酒窝凹进去又凸出来。

老秋求援似地看着黄银凤,说你家大兄弟回没回来,能不能送送。狗有什么好怕,城里人都怕狗你说怪不怪?吉大能去送送吗,乡上干部怕狗。黄银凤声调微扬,像是有几分嘲弄。

老秋顾不得更多,凝神等待回音,少许,褪旧的粉布门帘掀开来,走出一个男人,男人眉毛胡子很重,表情平淡。两条胳膊在前怀舞动一下,然后缩在身子两侧。老兄,不好意思真不好意思,是不是拿把铁锨,那狗真凶。咯咯真有意思,叫狗吓成这样。黄银凤笑得胸脯在大襟棉袄里乱颤。俺家老兄没有手,拿锨有什么用,要送,就去壮壮胆。蒸汽里黄银凤的脸更加模糊。什么……老秋大惊。那男人仍然表情平淡,黑胡子僵硬地贴在下颏,厚唇微微蠕动,这……昏暗的灯光在一团蒸汽里凝住,走吧。不,不用了,我自个儿走。老秋一时心上很悲凉,想这人怎么会没有手?

　　老秋穿过黑黑的街道,胸口堵得满满。老秋想那男人怎么会没有手,晌午黄银凤还说打鱼去了,莫非晌午躲起来了?晚上为什么不躲呢?一个人两手都没有了怎么生活呢?老秋慢慢在黑夜里走着,想着那男人的手,也想着黄银凤的家想着怕狗,还想着……老秋被眼前的处境搞得一塌糊涂。

　　走不远,后边有人撵上来,脚步声扑嗵扑嗵像打夯。随着来人的逼近,涌来一股寒气,是一个男人。这是谁呢?老秋一时疑惑,没过几步,那人赶到老秋平肩,干咳两声,说怕狗纯是自个儿怕自个儿。那人嗓音很厚,像摔房瓦。老秋推着车,侧过脸看到了那人肩下,笔直下垂着的两条衣袖,是那男人赶来了,心里就有些不安。你的手……人不走运,操。那人又咯咯干咳两声,清了清嗓子。操,庄户人没见过官,大前年乡长来检查冬翻地,俺寻思上二道河套用雷管打鱼给村长下锅,谁知鱼没打着手上了天……那人语调平平,像是在说某个日子一不小心把碗打了。一阵冷风吹响路旁的枯叶,老秋浑身皮肉蓦地发紧,一种难以说清的感觉袭击着他的神经。老秋说不能种地什么都干不了啦?能吃饭,用假手帮忙吃饭不耽误、哦听金水说,啊不,听俺老婆讲,黑尖口有文化户,俺可不可……正说着,前方走来一个人,那人个子不高,走走停停,走近,掉转头也随着往前走。是金水。那男人见是金水,又接着说,俺打从小爱看书,后来学手艺过日子,没工夫看,现在好了,现在有的是工夫。老秋边听边打量金水。老秋想天这么晚了金水怎么从老冈上下来呢?要有各种书,那得花不少钱。那男人唠叨着又喀喀干咳两声。四周很静,只有六只脚摩擦地面的嚓嚓声,偶尔身后黄泥潭村传来哐哐的门响。老秋想这回三个人走不怕了。老秋又想,怎么会在这里碰上金水呢?金水离老秋很近,手不时地触摸老秋的车把。三人一路喘息着,都没有话,快到刚才狗撒泼那块地方的时候,金水开口:文化户一月挣多少钱?老秋愣了一下,老秋想不到金水会说话,更想不到金水居然以为文化户挣钱。老秋说文化户不挣钱,文化户就是买一些书专门供给大伙看。俺不信。帮俺当上文化户俺爷俩送你。金水说话口气很老到,全不像一个十六七岁的孩子。

老秋惊诧地停下脚步,看着黑暗中的金水。汪汪。突然,老冈上响起狗叫。金水忙说不怕,没事不怕。金水语调坚定而自信。帮俺当上文化户俺爸没有手。金水走路一跳一跳的,秃脑袋不知为什么在寒夜里不感到冷。老秋说当文化户很容易,那是自愿,什么都不用上外边学。是不是总有外面人来看文化户?金水问。是的,群众文化网络上边定期检查总结,上边有时要来望望。那就是了。狗又叫起来,这一会儿就在身边不远处。金水咽口唾沫,之后大声呼号起来。狗像懂事似的,听见喊声,呜呜嗷嗷耍一阵娇,接着就停止了吠叫。当老秋和金水、金水父亲走上老冈,狗早就不知去向。你真行。老秋说,啪啪拍着金水肩膀。金水伸手压住老秋搭在肩膀上的手,说记住了?老秋翻手握住它,说记住了。回乡就找乡长注册,给你上县要书,残废人早当照顾,老秋说着,想起什么。又说对了,当初没给你生活费补助?补什么助,又不是上边逼你打鱼。唉。老秋叹口气。不过嘛,文化户不挣钱的。不挣就不挣,只要能引来上边人。金水几乎没容父亲搭话。

老冈顶,老秋要同金水父子分手。金水父亲没手,老秋转过身来,把手伸向金水。握金水手时,老秋触到长长的指甲。老秋几乎被那指甲挖疼,老秋于是想到中午吃饭时在他跟前闪光的长指甲,以及光光的秃脑袋,老秋想金水真怪,他从哪里来? 有他狗怎么就不咬呢?

快回吧,冷着了。老秋望着他们寒夜里蠕动的身影心里直感动。老秋想明个一早就找翟乡长申报文化户,这要求太低廉,一个为乡长残身的无名英雄,翟乡长听了一准感动。乡长感动,说不定能给点补助。

夜阴森森的,小北风嗖嗖直扑胸怀。老秋坐在车上一路下坡,脚和手一齐刹闸,突然,老秋触到车铃。车铃。这个感觉让老秋震惊,老秋忽地心头一热,是金水……莫非……当想到是金水拿了车铃又送回来,老秋仿佛突然捕捉了一串密码,这密码串缀着一些场景在漆黑的夜色里闪动,老秋似乎看到蒸汽里咯咯咯笑着的黄银凤,她的眼睛是黑亮的、温馨的。

老秋十二点半到家,进了家门,老秋脸也没洗,脚也没洗,倒炕就睡着了。

第二天上班,老秋兴冲冲找到翟乡长。老秋一边摸着兜里的日记本一边说,黄泥潭也有了自发文化户。谁? 翟乡长精神一抖。老婆叫黄银凤,男人双手都叫雷管炸掉,是那年……老秋吞吞吐吐,不好说后边的话。哦知道嘞,那年违纪上河套打鱼,手打掉了。翟乡长马上恢复正常,这种人当文化户,上边一旦下去看,怎么说,你看光彩吗? 老秋眸子蓦地灰暗下去。老秋语塞,摸日记本的手在兜里游移,最后移到心口停住了。

老秋再没提黄泥潭文化户的事。但是老秋一直没忘,每一下乡,这些事就蚯蚓似地爬在心头。

1992 年《北方文学》第 10 期

图书在版编目（CIP）数据

来来去去/孙惠芬著.-上海：上海文艺出版社.2017.11
（孙惠芬文集）
ISBN 978-7-5321-6352-6

Ⅰ.①来… Ⅱ.①孙… Ⅲ.①短篇小说－小说集－中国－当代

Ⅳ.①I247.7

中国版本图书馆CIP数据核字(2017)第203183号

发 行 人：陈　征
责任编辑：谢　锦
装帧设计：钱　祯

书　　名：来来去去
作　　者：孙惠芬
出　　版：上海世纪出版集团　上海文艺出版社
地　　址：上海绍兴路7号　200020
发　　行：上海世纪出版股份有限公司发行中心
　　　　　上海福建中路193号　200001　www.ewen.co
印　　刷：崇明裕安印刷厂
开　　本：700×1000　1/16
印　　张：23.75
插　　页：2
字　　数：296,000
印　　次：2017年11月第1版　2017年11月第1次印刷
ＩＳＢＮ：978-7-5321-6352-6/I・5072
定　　价：57.00元
告 读 者：如发现本书有质量问题请与印刷厂质量科联系　T：021-59404766